Paris
août, 2014

# VIE DE NAPOLÉON

François-René de
**CHATEAUBRIAND**

# VIE DE NAPOLÉON

précédé de

## Le Poète et l'Empereur

*par*

Marc Fumaroli
*de l'Académie française*

Éditions de Fallois
PARIS

Chateaubriand a consacré au récit de la vie de Napoléon les livres XIX à XXIV des *Mémoires d'outre-tombe*.

Ce sont ces livres que nous proposons ici, numérotés de I à VI, dans l'édition de Pierre Clarac revue par M. Gérard Gengembre, que nous remercions la L.G.F. de nous avoir autorisés à reproduire.

Le texte de cette édition est celui de l'édition originale (1847-1848).

© Éditions de Fallois, 1999
22, rue La Boétie, 75008 Paris

ISBN 2-87706-354-2

# Le Poète et l'Empereur

*par*

Marc Fumaroli

*Rien que celui qui a déjà levé sa lyre
aussi parmi les ombres,
est apte à rendre avec divination
la louange infinie.*

*Rien que celui qui a mangé avec les morts
de leur pavot à eux,
reste capable de ne perdre encore
pas le plus léger son.*

*Sur l'étang, le reflet peut bien
fréquemment se brouiller :
sachons l'image.*

*Ce n'est que dans le double empire
où deviennent les voix
douces d'éternité.*

Rainer Maria RILKE<br>(Sonnets à Orphée, I, 9)

« Après Napoléon, néant : on ne voit venir ni empire, ni religion, ni barbares. La civilisation est montée à son plus haut point, mais civilisation matérielle, inféconde, qui ne peut plus rien produire, car on ne saurait donner la vie que par la morale. On n'arrive à la création des peuples que par les routes du ciel, les chemins de fer nous conduisent seulement avec plus de rapidité à l'abîme. »

Aucun bonapartiste n'a jamais osé écrire cela. Le bonapartisme est un culte rétrospectif de la personnalité. Il n'a d'horizon ni métaphysique, ni poétique. Or Chateaubriand, poète de Napoléon, est aussi son ennemi métaphysique. Il le restera toujours, même quand il écrit ces phrases trompeusement nostalgiques, dans la « *Vita Napoleonis* » en six livres qui a surgi au beau milieu de ses *Mémoires* vers 1840. On peut publier ces six livres en les séparant des *Mémoires*. Ils forment un tout qui se suffit à lui-même. C'est à la fois le chef-d'œuvre de l'épopée romantique, et l'histoire la plus critique du cyclone Napoléon. Seul un poète métaphysicien a été à la hauteur de celui qu'il qualifie, prenant rétrospectivement son parti contre les trahisons de Talleyrand, d'« un des plus grands hommes de l'histoire » :

> « Bonaparte n'est point grand par ses paroles, ses discours, ses écrits, par l'amour des libertés qu'il n'a jamais eu et n'a jamais prétendu établir ; il est grand pour avoir créé un gouvernement régulier et puissant, un code de lois adopté en divers pays, des cours de justice des écoles, une administration forte, active, intelligente, et sur laquelle nous vivons encore ; il est grand pour avoir ressuscité, éclairé et géré supérieurement l'Italie ; il est grand pour avoir fait renaître en France l'ordre du sein du chaos, pour avoir relevé les autels, pour avoir réduit de furieux démagogues, d'orgueilleux savants, des littérateurs anarchiques, des athées voltairiens, des orateurs de carrefours, des égorgeurs de prisons et de rues, des claquedents de tribune, de clubs et d'échafauds, pour les avoir réduits à servir sous lui ; il est grand pour avoir enchaîné une tourbe anarchique ; il est grand pour avoir fait cesser les familiarités d'une commune fortune, pour avoir forcé des soldats ses égaux, des capitaines ses chefs ou ses rivaux, à fléchir sous sa volonté ; il est grand surtout pour être né de lui seul, pour avoir su, sans autre autorité que celle de son génie, pour avoir su, lui, se faire obéir par trente-six millions de sujets à l'époque où aucune illusion n'environne les trônes ; il est grand pour avoir abattu tous les rois ses opposants, pour avoir défait toutes les armées quelle qu'ait été la différence de leur discipline et de leur valeur, pour avoir appris son nom aux peuples sauvages comme aux peuples civilisés, pour avoir surpassé tous les vainqueurs qui le précédèrent, pour avoir rempli dix années de tels prodiges qu'on a peine aujourd'hui à les comprendre [1]. »

---

[1]. Les citations des *Mémoires d'outre-tombe* de Chateaubriand reproduites dans cet essai sont tirées de l'édition de J.-Cl. Berchet, Classiques Garnier, Paris, 1992.

Péguy distinguait entre les « époques » et les « périodes ». Chateaubriand et Bonaparte ont été les contemporains d'une époque où métaphysique et poésie croisaient encore la politique. Écrite dans la période postérieure, la « Vie de Napoléon » de Chateaubriand réfléchit depuis ce souterrain ce qui s'était passé en pleine lumière. Ce changement d'étage commence en 1815 :

> « La rapidité des fortunes, la vulgarité des mœurs, la promptitude de l'élévation et de l'abaissement des personnages modernes, ôtera, je le crains à notre temps, une partie de la noblesse de l'histoire. »

Cela est dit à la première personne, mais à l'intérieur d'une sorte de monologue intérieur qui peut être prêté à Napoléon lui-même, parcourant la Malmaison déserte, au retour de Waterloo, aussi bien qu'à son historien méditant sur la chute de l'Empereur.

L'auteur des *Mémoires d'outre-tombe* avait compté parmi ces royalistes qui, sous le Consulat, crurent (avec le propre frère de Bonaparte, Lucien) que le Premier Consul, après avoir relevé les autels, ferait renouer les Français avec la légitimité. L'assassinat du duc d'Enghien dans les fossés de Vincennes, le 21 mars 1804, brûla les vaisseaux qui auraient pu réconcilier non seulement l'ancienne et la nouvelle France, mais la France et l'Europe. On oublie trop souvent que l'horreur éprouvée sur-le-champ par Chateaubriand fut ressentie et partagée dans toutes les capitales européennes. La cour de Russie prit le deuil. La reine Louise de Prusse et son opinion publique, en flèche par rapport au pacifiste Frédéric-Guillaume III, jurèrent vengeance. La tragédie européenne amorcée en 1793 se noua en 1804.

C'est le tournant du siècle, de la vie de Napoléon, et de la vie de Chateaubriand : en choisissant le crime et l'Empire, Napoléon prive sa propre Contre-Révolution de toute légitimité durable. Il s'aliène Chateaubriand avec lequel il aurait pu construire en France et en Europe un édifice stable alliant l'ordre à la liberté, la tradition et l'évolution. Il ligote par un crime le destin de son empire au régicide Fouché, le premier Beria et le premier Himmler de l'histoire moderne, qui saura se rendre indispensable et même populaire, le jour venu, au Faubourg Saint-Germain et auprès des Bourbons étourdiment attachés aux basques de ce Javert. Fouché, l'inventeur de la police politique, est la figure la plus moderne et de loin la plus inquiétante de la « Vie de Napoléon » et des *Mémoires*. Le Centaure Napoléon tient du monde héroïque par le génie ; mais par le cynisme qui l'allie à Fouché, il participe du monde moderne, il le prépare.

L'exécution du duc d'Enghien répétait, à un peu plus de dix ans de distance, celle de Louis XVI, qui avait elle aussi coupé les ponts. Chateaubriand le comprit sur-le-champ. Pour toujours, la cause à ses yeux est entendue : Napoléon I$^{er}$, qui « perçait sous Bonaparte » Premier Consul, continue la Terreur, « une partie de sa puissance vient d'avoir trempé dans le même sang ». Il le répétera encore dans sa « Vie de Napoléon », écrite trente ans plus tard. Tout le paradoxe de cette « Vie », écrite par un gentilhomme nourri de Fénelon et qui ne passe rien au despote militaire « enfant de la Révolution », c'est qu'elle est aussi, et du même mouvement, le plus superbe hommage jamais rendu à un grand génie de l'action par un grand poète qui sait pourtant « tout ce que cette gloire eut de funeste ». Chateaubriand admirait Milton, le poète chrétien qui, dans *Le Paradis perdu,* n'a rien épargné pour rendre même à Satan son dû.

En 1814, lors de la première abdication de l'Empereur, l'indignation de Chateaubriand contre Napoléon (encore voilée en 1809 sous les replis de l'allégorie dans *Les Martyrs*) avait pu enfin se donner libre cours dans le retentissant pamphlet *De Buonaparte et des Bourbons*. L'avocat de Louis XVIII n'avait pas hésité alors à faire voir en « Buonaparte » un Turelure méditerranéen accouplé à la France et la vampirisant comme Sygne de Coûfontaine dans *L'Otage* de Claudel. D'emblée, l'accent était mis sur le crime qui avait fait un Empereur du Premier Consul :

> « L'étranger, qui n'était point encore roi, voulut avoir le corps sanglant d'un Français pour marchepied du trône de France [...] On se demanda de quel droit un Corse venait de verser le plus beau, comme le plus pur sang de la France ? Croyait-il pouvoir remplacer par sa famille

demi-africaine la famille française qu'il venait d'éteindre ? »

Comme il le fera remarquer dans ses *Mémoires*, il n'était pas le seul à traiter alors Napoléon de métèque. Dès 1805, le jacobin Marie-Joseph Chénier avait osé écrire du tout nouvel Empereur :

*Un Corse a des Français dévoré l'héritage*

En 1814, les proclamations du « gouvernement provisoire » dirigé par Talleyrand, et composé de créatures de l'Empire, reniaient le maître vaincu en le qualifiant d'« homme qui n'est même pas français » et qu'il faut mettre au ban de la nation :

> « Il devait au moins par reconnaissance devenir français avec vous, il ne l'a jamais été. Il n'a jamais cessé d'entreprendre sans but et sans motif des guerres injustes en aventurier qui veut être fameux. »

Dans son pamphlet, Chateaubriand restait dans la logique de son maître spirituel Fénelon, et de sa célèbre *Lettre à Louis XIV,* lorsqu'il lançait une charge féroce contre le régime impérial, son despotisme totalitaire à l'intérieur, son cynisme conquérant à l'extérieur, et la rançon de sang que les victoires éphémères et les défaites désastreuses de ce Minotaure avaient coûtée à la France : toute cette violence à l'échelle européenne avait été préfigurée à ses yeux par l'enlèvement et le meurtre du duc d'Enghien. En chevalier chrétien conséquent, le pamphlétaire montrait, dans le *condottiere* impérial qui dix ans durant avait fait régner la terreur en Europe, un « faux grand homme », en dépit de l'éclat trompeur de ses méfaits :

> « La magnanimité, qui fait les héros et les véritables rois lui manque. La nature le forma sans entrailles. Sa tête assez vaste est l'empire des ténèbres et de la confusion [...] L'imagination le domine, et la raison ne le règle point [...] Il joue tout, il est toujours sur un théâtre [...] Sous le

masque de César et d'Alexandre, on aperçoit l'enfant de petite famille. Né surtout pour détruire, Buonaparte porte le mal dans son sein, tout naturellement comme sa mère porte son fruit avec une sorte de joie et d'orgueil. »

Germaine de Staël, Benjamin Constant, Hugo, Byron, l'opinion française et européenne ratifiaient alors ces sentiments : « Tout le monde détestait le despotisme impérial. »

Vingt ans passent. Et Chateaubriand peut écrire de ce monstre : « Après Napoléon, néant. »

Pour en arriver à ce constat, il lui a fallu endurer l'échec de la Restauration et l'avènement d'un autre usurpateur, le roi bourgeois, Louis-Philippe. La « Vie de Napoléon » commence abruptement dans les *Mémoires* au moment où s'achève le récit de la carrière littéraire fulgurante du jeune poète ; elle a été contemporaine du Consulat et de l'Empire. Quand cette « Vie » se termine, le récit commence de sa carrière politique sous les Bourbons, plus que décevante : humiliante.

On change d'étage, de registre, de style. On passe de l'époque à la période. Le leitmotiv *Après Napoléon, néant* se fait entendre :

> « Retomber de Bonaparte et de l'Empire à ce qui les a suivis, c'est tomber de la réalité dans le néant, du sommet d'une montagne dans un gouffre. Tout n'est-il pas terminé avec Napoléon ? Aurais-je dû parler d'autre chose ? De qui et de quoi peut-il être question, après un pareil homme ? Dante a eu seul le droit de s'associer aux grands poètes qu'il rencontre dans les régions d'une autre vie. Comment nommer Louis XVIII en place de l'Empereur ? Je rougis en pensant qu'il me faut nasillonner à cette heure d'une foule d'infimes créatures dont je fais partie, êtres douteux et nocturnes que nous fûmes d'une scène dont le large soleil avait disparu. »

Cette chute dans l'infimité, Chateaubriand en prit un peu plus la mesure en 1824. Cette année-là, enfin aux affaires, il a pu faire décider et gagner une guerre d'Espagne qui donnait au moins un semblant de lustre militaire aux Bourbons. Or soudain, le ministre des Affaires étrangères de Louis XVIII est remercié comme un domestique par son Premier ministre, Villèle. L'ingratitude du geste et la mesquinerie du procédé achèvent de démontrer à Chateaubriand parmi quelles « médiocrités de caractère et d'action » la Restauration se traîne, et vers quelle fin pitoyable elle court.

En surimpression du sacre de Napoléon à Notre-Dame, celui de Charles X à Reims, évoqué au L. XXVIII des *Mémoires*, ne peut plus être qu'une répétition ridicule, prémonitoire de la chute d'un système de fatuité :

> « Les figurants de Notre-Dame de Paris, jouant pareillement dans la cathédrale de Reims, ne seront plus que les personnages obligés d'une scène devenue vulgaire : l'avantage demeurera à Napoléon, qui envoie ses comparses à Charles X. La figure de l'Empereur domine tout désormais. Elle apparaît au fond des événements et des idées : les feuillets des bas temps où nous sommes arrivés se recroquevillent au regard de ses aigles. (Écrit en 1839.) »

L'arrivée au pouvoir de Louis-Philippe en 1830 mit à nu ce que l'urbanité de l'impotent Louis XVIII et les belles manières d'Ancien Régime de Charles X, vieux libertin devenu dévot, avaient difficilement voilé : l'époque héroïque de la révolution plébéienne est terminée. La période étale de son interminable digestion bourgeoise et républicaine a commencé. La comète Napoléon a disparu avec la jeunesse héroïque du monde nouveau mais aussi avec ses chances de bien mûrir.

À l'horizon, un avenir grisaille de fourmilière industrielle et commerciale : l'Angleterre de Manchester et de la City, l'Amérique de Boston et de Philadelphie. Dès lors, la perspective sur le siècle change : Chateaubriand se découvre une solidarité par le haut avec Napoléon, même si tout par ailleurs les sépare : la religion, la race, l'humeur, les mœurs, les goûts. Dans l'ordre administratif et militaire Chateaubriand n'a jamais songé à se comparer à l'Empereur, quoiqu'il se tienne pour très supérieur, dans cet ordre même, au personnel de la pauvre Restauration. Mais dans l'ordre de la vision politique, il se sait et il se veut plus profond, parce que plus réceptif et plus religieux, que le génie possessif et sourd de Napoléon. Or c'est Napoléon qui a « mis son cachet » sur la France et le monde. Lui n'a pu qu'assister à la capture et à la chevauchée.

Après sa brillante « carrière littéraire » et sa décevante « carrière politique », quand on le croyait déjà à la retraite, il réécrit et parachève ses *Mémoires* : ce sera son Austerlitz posthume, son Austerlitz éternel. De l'œil spirituel que les malheurs et le grand âge ont rendu encore plus pénétrant, il va faire le miroir d'une époque où il a été empêché de donner toute sa mesure, et où pour le malheur de la France et de l'Europe, un prodigieux génie a pu devant lui et malgré lui se déchaîner à sa guise.

Il est ridicule de croire, avec toute une tradition critique psychologisante, que les *Mémoires*, chef-d'œuvre de vanité jalouse, peuvent se réduire à un « Napoléon et moi ». Chateaubriand n'est ni Cyrano ni Malraux. Ses *Mémoires*, sous la forme définitive qu'ils ont prise sous la monarchie de Juillet, n'ont plus rien de commun avec une autobiographie. Leur dessein et leur définition exacte ont été donnés par Ballanche dès 1834 :

> « Il appartenait à un siècle de transition de produire une épopée individuelle [qui le résume], à condition que toute une vie individuelle se rencontrât qui fût une vie de la plus complète assimilation des hommes, des idées, des choses. »

Comment cette « Comédie humaine », réfléchissant un siècle dans une vie individuelle, aurait-elle pu se passer de la « Vie » de cet Empereur qui a incontestablement pour le meilleur et plutôt pour le pire dominé et orienté ce siècle ? Ce ne sont pas deux « moi » qui s'affrontent, mais deux génies, deux fortunes, deux métaphysiques qui se sont rencontrés et dont la rencontre donne la clef du siècle qu'ils inaugurèrent.

Le projet des *Mémoires*, tel qu'il s'est redessiné à la fin de la Restauration, est un projet de poète, et non pas d'égotiste. Chateaubriand, comme Balzac, n'hésite pas à citer le nom de Dante. Sauf que le Virgile de ce voyage aux Enfers et au Purgatoire n'est pas un antique confrère amical, mais le contemporain capital, le dernier des Césars :

« Je comptais mes abattements et mes obscurités à Londres sur les élévations et les éclats de Napoléon ; le bruit de ses pas se mêlait au silence des miens dans mes promenades solitaires. »

S'il y a duel en effet dans les *Mémoires* entre le « je » du narrateur et le « il » de Bonaparte, entre les songes d'un poète introverti en train d'écrire un chef-d'œuvre immortel, et le « songe immense de l'Empire, mais rapide comme la nuit désordonnée qui l'avait enfanté », c'est le duel entre contemplation et action, génie orphique et génie militaire, magie du verbe et charisme du chef. C'est encore et surtout le face à face entre l'imagination de la souffrance et du mystère, et « le songe infécond de ces intelligences stériles, qui n'ont pas la faculté de sortir du monde matériel ».

Pour qu'il y ait compétition entre deux grandes vies parallèles, même sur des plans entièrement différents et opposés, encore faut-il que les deux destins, à génie égal, aient quelques points d'identité. Chateaubriand s'était fort peu soucié de ces affinités dans son pamphlet de 1814. Pressé par les circonstances, il chassait devant lui « Buonaparte » comme on courre le cerf et on crie hallali. Ce n'était qu'un étranger, et de très petite naissance.

La mort de Napoléon en 1821 et l'approfondissement de son propre sentiment des temps, lui ont fait redécouvrir qu'ils étaient tous deux exactement de la même génération, nés la même année 1768, sous Louis XV : « Napoléon était de mon âge. » De surcroît, Bonaparte était lui aussi de naissance noble, avec les mêmes instincts aristocratiques, même si ce Corse d'ascendance italienne ne les avait jamais filtrés dans le christianisme de la mélancolique Bretagne et du doux Fénelon, même si le mépris napoléonien de la démocratie n'avait pas sa source dans l'amour, mais dans la haine de la liberté. Tous deux avaient été très jeunes formés pour le service armé, et tous deux avaient écrit abondamment dans les intervalles du service. Tous deux étaient de grands imaginatifs, que le spectacle de la Révolution a ébranlés et mis en branle. À bien des égards, ces deux fils géniaux des Lumières eurent toujours la même famille d'ennemis : les petites âmes, les esprits positifs et bas de plafond, les demi-habiles et les boutiquiers. L'un et l'autre étaient supérieurement doués pour s'adresser à l'imagination, régner par elle et sur elle.

Les ressemblances s'arrêtent là. Elles suffisent dans la « Vie de Napoléon » à établir entre eux, par-delà leur rivalité essentielle, une mystérieuse solidarité. Le Breton fénelonien et le Corse néronien sont faits pour se comprendre, autant que pour s'opposer, en hommes de désir, en créateurs, en ennemis jurés de la platitude, de l'habitude et des choses de peu. Le charisme de l'un a opéré bien avant que ne se déclare le charme de l'autre, et ce retard du poète du verbe sur le poète de l'action a fait, chronologiquement, du second, l'entraîneur de l'autre.

Reste à savoir si ce retard même, et la disproportion apparente entre la soudaine gloire militaire et politique de l'un et la non moins soudaine gloire littéraire de l'autre dans le sillage du premier, ne signifient pas, à plus long terme, et sur un tout autre plan que celui de la chronologie, la supériorité spirituelle de l'infortune sur la fortune, la clairvoyance des yeux ouverts dans l'ombre sur les lumières qui éblouissent. Le Christ a dit : les premiers seront les derniers. C'est l'optique paradoxale du Christ que toute l'entreprise des *Mémoires* vise à rétablir contre les critères du monde, qui ne sait pas voir la prééminence de la vision empêchée d'agir, sur l'action victorieuse inspirée par des motifs infirmes. La question romantique par excellence posée dans les *Mémoires* est de savoir s'il ne manque pas au génie purement humain, dangereux ou destructeur par définition, l'initiation par le malheur et le sacrifice qui seul peut le rendre bénéfique et fécond.

Ce sont donc les dissemblances, les divergences, la différence d'ordre, entre l'Orphée des *Mémoires* et « le plus grand homme de l'histoire », qui peu à peu s'imposent au lecteur de la « Vie de Napoléon ». Ce qu'incarnent les deux figures symboliques, ce qu'elles représentent, ce en quoi elles s'opposent, signifie pour « l'avenir des destinées humaines ». Sans doute, Bonaparte et Chateaubriand sont tous deux nés gentilshommes. Mais leurs racines ne plongent pas dans le même terreau ancestral de chrétienté. Celles de Bonaparte remontent peut-être à l'Italie des *Chroniques italiennes* de Stendhal, elles-mêmes héritières tardives de la *Vie des empereurs* de Suétone et des *Histoires* de Tacite. Le Christ, en tout cas, s'est retiré d'Ajaccio à la naissance de ce fils de la colère. En fait, la grandeur temporelle de Napoléon « vient de ce qu'il n'était parti que de lui-même ; rien de son sang ne l'avait précédé et n'avait préparé sa puissance ».

L'Empereur des Français n'était lui-même français (concession généreuse) que depuis les Lumières hostiles au christianisme. Le poète des *Mémoires*, initié à l'Antiquité virgilienne et chrétienne par Fénelon, contemporain de sa grand-mère paternelle élevée à Saint-Cyr, peut faire remonter sa généalogie jusqu'aux Croisades et à saint Louis ; en ligne directe, avant même d'en devenir l'historien, il a dans le sang toute la tradition chevaleresque et chrétienne de l'ancienne France.

Dans les premiers livres des *Mémoires*, le narrateur a rendu longuement le lecteur témoin de la genèse d'une vocation de poète, sauvage, contemplatif, absorbé dans ses tourments et dans ses songes. L'enfance et l'adolescence d'un barde breton donnent rétrospectivement tout son sens comparatif au récit de la croissance impatiente et irritée du jeune aigle corse, émigré de sa Méditerranée natale : toutes les griffes de cet homme nouveau mordent sur ce monde où il a débarqué, et dont il tâte très tôt le terrain avant de décoller, de planer et de revenir fondre sur sa proie.

L'opposition des deux individualités à la fois singulières et typiques n'est pas moins éclatante dans leur attitude érotique, et donc dans leur style d'être et de dire. Le poète des *Mémoires* nous a montré dans les premiers livres l'éveil simultané de ses sens et de son imagination poétique. L'idéal insaisissable de la Sylphide a fait de lui le frère, l'amant, l'ami de toute féminité.

À la première passion possessive de Bonaparte pour Joséphine, où il entrait déjà calcul et ambition, succèdent chez le général d'Italie en campagne et chez l'Empereur des satisfactions brèves de chair fraîche : il s'emparera de Marie-Thérèse, « la fille des Césars », avant même leur mariage religieux. Des femmes, il veut tout et tout de suite. Son esprit est ailleurs.

L'un est un prédateur, l'autre un séducteur. L'un intimide et prend d'assaut. L'autre enchante et conquiert pour longtemps, souvent pour toujours. L'un attache par la foudre, l'autre par le chant profond.

« En ces temps-ci et pour un cœur de femme, lit-on dans la "Vie de Napoléon", la poésie de la fortune est moins séduisante que celle du malheur : il y a des fleurs des ruines. »

Les *Mémoires* forment tout un collier de romans d'amitiés amoureuses et mélancoliques, Charlotte Ives, Pauline de Beaumont, la duchesse de Duras, la duchesse de Cumberland, Juliette Récamier. Le christianisme fénelonien de Chateaubriand promet aux femmes le Paradis. Le césarisme napoléonien les méprise et les dompte. La trahison de Joséphine en 1814, celle de Marie-Louise en 1815, disent tout : *Personne ne l'aima, il n'aima personne.*

« L'amour pur » fénelonien, pour Chateaubriand, même s'il ne le prend pas toujours pour loi kantienne de sa vie, est l'essence même de son christianisme, de sa philosophie politique et de sa musique.

L'intérêt de Bonaparte pour le catholicisme s'adresse à l'institution ecclésiastique romaine, héritière d'un Empire et rouage de l'État. Le pape est aux yeux de César le Préfet du département des âmes, et non pas le principe spirituel apparenté au sien que veut y voir le poète chrétien. Dans la « Vie de Napoléon », les interminables chemins de croix esseulés qu'impose la volonté impériale à deux vieux pontifes successifs forment un contrepoint saisissant avec l'ubiquité de César à la tête de ses armées d'un bout à l'autre de l'Europe. « Ce génie était du succès et de l'ordre, non celui de la défaite et de la liberté. »

Les tribulations de Pie VII correspondent aux éternels voyages méditatifs du poète, lui-même le plus souvent en fuite, en exil, ou sur des chemins qui ne mènent nulle part.

Mais les affinités avec le monde féminin, leurs harmoniques avec le sentiment chrétien de n'être pas « au monde », qui affleurent sans cesse dans la musique et la pensée des *Mémoires*, ne sont pas les seules dimensions d'âme qui manquent au Napoléon de la « Vie ». Ces six livres des *Mémoires* réservés au seul Empereur forment comme un cercle de terre brûlée au milieu d'une forêt. On n'y entend aucun chant de grive de Montboissier ou de Combourg, aucun bruissement du feuillage de Méréville ou de La Vallée-aux-Loups, on n'y hume nulle fleur de Terre-Neuve, de Bretagne ou de Floride, on n'y voit courir en liberté aucun animal sauvage ou petite bête domestique, et quand on lève les yeux, on n'y aperçoit qu'un vol d'aigle menaçant ; quand on s'y souvient de la mer, ce n'est ni pour son infini, ni pour ses moirures, ni pour les sautes de vent redoutées du marin, c'est pour le chemin direct qu'elle ouvre à un général impatient de gagner plus vite un autre rivage. Le bestiaire, la végétation, les éléments de la nature qui semblent venir au Chateaubriand des *Mémoires*, comme les rochers, les plantes et le monde animal apprivoisés faisant cercle autour de la lyre d'Orphée, sont absents du monde abstrait qu'envisage le regard de Napoléon ; la terre brûlée où l'Empereur est passé n'est jonchée que de chevaux éventrés, d'uniformes chamarrés, de paperasses imprimées, proclamations et arrêtés tachés de sang, tandis que l'écho gronde encore distinctement du tonnerre de ses canons, des acclamations de ses sujets, et du cri étouffé des mères, des sœurs et des fiancées en deuil.

L'intimité lyrique et sensible du poète, accordée à la totalité de la Nature, et même à ce que Virgile appelait ses « larmes », fait un prodigieux contraste avec l'extériorité et la hâte de l'Histoire que seules veut connaître le César. Le siècle couvert par la « Vie de Napoléon » n'est que de quinze années écoulées comme un songe assourdissant : le siècle des *Mémoires* englobe ce « songe stérile » emporté par le temps à l'intérieur du bruissant feuillage d'une Nature qui précède et qui survit à l'Histoire, elle le mesure à un feuilletage millénaire et intime de souvenirs que l'Histoire qui passe a laissés derrière elle, comme un humus spirituel à jamais vivant.

Qui donc, du poète ou du César, a été au centre de résonance du monde et des temps ? Qui des deux s'est contenté du rôle de Talma dans une tragédie datée ?

Un fait tranche entre ces deux façons d'être au monde : Chateaubriand par deux fois, dans des rôles somme toute mineurs et qu'il sait tels, a vécu à Rome et de Rome, il en a senti et dit la religion, la longue mémoire, la volupté, la magie de grande ruine à demi regagnée par les broussailles, les chats sauvages et les chants d'oiseaux ; l'Empereur, qui a donné à son fils unique le titre de roi de Rome, et qui a enlevé deux fois un pape à la Ville éternelle, n'y a jamais mis les pieds : les traces indirectes qu'il y a laissées, ce sont les spoliations d'œuvres d'art du traité de Tolentino, et l'ordre administratif et militaire imposé par ses préfets.

S'il est donc un texte où l'on touche exactement de l'oreille le point si délicat où le son s'arrache au bruit, l'éloquence à la grandiloquence, la parole poétique aux mots mensongers et séducteurs, la littérature à la publicité, la propagande et la communication, c'est bien dans la « Vie de Napoléon », où pourtant l'on s'attendrait le moins à cette définition. En critique hors de pair, le poète des *Mémoires*, poussant jusqu'aux fulgurances comparées du style l'arc électrique qui a mis en contact dans le même siècle (et dans le même texte) Napoléon et Chateaubriand, met en évidence, sans le moindre recours à la théorie, l'abîme spirituel qui sépare toute parole intéressée (même la plus résonnante et efficace d'un grand poète de l'action) et la parole « d'outre-tombe », voyance et chant. Et il le fait allusivement, indirectement, comme s'il s'agissait d'un mystère qu'il ne s'agit pas d'éventer, et qu'il ne faudrait surtout pas laisser confondre avec une banale « rivalité d'auteurs ». Il était tenu de le faire, pour tenter de détruire la légende tenace selon laquelle « les effroyables calamités causées par Napoléon lui avaient fourni l'occasion de montrer ses talents comme écrivain ».

Dans l'étude des « manuscrits de jeunesse » de Bonaparte que propose le premier livre de la « Vie de Napoléon », l'auteur des *Mémoires* ne nie, n'exagère, et ne diminue pas les talents du futur Empereur. Mais même s'il a l'élégance de les mettre sur le même pied que ses propres essais au même âge, le lecteur se souvient assez et du récit de sa naissance à la poésie dans les forêts de Combourg, dans les premiers livres des *Mémoires*, et des commentaires que Chateaubriand a lui-même donnés de ses propres écrits de jeunesse publiés ou réédités en 1826, pour mesurer toute la distance entre cette « voix qui chante et qui semble venir d'une région inconnue », même encore à l'état sauvage, et les essais d'un amateur déjà virtuose qui n'a et n'aura jamais avec le langage qu'un rapport utilitaire, et que sa propre parole trahit : ruse cynique d'un modèle de faux certificat de congé ; « mot d'esprit » frivole et féroce du *Souper de Beaucaire* où se laisse voir le « tempérament glacé » du futur maître de l'Europe ; lettre déclamatoire et odieuse à la Convention signée « Brutus Bonaparte » après le massacre de Toulon. Plus le talent éblouissant de Napoléon orateur, électrisant les armées et les foules, se confirme et se démontre par les abondantes citations de la « Vie de Napoléon », mieux le critique, dans ses diagnostics, est à même de faire sentir la fêlure irrémédiable du rapport insincère du général et de l'Empereur (farouche ennemi de la liberté de la presse) avec le langage. La plus stridente fausse note se fait entendre dans la lettre pompeuse adressée en 1815 par l'Empereur déchu au capitaine anglais du *Bellérophon*, pour « se mettre sous la protection des lois » du peuple britannique, « le plus généreux des ennemis ». L'historien de la « Vie de Napoléon » conclut alors son examen du « style du général » par ce jugement dernier de poète : « Il ne pouvait pas être persuadé de ce qu'il disait : or ce qui n'est pas vrai n'est pas éloquent. »

En définitive, la vocation spirituelle de l'un et la vocation temporelle de l'autre (« Napoléon ne songe qu'à son avenir sur la terre ») ont fait d'eux dans leur siècle le dernier avatar d'un couple archétype propre à l'Occident européen : Orphée et Aristée, Cicéron et César, Virgile et Auguste, Jésus et Pilate, Chrysostome et Théodose, Fénelon et Louis XIV. Napoléon veut refaire le monde à partir de lui-même et il le refait en le brisant. Le génie chrétien du poète se reconnaît dans le pape désarmé et persécuté qui témoigne pour « les droits de la justice, de la liberté, et de la religion ».

Les lignes de force du portrait-charge de Bonaparte dessinées en 1814 sont donc en gros maintenues dans la « Vie de Napoléon » des *Mémoires*, sauf que maintenant tout est arraché à la polémique de circonstance et transporté dans la sphère supérieure des symboles.

« Ôtez la mauvaise foi de Napoléon, écrit le narrateur à propos de la déportation du pape à Savone, dans cette correspondance entre ces deux hommes, l'un debout sur des ruines nouvelles, l'autre assis sur de vieilles ruines, il reste un fond extraordinaire de grandeur. »

Le rapprochement dans la même narration, entre l'héritier mélancolique de l'ancienne France chevaleresque et chrétienne, et l'*Imperator* qui se sert de la France révolutionnée pour édifier sa nouvelle Romanité européenne, rend maintenant justice à la grandeur du César, mais il accuse d'autant plus vivement les traits les plus néfastes de son caractère et les œillères temporelles de sa vision. Celle du narrateur des *Mémoires* est capable de réfléchir et de contenir à la fois l'analyse spectrale du voyant et la colonne de feu du conquérant. Il peut écrire une histoire de Napoléon qui ne se réduise ni à l'identification subjective du bonapartisme romantique, ni à la critique radicale des théocrates ou des libéraux, mais qui fouille la lumière de la gloire avec les yeux de l'ombre et révèle dans l'ombre une lumière que la gloire a ignorée. Dans les *Mémoires,* la poésie l'a emporté sur l'autobiographie, et dans la « Vie de Napoléon » inscrite dans les *Mémoires*, elle s'est portée très au-delà du pamphlet de parti.

Seule d'ailleurs une vue d'ensemble des *Mémoires* impose la notion de « vies parallèles ». Dans la « Vie de Napoléon », le « je » du mémorialiste-témoin se fait rare et épars, il reste aussi latéral que Fabrice sur le champ de bataille de Waterloo, sauf lorsque, pendant les préparatifs de la Restauration et pendant les Cent-Jours : la scène se déplace alors à Gand, dans « le vestiaire et les coulisses » où Chateaubriand a suivi son roi, « loin derrière le spectacle ouvert à Paris ».

Cet effacement ne correspond en rien à la vanité de « grand Paon » que la plupart des commentateurs ont attribuée au narrateur des *Mémoires*. Il ne faut pas confondre le poète et son personnage, même si un « je » ambigu ménage de subtils transferts de l'un à l'autre. En revanche, dans la « Vie de Napoléon », un « nous » devient souvent le sujet de la narration, en concurrence avec le « il » de Bonaparte. Ce « nous » de chœur tragique et prophétique rejeté par l'ascendant du César dans l'ombre, l'obéissance et la mort, trouve un témoin et un interprète dans la voix du narrateur :

« Sous l'Empire, nous disparûmes ; il ne fut plus question de nous ; tout appartenait à Bonaparte. »

Le poète revient à ce « nous » chaque fois qu'il lui faut épouser les souffrances, les sacrifices, l'héroïsme anonyme et le martyrologe de l'Empire : l'hécatombe de la retraite de Saint-Jean d'Acre, sous la brûlure du soleil du désert, ou l'horreur de la retraite de Russie, dans les glaces mortelles de la steppe russe.

Avec ce « nous » qui réunit l'ancienne et la nouvelle France, et auquel le poète s'identifie, s'impose à l'esprit du lecteur toute la distance qui sépare des Français, des chrétiens, et de l'humanité en général, le moderne César : lui passe sans frémir sur des millions de vies humaines pour donner un corps d'Empire continental à l'idole de son *Moi*. Si le poète peut décrire comme personne, comme s'il la revivait lui-même de l'intérieur, l'agonie collective de la Grande Armée écrasée par l'hiver russe et par la tactique de Koutouzov, c'est qu'il retrouve dans sa mémoire les malheurs de la guerre soufferts par Chateaubriand lui-même en 1792, lorsque la déroute de l'armée des Princes avait fait de lui un Bardamu en fuite, titubant de fièvre et de soif dans un « voyage au bout de la nuit » qui en annonçait tant d'autres :

> « Quelques survivants partaient : ils s'avançaient vers des zones inconnues qui, reculant toujours, s'évanouissaient à chaque pas dans le brouillard. Sous un ciel pantelant, et comme lassé des tempêtes de la veille, nos files éclaircies traversaient des landes après des landes, des forêts suivies de forêts, et dans lesquelles l'Océan semblait avoir laissé son écume attachée aux branches échevelées des bouleaux. On ne rencontrait même pas dans ces bois ce triste et petit oiseau de l'hiver, qui chante, ainsi que moi, parmi les buissons dépouillés. Si je me retrouve tout à coup, par ce rapprochement, en présence de mes vieux jours, ô mes camarades (les soldats sont frères), vos souffrances me rappellent aussi mes jeunes années, lorsque, me retirant devant vous, je traversais, si misérable et si délaissé, la bruyère des Ardennes. »

La passion remémorée est mère de la compassion. De tels « états d'âme » sont inconnus de Napoléon. C'est sa force à court terme. Mais c'est aussi le principe de son aveuglement et de la fragilité de ses édifices.

Cependant, le même poète qui épouse le malheur est tout aussi bien capable de faire sentir et partager la délectation victorieuse du meneur d'hommes et l'idéalité du projet européen qui l'habite. Même dans la débâcle de la Bérésina, même dans la débandade qui commence alors des alliés de l'Empereur, il fait voir, au moment où elle se défait, la romanité de la Grande Armée, composée de la plupart des nations apparues en Europe depuis la fin de l'Empire d'Occident. Il reprend même à son compte ce que Bonaparte dans ses confidences à Caulaincourt, pendant le voyage en traîneau qui les ramenait à marches forcées de Smogorni à Paris, donnait pour le *« Carthago delenda est »* inspirant et légitimant toutes ses démarches : l'isolement et l'étouffement par le Blocus continental de « la commerçante Angleterre » et de sa toile d'araignée financière, et le châtiment de quiconque oserait l'enfreindre. Comme le Vautrin de Balzac, Napoléon-Satan dans les *Mémoires* a son côté Lucifer.

La vision du poète, comme celle de ses deux personnages, héritiers opposés des Lumières politiques, littéraires et encyclopédiques du XVIII<sup>e</sup> siècle français, est foncièrement hostile en effet à la subordination anglaise de la politique au commerce. Le christianisme social de Fénelon rejoint sur ce point le despotisme éclairé de Bonaparte. Dès la monarchie de Juillet, irénique envers l'Angleterre, Chateaubriand pouvait entrevoir que les choses allaient désormais, sur le continent aussi, dans ce sens irrésistible. Napoléon III fut lui-même à sa manière un saint-simonien. Le Bonaparte de Chateaubriand, comme celui de Stendhal, a résisté comme un démon à ce sens anglais et américain de l'Histoire. Du coup, Fénelon, et la politique du « pur amour », peuvent comprendre la grandeur du refus napoléonien, même s'ils ne peuvent lui pardonner ni ses méthodes ni sa haine de la liberté : elles lui ont aliéné ses alliés naturels.

Avant même la fin de la Restauration et mieux encore dans les premières années de la monarchie de Juillet, Chateaubriand avait pu assister à la seconde crue de la légende de Napoléon. Elle avait été amorcée dès 1821 par la nouvelle de la mort de l'Empereur et par la publication, qui la suivit de près, du « Mémorial de Sainte-Hélène ». Lui-même, reconnu pour leur chef par toute une jeune école d'écrivains romantiques et royalistes, entrait vivant alors dans la légende. Les deux gloires mûrirent ensemble : l'une était déjà née dans le sillage de l'autre.

Retiré de la vie politique après 1830, sinon pour le « service inutile » des Bourbons déchus, Chateaubriand publie ses *Études historiques* dont la splendide préface le qualifie comme historien professionnel ; elle atteste aussi à quel point il s'est pénétré de la philosophie et de la théosophie de l'histoire romantique. À partir de 1834, il donne lecture des fragments déjà achevés de ses *Mémoires* dans le salon de Juliette Récamier, à l'Abbaye-aux-bois, devant un parterre choisi de gens de lettres, qui en font des comptes rendus enthousiastes dans journaux et revues.

Face au marécage bourgeois et démocratique qui gagne, Chateaubriand a pris la mesure de l'étrange complicité d'époque qui le relie au demi-dieu mort en 1821 à Sainte-Hélène, et quasi ressuscité à Paris en 1836 et 1840 par l'achèvement de l'Arc de triomphe de l'Étoile et le Retour des cendres :

> « Au surplus, je m'aperçois moins du rapetissé de la société actuelle lorsque je me trouve seul. Laissé à la solitude, dans laquelle Bonaparte a laissé le monde, j'entends à peine les générations débiles qui passent et vagissent au bord du désert. »

La « Vie de Napoléon » qu'il dresse alors au milieu et au point de fuite de toutes les perspectives de ses *Mémoires* (elle conclut sa jeunesse et elle prélude à son grand âge) a été postulée par le développement de l'œuvre elle-même, et par la seconde vue sur son propre siècle et sur lui-même où elle a porté son auteur. Elle répond aussi à un défi. La légende romantique de l'Empereur, en France et dans toute l'Europe, avait fait fleurir poésies et épopées enthousiastes.

> « Vivant il a manqué le monde, mort il le possède [...]. Il appartenait si fort à la domination absolue qu'après avoir subi le despotisme de sa personne, il nous faut subir le despotisme de sa mémoire. »

Napoléon était devenu le grand « sujet » sur lequel l'auteur de *René* (l'anti-Napoléon par excellence) ne pouvait manquer de s'exercer, mais résolument à contre-courant.

Victor Hugo avait en 1824 dédié une « Ode » fervente à Chateaubriand chassé du ministère Villèle : le jeune poète opposait déjà son grand aîné au seul oppresseur digne de lui, Bonaparte : « Va, c'est en vain déjà qu'aux jours de la conquête / Une main de géant a pesé sur ta tête. » Dès 1827, au scandale de ses amis royalistes, c'est à Napoléon lui-même et à lui seul que Hugo réserve toute sa ferveur lyrique :

> *Histoire, poésie, il joint du pied vos cimes,*
> *Éperdu, je ne puis dans ces mondes sublimes*
> *Remuer rien de grand sans toucher à son nom* [...]
> *Napoléon ! Soleil dont je suis le Memnon.*

Béranger, avec lequel Chateaubriand était lié d'estime, malgré ses convictions républicaines, répandait par la chanson le mythe de Napoléon père du peuple et martyr de sa cause. Vigny, dès 1822, avait identifié Napoléon à son « Moïse » :

> *Ô Seigneur ! J'ai vécu puissant et solitaire :*
> *Laissez-moi m'endormir du sommeil de la terre.*

Edgar Quinet, habitué de l'Abbaye-aux-bois, publiait en 1836 cinquante-deux fragments épiques où Napoléon est identifié au Christ. La même année, Stendhal (qui avait fait de Bonaparte en 1830 le modèle d'énergie de son Julien Sorel) reprend son vieux projet de « Vie de Napoléon », mais il ne l'achèvera pas. Sainte-Beuve lui-même, autre habitué de l'Abbaye-aux-bois, avait prêté à l'un des principaux personnages de son roman *Volupté*, en 1834, une apologie enflammée de l'Empereur. Balzac, dans plusieurs romans de la *Comédie humaine*, évoquait à la fois l'épopée, la légende et la personne de Napoléon.

Parallèlement à cette montée de fièvre poétique et romanesque en faveur de l'Empereur disparu, sa *Correspondance*, les *Mémoires* de ses lieutenants ou compagnons, ses premières biographies (notamment celle, en plusieurs volumes, de Walter Scott, publiée en 1827), les premiers travaux des historiens militaires (Arnault, Jomini) avaient commencé à paraître sous la Restauration.

Leur flot ne cessa d'augmenter sous la monarchie de

Juillet. Entre les illuminations du nouveau culte et les documents d'archives rendus publics, il revenait au poète des *Martyrs*, à l'historien des *Études historiques*, qui seul de tous les nouveaux thuriféraires ou exégètes de Napoléon, avait réellement tenu tête à l'Empereur quand il était au faîte de sa puissance, de raconter sa vie, avec le recul et la hauteur qu'il était seul à pouvoir prendre, dans une œuvre réservée à la postérité. C'était un peu comme si Fénelon, auteur de la *Lettre à Louis XIV* et de *Télémaque*, avait assez vécu sous le duc d'Orléans et le cardinal Fleury pour raconter sereinement, en lieu et place de Voltaire, *Le Siècle de Louis le Grand*.

Avec cette différence, capitale, que Fénelon, désapproprié de lui-même, n'eût jamais pu construire, en parallèle et en opposition au « Moi » absolu du roi des Modernes, le « Je » ondoyant, à la fois lyrique et autocritique, orphique et pensif, non moins moderne et non moins individuel, que les *Mémoires* entrelacent à ce noyau dur. Il fallait dans l'intervalle que les *Confessions* et les *Rêveries* de Rousseau eussent enseigné une nouvelle manière chrétienne d'être au monde sans être du monde, de vouloir une société et de lui préférer pourtant l'individu tourné vers l'intérieur.

Les *Mémoires d'outre-tombe* exposent ainsi pour la première fois, dans tous ses replis, le couple appelé à devenir classique dès le XIX$^e$ siècle et se répéter trop souvent au XX$^e$ siècle des démocraties totalitaires : l'individu lyrique et l'individu-État, Hugo et Napoléon III, Thomas Mann et Hitler, Akhmatova et Staline, Lorca et Franco. Les démocraties commerciales ont depuis dissipé le dilemme.

La situation stratégique et architectonique d'une « Vie de Napoléon » à la troisième personne, au centre de *Mémoires* à la première personne, associe et oppose dans la voix d'un poète récitant et médiateur, deux destins, deux vocations, deux autorités contraires, mais qui prennent sens l'un par l'autre. Bon gré mal gré, Chateaubriand et son *Génie du christianisme* avaient figuré dans le cortège de Bonaparte allant à Notre-Dame entendre en 1802 le *Te Deum* du Concordat. Bon gré, mal gré, Napoléon, héros solaire, figure dans le monument funéraire que son obscur sujet a dressé à son siècle, et qui est signé de son nom. Si Napoléon, parachevant la Terreur, a réduit l'ancienne France et l'ancienne Europe à l'état d'Herculanum et de Pompéi, la « voix d'outre-tombe » qui a erré parmi les ombres et parmi les ruines d'une civilisation disparue a trouvé dans des profondeurs, insoupçonnées de l'Empereur, assez de souffle pour avoir, et de loin, le dernier mot.

Dans la mosquée de Cordoue, forêt de colonnes à perte de vue — l'infini à l'horizontale —, les conquérants espagnols ont troué au beau milieu une clairière, et dressé une cathédrale en miniature. Le gothique flamboyant de cette chapelle, tout en flèches verticales, oriente lui aussi vers l'infini, mais par le haut. Selon le guide qui lui fait visiter ce joyau de l'Andalousie, rival de l'Alhambra de Grenade, le touriste est invité à s'indigner contre le vandalisme chrétien qui a rompu la sublime monotonie noire et blanche de la Mezquita, ou à admirer la juxtaposition au même endroit de deux musiques opposées de la pierre, de deux orientations incompatibles de l'âme, de deux attitudes contradictoires devant le divin. Les uns ne veulent voir que l'injure faite à un chef-d'œuvre, les autres montrent un seul chef-d'œuvre où l'ouvrage le plus élancé impose à l'ouvrage antérieur la fonction de chapelles latérales. L'Espagne catholique aurait pu après tout raser la Mezquita. Elle l'a respectée, au titre de chef-d'œuvre de l'art, tout en la contraignant à contenir ce qui désacralise à jamais le temple andalou de l'Islam, plus efficacement que les boucliers à sourates qui font à Istanbul une mosquée de Sainte-Sophie.

Il y a quelque chose de très analogue dans l'inscription, à l'intérieur des *Mémoires*, d'une « Vie de Napoléon ». Bonaparte en Égypte s'était donné pour Grand Muphti de l'Islam et dans sa campagne d'Italie le narrateur de la « Vie de Napoléon » a pu dire de lui : « Comme Mahomet avec le glaive et le Koran, nous allions l'épée dans une main, les droits de l'homme dans l'autre. » La mosquée de l'Empire est maintenant asservie à la cathédrale que le poète a édifiée pour l'éternité et où Chateaubriand n'a pas craint d'apparaître, sur les chapiteaux, les vitraux, et les ornements d'autels, comme un simple donateur à l'échelle humaine.

Dans les dix-huit premiers livres des *Mémoires*, comme dans les dix-huit derniers, on visite les années du siècle des révolutions, mais vues d'ailleurs et de loin, par-dessus l'épaule d'un témoin doué d'un génie de poète, mais dont le témoignage est d'autant plus saisissant qu'il n'est jamais au centre de la scène. L'adolescent assiste à Brest, parmi la foule rassemblée sur les quais, au retour radieux de la flotte française qui a fait triompher la révolution américaine. Le jeune homme à Paris assiste depuis un balcon à la ruée barbare des vainqueurs de la Bastille, brandissant des têtes coupées au bout de leurs piques. Le même jeune homme retour d'Amérique subit de loin, parmi les émigrés vaincus, la victoire des armées révolutionnaires à Valmy et à Thionville. Depuis son exil anglais il doit se contenter de recueillir les nouvelles de la Terreur, et les deuils répétés qu'elles lui annoncent. L'auteur devenu brusquement célèbre en 1801 voit depuis Rome, depuis La Vallée-aux-Loups, ou même depuis un Moyen-Orient que Bonaparte a déserté depuis 1799, la métamorphose du Consulat en Empire, et Napoléon empereur bouleversant, à coups de canon et d'arrêtés administratifs, la carte de l'Europe. Même lorsque les Bourbons sont de retour, dans les fourgons de l'étranger, c'est encore dans la périphérie du grand journalisme, de la Chambre des pairs, des ambassades à Rome et à Londres, voire brièvement dans le rôle subalterne de ministre des Affaires étrangères supervisant, depuis des bureaux parisiens, « sa » guerre d'Espagne, qu'il observe la dérive du régime de la Charte vers les « Trois Glorieuses » ; à plus forte raison, quand la monarchie de Juillet est installée, le « noble pair » rentré dans la vie privée et se consacrant à la rédaction définitive de ses *Mémoires*, n'a pas d'autre récréation que le rôle, dont il rit le premier, d'avocat itinérant de la fantasque duchesse de Berry auprès de Charles X déchu.

Chateaubriand n'a jamais cessé d'être un « émigré », rejeté ou laissé à l'écart du centre de la scène historique. Il n'a jamais eu prise directe sur les événements. Il a appartenu à un parti d'émigrés, et qui le restèrent, même lorsqu'ils furent seuls à croire, en 1814 et 1815, aux apparences d'un retour de fortune aux commandes de la France.

Ce porte-à-faux historique, on ne le voit jamais si bien que pendant « le prodige de l'invasion d'un seul homme », le retour de l'île d'Elbe, en 1815 : « la légitimité tombe en défaillance » à l'instant même, au seul bruit du débarquement à Golfe Juan de « l'homme ». Parmi les émigrés, Chateaubriand est sans doute l'exception : il a du génie. Mais que peut le génie à contretemps ?

Le génie est universel. Il peut s'exercer dans l'État aussi bien que dans les Lettres. La chance pour Chateaubriand de le démontrer est-elle enfin venue dans le péril de l'État royal, exposé au retour de Napoléon ? Il échafaude un plan réaliste et courageux de défense de Paris. Aux Tuileries, on l'écoute avec bienveillance, tout en bouclant en catimini les bagages et en attelant les chevaux de la fuite.

Adopté, ce plan avait des chances raisonnables de succès : réussi, il eût changé la face des choses, donné consistance à la Restauration, et prévenu une seconde occupation étrangère de la France. Cette fois, comme plus tard, lors de la formation du premier gouvernement de la seconde Restauration, en zone occupée, et plus tard encore, lorsque son chef-d'œuvre de politique étrangère sera saboté par Villèle, la sottise des siens et la crainte qu'il inspire ont écarté Chateaubriand des affaires et l'ont empêché de donner un peu de son génie à la Couronne en déshérence de saint Louis.

En 1815, il est donc bien obligé de suivre le roi dans sa fuite à l'étranger, sitôt qu'il en a surpris le secret. Il se voit alors lui-même, doublement émigré : physiquement de la France nouvelle que Bonaparte a facilement reconquise, et moralement du parti fantoche où l'attachent sa naissance et sa loyauté :

> « Pourquoi suis-je venu à une époque où j'étais si mal placé ? Pourquoi ai-je été tiré dans cette troupe de médiocrités qui me prenaient pour un écervelé quand je parlais courage, pour un révolutionnaire quand je parlais liberté ? »

L'invincible obstacle que lui a opposé le crime de Napoléon en 1804, et que lui oppose maintenant l'aveuglement de son propre parti, l'ont réduit à un rôle de témoin de loin et de biais. Il en donne toute la mesure comique et passive pendant ce second séjour à Gand, auprès de Louis XVIII :

« Nous autres émigrés, nous étions dans la ville de Charles-Quint, comme les femmes de cette ville : assises derrière une fenêtre, elles voient dans un petit miroir incliné les soldats passer dans la rue. »

C'est vrai pour Chateaubriand, personnage historique. Ce n'est pas vrai pour le poète et l'historien des *Mémoires*. Même le personnage Chateaubriand, du reste, même l'impuissance à laquelle il est condamné, ne sont que des faits trompeurs comme tous les faits : ce témoin passif, voire ridicule, frémit de possibles irréalisés. L'homme d'État en puissance, mais empêché de passer à l'acte, sait voir comme de l'intérieur ce qui se passe sans lui, à la lumière de ce qui aurait pu et dû se passer avec lui. Le poète de la liberté, l'historien du despotisme, trouvent ainsi dans ce témoin d'exception un informateur doué de seconde vue. Ils ont pu tirer ensemble un extraordinaire parti visionnaire de l'optique indirecte du « petit miroir incliné » à laquelle le témoin passif semblait réduit.

L'« anti-héros » Chateaubriand, toujours paralysé pour l'action depuis que Napoléon en 1804 l'a rejeté du côté des éternels vaincus, est devenu pour le poète-historien des *Mémoires* l'épreuve en négatif des apparents vainqueurs : Napoléon le vainqueur par excellence, et à plus forte raison, les pauvres patrons de la Restauration, puis Louis-Philippe et les siens. Grâce à ce Chateaubriand personnage décalé, démobilisé, contemplatif, mais témoin aigu du réel et visionnaire des occasions manquées, le narrateur des *Mémoires* peut déployer sur plusieurs étages et en plusieurs lieux à la fois toute sa liberté de mouvement, de jugement et de rétrospection.

C'est évidemment dans la « Vie de Napoléon » que la disproportion entre cet « anti-héros » et l'acteur gigantesque qui accapare victorieusement la scène est la plus abrupte. C'est là aussi que le feuilletage, l'étagement, les modulations, l'ubiquité du récit, depuis la grande fresque épique jusqu'aux scènes émouvantes ou comiques de la vie privée, depuis la méditation sur les desseins de Dieu jusqu'aux petites intrigues compliquées des niais ou des filous, depuis l'Orient méditerranéen jusqu'aux confins de l'Asie, font vivre avec le plus de magie toutes les facettes d'une époque tumultueuse et éclatante. À l'écart du tumulte et de l'éclat, Chateaubriand n'a pu qu'assister au splendide spectacle, désespéré de ne pouvoir rien faire pour redresser le cours fatal qu'impriment à l'histoire l'insolente fortune et le génie de Napoléon. Quand celui-ci s'éloigne, laissant derrière lui morts et ruines, le narrateur, prêtant sa voix rétrospective à Chateaubriand, lui laisse exhaler sa douleur de ce qui aurait pu se passer, si Bonaparte et lui n'avaient pas rompu en 1804 :

> « Moi qui crois à la légitimité et à la souveraineté du malheur, si j'avais suivi Bonaparte, je ne l'aurais pas quitté, je lui aurais prouvé par ma fidélité, la fausseté de ses principes politiques ; je serais resté auprès de lui, comme un démenti vivant de ses stériles doctrines et du peu de valeur du droit de la prospérité. »

Et c'est sans doute dans le récit de la bataille de Waterloo que se déploient, avec le plus d'efficace ironie paradoxale, les possibilités poétiques, quasi évangéliques, que recèle cette vertigineuse disproportion entre l'Empereur qui agit et le témoin qui voit.

Tandis en effet que Napoléon, faisant feu de tous ses fers, se prépare à l'affrontement suprême avec l'Axe Londres-Vienne-Moscou, Chateaubriand, pourvu d'un pseudo-ministère de l'Intérieur par Louis XVIII réfugié à Gand, n'a que trop de loisir pour aller, avec la troupe légitimiste, manger dans une guinguette « un poisson blanc fort délicat » que l'on pêche dans les rivières de l'endroit, « en attendant les batailles et la fin des empires ». Il se livre aussi à l'une de ses distractions favorites, la promenade à pied dans la campagne, un livre à la main. Ce jour-là il a emporté les *Commentaires* de César.

Au cours de la promenade, des grondements lointains de canon se font entendre par intervalles, pas assez puissants encore pour couvrir « le cri d'une poule d'eau dans les joncs et le son d'une horloge de village » :

> « Je traversai le chemin, et je m'appuyai debout contre le tronc de l'arbre, le visage tourné du côté de Bruxelles. Un vent du sud, s'étant levé, m'apporta plus distinctement le

bruit de l'artillerie. Cette grande bataille, encore sans nom, dont j'écoutais les échos au pied d'un peuplier, et dont une horloge de village venait de sonner les funérailles inconnues, était la bataille de Waterloo. »

Le monologue intérieur du promeneur aux aguets, supputant l'importance de cette bataille et ne pouvant s'empêcher de souhaiter une victoire française, l'affolement parmi les réfugiés de Gand à la fausse nouvelle d'une victoire de Napoléon, puis le sobre récit du déroulement effectif des opérations résumant les témoignages qui affluent enfin, déplient les différents aspects et effets de l'événement tel qu'il a été perçu par un témoin à la fois proche et éloigné, étranger à l'action, mais suspendu de tout son être à son issue et à son suspens. Ces grondements de canon, réverbérés par une imagination qui sait sentir les enjeux et les possibles, en apprennent plus sur le sens de Waterloo que toutes les descriptions directes et réalistes, montrant l'Empereur et ses soldats engagés dans la bataille. Pour le témoin qui devine, l'orage d'acier qui a éclaté au loin ce jour-là décide d'un grand destin qui s'achève. Il fait écho, un quart de siècle plus tard, au tremblement tellurique qui avait signalé l'approche de « l'immense Napoléon », à une heure où celui-ci, invisible, n'était encore, même à ses propres yeux, qu'un « Bonaparte inconnu » :

« La pensée de Bonaparte était dans le monde avant qu'il fût de sa personne : elle agitait secrètement la terre ; on sentait en 1789, au moment où Bonaparte apparaissait, quelque chose de formidable, une inquiétude dont on ne pouvait se rendre compte. Quand le globe est menacé d'une catastrophe, on en est averti par des commotions latentes ; on écoute pendant la nuit ; on reste les yeux attachés sur le ciel sans savoir ce que l'on a et ce qui va arriver. »

Allié aux souvenirs de ce témoin-médium, le poète-historien des *Mémoires* a pu inventer une sorte de cubisme du récit, où les perspectives à facettes sur l'événement historique contribuent à le faire saisir de l'intérieur, comme le surgissement progressif, hésitant et mystérieux d'autre chose que seule sa propre marginalité l'autorise à saisir et montrer. C'est dans la « Vie de Napoléon » que cette poétique de l'évidement, de la résonance, de la superposition des prises de vue latérales, antérieures, postérieures, dédaignant l'épais récit linéaire et réaliste, peut revendiquer pour l'historien à la fois la liberté privée des *Mémoires*, et les licences poétiques du drame shakespearien :

> « Je vous fais voir, écrit le narrateur, comme il le fait souvent, en s'adressant familièrement au lecteur, l'envers des événements que l'histoire ne montre pas ; l'histoire n'étale que l'endroit. Les *Mémoires* ont l'avantage de présenter l'un et l'autre côté du tissu. Sous ce rapport, ils peignent mieux l'humanité complète en exposant, comme les tragédies de Shakespeare, les scènes basses et hautes. Il y a partout une chaumière auprès d'un palais, un homme qui pleure auprès d'un homme qui rit, un chiffonnier qui porte sa hotte auprès d'un roi qui perd son trône : que faisait à l'esclave présent à la bataille d'Arbèles la chute de Darius ? »

Le poète des *Mémoires*, rachetant ou accomplissant Chateaubriand, témoin plus qu'acteur de son siècle, a su faire de ce défaut de pouvoir une vertu de vision : il peut proposer de son siècle le miroir à la fois le plus magique et le plus complet. Mais, face à Napoléon, dont les actes avaient été autant de faits (« poète en action », « génie immense dans la guerre », « esprit infatigable », « habile et sensé dans l'administration », « législateur laborieux et raisonnable ») et dont la légende proliférante faisait après coup le résumé de toutes les aspirations humaines, comment faire entendre sa propre vérité d'homme d'État empêché d'agir, même suppléée par le génie du poète et la critique de l'historien ? La poésie des *Mémoires* ne nuit-elle pas à leur crédibilité autant qu'elle la sert ? Le fait napoléonien ne s'imposera-t-il pas toujours à « l'autorité des esprits positifs et à l'imagination des peuples » contre le verbe des *Mémoires* ? « Vaines paroles, mieux que personne j'en sens l'inutilité ».

Plus cruellement encore que sous l'Empire, Chateaubriand avait fait au début de la Restauration l'expérience du préjugé des « esprits positifs » contre la clairvoyance politique des poètes. Alors qu'il venait de publier, en faveur de Louis XVIII et de la Charte, des *Réflexions* qui attestaient sa lucidité et son aptitude au gouvernement des hommes, le roi n'en avait pas moins déclaré à ses familiers :

« Donnez-vous de garde d'admettre jamais un poète dans vos affaires : il perdra tout. Ces gens-là ne sont bons à rien. »

Depuis, les Bourbons avaient tout perdu. L'homme d'État-poète qu'ils n'avaient cessé de mépriser et redouter pouvait se laver les mains de leur désastre.

Qu'est-ce donc qu'un « fait » ? En quoi les « esprits positifs » sont-ils plus « au fait » que les grands intuitifs et les poètes ? Les *Mémoires d'outre-tombe* ne se contentent pas de procéder à une critique des « faits » tels que les entendent à gros grains les « esprits positifs », aussi myopes en réalité que « l'imagination des peuples ». Le poète des *Mémoires* fait l'inventaire des illusions, des erreurs, des crimes, des désastres qui a résulté de l'adoration béate et servile des « faits », et du fatalisme qu'elle suppose. Il fait valoir que le réel n'est pas une addition de « faits », mais une forêt de symboles. Cela vaut pour le poète. Cela vaut pour l'historien. Cela vaut aussi pour l'homme d'État et d'action.

Dans la préface de ses *Œuvres complètes* publiées chez Ladvocat en 1826, Chateaubriand avait protesté contre le soupçon qui se rit de l'intuition et l'imagination. C'est le même soupçon qui avait inspiré à Bossuet et Louis XIV la disgrâce de Fénelon et le durcissement fatal de l'absolutisme. Grotesque lorsqu'il émane des derniers Bourbons, chimères vivantes, il devient l'enjeu on ne peut plus grave d'une querelle essentielle, politique, morale, théologique quand il s'agit d'interpréter la vie de Bonaparte, l'idole des « esprits positifs » :

« Si vos deux talents, écrivait Chateaubriand, celui de la prose et de la poésie, sont à peu près sur la même ligne, à l'instant on vous en refuse un, par cette impossibilité où sont les hommes d'accorder deux aptitudes à un même esprit [...]. Répétez, par exemple, jusqu'à satiété, que tous les grands talents politiques et militaires de la Grèce, de l'Italie ancienne, de l'Italie moderne, de l'Allemagne, de l'Angleterre, ont été aussi de grands talents littéraires, vous ne parviendrez jamais à convaincre de cette vérité de fait la partie médiocre de notre société. Ce préjugé barbare qui sépare les talents n'existe qu'en France, où l'amour-propre est inquiet, où chacun croit perdre ce que le voisin possède, où enfin on avait divisé les facultés de l'esprit comme les classes de citoyens. Nous avions nos trois ordres intellectuels, le génie militaire, le génie politique, le génie littéraire, comme nous avions nos trois ordres politiques, le clergé, la noblesse, et le tiers-état. Mais dans la constitution des trois ordres intellectuels, il était de principe qu'ils ne pouvaient se trouver réunis dans la même chambre, c'est-à-dire dans le même cerveau. »

Ces œillères ne rétrécissent pas seulement le connaître et l'agir de ceux qui les portent, elles appauvrissent le réel lui-même, qui demande de fines antennes pour être compris dans tous ses replis et dans ses diverses dimensions paradoxales. Or c'est ce réel à plusieurs faces, à dimensions multiples, que visent à faire reconnaître les *Mémoires*, œuvre à la fois de poète, d'historien et de témoin doué de seconde vue. Cela expose, comme il est arrivé à Chateaubriand lui-même, et comme il arrivera aux *Mémoires* lors de leur publication en 1849, à se voir privé par les « esprits positifs » de toute crédibilité historique et de toute autorité politique.

Cette invraisemblance des *Mémoires* n'était pas du tout apparue lors des premières lectures, en 1834. Entre-temps, le sens du merveilleux, de l'extraordinaire, de l'invraisemblable, du mystérieux dans le réel, la connaissance symbolique, telle que les événements de la Révolution et l'Empire l'avaient fait renaître et dont le romantisme avait fait sa boussole littéraire, s'étaient considérablement appauvris. Le réel aussi.

Éclectisme cousinien, scientisme, utilitarisme avaient largement regagné le terrain perdu.

Dans la « Vie de Napoléon », le narrateur prend soin d'avertir que « les faits de la façon de Bonaparte » ne sont pas des faits ordinaires : créés par un génie lui-même de nature poétique, ils relèvent de plein droit de la juridiction du poète, mais d'un poète universel, à qui les arcanes de la grande politique ne sont pas inconnues. Chateaubriand, lui aussi poète et homme d'État, mais né trop tôt, trop tard et à côté, n'a donc pas seulement vocation à dire la vérité de l'Empereur dans sa « profondeur » symbolique : il a tous les titres pour juger en dernier ressort de l'« orientation » que ce « poète en action » a donnée à sa vie. Les derniers chapitres de la « Vie de Napoléon » ne se contentent plus de narrer : ils évaluent les ravages laissés derrière lui par Napoléon et ils rattachent son tragique bilan à une erreur d'autant plus terrible qu'elle est le fait d'un grand poète politique, déchiffrable seulement par un autre grand poète. Tel est le sens ultime du leitmotiv « Après Napoléon, néant ». Une autre version de cette sentence est la comparaison répétée avec Attila, « sur les pas duquel l'herbe ne repousse plus ».

Or cette erreur funeste, qui se déclare en 1804, n'a pas foudroyé sur-le-champ l'Empereur. Il a pu, choyé par la Fortune, en développer triomphalement toutes les conséquences de foudre jusqu'en 1815. Que nous apprend donc cet homme du Destin sur les desseins de la Providence, à laquelle Napoléon ne croyait pas ? Au poète de la « Vie de Napoléon », qui montre à quel point la Fortune a aussi peu servi Chateaubriand que Fénelon, il revient aussi de s'interroger sur le sens divin de l'histoire des hommes. C'est la grandeur de Napoléon d'obliger à aller au fond des choses.

Les « faits » napoléoniens relèvent de la poésie et du merveilleux. Pourtant il s'agit bien d'histoire, et non de fable. Napoléon n'est pas un mythe antique ni primitif, bien que tout ce qu'il a touché relève de l'extraordinaire. En plein « siècle de l'histoire », à la suite du « siècle des Lumières », le travail du temps n'a même pas été nécessaire pour que la légende s'empare de lui et en fasse une divinité, pour certains même un autre Christ. Soudaine avait été son ascension. Aussi rapide après sa chute la croissance irrationnelle de sa légende. Quel démenti au rationalisme critique du siècle précédent et au positivisme naissant du siècle nouveau que l'éclosion de ce héros fantastique, devenu l'idole des « esprits positifs » !

« Comment s'étaient opérés ces miracles ? Quelles qualités possédait l'homme qui les enfanta ? Je vais suivre l'immense fortune de Bonaparte qui, nonobstant, a passé si vite que ses jours occupent une courte période du temps renfermé dans ces *Mémoires*. De fastidieuses productions de généalogies, de froides disquisitions sur les faits, d'insipides vérifications de dates sont les charges et les servitudes de l'écrivain. »

En réalité la double nature napoléonienne (poète et acteur de l'histoire) ne demande pas tant, pour être comprise, l'érudition critique d'un Pierre Bayle, qu'un interprète pourvu lui-même d'une double nature, à la fois poète et témoin de l'histoire. La vérité sur Napoléon, la critique de sa légende, n'est à la portée que d'une intuition divinatoire.

L'essence de cette « Vie de Napoléon » est ainsi doublement ironique. Comme Pascal (« s'il s'abaisse je le vante, s'il se vante je l'abaisse »), le narrateur des *Mémoires* exalte d'autant plus haut la poésie en action de Bonaparte qu'il peut ainsi faire ressortir les tragiques méfaits d'une essentielle erreur de vision. Du même mouvement, il hésite d'autant moins à faire sourire de l'impuissance historique de Chateaubriand que celle-ci fait mieux valoir la transcendance des principes qui ont condamné ce témoin à l'échec temporel, mais qui lui assurent la victoire spirituelle. Dans la « Vie de Napoléon », le combat fénelonien entre le « pur amour » et l'« amour mercenaire », de théologique et politique qu'il était sous Louis XIV, devient le moteur romantique de la dramaturgie historique, une tragédie du libre arbitre dans un devenir à très long terme dont Dieu seul se réserve le sens.

Avec un humour dont on ne le crédite pas assez, et qui frôle ici le persiflage, la « Vie de Napoléon » commence à voix basse, avec des pastiches d'érudit pointilleux du XVIII$^e$ siècle. Parodie de la critique des Lumières, satire aussi des débuts provinciaux et obscurs de Bonaparte analogues à ceux de Chateaubriand.

Cette prose pédestre et pédante ne commence à s'accélérer et à se délivrer de ses « charges et servitudes » qu'avec la campagne d'Italie. Tout à coup, « nous », le chœur, nous courons avec le choryphée sur les cimes, à la suite d'un Bonaparte qui soudain ne touche plus terre :

« L'aigle ne marche pas, il vole, chargé des banderoles de la victoire suspendues à son cou et à ses ailes. »

Et pourtant quelques pages plus tôt, faisant pressentir les manières nouveau riche et l'étiquette soldatesque que Napoléon imposera à sa cour des Tuileries, il avait pu écrire : « La nécessité de passer par les petites conditions donne quelque chose de commun à la vie. » Il y aura toujours un peu de Thiers chez le Bonaparte de Chateaubriand. Il n'est pas de la trempe d'Alexandre ou de César. C'est un tardif, c'est un moderne. Il y a du bourgeois arrivé chez lui.

La campagne d'Égypte, qui dans l'esprit du Directoire devait débarrasser la France d'un gêneur, transfigure un général victorieux en héros d'épopée. César en Italie, Bonaparte prend encore une stature d'Alexandre sur les bords du Nil :

« Cette aventure d'Égypte changea à la fois la fortune et le génie de Napoléon, en surdorant ce génie, déjà trop éclatant, d'un rayon de soleil qui frappa la colonne de nuée et de feu. »

L'astre de Bonaparte l'Égyptien, réfléchi par le poète, n'empêche pas l'historien, citant ses sources, ou confrontant les témoignages, de démontrer les déceptions sur place des savants et des soldats éblouis au départ par l'égyptomanie du XVIII$^e$ siècle, ou la conduite cruelle et cynique par Bonaparte de l'expédition en Syrie, qui échoua piteusement devant Saint-Jean-d'Acre, ou tout simplement la violation du droit des gens dans cette invasion, sans déclaration de guerre, d'une province de l'Empire ottoman. Le comique énorme du dialogue entre Bonaparte et les imams dans la crypte de la pyramide de Chéops, chef-d'œuvre de propagande mythomane publiée à Paris par le *Moniteur*, préfigurant les *Antimémoires* de Malraux, donne un aperçu de la démagogie dont Bonaparte est capable, et qui a fait de lui le premier William Randolph Hearst de l'ère démocratique et journalistique.

Ces « réalités des jours » relevées par l'historien ne font pas sous-estimer au poète l'inspiration héroïque ni le zèle scientifique que Bonaparte a insufflés à l'expédition d'Égypte, et qui firent aussi d'elle le testament de l'esprit encyclopédique des Lumières. Même quand le général en chef abandonne furtivement son armée à son sort, comme il le fera de nouveau plus tard au beau milieu de la retraite de Russie, l'historien ne néglige pas de faire goûter en grand « critique des beautés » les instructions qu'il laisse à Kléber, ni de faire sentir en grand poète la fortune invraisemblable du voyage de retour sur une coquille de noix, normalement vouée aux canons ou à l'arraisonnement des Anglais, maîtres de la Méditerranée :

> « Un poète, s'échappant d'Alexandrie, monte le dernier sur la frégate aventureuse. Tout imprégné des miracles de la Judée, ayant appris la tombe aux Pyramides, Bonaparte franchit les mers, insouciant de leurs vaisseaux et de leurs abîmes : tout était guéable pour ce géant, événements et flots. »

Ces incessants changements de registre et de points de vue, cette absence de thèse fixe et de ligne droite, loin de mettre le poète en contradiction avec l'historien, permettent à tous deux de saisir sous toutes ses facettes le phénomène Bonaparte, et les reflets multiples qu'il fait chatoyer sur son passage. C'est la vie même qui frémit sous les yeux du lecteur, une vie magnétisée par l'électricité qui émane du grand homme, et qui fait de lui un moderne Dionysos à la tête d'une thiase contagieuse et irrésistible : « La sorte de sublime démence qui agitait Bonaparte, il la communiquait à ses victimes. »

Quelles épreuves auraient été épargnées au monde si ce génie avait pu être pour l'Europe post-absolutiste ce que Washington a été pour l'Amérique post-coloniale ? Ce futurible irréalisé hante la narration de la « Vie de Napoléon » et corrode de funeste vanité l'euphorie éphémère des songes victorieux de l'Empereur.

De triomphe en triomphe en effet, et malgré l'engraissement progressif du jeune vainqueur d'Arcole, Bonaparte Premier consul puis Empereur continue à prendre le monde de vitesse et à le faire aller d'étonnement en étonnement.

Pour résister à ses changements à vue et ses offensives-éclairs, il faut cependant que le monde sorte peu à peu de sa torpeur, de ses paresses, de ses habitudes, et recoure à des énergies oubliées ou endormies. L'Espagne des moines invoque son Moyen Âge de Reconquista et les mânes de Philippe II pour infliger leurs premiers revers aux généraux de l'Empereur. L'Allemagne universitaire enflamme sa jeunesse de passion nationale, et la reine Louise de Prusse, traitée avec muflerie par Napoléon, devient la Muse des poètes composant des appels aux armes. C'est tout juste si le vieillard Pie VII, patient et diplomate dans l'épreuve humiliante qui lui est imposée par l'Empereur, ne demande pas aux mânes de Grégoire VII et de Sixte-Quint la force de lancer une excommunication plénière et nominale contre son persécuteur. La Russie, elle, retrouve les résolutions barbares d'Ivan le Terrible et des tactiques scythes pour naufrager la Grande Armée. Fils des Lumières, l'Empereur à force de « miracles » brutaux réveille contre les Lumières et rend moralement légitimes les fantômes furieux de l'Europe la plus archaïque.

La Contre-Révolution que la Terreur de 1793 et l'exécution du couple royal français n'avaient pas suffi à déclencher dans l'Europe des rois, s'embrase enfin pour répondre aux violences répétées de l'Empire. Le récit, accordé à la hâte du conquérant et à la cascade de ses victimes, le suit comme une ombre, se déplace du Nord au Sud, de l'Ouest à l'Est de l'Europe. On ne s'ennuie pas, même si cette pyrotechnie et l'ubiquité impériales auront des lendemains désastreux. Les mourants et les blessés eux-mêmes, amis et ennemis, malgré la compassion fraternelle dont le narrateur les enveloppe, semblent ne pas regretter d'avoir joué les figurants dans ce spectacle extraordinaire dont Napoléon est l'auteur et le principal acteur.

Mais ces triomphes et le désordre irrémédiable qu'ils répandent en Europe ne doivent pas masquer l'essentiel. Un tel génie de l'ordre, s'il avait pris la tête de la Contre-Révolution en assimilant, à l'édifice français et européen qu'il était capable de créer, les principes de 1789, conséquences politiques et sociales de la révélation chrétienne, eût épargné au monde le néant qui a suivi sa chute. Or cet aristocrate qui haïssait les principes de 1789 autant que la Terreur de 1793, ce contre-révolutionnaire déterminé, a voulu faire une

Contre-Révolution de sa façon, une Contre-Révolution d'égotiste grandiose, en se coupant des principes qui auraient pu enraciner sa création politique dans les réserves chrétiennes de la France et de l'Europe. Au lieu de faire mûrir l'Europe pour la liberté, il a braqué contre lui la vieille chrétienté et il l'a fait régresser vers son propre passé théocratique.

Au fond de l'erreur de Napoléon, ce qui a privé de base son « poétique édifice de victoires » et l'a condamné à passer comme un mirage du désert, on trouve cette dureté de cœur, cette passion de la gloire, cette idolâtrie de soi-même, cet aveuglement pour autrui que Fénelon directeur de conscience, éducateur et homme d'État en puissance, avait diagnostiqués chez le despote de Versailles, dans sa « Lettre à Louis XIV ». Napoléon a voulu une Europe à l'image de l'État absolu du Grand Roi, il a nié son histoire, sa diversité, ses affinités électives, son développement religieux, sa liberté : « Parodie de l'omnipotence de Dieu ».

Il est assez saisissant de mettre en parallèle l'éclatante analyse que le poète de la « Vie de Napoléon » propose du mécanisme qui a ruiné dès le Consulat les chances qu'une France réconciliée avec elle-même aurait pu avoir de fédérer l'Europe autour d'elle, et celle que le précepteur du duc de Bourgogne donnait en 1696 de la politique européenne de Louis XIV, désastreuse pour la grandeur comme pour la santé de l'ancien royaume :

> « Voilà, écrit Fénelon, ce qui fait que la paix n'a pu durer. Vos ennemis honteusement accablés n'ont songé qu'à se relever, et qu'à se réunir contre vous. Faut-il s'en étonner ? Vous n'avez même pas demeuré dans cette paix, que vous aviez donnée avec tant de hauteur. En pleine paix, vous avez fait la guerre et des conquêtes prodigieuses [...]. C'était ajouter l'insulte et la dérision à l'usurpation et à la violence [...]. Aussi plus vous êtes victorieux, plus ils vous craignent et se réunissent pour éviter l'esclavage dont ils se croient menacés [...]. On a rendu votre nom odieux et toute la nation française insupportable à tous nos voisins [...]. La France entière n'est plus qu'un grand hôpital désolé et sans provisions [...]. Pendant que vous prenez en rude combat le champ de bataille et le canon de l'ennemi,

vous ne songez pas que vous combattez sur un terrain qui s'enfonce sous vos pas et que vous allez tomber malgré vos victoires. »

La légende de l'Empereur, despotique elle-même, est lourde pour l'Europe de nouveaux orages d'acier : elle a germé, comme l'Empire lui-même, dans un sillon du caractère national français qui avait été creusé par le Grand Roi :

> « Une expérience journalière fait reconnaître que les Français vont instinctivement au pouvoir ; ils n'aiment point la liberté, l'égalité seule est leur idole. Or l'égalité et le despotisme ont des liaisons secrètes. Sous ce rapport, Napoléon avait sa source au cœur des Français, militairement inclinés vers la puissance, démocratiquement amoureux du niveau. »

Fénelon et Saint-Simon à son apparition avaient déjà diagnostiqué ce funeste pli.

Quant à la légitimité sans l'énergie de Napoléon, et de surcroît animée par la même haine de la liberté que lui, elle n'offre aucune raison d'espoir. L'auteur des *Mémoires* est littéralement crucifié de n'avoir eu d'autre option politique possible que de la suivre, de la servir, et de la subir.

Tout sonne faux et démodé sur la scène officielle de la première Restauration, et Chateaubriand lui-même, dans son rôle de composition, se décrit rétrospectivement sans indulgence. Le récit même de ce piteux raccord entre l'île d'Elbe et Sainte-Hélène coûte au narrateur : « Vieux, passés, usés, ces fastidieux détails ne servent plus que de fil historique. » Au ridicule inoffensif de cette foire aux vanités de Cour s'ajoute l'odieux des « hommes de la Révolution et de l'Empire » dont la servilité intéressée et zélée flatte outrageusement le nouveau régime, qui les a maintenus en place, et crache sur le précédent. Les élèves de Bonaparte ne font pas son éloge d'éducateur.

Depuis l'île d'Elbe, l'Empereur n'en a pas moins perçu la chance que lui donnait la fatuité du nouveau régime : « Tout à coup, le télégraphe annonça aux braves gens le débarquement de l'homme. » La fête va recommencer ? L'historien inséparable du poète, s'arrête pour méditer sur cette entreprise nouvelle « d'une hardiesse inouïe ». L'alibi d'un « grand dessein » européen même despotique, qui rendait encore compréhensible le « songe immense » de l'Empire, ne tient plus. Cette fois, quelque chose de monstrueux, le fond destructeur de Napoléon et l'énigme théologique d'un telle fortune obstinée se dévoilent :

> « Du point de vue politique, on pourrait regarder cette entreprise comme un crime irrémissible, et la faute capitale de Napoléon [...]. Il immolait à sa passion de reparaître sur la scène le repos d'un peuple qui lui avait donné son sang et ses trésors ; il exposait au démembrement la patrie dont il tenait tout ce qu'il avait été dans le passé et tout ce qu'il sera dans l'avenir. Il y eut dans cette conception fantastique un égoïsme féroce, un manque effroyable de reconnaissance et de générosité envers la France.
>
> « Tout cela est vrai selon la raison pratique, pour un homme à entrailles plutôt qu'à cervelle. Mais pour les hommes de la nature de Napoléon, une raison d'une autre sorte existe ; ces créatures à haut renom ont une allure à part ; les comètes décrivent des courbes qui échappent au calcul ; elles ne sont liées à rien, ne paraissent bonnes à rien ; s'il se trouve un globe sur leur passage, elles le brisent et rentrent dans les abîmes du ciel ; leurs lois ne sont connues que de Dieu. Les individus extraordinaires sont les monuments de l'intelligence humaine ; ils n'en sont pas la règle. »

Maintenant que le dénouement approche, des mots nouveaux dessinent en filigrane du récit une configuration métaphysique. Napoléon, qui, nous le savions, « ne songe qu'à son avenir sur la terre », est qualifié à plusieurs reprises, tout simplement, d'« homme » : « Il était toutes les misères et les grandeurs de l'homme. » À son propos aussi, le nom de Dieu est de plus en plus souvent prononcé :

> « Dieu seul connaît la cause de ces mutations liées à des mystères de l'avenir ; il est pour les hommes des vérités cachées dans la profondeur des temps ; elles ne se manifes-

tent qu'à l'aide des siècles, comme il y des étoiles si éloignées de la terre que leur lumière n'est pas encore parvenue jusqu'à nous. »

L'épopée, la tragédie, la saturnale sanglante, la comédie noire qui ont successivement secoué et labouré la terre sur le passage de la comète Napoléon cèdent maintenant la place à un autosacramental de Calderón, à un drame de Claudel. Le ciel s'ouvre, et sur fond d'infini et de jugement dernier, c'est maintenant, dans la personne de l'Empereur, au dernier acte, l'individu selon Burckhardt, fils de la Renaissance italienne, déployant son moi hors de tout frein moral et religieux, le « ravageur », le « Christ de la mauvaise puissance », qui se révèle sans voile, abîmant la France après avoir abîmé l'Europe. Au-dessus de lui l'œil inscrutable de la Providence.

La Fortune, le Destin ne le soutiennent plus. Il s'est trompé sur « le prestige de sa puissance ». Lui qui s'est joué des hommes comme de pièces dans un grand jeu dont il s'est cru le champion absolu, il n'était lui-même en définitive et à son insu qu'une pièce et une brève partie dans le grand jeu divin, dont les fins ne peuvent être entrevues obscurément que par les poètes et les mystiques. « L'un des plus grands hommes de l'histoire », l'homme libre, l'individu à l'état incandescent, est apparu sur la terre comme une comète dévastatrice pour faire place nette à tout ce qui pouvait, dans l'ancien monde, empêcher ou retenir l'avènement de la fourmilière tocquevilienne, où les individus égalisés, serrés les uns contre les autres, se rétrécissent les uns les autres et sont tous menacés de perdre leur pure et simple identité, pour ne rien dire de leur liberté et de leur âme. C'est cette entropie, à vue humaine, que prévoit le vieux Chateaubriand : « Après Napoléon, néant. » Il craint d'être celui qui sonne « le couvre-feu ».

Cette angoisse de Cassandre le pousse à rapporter, dans les dernières pages de la « Vie de Napoléon », l'espèce de pèlerinage méditatif qu'il fait de nuit à Golfe Juan, jusqu'à la plage où Napoléon avait débarqué au retour de l'île d'Elbe :

« Je quittai la plage dans une espèce de consternation religieuse, laissant le flot passer et repasser, sans l'effacer, sur la trace de l'avant-dernier pas de Napoléon. »

Si le grand jeu est divin, cette angoisse de « fin de la civilisation » n'est qu'un défaut d'optique humaine, parallèle à celui qui faisait croire à Napoléon qu'il n'avait d'avenir « que sur la terre ».

Dans les *Mémoires* et notamment dans leur péroraison, l'« Avenir du monde », cette sueur de sang est combattue par la volonté d'espérance, et par l'abandon difficile aux desseins providentiels sur « les destinées futures de la race humaine ». Mais c'est une volonté sèche, qui ne console pas.

Dans la pensée théosophique de son ami Ballanche, dont Chateaubriand s'est nourri, ainsi que Tocqueville, beaucoup plus que l'un et l'autre ne l'ont laissé entendre, le développement du christianisme (au sens fénelonien) dans l'histoire avait supposé à ses débuts l'Empire romain : il suppose aussi pour s'achever l'universalisation de la démocratie. La rédemption finale de l'espèce humaine passe par de longues « expiations ». « Dieu écrit droit par des lignes courbes », dit un proverbe espagnol cité par Claudel. Si Louis XVIII, en 1815, avait tenu tête à Napoléon dans Paris, au lieu de fuir, il aurait « entravé l'avenir », au secours duquel Bonaparte « accourait ». C'est à de tels indices oraculaires qu'il faut demander le sens ultime, le sens eschatologique, de la « Vie de Napoléon ». La courbe de la comète Bonaparte, avec le sillage « ravageur » qu'elle a laissé sur son passage terrestre, étendant à l'Europe les effets sanglants de la Révolution française, mais aussi les poisons d'une Contre-Révolution vengeresse, atteste dans le miroir que lui tend le poète des *Mémoires*, à quel point l'éducation progressive de l'humanité à l'amour pur a pour modèle éternel le Golgotha.

« La vie de Napoléon »

*par*

François-René de Chateaubriand

# I

1. De Bonaparte. — 2. Bonaparte. – Sa famille. — 3. Branche particulière des Bonaparte de la Corse. — 4. Naissance et enfance de Bonaparte. — 5. La Corse de Bonaparte. — 6. Paoli. — 7. Deux pamphlets. — 8. Brevet de capitaine. — 9. Toulon. — 10. Journées de vendémiaire. — 11. Suite. — 12. Campagnes d'Italie. — 13. Congrès de Rastadt. – Retour de Napoléon en France. – Napoléon est nommé chef de l'armée dite d'Angleterre. – Il part pour l'expédition d'Égypte. — 14. EXPÉDITION D'ÉGYPTE. – Malte. – Bataille des Pyramides. – Le Caire. – Napoléon dans la grande Pyramide. – Suez. — 15. Opinion de l'armée. — 16. Campagne de Syrie. — 17. Retour en Égypte. – Conquête de la Haute-Égypte. — 18. Bataille d'Aboukir. – Billets et lettres de Napoléon. – Il repasse en France. Dix-huit brumaire.


## 1

### DE BONAPARTE.

La jeunesse est une chose charmante ; elle part au commencement de la vie couronnée de fleurs comme la flotte athénienne pour aller conquérir la Sicile et les délicieuses campagnes d'Enna[1]. La prière est dite à haute voix par le prêtre de Neptune ; les libations sont faites avec des coupes d'or ; la foule, bordant la mer, unit ses invocations à celle du pilote ; le pæan est chanté tandis que la voile se déploie aux rayons et au souffle de l'aurore. Alcibiade, vêtu de pourpre et beau comme l'Amour, se fait remarquer sur les trirèmes, fier des sept chars qu'il a lancés dans la carrière d'Olympie. Mais

---

[1]. La ville la plus élevée de la Sicile. Allusion à l'expédition de Sicile commandée par Alcibiade (415 av. J.-C.).

à peine l'île d'Alcinoüs[1] est-elle passée, l'illusion s'évanouit : Alcibiade banni va vieillir loin de sa patrie[2] et mourir percé de flèches sur le sein de Timandra. Les compagnons de ses premières espérances, esclaves à Syracuse, n'ont pour alléger le poids de leurs chaînes que quelques vers d'Euripide.

Vous avez vu ma jeunesse quitter le rivage ; elle n'avait pas la beauté du pupille de Périclès[3], élevé sur les genoux d'Aspasie ; mais elle en avait les heures matineuses ; et des désirs et des songes. Dieu sait ! Je vous les ai peints, ces songes : aujourd'hui, retournant à la terre après maint exil, je n'ai plus à vous raconter que des vérités tristes comme mon âge. Si parfois je fais encore entendre les accords de la lyre, ce sont les dernières harmonies du poète qui cherche à se guérir de la blessure des flèches du temps, ou à se consoler de la servitude des années.

Vous savez la mutabilité de ma vie dans mon état de voyageur et de soldat ; vous connaissez mon existence littéraire depuis 1800 jusqu'à 1813, année où vous m'avez laissé à la *Vallée-aux-loups* qui m'appartenait encore, lorsque ma *carrière politique* s'ouvrit. Nous entrons présentement dans cette carrière : avant d'y pénétrer, force m'est de revenir sur les faits généraux que j'ai sautés en ne m'occupant que de mes travaux et de mes propres aventures : ces faits sont de la façon de Napoléon. Passons donc à lui ; parlons du vaste édifice qui se construisait en dehors de mes songes. Je deviens maintenant historien sans cesser d'être écrivain de mémoires ; un intérêt public va soutenir mes confidences privées ; mes petits récits se grouperont autour de ma narration.

Lorsque la guerre de la Révolution éclata, les rois ne la comprirent point ; ils virent une révolte où ils auraient dû voir le changement des nations, la fin et le commencement d'un monde : ils se flattèrent qu'il ne s'agissait pour eux que d'agrandir leurs États de quelques provinces arrachées à la France ; ils croyaient à l'ancienne tactique militaire, aux anciens traités diplomatiques, aux négociations des cabinets ;

---

1. Le père de Nausicaa. Il régnait sur l'île de Corcyre (Skhérié), devenue Corfou. — 2. Il s'était réfugié avec sa maîtresse Timandra dans un bourg de Phrygie. — 3. Alcibiade : il fut élevé par Périclès, son grand-oncle.

et des conscrits allaient chasser les grenadiers de Frédéric, des monarques allaient venir solliciter la paix dans les antichambres de quelques démagogues obscurs, et la terrible opinion révolutionnaire allait dénouer sur les échafauds les intrigues de la vieille Europe. Cette vieille Europe pensait ne combattre que la France ; elle ne s'apercevait pas qu'un siècle nouveau marchait sur elle.

Bonaparte dans le cours de ses succès toujours croissants semblait appelé à changer les dynasties royales, à rendre la sienne la plus âgée de toutes. Il avait fait rois les électeurs de Bavière, de Wurtemberg et de Saxe ; il avait donné la couronne de Naples à Murat, celle d'Espagne à Joseph, celle de Hollande à Louis, celle de Westphalie à Jérôme ; sa sœur, Élisa Bacciocchi, était princesse de Lucques, il était, pour son propre compte, empereur des Français, roi d'Italie, dans lequel royaume se trouvaient compris Venise, la Toscane, Parme et Plaisance ; le Piémont était réuni à la France ; il avait consenti à laisser régner en Suède un de ses capitaines, Bernadotte ; par le traité de la confédération du Rhin, il exerçait les droits de la maison d'Autriche sur l'Allemagne ; il s'était déclaré médiateur de la confédération helvétique ; il avait jeté bas la Prusse ; sans posséder une barque, il avait déclaré les Îles Britanniques en état de blocus. L'Angleterre malgré ses flottes fut au moment de n'avoir pas un port en Europe pour y décharger un ballot de marchandise ou pour y mettre une lettre à la poste.

Les États du pape faisaient partie de l'empire français ; le Tibre était un département de la France. On voyait dans les rues de Paris des cardinaux demi-prisonniers qui, passant la tête à la portière de leur fiacre, demandaient : « Est-ce ici que demeure le roi de... ? — Non, répondait le commissionnaire interrogé, c'est plus haut. » L'Autriche ne s'était rachetée qu'en livrant sa fille : le *chevaucheur* du midi [1] réclama Honoria de Valentinien, avec la moitié des provinces de l'empire [2].

---

1. Bonaparte, Attila étant « le chevaucheur du nord ». — 2. Honoria était la sœur de l'empereur Valentinien. Attila n'accepta de l'épouser que si elle lui apportait en dot la moitié de l'empire. Valentinien refusa. Chateaubriand semble opposer implicitement l'attitude de Valentinien à celle de François II.

Comment s'étaient opérés ces miracles ? Quelles qualités possédait l'homme qui les enfanta ? Quelles qualités lui manquèrent pour les achever ? Je vais suivre l'immense fortune de Bonaparte qui, nonobstant, a passé si vite que ses jours occupent une courte période du temps renfermé dans ces *Mémoires*. De fastidieuses productions de généalogies, de froides disquisitions sur les faits, d'insipides vérifications de dates sont les charges et les servitudes de l'écrivain.

2

Bonaparte. – Sa famille.

Le premier Buonaparte (Bonaparte) dont il soit fait mention dans les annales modernes est Jacques Buonaparte, lequel, augure du conquérant futur, nous a laissé l'histoire du *sac de Rome* en 1527, dont il avait été témoin oculaire. Napoléon-Louis Bonaparte[1], fils aîné de la duchesse de Saint-Leu[2], mort après l'insurrection de la Romagne, a traduit en français ce document curieux ; à la tête de la traduction il a placé une généalogie des Buonaparte. Le traducteur dit « qu'il se contentera de remplir les lacunes de la préface de l'éditeur de Cologne, en publiant sur la famille Bonaparte des détails authentiques ; lambeaux d'histoire, dit-il, presque entièrement oubliés, mais au moins intéressants pour ceux qui aiment à retrouver dans les annales des temps passés l'origine d'une illustration plus récente ».

Suit une généalogie où l'on voit un chevalier Nordille Buonaparte, lequel, le 2 avril 1266, cautionna le prince Conradin de Souabe (celui-là même à qui le duc d'Anjou fit trancher la tête) pour la valeur des droits de douane des effets dudit prince. Vers l'an 1255 commencèrent les proscriptions des familles trévisanes : une branche des Bonaparte alla s'établir en Toscane, où on les rencontre dans les hautes places de l'État. Louis-Marie-Fortuné Buonaparte, de la branche établie à Sarzane, passa en Corse en 1612, se fixa à

---

**1.** Frère plus âgé du futur Napoléon III. — **2.** La reine Hortense.

Ajaccio et devint le chef de la branche des Bonaparte de Corse. Les Bonaparte portent de gueules à deux barres d'or accompagné de deux étoiles.

Il y a une autre généalogie que M. Panckoucke a placée à la tête du recueil des écrits de Bonaparte : elle diffère en plusieurs points de celle qu'a donnée Napoléon-Louis. D'un autre côté, madame d'Abrantès[1] veut que Bonaparte soit un Comnène, alléguant que le nom de Bonaparte est la traduction littérale du grec *Caloméros*, surnom des Comnène. Napoléon-Louis croit devoir terminer sa généalogie par ces paroles : « J'ai omis beaucoup de détails, car les titres de noblesse ne sont un objet de curiosité que pour un petit nombre de personnes, et d'ailleurs la famille Bonaparte n'en retirerait aucun lustre.

*« Qui sert bien son pays n'a pas besoin d'aïeux[2]. »*

Nonobstant ce vers philosophique, la généalogie *subsiste*. Napoléon-Louis veut bien faire à son siècle la concession d'un apophtegme démocratique sans que cela tire à conséquence.

Tout ici est singulier : Jacques Buonaparte, historien du sac de Rome et de la détention du pape Clément VII par les soldats du connétable de Bourbon, est du même sang que Napoléon Buonaparte, destructeur de tant de villes, maître de Rome changée en préfecture, roi d'Italie, dominateur de la couronne des Bourbons et geôlier de Pie VII, après avoir été sacré empereur des Français par la main de ce pontife. Le traducteur de l'ouvrage de Jacques Buonaparte est Napoléon-Louis Buonaparte, neveu de Napoléon, et fils du roi de Hollande, frère de Napoléon ; et ce jeune homme vient de mourir dans la dernière insurrection de la Romagne, à quelque distance des deux villes où la mère et la veuve de Napoléon sont exilées, au moment où les Bourbons tombent du trône pour la troisième fois.

Comme il aurait été assez difficile de faire de Napoléon le fils de Jupiter Ammon par le serpent aimé d'Olympias, ou le

---

1. La veuve de Junot. — 2. Vers de Voltaire dans *Mérope*.

petit-fils de Vénus par Anchise, de savants affranchis * trouvèrent une autre merveille à leur usage : ils démontrèrent à l'Empereur qu'il descendait en ligne directe du Masque de fer. Le gouverneur des îles Sainte-Marguerite se nommait *Bonpart* ; il avait une fille ; le Masque de fer, frère jumeau de Louis XIV, devint amoureux de la fille de son geôlier et l'épousa secrètement, de l'aveu même de la cour. Les enfants qui naquirent de cette union furent clandestinement portés en Corse, sous le nom de leur mère ; les *Bonpart* se transformèrent en Bonaparte par la différence du langage. Ainsi le Masque de fer serait devenu le mystérieux aïeul, à face de bronze, du grand homme, rattaché de la sorte au grand roi.

La branche des Franchini-Bonaparte porte sur son écu trois fleurs de lis d'or. Napoléon souriait d'un air d'incrédulité à cette généalogie ; mais il souriait : c'était toujours un royaume revendiqué au profit de sa famille. Napoléon affectait une indifférence qu'il n'avait pas, car il avait lui-même fait venir sa généalogie de Toscane (Bourienne[1]). Précisément parce que la divinité de la naissance manque à Bonaparte, cette naissance est merveilleuse : « Je voyais, dit Démosthène[2], ce Philippe contre qui nous combattions pour la liberté de la Grèce et le salut de ses Républiques, l'œil crevé, l'épaule brisée, la main affaiblie, la cuisse retirée, offrir avec une fermeté inaltérable tous ses membres aux coups du sort, satisfait de vivre pour l'honneur et de se couronner des palmes de la victoire. »

Or, Philippe était père d'Alexandre ; Alexandre était donc fils de roi et d'un roi digne de l'être ; par ce double fait, il commanda l'obéissance. Alexandre, né sur le trône, n'eut pas, comme Bonaparte, une petite vie à traverser afin d'arriver à une grande vie. Alexandre n'offre pas la disparate de deux carrières ; son précepteur est Aristote ; dompter Bucéphale est un des passe-temps de son enfance. Napoléon pour s'instruire n'a qu'un maître vulgaire ; des coursiers ne sont point

---

\* Las Cases. *[Note de l'auteur.]*

---

1. Secrétaire de Napoléon ; il a laissé sur lui des Mémoires. — 2. Dans le *Discours de la couronne*.

à sa disposition ; il est le moins riche de ses compagnons d'études. Ce sous-lieutenant d'artillerie, sans serviteurs, va tout à l'heure obliger l'Europe à le reconnaître ; ce *petit caporal* mandera dans ses antichambres les plus grands souverains de l'Europe :

> *Ils ne sont pas venus, nos deux rois ? Qu'on leur die*
> *Qu'ils se font trop attendre et qu'Attila s'ennuie*[1].

Napoléon, qui s'écriait avec tant de sens : « Oh ! si j'étais mon petit-fils ! » ne trouva point le pouvoir dans sa famille, il le créa : quelles facultés diverses cette création ne suppose-t-elle pas ! Veut-on que Napoléon n'ait été que le metteur en œuvre de l'intelligence sociale répandue autour de lui ; intelligence que des événements inouïs, des périls extraordinaires, avaient développée ? Cette supposition admise, il n'en serait pas moins étonnant : en effet, que serait-ce qu'un homme capable de diriger et de s'approprier tant de supériorités étrangères ?

### 3

BRANCHE PARTICULIÈRE DES BONAPARTE DE LA CORSE.

Toutefois si Napoléon n'était pas né prince, il était, selon l'ancienne expression, fils de famille. M. de Marbeuf, gouverneur de l'île de Corse, fit entrer Napoléon dans un collège près d'Autun ; il fut admis ensuite à l'école militaire de Brienne. Élisa, madame Bacciocchi, reçut son éducation à Saint-Cyr : Bonaparte réclama sa sœur quand la Révolution brisa les portes de ces retraites religieuses. Ainsi l'on trouve une sœur de Napoléon pour dernière élève d'une institution dont Louis XIV avait entendu les premières jeunes filles chanter les chœurs de Racine.

Les preuves de noblesse exigées pour l'admission de Napoléon à une école militaire furent faites : elles contiennent

---

1. Début de l'*Attila* de Corneille.

l'extrait baptistaire de Charles Bonaparte, père de Napoléon, duquel Charles on remonte à François, dixième ascendant; un certificat des nobles principaux de la ville d'Ajaccio, prouvant que la famille Bonaparte a toujours été au nombre des plus anciennes et des plus nobles ; un acte de reconnaissance de la famille Bonaparte de Toscane, jouissant du patriciat et déclarant que son origine est commune avec la famille Bonaparte de Corse, etc., etc.

« Lors de l'entrée de Bonaparte à Trévise, dit M. de Las Cases, on lui annonça que sa famille y avait été puissante ; à Bologne, qu'elle y avait été inscrite sur le livre d'or... À l'entrevue de Dresde, l'empereur François apprit à l'empereur Napoléon que sa famille avait été souveraine à Trévise, et qu'il s'en était fait représenter les documents : il ajouta qu'il était sans prix d'avoir été souverain, et qu'il fallait le dire à Marie-Louise, à qui cela ferait grand plaisir. »

Né d'une race de gentilshommes, laquelle avait des alliances avec les Orsini, les Lomelli, les Médicis, Napoléon, violenté par la Révolution, ne fut démocrate qu'un moment ; c'est ce qui ressort de tout ce qu'il dit et écrit : dominé par son rang, ses penchants étaient aristocratiques. Pascal Paoli ne fut point le parrain de Napoléon comme on l'a dit : ce fut l'obscur Laurent Giubega, de Calvi ; on apprend cette particularité du registre de baptême tenu à Ajaccio par l'économe, le prêtre Diamante.

J'ai peur de compromettre Napoléon en le replaçant à son rang dans l'aristocratie. Cromwell, dans son discours prononcé au Parlement le 12 septembre 1654, déclare être né gentilhomme ; Mirabeau, La Fayette, Desaix et cent autres partisans de la Révolution étaient nobles aussi. Les Anglais ont prétendu que le prénom de l'Empereur était Nicolas, d'où en dérision ils disaient *Nic*. Ce beau nom de Napoléon venait à l'Empereur d'un de ses oncles qui maria sa fille avec un Ornano. Saint Napoléon est un martyr grec. D'après les commentateurs de Dante, le comte Orso était fils de *Napoléon* de Cerbaja. Personne autrefois, en lisant l'histoire, n'était arrêté par ce nom qu'ont porté plusieurs cardinaux ; il frappe aujourd'hui. La gloire d'un homme ne remonte pas, elle descend. Le Nil à sa source n'est connu que de quelques Éthiopiens ; à son embouchure, de quel peuple est-il ignoré ?

4

Naissance et enfance de Bonaparte.

Il reste constaté que le vrai nom de Bonaparte est Buonaparte ; il l'a signé lui-même de la sorte dans toute sa campagne d'Italie et jusqu'à l'âge de trente-trois ans. Il le francisa ensuite, et ne signa plus que Bonaparte : je lui laisse le nom qu'il s'est donné et qu'il a gravé au pied de son indestructible statue*.

Bonaparte s'est-il rajeuni d'un an afin de se trouver Français, c'est-à-dire afin que sa naissance ne précédât pas la date de la réunion de la Corse à la France ? Cette question est traitée à fond d'une manière courte, mais substantielle, par M. Eckard : on peut lire sa brochure. Il en résulte que Bonaparte est né le 5 février 1768, et non pas le 15 août 1769, malgré l'assertion positive de M. Bourienne. C'est pourquoi le Sénat conservateur, dans sa proclamation du 3 avril 1814, traite Napoléon d'*étranger*.

L'acte de célébration du mariage de Bonaparte avec Marie-Josèphe-Rose de Tascher, inscrit au registre de l'état civil du deuxième arrondissement de Paris, 19 ventôse an IV (9 mars 1796), porte que Napoléon Buonaparte naquit à Ajaccio le 5 février 1768, et que son acte de naissance, visé par l'officier civil, constate cette date. Cette même date s'accorde parfaitement avec ce qui est dit dans l'acte de mariage, que l'époux est âgé de vingt-huit ans.

L'acte de naissance de Napoléon, présenté à la mairie du deuxième arrondissement lors de la célébration de son mariage avec Joséphine, fut retiré par un des aides de camp de l'Empereur au commencement de 1810, lorsqu'on procédait à l'annulation du mariage de Napoléon avec Joséphine. M. Duclos, n'osant résister à l'ordre impérial, écrivit au

------------

* Ce nom de Buonaparte s'écrivait quelquefois avec le retranchement de l'*u* : l'économe d'Ajaccio qui signe au baptême de Napoléon a écrit trois fois Bonaparte sans employer la voyelle italienne *u*. [Note de l'auteur.]

moment même sur une des pièces de la *liasse Bonaparte : Son acte de naissance lui a été remis, ne pouvant, à l'instant de sa demande, lui en délivrer copie.* La date de la naissance de Joséphine est altérée dans l'acte de mariage, grattée et surchargée, quoiqu'on en découvre à la loupe les premiers linéaments. L'impératrice s'est ôté quatre ans : les plaisanteries qu'on faisait sur ce sujet au château des Tuileries et à Sainte-Hélène sont mauvaises et ingrates.

L'acte de naissance de Bonaparte, enlevé par l'aide de camp en 1810, a disparu ; toutes les recherches pour le découvrir ont été infructueuses.

Ce sont là des faits irréfragables, et aussi je pense, d'après ces faits, que Napoléon est né à Ajaccio le 5 février 1768. Cependant je ne me dissimule pas les embarras historiques qui se présentent à l'adoption de cette date.

Joseph, frère aîné de Bonaparte, est né le 5 janvier 1768 ; son frère cadet, Napoléon, ne peut être né la même année, à moins que la date de la naissance de Joseph ne soit pareillement altérée : cela est supposable, car tous les actes de l'état civil de Napoléon et de Joséphine sont soupçonnés d'être des faux. Nonobstant une juste suspicion de fraude, le comte de Beaumont, sous-préfet de Calvi, dans ses *Observations sur la Corse*, affirme que le registre de l'état civil d'Ajaccio marque la naissance de Napoléon au 15 août 1769. Enfin les papiers que m'avait prêtés M. Libri[1] démontraient que Bonaparte lui-même se regardait comme étant né le 15 août 1769 à une époque où il ne pouvait avoir aucune raison pour désirer se rajeunir. Mais reste toujours la date *officielle* des pièces de son premier mariage et la suppression de son acte de naissance.

Quoi qu'il en soit, Bonaparte ne gagnerait rien à cette transposition de vie : si vous fixez sa nativité au 15 d'août 1769, force est de reporter sa conception vers le 15 novembre 1768 ; or, la Corse n'a été cédée à la France que par le traité du 15 mai 1768 ; les dernières soumissions des Pièves (cantons de la Corse) ne se sont même effectuées que le 14 juin 1769. D'après les calculs les plus indulgents, Napo-

---

[1]. Florentin, naturalisé français, membre de l'Académie des Sciences (1833). Accusé de vol de livres, il dut s'expatrier en 1850.

léon ne serait encore Français que de quelques heures de nuit dans le sein de sa mère. Eh bien, s'il n'a été que le citoyen d'une patrie douteuse, cela classe à part sa nature : existence tombée d'en haut, pouvant appartenir à tous les temps et à tous les pays.

Toutefois Bonaparte a incliné vers la patrie italienne ; il détesta les Français jusqu'à l'époque où leur vaillance lui donna l'empire. Les preuves de cette aversion abondent dans les écrits de sa jeunesse. Dans une note que Napoléon a écrite sur le suicide, on trouve ce passage : « Mes compatriotes, chargés de chaînes, embrassent en tremblant la main qui les opprime... Français, non contents de nous avoir ravi tout ce que nous chérissons, vous avez encore corrompu nos mœurs. »

Une lettre écrite à Paoli en Angleterre, en 1789, lettre qui a été rendue publique, commence de la sorte :

« Général,
« Je naquis quand la patrie périssait. Trente mille Français vomis sur nos côtes, noyant le trône de la liberté dans des flots de sang, tel fut le spectacle odieux qui vint le premier frapper mes regards. »

Une autre lettre de Napoléon à M. Gubica, greffier en chef des États de la Corse, porte :

« Tandis que la France renaît, que deviendrons-nous, nous autres infortunés Corses ? Toujours vils, continuerons-nous à baiser la main insolente qui nous opprime ? continuerons-nous à voir tous les emplois que le droit naturel nous destinait occupés par des étrangers aussi méprisables par leurs mœurs et leur conduite que leur naissance est abjecte ? »

Enfin le brouillon d'une troisième lettre manuscrite de Bonaparte, touchant la reconnaissance par les Corses de l'Assemblée nationale de 1789, débute ainsi :

« Messieurs,
« Ce fut par le sang que les Français étaient parvenus à nous gouverner ; ce fut par le sang qu'ils voulurent assurer leur conquête. Le militaire, l'homme de loi, le financier, se

réunirent pour nous opprimer, nous mépriser et nous faire avaler à longs traits la coupe de l'ignominie. Nous avons assez longtemps souffert leurs vexations ; mais puisque nous n'avons pas eu le courage de nous en affranchir de nous-mêmes, oublions-les à jamais ; qu'ils redescendent dans le mépris qu'ils méritent, ou du moins qu'ils aillent briguer dans leur patrie la confiance des peuples : certes, ils n'obtiendront jamais la nôtre. »

Les préventions de Napoléon contre la mère-patrie ne s'effacèrent pas entièrement : sur le trône, il parut nous oublier ; il ne parla plus que de lui, de son empire, de ses soldats, presque jamais des Français ; cette phrase lui échappait : « Vous autres Français. »

L'Empereur, dans les papiers de Sainte-Hélène, raconte que sa mère, surprise par les douleurs, l'avait laissé tomber de ses entrailles sur un tapis à grand ramage, représentant les héros de l'*Iliade* : il n'en serait pas moins ce qu'il est, fût-il tombé dans du chaume.

Je viens de parler de papiers retrouvés ; lorsque j'étais ambassadeur à Rome, en 1828, le cardinal Fesch, en me montrant ses tableaux et ses livres, me dit avoir des manuscrits de la jeunesse de Napoléon ; il y attachait si peu d'importance qu'il me proposa de me les montrer ; je quittai Rome, et je n'eus pas le temps de compulser les documents. Au décès de Madame Mère et du cardinal Fesch, divers objets de la succession ont été dispersés ; le carton qui renfermait les Essais de Napoléon a été apporté à Lyon avec plusieurs autres ; il est tombé entre les mains de M. Libri.

M. Libri a inséré, dans la *Revue des Deux-Mondes* du 1ᵉʳ mars de cette année 1842, une notice détaillée des papiers du cardinal Fesch ; il a bien voulu depuis m'envoyer le carton. J'ai profité de la communication pour accroître l'ancien texte de mes *Mémoires* concernant Napoléon, toute réserve faite à un plus ample informé quant aux renseignements contradictoires et aux objections à survenir.

5

La Corse de Bonaparte.

Benson, dans ses *Esquisses de la Corse* (Sketches of Corsica), parle de la maison de campagne qu'habitait la famille de Bonaparte :

« En allant le long du rivage de la mer d'Ajaccio, vers l'île Sanguinière, à environ un mille de la ville, on rencontre deux piliers de pierre, fragments d'une porte qui s'ouvrait sur le chemin ; elle conduisait à une villa en ruine, autrefois résidence du demi-frère utérin de madame Bonaparte, que Napoléon créa cardinal Fesch. Les restes d'un petit pavillon sont visibles au-dessous d'un rocher ; l'entrée en est quasi obstruée par un figuier touffu : c'était la retraite accoutumée de Bonaparte, quand les vacances de l'école dans laquelle il étudiait lui permettaient de revenir chez lui. »

L'amour du pays natal suivit chez Napoléon sa marche ordinaire. Bonaparte, en 1788, écrivait, à propos de M. de Sussy, que *la Corse offrait un printemps perpétuel* ; il ne parla plus de son île quand il fut heureux ; il avait même de l'antipathie pour elle ; elle lui rappelait un berceau trop étroit. Mais à Sainte-Hélène sa patrie lui revint en mémoire : « La Corse avait mille charmes pour Napoléon[*] ; il en détaillait les plus grands traits, la coupe hardie de sa structure physique. Tout y était meilleur, disait-il ; il n'y avait pas jusqu'à l'odeur du sol même : elle lui eût suffi pour le deviner les yeux fermés ; il ne l'avait retrouvée nulle part. Il s'y voyait dans ses premières années, à ses premières amours ; il s'y trouvait dans sa jeunesse au milieu des précipices, franchissant les sommets élevés, les vallées profondes. »

Napoléon trouva le roman dans son berceau ; ce roman commence à Vannina, tuée par Sampietro, son mari. Le baron de *Neuhof*, ou le roi Théodore, avait paru sur tous les rivages, demandant des secours à l'Angleterre, au pape, au Grand Turc, au bey de Tunis, après s'être fait couronner roi des

---
[*] *Mémorial de Sainte-Hélène.* [Note de l'auteur.]

Corses, qui ne savaient à qui se donner. Voltaire en rit. Les deux Paoli, Hyacinthe et surtout Pascal, avaient rempli l'Europe du bruit de leur nom. Buttafuoco pria J.-J. Rousseau d'être le législateur de la Corse [1] ; le philosophe de Genève songeait à s'établir dans la patrie de celui qui, en dérangeant les Alpes, emporta Genève sous son bras. « Il est encore en Europe, écrivait Rousseau, un pays capable de législation : c'est l'île de Corse. La valeur et la constance avec laquelle ce brave peuple a su recouvrer et défendre sa liberté mériteraient bien que quelque homme sage lui apprît à la conserver. J'ai quelque pressentiment qu'un jour cette petite île étonnera l'Europe [2]. »

Nourri au milieu de la Corse, Bonaparte fut élevé à cette école primaire des révolutions ; il ne nous apporta pas à son début le calme ou les passions du jeune âge, mais un esprit déjà empreint des passions politiques. Ceci change l'idée qu'on s'est formée de Napoléon.

Quand un homme est devenu fameux, on lui compose des antécédents : les enfants prédestinés, selon les biographes, sont fougueux, tapageurs, indomptables ; ils apprennent tout, ou n'apprennent rien ; le plus souvent aussi ce sont des enfants tristes, qui ne partagent point les jeux de leurs compagnons, qui rêvent à l'écart et sont déjà poursuivis du nom qui les menace. Voilà qu'un enthousiaste a déterré des billets extrêmement communs (sans doute italiens) de Napoléon à ses grands-parents ; il nous faut avaler ces puériles âneries. Les pronostics de notre futurition sont vains ; nous sommes ce que nous font les circonstances ; qu'un enfant soit gai ou triste, silencieux ou bruyant, qu'il montre ou ne montre pas des aptitudes au travail, nul augure à en tirer. Arrêtez un écolier à seize ans ; tout intelligent que vous le fassiez, cet enfant prodige, fixé à trois lustres, restera un imbécile ; l'enfant manque même de la plus belle des grâces, le sourire : il rit, et ne sourit pas.

Napoléon était donc un petit garçon ni plus ni moins distingué que ses émules : « Je n'étais, dit-il, qu'un enfant

---

**1.** Les *Lettres* de Rousseau *à M. Buttafuoco sur la législation de la Corse* sont de 1765. — **2.** *Du contrat social*, dernière phrase du chapitre x du livre II.

obstiné et curieux. » Il aimait les renoncules et il mangeait des cerises avec mademoiselle Colombier. Quand il quitta la maison paternelle, il ne savait que l'italien ; son ignorance de la langue de Turenne était presque complète ; comme le maréchal de Saxe Allemand, Bonaparte Italien ne mettait pas un mot d'orthographe ; Henri IV, Louis XIV et le maréchal de Richelieu, moins excusables, n'étaient guère plus corrects. C'est visiblement pour cacher la négligence de son instruction que Napoléon a rendu son écriture indéchiffrable. Sorti de la Corse à neuf ans, il ne revit son île que huit ans après. À l'école de Brienne, il n'avait rien d'extraordinaire ni dans sa manière d'étudier, ni dans son extérieur. Ses camarades le plaisantaient sur son nom de Napoléon et sur son pays ; il disait à son camarade Bourienne : « Je ferai à tes Français tout le mal que je pourrai. » Dans un compte rendu au roi, en 1784, M. de Kéralio affirme que *le jeune Bonaparte serait un excellent marin* ; la phrase est suspecte, car ce compte rendu n'a été retrouvé que quand Napoléon inspectait la flottille de Boulogne.

Sorti de Brienne le 14 octobre 1784, Bonaparte passa à l'École militaire de Paris. La liste civile payait sa pension ; il s'affligeait d'être boursier. Cette pension lui fut conservée, témoin ce modèle de reçu trouvé dans le carton Fesch (carton de M. Libri) :

« Je soussigné reconnais avoir reçu de M. Biercourt la somme de 200 provenant de la pension que le roi m'a accordée sur les fonds de l'École militaire en qualité d'ancien cadet de l'école de Paris. »

Mademoiselle Fermont-Comnène (madame d'Abrantès), fixée tour à tour chez sa mère à Montpellier, à Toulouse et à Paris, ne perdait point de vue son compatriote[1] Bonaparte : « Quand je passe aujourd'hui sur le quai de Conti, écrit-elle, je ne puis m'empêcher de regarder la mansarde, à l'angle gauche de la maison, au troisième étage : c'est là que logeait Napoléon toutes les fois qu'il venait chez mes parents. »

Bonaparte n'était pas aimé à son nouveau prytanée : morose et frondeur, il déplaisait à ses maîtres ; il blâmait tout

---

1. Une partie de la famille byzantine de Comnène s'était réfugiée en Corse. La duchesse d'Abrantès était Comnène par sa mère.

sans ménagement. Il adressa un mémoire au sous-principal sur les vices de l'éducation que l'on y recevait : « Ne vaudrait-il pas mieux les astreindre (les élèves) à se suffire à eux-mêmes, c'est-à-dire, moins leur petite cuisine qu'ils ne feraient pas, leur faire manger du pain de munition ou d'un qui en approcherait, les habituer à battre, brosser leurs habits, à nettoyer leurs souliers et leurs bottes ? » C'est ce qu'il ordonna depuis à Fontainebleau et à Saint-Germain.

Le rabroueur délivra l'école de sa présence et fut nommé lieutenant en second d'artillerie au régiment de La Fère.

Entre 1784 et 1793 s'étend la carrière littéraire de Napoléon, courte par l'espace, longue par les travaux. Errant avec les corps d'artillerie dont il faisait partie à Auxonne, à Dôle, à Seurres, à Lyon, Bonaparte était attiré à tout endroit de bruit comme l'oiseau appelé par le miroir ou accourant à l'appeau. Attentif aux questions académiques, il y répondait ; il s'adressait avec assurance aux personnes puissantes qu'il ne connaissait pas : il se faisait l'égal de tous avant d'en devenir le maître. Tantôt il parlait sous un nom emprunté, tantôt il signait son nom qui ne trahissait point l'anonyme. Il écrivait à l'abbé Raynal, à M. Necker ; il envoyait aux ministres des mémoires sur l'organisation de la Corse, sur des projets de défense de Saint-Florent, de La Mortella, du golfe d'Ajaccio, sur la manière de disposer le canon pour jeter des bombes. On ne l'écoutait pas plus qu'on n'avait écouté Mirabeau lorsqu'il rédigeait à Berlin des projets relatifs à la Prusse et à la Hollande. Il étudiait la géographie. On a remarqué qu'en parlant de Sainte-Hélène il la signale par ces seuls mots : « Petite île. » Il s'occupait de la Chine, des Indes, des Arabes. Il travaillait sur les historiens, les philosophes, les économistes, Hérodote, Strabon, Diodore de Sicile, Filangieri, Mably, Smith ; il réfutait le discours sur l'origine et les fondements de l'égalité *de l'homme*[1] et il écrivait : « *Je ne crois pas cela* ; je ne crois rien de cela. » Lucien Bonaparte raconte que lui, Lucien, avait fait deux copies d'une histoire esquissée par Napoléon. Le manuscrit de cette esquisse s'est retrouvé en partie dans le carton du cardinal Fesch : les recherches sont peu curieuses, le

---

1. C'est le deuxième « discours » de Rousseau. Le titre exact est : *Discours sur l'origine et les fondements de l'inégalité parmi les hommes.*

style est commun, l'épisode de Vannina est reproduit sans effet. Le mot de Sampietro aux grands seigneurs de la cour de Henri II après l'assassinat de Vannina vaut tout le récit de Napoléon : « Qu'importent au roi de France les démêlés de Sampietro et de sa femme ! »

Bonaparte n'avait pas au début de sa vie le moindre pressentiment de son avenir ; ce n'était qu'à l'échelon atteint qu'il prenait l'idée de s'élever plus haut : mais s'il n'aspirait pas à monter, il ne voulait pas descendre ; on ne pouvait arracher son pied de l'endroit où il l'avait une fois posé. Trois cahiers de manuscrits (carton Fesch) sont consacrés à des recherches sur la Sorbonne et les libertés gallicanes ; il y a des correspondances avec Paoli, Salicetti, et surtout avec le P. Dupuy, minime, sous-principal à l'école de Brienne, homme de bon sens et de religion qui donnait des conseils à son jeune élève et qui appelle Napoléon son *cher ami*.

À ces ingrates études Bonaparte mêlait des pages d'imagination ; il parle des femmes ; il écrit *le Masque prophète, le Roman corse*, une nouvelle anglaise, *le Comte d'Essex* ; il a des dialogues sur l'amour qu'il traite avec mépris, et pourtant il adresse en brouillon une lettre de passion à une inconnue aimée ; il fait peu de cas de la gloire, ne met au premier rang que l'amour de la patrie, et cette patrie était la Corse.

Tout le monde a pu voir à Genève une demande parvenue à un libraire : le romanesque lieutenant s'enquérait de *Mémoires* de madame de Warens. Napoléon était poète aussi, comme le furent César et Frédéric : il préférait Arioste au Tasse ; il y trouvait les portraits de ses capitaines futurs, et un cheval tout bridé pour son voyage aux astres. On attribue à Bonaparte le madrigal suivant adressé à madame Saint-Huberty[1] jouant le rôle de Didon[2] ; le fond peut appartenir à l'Empereur, la forme est d'une main plus savante que la sienne :

> *Romains, qui vous vantez d'une illustre origine,*
> *Voyez d'où dépendait votre empire naissant !*
> *Didon n'a pas d'attrait assez puissant*
> *Pour retarder la fuite où son amant s'obstine.*

---

1. Cantatrice de l'Opéra. — 2. Dans l'opéra *Didon* de Piccini.

> *Mais si l'autre Didon, ornement de ces lieux,*
> *Eût été reine de Carthage,*
> *Il eût, pour la servir, abandonné ses dieux,*
> *Et votre beau pays serait encor sauvage.*

Vers ce temps-là Bonaparte semblerait avoir été tenté de se tuer. Mille béjaunes sont obsédés de l'idée du suicide, qu'ils pensent être la preuve de leur supériorité. Cette note manuscrite se trouve dans les papiers communiqués par M. Libri : « Toujours seul au milieu des hommes, je rentre pour rêver avec moi-même et me livrer à toute la vivacité de ma mélancolie. De quel côté est-elle tournée aujourd'hui ? du côté de la mort... Si j'avais passé soixante ans, je respecterais les préjugés de mes contemporains, et j'attendrais patiemment que la nature eût achevé son cours ; mais puisque je commence à éprouver des malheurs, que rien n'est plaisir pour moi, pourquoi supporterais-je des jours où rien ne me prospère ? »

Ce sont là les rêveries de tous les romans. Le fond et le tour de ces idées se trouvent dans Rousseau, dont Bonaparte aura altéré le texte par quelques phrases de sa façon.

Voici un essai d'un autre genre ; je le transcris lettre à lettre : l'éducation et le sang ne doivent pas rendre les princes trop dédaigneux à l'encontre : qu'ils se souviennent de leur empressement à faire queue à la porte d'un homme qui les chassait à volonté de la chambrée des rois.

« FORMULLES, CERTIFICAS ET AUTRES CHOSES, ESENCIELLES
RELATIVES À MON ÉTAT ACTUELL.

*Manière de demander un congé.*

« Lorsque l'on est en semestre[1] et que l'on veut obtenir un congé d'été pour cause de maladie, l'on s'en fait dresser par un médecin de la ville et un cherugien un certificat comme quoi avant l'époque que vous designé, votre senté ne vous

---

1. En congé d'un semestre : certains officiers ne servaient que six mois chaque année.

permet pas de rejoindre à la garnison. Vous observeré que ce certificat soit sur papier timbré, qu'il soit visé par le juge et le commandant de la place.

« Vous dressez alors votre memoire au ministre de la guerre de la manière et formulle suivante :

*À Ajaccio, le 21 avril 1787.*

MÉMOIRE EN DEMANDE D'UN CONGÉ.

| « CORPS ROYAL de l'artillerie. | « RÉGIMENT de La Fère. |
|---|---|
| « Le sieur Napolione de Buonaparte, lieutenant en second au régiment de La Fère, artillerie | « Soupplie monseigneur le maréchal de Ségur de vouloir bien lui accorder un congé de 5 mois et demie à compter du 16 mai prochain dont il a besoin pour le rétablissement de sa senté, suivant le certificat de medecin et cherugien ci-joint. Vu mon peu de fortune et une cure coûteuse, je demande la grace que le congé me soit accordé avec appointement.<br><br>« BONAPARTE. » |

« L'on envoie le tout au colonel du régiment sur l'adresse du ministre ou du commissaire-ordonnateur, M. de Lance, soit que l'on lui écrive sur l'adresse de M. Sauquier, commissaire-ordonnateur des guerres à la cour. »

Que de détails pour enseigner à faire un faux ! On croit voir l'Empereur travailler à régulariser les saisies des royaumes, les paperasses illicites dont son cabinet s'encombrait.

Le style du jeune Napoléon est déclamatoire ; il n'y a de digne d'observation que l'activité d'un vigoureux pionnier qui déblaie des sables. La vue de ces travaux précoces me rappelle mes fatras juvéniles[1], mes *Essais historiques*, mon manuscrit des *Natchez* de quatre mille pages in-folio, attachées avec des ficelles ; mais je ne faisais pas aux marges des *petites maisons*, des *dessins d'enfant*, des *barbouillages d'écolier*, comme on en voit aux marges des brouillons de Bonaparte ; parmi mes juvéniles ne roulait pas *une balle de pierre* qui pouvait avoir été le modèle d'un boulet d'étude.

Ainsi donc il y a une avant-scène à la vie de l'Empereur ; un Bonaparte inconnu précède l'immense Napoléon ; la pensée de Bonaparte était dans le monde avant qu'il y fût de sa personne : elle agitait secrètement la terre ; on sentait en 1789, au moment où Bonaparte apparaissait, quelque chose de formidable, une inquiétude dont on ne pouvait se rendre compte. Quand le globe est menacé d'une catastrophe, on en est averti par des commotions latentes ; on a peur ; on écoute pendant la nuit ; on reste les yeux attachés sur le ciel sans savoir ce que l'on a et ce qui va arriver.

6

Paoli.

Paoli avait été rappelé d'Angleterre sur une motion de Mirabeau, dans l'année 1789. Il fut présenté à Louis XVI par le marquis de La Fayette, nommé lieutenant général et commandant militaire de la Corse. Bonaparte suivit-il l'exilé dont il avait été le protégé, et avec lequel il était en correspondance ? on l'a présumé. Il ne tarda pas à se brouiller avec Paoli : les crimes de nos premiers troubles refroidirent le vieux général ; il livra la Corse à l'Angleterre, afin d'échapper à la Convention. Bonaparte, à Ajaccio, était devenu membre d'un club de Jacobins ; un club opposé s'éleva, et Napoléon fut obligé de s'enfuir. Madame Letizia et ses filles se réfugièrent dans la colonie grecque de Carghèse, d'où elles gagnèrent Marseille. Joseph épousa dans cette ville, le 1$^{er}$ août

---

1. De ma jeunesse (latinisme).

1794, mademoiselle Clary[1], fille d'un riche négociant. En 1792, le ministre de la guerre, l'ignoré Lajard, destitua un moment Napoléon, pour n'avoir pas assisté à une revue.

On retrouve Bonaparte à Paris avec Bourienne dans cette année 1792. Privé de toute ressource, il s'était fait industriel : il prétendait louer des maisons en construction dans la rue Montholon, avec le dessein de les sous-louer. Pendant ce temps-là la Révolution allait son train ; le 20 juin sonna. Bonaparte, sortant avec Bourienne de chez un restaurateur, rue Saint-Honoré, près le Palais-Royal, vit venir cinq ou six mille déguenillés qui poussaient des hurlements et marchaient contre les Tuileries ; il dit à Bourienne : « Suivons ces gueux-là » ; et il alla s'établir sur la terrasse du bord de l'eau. Lorsque le roi, dont la demeure était envahie, parut à l'une des fenêtres, coiffé du bonnet rouge, Bonaparte s'écria avec indignation : « *Che c...* ! Comment a-t-on laissé entrer cette canaille ? il fallait en balayer quatre ou cinq cents avec du canon, et le reste courrait encore. »

Le 20 juin 1792 j'étais bien près de Bonaparte : vous savez que je me promenais à Montmorency, tandis que Barrère et Maret cherchaient, comme moi, mais par d'autres raisons, la solitude. Est-ce à cette époque que Bonaparte était obligé de vendre et de négocier de petits assignats appelés Corcet ? Après le décès d'un marchand de vin de la rue Sainte-Avoye, dans un inventaire fait par Dumay, notaire, et Chariot, commissaire-priseur, Bonaparte figure à l'appel d'une dette de loyer de quinze francs, qu'il ne put acquitter : cette misère augmente sa grandeur. Napoléon a dit à Sainte-Hélène : « Au bruit de l'assaut aux Tuileries, le 10 août, je courus au Carrousel, chez Fauvelet, frère de Bourienne, qui y tenait un magasin de meubles. » Le frère de Bourienne avait fait une spéculation qu'il appelait *encan national* ; Bonaparte y avait déposé sa montre ; exemple dangereux : que de pauvres écoliers se croiront des Napoléons pour avoir mis leur montre en gage !

---

[1]. Julie Clary. Sa sœur Désirée épousa Bernadotte et devint reine de Suède.

## Deux pamphlets.

Bonaparte retourna dans le midi de la France le 2 janvier an II ; il s'y trouvait avant le siège de Toulon ; il y écrivait deux pamphlets : le premier est une lettre à Matteo Buttafuoco ; il le traite indignement, et fait en même temps un crime à Paoli d'avoir remis le pouvoir entre les mains du peuple : « Étrange erreur, s'écrie-t-il, qui soumet à un brutal, à un mercenaire, l'homme qui, par son éducation, l'illustration de sa naissance, sa fortune, est seul fait pour gouverner ! »

Bien que révolutionnaire, Bonaparte se montre partout ennemi du peuple ; il fut néanmoins complimenté sur sa brochure par Masseria, président du club patriotique d'Ajaccio.

Le 29 juillet 1793, il fit imprimer un autre pamphlet, *le Souper de Beaucaire*. Bourienne en produit un manuscrit revu par Bonaparte, mais abrégé et mis plus d'accord avec les opinions de l'Empereur au moment qu'il revit son œuvre. C'est un dialogue entre un Marseillais, un Nîmois, un militaire et un fabricant de Montpellier. Il est question de l'affaire du moment, de l'attaque d'Avignon par l'armée de Carteaux, dans laquelle Napoléon avait figuré en qualité d'officier d'artillerie. Il annonce au *Marseillais* que son parti sera battu, parce qu'il a cessé d'adhérer à la Révolution. Le *Marseillais* dit au *militaire*, c'est-à-dire à Bonaparte : « On se ressouvient toujours de ce monstre qui était cependant un des principaux du club ; il fit lanterner un citoyen, pilla sa maison et viola sa femme, après lui avoir fait boire un verre du sang de son époux. — Quelle horreur ! s'écrie le militaire ; mais ce fait est-il vrai ? Je m'en méfie, car vous savez que l'on ne croit plus au viol aujourd'hui. » Légèreté du dernier siècle qui fructifiait dans le tempérament glacé de Bonaparte. Cette accusation d'avoir bu et fait boire du sang a souvent été reproduite. Quand le duc de Montmorency fut décapité à Toulouse, les hommes d'armes burent de son sang, pour se communiquer la vertu d'un grand cœur.

8

Brevet de capitaine.

Nous arrivons au siège de Toulon. Ici s'ouvre la carrière militaire de Bonaparte. Sur le rang que Napoléon occupait alors dans l'artillerie, le carton du cardinal Fesch renferme un étrange document : c'est un brevet de capitaine d'artillerie délivré le 30 août 1792 à Napoléon par Louis XVI, vingt jours après le détrônement réel, arrivé le 10 août. Le roi avait été renfermé au Temple le 13, surlendemain du massacre des Suisses. Dans ce brevet il est dit que la nomination du 30 août 1792 comptera à l'officier promu à partir du 16 février précédent.

Les infortunés sont souvent prophètes ; mais cette fois la prévision du martyr n'était pour rien dans la gloire future de Napoléon. Il existe encore dans les bureaux de la guerre des brevets en blanc, signés d'avance par Louis XVI ; il n'y reste à remplir que les vides d'attente ; de ce genre aura été la commission précitée. Louis XVI, renfermé au Temple, à la veille de son procès, au milieu de sa famille captive, avait autre chose à faire que de s'occuper de l'avancement d'un inconnu.

L'époque du brevet se fixe par le contre-seing ; ce contre-seing est : *Servan.* Servan, nommé au département de la guerre le 8 mai 1792, fut révoqué le 13 juin même année ; Dumouriez eut le portefeuille jusqu'au 18 ; Lajard prit à son tour le ministère jusqu'au 23 juillet ; Dabancourt lui succéda jusqu'au 10 août, jour que l'Assemblée nationale rappela Servan, lequel donna sa démission le 3 octobre. Nos ministères étaient alors aussi difficiles à compter que le furent depuis nos victoires.

Le brevet de Napoléon ne peut être du premier ministère de Servan, puisque la pièce porte la date du 30 août 1792 ; il doit être de son second ministère ; cependant il existe une lettre de Lajard, du 12 juillet, adressée au *capitaine d'artillerie Bonaparte.* Expliquez cela si vous pouvez. Bonaparte a-t-il acquis le document en question de la corruption d'un commis, du désordre des temps, de la fraternité révolutionnaire ? Quel protecteur poussait les affaires de ce Corse ? Ce protecteur était le maître éternel ; la France, sous l'impulsion divine, délivra elle-même le brevet au premier capitaine de la terre ; ce brevet devint légal sans la signature de Louis, qui laissa sa tête, à condition qu'elle serait remplacée par celle de Napoléon : marchés de la Providence devant lesquels il ne reste qu'à lever les mains au ciel.

9

Toulon.

Toulon avait reconnu Louis XVII et ouvert ses ports aux flottes anglaises. Carteaux d'un côté et le général Lapoype de l'autre, requis par les représentants Fréron, Barras, Ricord et Salicetti, s'approchèrent de Toulon. Napoléon, qui venait de servir sous Carteaux à Avignon, appelé au conseil militaire, soutint qu'il fallait s'emparer du fort *Murgrave*, bâti par les Anglais sur la hauteur du *Caire*, et placer sur les deux promontoires l'Éguillette et Balaguier des batteries qui, foudroyant la grande et la petite rade, contraindraient la flotte ennemie à l'abandonner. Tout arriva comme Napoléon l'avait prédit : on eut une première vue sur ses destinées.

Madame Bourienne a inséré quelques notes dans les *Mémoires* de son mari ; j'en citerai un passage qui montre Bonaparte devant Toulon :

« Je remarquai, dit-elle, à cette époque (1795, à Paris), que son caractère était froid et souvent sombre ; son sourire était faux et souvent fort mal placé ; et, à propos de cette observation, je me rappelle qu'à cette même époque, peu de jours après notre retour, il eut un de ces moments d'hilarité farouche qui me fit mal et qui me disposa à peu l'aimer. Il nous raconta avec une gaieté charmante qu'étant devant Toulon où il commandait l'artillerie, un officier qui se trouvait de son arme et sous ses ordres eut la visite de sa femme, à laquelle il était uni depuis peu, et qu'il aimait tendrement. Peu de jours après Bonaparte eut ordre de faire une nouvelle attaque sur la ville, et l'officier fut commandé. Sa femme vint trouver le général Bonaparte, et lui demanda, les larmes aux yeux, de dispenser son mari de service ce jour-là. Le général fut insensible, à ce qu'il nous disait lui-même avec une gaieté charmante et féroce. Le moment de l'attaque arriva, et cet officier qui avait toujours été d'une bravoure extraordinaire, à ce que disait Bonaparte lui-même, eut le pressentiment de sa fin prochaine ; il devint pâle, il trembla. Il fut placé à côté du général, et, dans un moment où le feu de la ville devint très fort, Bonaparte lui dit : *Gare ! voilà une bombe qui nous arrive.* L'officier, ajouta-t-il, au lieu de s'effacer se courba et fut séparé en deux. Bonaparte riait aux éclats en citant la partie qui lui fut enlevée. »

Toulon repris, les échafauds se dressèrent : huit cents victimes furent réunies au Champ-de-Mars ; on les mitrailla. Les commissaires s'avancèrent en criant : « Que ceux qui ne sont pas morts se relèvent ; la République leur fait grâce », et les blessés qui se relevaient furent massacrés. Cette scène était si belle qu'elle s'est reproduite à Lyon après le siège.

> *Que dis-je ? aux premiers coups du foudroyant orage*
> *Quelque coupable encor peut-être est échappé :*
> *Annonce le pardon, et, par l'espoir trompé,*
> *Si quelque malheureux en tremblant se relève,*
> *Que la foudre redouble et que le fer achève.*
>
> (L'abbé DELILLE.)

Bonaparte commandait-il en personne l'exécution en sa qualité de chef d'artillerie ? L'humanité ne l'aurait pas arrêté, bien que par goût il ne fût pas cruel.

On trouve ce billet aux commissaires de la Convention : « Citoyens représentants, c'est du champ de gloire, marchant dans le sang des traîtres, que je vous annonce avec joie que vos ordres sont exécutés et que la France est vengée : ni l'âge ni le sexe n'ont été épargnés. Ceux qui n'avaient été que blessés par le canon républicain ont été dépêchés par le glaive de la liberté et par la baïonnette de l'égalité. Salut et admiration.
« BRUTUS BUONAPARTE, citoyen sans-culotte. »

Cette lettre a été insérée pour la première fois, je pense, dans *la Semaine,* gazette publiée par Malte-Brun. La vicomtesse de Fors (pseudonyme) la donne dans ses *Mémoires sur la Révolution française* ; elle ajoute que ce billet fut écrit sur la caisse d'un tambour ; Fabry le reproduit, article *Bonaparte* dans la *Biographie des hommes vivants* ; Royou, *Histoire de France*, déclare qu'on ne sait pas quelle bouche fit entendre le cri meurtrier ; Fabry, déjà cité, dit, dans les *Missionnaires de 93*, que les uns attribuent le cri à Fréron, les autres à Bonaparte. Les exécutions du Champ-de-Mars de Toulon sont racontées par Fréron dans une lettre à Moïse Bayle de la Convention, et par Moltedo et Barras au Comité de salut public.

De qui en définitive est le premier bulletin des victoires napoléoniennes ? serait-il de Napoléon ou de son frère ? Lucien, en détestant ses erreurs, avoue, dans ses *Mémoires*, qu'il a été à son début ardent républicain. Placé à la tête du comité révolutionnaire à Saint-Maximin, en Provence, « Nous ne nous faisions pas faute, dit-il, de paroles et d'adresses aux Jacobins de Paris. Comme la mode était de prendre des noms antiques, mon ex-moine prit, je crois, celui d'Épaminondas, et moi celui de Brutus. Un pamphlet a attribué à Napoléon cet emprunt du nom de Brutus, mais il n'appartient qu'à moi. Napoléon pensait à élever son propre nom au-dessus de ceux de l'ancienne histoire, et s'il eût voulu figurer dans ses mascarades, je ne crois pas qu'il eût choisi celui de Brutus. »

Il y a courage dans cette confession. Bonaparte, dans le *Mémorial de Sainte-Hélène*, garde un silence profond sur cette partie de sa vie. Ce silence, selon madame la duchesse d'Abrantès, s'explique par ce qu'il y avait de scabreux dans sa position : « Bonaparte s'était mis plus en évidence, dit-elle, que Lucien, et quoique depuis il ait beaucoup cherché à mettre Lucien à sa place, alors on ne pouvait s'y tromper. Le *Mémorial de Sainte-Hélène*, aura-t-il pensé, sera lu par cent millions d'individus, parmi lesquels peut-être en comptera-t-on à peine mille qui connaissent les faits qui me déplaisent. Ces mille personnes conserveront la mémoire de ces faits d'une manière peu inquiétante par la tradition orale : le *Mémorial* sera donc irréfutable. »

Ainsi de lamentables doutes restent sur le billet que Lucien ou Napoléon a signé : comment Lucien, n'étant pas représentant de la Convention, se serait-il arrogé le droit de rendre compte du massacre ? Était-il député de la commune de Saint-Maximin, pour assister au carnage ? Alors comment aurait-il assumé sur sa tête la responsabilité d'un procès-verbal lorsqu'il y avait *plus grand* que lui aux jeux de l'amphithéâtre, et des témoins de l'exécution accomplie par son frère ? Il en coûterait d'abaisser les regards si bas après les avoir élevés si haut.

Admettons que le narrateur des exploits de Napoléon soit Lucien, président du comité de Saint-Maximin : il en résulterait toujours qu'un des premiers coups de canon de Bonaparte aurait été tiré sur des Français ; il est sûr, du moins, que Napoléon fut encore appelé à verser leur sang le 13 vendémiaire ; il y rougit de nouveau ses mains à la mort du duc d'Enghien. La première fois, nos immolations auraient révélé Bonaparte ; la seconde hécatombe le porta au rang qui le rendit maître de l'Italie ; et la troisième lui facilita l'entrée à l'empire.

Il a pris croissance dans notre chair ; il a brisé nos os, et s'est nourri de la moelle des lions. C'est une chose déplorable, mais il faut le reconnaître, si l'on ne veut ignorer les mystères de la nature humaine et le caractère des temps : une partie de la puissance de Napoléon vient d'avoir trempé dans la Terreur. La Révolution est à l'aise pour servir ceux qui ont passé à travers ses crimes ; une origine innocente est un obstacle.

Robespierre jeune[1] avait pris Bonaparte en affection et voulait l'appeler au commandement de Paris à la place de Henriot. La famille de Napoléon s'était établie au château de Sallé, près d'Antibes. « J'y étais venu de Saint-Maximin, dit Lucien, passer quelques jours avec ma famille et mon frère. Nous étions tous réunis, et le général nous donnait tous les instants dont il pouvait disposer. Il vint un jour plus préoccupé que de coutume, et, se promenant entre Joseph et moi, il nous annonça qu'il ne dépendait que de lui de partir pour Paris dès le lendemain, en position de nous y établir tous avantageusement. Pour ma part, cette annonce m'enchantait : atteindre enfin la capitale me paraissait un bien que rien ne

---

[1] Le frère cadet de Maximilien.

pouvait balancer. On m'offre, nous dit Napoléon, la place de Henriot. Je dois donner ma réponse ce soir. Eh bien ! qu'en dites-vous ? Nous hésitâmes un moment. Eh ! eh ! reprit le général, cela vaut bien la peine d'y penser : il ne s'agirait pas de faire l'enthousiaste ; il n'est pas si facile de sauver sa tête à Paris qu'à Saint-Maximin. — Robespierre jeune est honnête ; mais son frère ne badine pas. Il faudrait le servir. — Moi, soutenir cet homme ! non, jamais ! Je sais combien je lui serais utile en remplaçant son imbécile commandant de Paris ; mais *c'est ce que je ne veux pas être*. Il n'est pas temps. Aujourd'hui il n'y a de place honorable pour moi qu'à l'armée : prenez patience, *je commanderai Paris plus tard*. Telles furent les paroles de Napoléon. Il nous exprima ensuite son indignation contre le régime de la Terreur, dont il nous annonça la chute prochaine, et finit par répéter plusieurs fois, moitié sombre et moitié souriant : *Qu'irais-je faire dans cette galère ?* »

Bonaparte, après le siège de Toulon, se trouva engagé dans les mouvements militaires de notre armée des Alpes. Il reçut l'ordre de se rendre à Gênes : des instructions secrètes lui enjoignirent de reconnaître l'état de la forteresse de Savone, de recueillir des renseignements sur l'intention du gouvernement génois relativement à la coalition. Ces instructions, délivrées à Loano le 25 messidor an II de la République, sont signées *Ricord*.

Bonaparte remplit sa mission. Le 9 thermidor arriva : les députés terroristes furent remplacés par Albitte, Salicetti[1] et Laporte. Tout à coup ils déclarèrent, au nom du peuple français, que le général Bonaparte, commandant de l'artillerie de l'armée d'Italie, avait totalement perdu leur confiance par la conduite la plus suspecte et surtout par le voyage qu'il avait dernièrement fait à Gênes.

L'arrêté de Barcelonnette, 9 thermidor an II de la République française, une, indivisible et démocratique (6 août 1794), porte « que le général Bonaparte sera mis en état d'arrestation et traduit au Comité de salut public à Paris,

---

**1.** Salicetti (1757-1809) avait été député de la Corse sous la Convention ; il deviendra à Naples ministre de Joseph et de Murat.

sous bonne et sûre escorte ». Salicetti examina les papiers de Bonaparte ; il répondait à ceux qui s'intéressaient au détenu qu'on était forcé d'agir avec rigueur d'après une accusation d'espionnage partie de Nice et de Corse. Cette accusation était la conséquence des instructions secrètes données par Ricord : il fut aisé d'insinuer qu'au lieu de servir la France Napoléon avait servi l'étranger. L'Empereur fit un grand abus d'accusations d'espionnage ; il aurait dû se rappeler les périls auxquels de pareilles accusations l'avaient exposé.

Napoléon, se débattant, disait aux représentants : « Salicetti, tu me connais... Albitte, tu ne me connais point ; mais tu connais cependant avec quelle adresse quelquefois la calomnie siffle. Entendez-moi ; restituez-moi l'estime des patriotes ; une heure après, si les méchants veulent ma vie... je l'estime si peu ! je l'ai si souvent méprisée ! »

Survint une sentence d'acquittement. Parmi les pièces qui, dans ces années, servirent d'attestation à la bonne conduite de Bonaparte, on remarque un certificat de Pozzo di Borgo. Bonaparte ne fut rendu que provisoirement à la liberté ; mais dans cet intervalle il eut le temps d'emprisonner le monde.

Salicetti, l'accusateur, ne tarda pas à s'attacher à l'accusé : mais Bonaparte ne se confia jamais à son ancien ennemi. Il écrivit plus tard au général Dumas : « Qu'il reste à Naples (Salicetti) ; il doit s'y trouver heureux. Il y a contenu les lazzaroni ; je le crois bien : il leur a fait peur ; il est plus méchant qu'eux. Qu'il sache que je n'ai pas assez de puissance pour défendre du mépris et de l'indignation publique les misérables qui ont voté la mort de Louis XVI*. »

Bonaparte, accouru à Paris, se logea rue du Mail, rue où je débarquai en arrivant de Bretagne avec madame Rose. Bourienne le rejoignit, de même que Murat, soupçonné de terrorisme et ayant abandonné sa garnison d'Abbeville. Le gouvernement essaya de transformer Napoléon en général de brigade d'infanterie, et voulut l'envoyer dans la Vendée ; celui-ci déclina l'honneur, sous prétexte qu'il ne voulait pas changer d'arme. Le Comité de salut public effaça le refusant

---

* Souvenirs du lieutenant général comte Dumas, tome III, page 317. *[Note de l'auteur.]*

de la liste des officiers généraux employés. Un des signataires de la radiation est Cambacérès, qui devint le second personnage de l'Empire.

Aigri par les persécutions, Napoléon songea à émigrer ; Volney l'en empêcha. S'il eût exécuté sa résolution, la cour fugitive l'eût méconnu ; il n'y avait pas d'ailleurs de ce côté de couronne à prendre ; j'aurais eu un énorme camarade, géant courbé à mes côtés dans l'exil.

L'idée de l'émigration abandonnée, Bonaparte se retourna vers l'Orient, doublement congénial à sa nature par le despotisme et l'éclat. Il s'occupa d'un mémoire pour offrir son épée au Grand-Seigneur : l'inaction et l'obscurité lui étaient mortelles. « Je serai utile à mon pays, s'écriait-il, si je puis rendre la force des Turcs plus redoutable à l'Europe. » Le gouvernement ne répondit point à cette note d'un fou, disait-on.

Trompé dans ses divers projets, Bonaparte vit s'accroître sa détresse : il était difficile à secourir ; il acceptait mal les services, de même qu'il souffrait d'avoir été élevé par la munificence royale. Il en voulait à quiconque était plus favorisé que lui de la fortune : dans l'âme de l'homme pour qui les trésors des nations allaient s'épuiser, on surprenait des mouvements de haine que les communistes et les prolétaires manifestent à cette heure contre les riches. Quand on partage les souffrances du pauvre, on a le sentiment de l'inégalité sociale ; on n'est pas plutôt monté en voiture que l'on méprise les gens à pied. Bonaparte avait surtout en horreur les *muscadins* et les *incroyables*, jeunes fats du moment dont les cheveux étaient peignés à la mode des têtes coupées : il aimait à décourager leur bonheur. Il eut des liaisons avec Batiste aîné[1], et fit la connaissance de Talma. La famille Bonaparte professait le goût du théâtre : l'oisiveté des garnisons conduisit souvent Napoléon dans les spectacles.

Quels que soient les efforts de la démocratie pour rehausser ses mœurs par le grand but qu'elle se propose, ses habitudes abaissent ses mœurs ; elle a le vif ressentiment de cette

---

**1.** Acteur comique du théâtre de Mlle Montansier (Palais-Royal) sous le Directoire.

étroitesse : croyant la faire oublier, elle versa dans la Révolution des torrents de sang ; inutile remède, car elle ne put tout tuer, et, en fin de compte, elle se retrouva en face de l'insolence des cadavres. La nécessité de passer par les petites conditions donne quelque chose de commun à la vie ; une pensée rare est réduite à s'exprimer dans un langage vulgaire, le génie est emprisonné dans le patois, comme, dans l'aristocratie usée, des sentiments abjects sont renfermés dans de nobles mots. Lorsqu'on veut relever certain côté inférieur de Napoléon par des exemples tirés de l'antiquité, on ne rencontre que le fils d'Agrippine : et pourtant les légions adorèrent l'époux d'Octavie [1], et l'empire romain tressaillait à son souvenir !

Bonaparte avait retrouvé à Paris mademoiselle de Fermont-Comnène, qui épousa Junot, avec lequel Napoléon s'était lié dans le Midi.

« À cette époque de sa vie, dit la duchesse d'Abrantès, Napoléon était laid. Depuis il s'est fait en lui un changement total. Je ne parle pas de l'auréole prestigieuse de sa gloire : je n'entends que le changement physique qui s'est opéré graduellement dans l'espace de sept années. Ainsi tout ce qui en lui était osseux, jaune, maladif même, s'est arrondi, éclairci, embelli. Ses traits, qui étaient presque tous anguleux et pointus, ont pris de la rondeur, parce qu'ils se sont revêtus de chair, dont il y avait presque absence. Son regard et son sourire demeurèrent toujours admirables ; sa personne tout entière subit aussi du changement. Sa coiffure, si singulière pour nous aujourd'hui dans les gravures du passage du pont d'Arcole, était alors toute simple, parce que ces mêmes muscadins, après lesquels il criait tant, en avaient encore de bien plus longues ; mais son teint était si jaune à cette époque, et puis il se soignait si peu, que ses cheveux mal peignés, mal poudrés, lui donnaient un aspect désagréable. Ses petites mains ont aussi subi la métamorphose ; alors elles étaient maigres, longues et noires. On sait à quel point il en était devenu vain avec juste raison depuis ce temps-là. Enfin lorsque je me représente Napoléon entrant en 1795 dans la

---

[1]. Première femme de Néron.

cour de l'hôtel de la Tranquillité, rue des Filles-Saint-Thomas, la traversant d'un pas assez gauche et incertain, ayant un mauvais chapeau rond enfoncé sur ses yeux et laissant échapper ses deux *oreilles de chien* mal poudrées et tombant sur le collet de cette redingote gris de fer, devenue depuis bannière glorieuse, tout autant pour le moins que le panache blanc de Henri IV ; sans gants, parce que, disait-il, c'était une dépense inutile, portant des bottes mal faites, mal cirées, et puis tout cet ensemble maladif résultant de sa maigreur, de son teint jaune ; enfin quand j'évoque son souvenir de cette époque, et que je le revois plus tard, je ne puis voir le même homme dans ces deux portraits. »

10

Journées de Vendémiaire.

La mort de Robespierre n'avait pas tout fini : les prisons ne se rouvraient que lentement ; la veille du jour où le tribun expirant fut porté à l'échafaud, quatre-vingts victimes furent immolées, tant les meurtres étaient bien organisés ! tant la mort procédait avec ordre et obéissance ! Les deux bourreaux *Sanson* furent mis en jugement ; plus heureux que *Roseau*[1], exécuteur de Tardif sous le duc de Mayenne, ils furent acquittés : le sang de Louis XVI les avait lavés.

Les condamnés rendus à la liberté ne savaient à quoi employer leur vie, les Jacobins désœuvrés à quoi amuser leurs jours ; de là des bals et des regrets de la Terreur. Ce n'était que goutte à goutte qu'on parvenait à arracher la justice aux conventionnels ; ils ne voulaient pas lâcher le crime, de peur de perdre la puissance. Le tribunal révolutionnaire fut aboli.

André Dumont avait fait la proposition de poursuivre les continuateurs de Robespierre ; la Convention, poussée malgré elle, décréta à contre-cœur, sur un rapport de Saladin, qu'il y

---

1. Le bourreau Roseau avait exécuté, au nom de la Ligue, des magistrats du Parlement, dont le conseiller Tardif. Roseau fut pendu après l'entrée d'Henri IV à Paris.

avait lieu de mettre en arrestation Barrère, Billaud de Varennes et Collot d'Herbois, les deux derniers amis de Robespierre, et qui pourtant avaient contribué à sa chute. Carrier, Fouquier-Tinville, Joseph Lebon, furent jugés ; des attentats, des crimes inouïs furent révélés, notamment les *mariages républicains* et la noyade de six cents enfants à Nantes. Les sections, entre lesquelles se trouvaient divisées les gardes nationales, accusaient la Convention des maux passés et craignaient de les voir renaître. La société des Jacobins combattait encore ; elle ne pouvait renifler sur[1] la mort. Legendre, jadis si violent, revenu à l'humanité, était entré au comité de sûreté générale. La nuit même du supplice de Robespierre, il avait fermé le repaire ; mais huit jours après les Jacobins s'étaient établis sous le nom de Jacobins *régénérés*. Les tricoteuses s'y retrouvèrent. Fréron publiait son journal ressuscité *l'Orateur du peuple*, et, tout en applaudissant à la chute de Robespierre, il se rangeait au pouvoir de la Convention. Le buste de Marat restait exposé ; les divers comités, seulement changés de formes, existaient.

Un froid rigoureux et une famine, mêlés aux souffrances politiques, compliquaient les calamités ; des groupes armés, remblayés de femmes, criant : « Du pain ! du pain ! » se formaient. Enfin le 1er prairial (20 mai 1795) la porte de la Convention fut forcée, Féraud assassiné et sa tête déposée sur le bureau du président. On raconte l'impassibilité stoïque de Boissy d'Anglas : malheur à qui contesterait un acte de vertu !

Cette végétation révolutionnaire poussait vigoureusement sur la couche de fumier arrosé de sang humain qui lui servait de base. Rossignol, Huchet, Grignon, Moïse Bayle, Amar, Choudieu, Hentz, Granet, Léonard Bourdon[2], tous les hommes qui s'étaient distingués par leurs excès, s'étaient parqués entre les barrières ; et cependant notre renom croissait au dehors. Lorsque l'opinion s'élevait contre les conventionnels, nos triomphes sur les étrangers étouffaient la

---

**1.** Renifler sur : marquer de la répugnance pour (Littré donne plusieurs exemples de cette construction ; notamment : « Ce cheval renifle sur l'avoine » : il refuse d'en manger). — **2.** Tous anciens terroristes.

clameur publique. Il y avait deux Frances : l'une horrible à l'intérieur, l'autre admirable à l'extérieur ; on opposait la gloire à nos crimes, comme Bonaparte l'opposa à nos libertés. Nous avons toujours rencontré pour écueil devant nous nos victoires.

Il est utile de faire remarquer l'anachronisme que l'on commet en attribuant nos succès à nos énormités : ils furent obtenus avant et après le règne de la Terreur ; donc la Terreur ne fut pour rien dans la domination de nos armes. Mais ces succès eurent un inconvénient : ils produisirent une auréole autour de la tête des spectres révolutionnaires. On crut sans examiner la date que cette lumière leur appartenait. La prise de la Hollande, le passage du Rhin, semblèrent être la conquête de la hache, non de l'épée. Dans cette confusion on ne devinait pas comment la France parviendrait à se débarrasser des entraves qui, malgré la catastrophe des premiers coupables, continuaient de la presser : le libérateur était là pourtant.

Bonaparte avait conservé la plupart et la plus mauvaise part des amis avec lesquels il s'était lié dans le Midi ; comme lui, ils s'étaient réfugiés dans la capitale. Salicetti, demeuré puissant par la fraternité jacobine, s'était rapproché de Napoléon ; Fréron, désirant épouser Pauline Bonaparte (la princesse Borghèse), prêtait son appui au jeune général.

Loin des criailleries du forum et de la tribune, Bonaparte se promenait le soir au Jardin des Plantes avec Junot. Junot lui racontait sa passion pour Paulette [1], Napoléon lui confiait son penchant pour madame de Beauharnais : l'incubation des événements allait faire éclore un grand homme. Madame de Beauharnais avait des rapports d'amitié avec Barras : il est probable que cette liaison aida le souvenir du commissaire de la Convention, lorsque les journées décisives arrivèrent.

---

1. Pauline.

# 11

Suite.

La liberté de la presse momentanément rendue travaillait dans le sens de la délivrance ; mais comme les démocrates n'avaient jamais aimé cette liberté et qu'elle attaquait leurs erreurs, ils l'accusaient d'être royaliste. L'abbé Morellet, Laharpe, lançaient des brochures qui se mêlaient à celles de l'espagnol Marchenna, immonde savant et spirituel avorton. La jeunesse portait l'habit gris à revers et à collet noir, réputé l'uniforme des chouans. La réunion de la nouvelle législature était le prétexte des rassemblements des sections. La section Lepelletier, connue naguère sous le nom de section des Filles-Saint-Thomas, était la plus animée ; elle parut plusieurs fois à la barre de la Convention pour se plaindre : Lacretelle le jeune lui prêta sa voix avec le même courage qu'il montra le jour où Bonaparte mitrailla les Parisiens sur les degrés de Saint-Roch[1]. Les sections, prévoyant que le moment du combat approchait, firent venir de Rouen le général Danican pour le mettre à leur tête. On peut juger de la peur et des sentiments de la Convention par les défenseurs qu'elle convoqua autour d'elle : « À la tête de ces républicains, dit Réal[2] dans son *Essai sur les journées de vendémiaire*, que l'on appela le *bataillon sacré des patriotes de 89*, et dans leurs rangs, on appelait ces vétérans de la Révolution qui en avaient fait les six campagnes, qui s'étaient battus sous les murs de la Bastille, qui avaient terrassé la tyrannie et qui s'armaient aujourd'hui pour défendre le même château qu'ils avaient foudroyé au 10 août. Là je retrouvai les restes précieux de ces vieux bataillons de Liégeois et de Belges, sous les ordres de leur ancien général Fyon. »

Réal finit ce dénombrement par cette apostrophe : « Ô toi par qui nous avons vaincu l'Europe, avec un gouvernement sans gouvernants et des armées sans paie, génie de la liberté,

---

1. Le 13 vendémiaire an IV (5 octobre 1795). — 2. Adjoint au ministère de la police.

tu veillais encore sur nous!» Ces fiers champions[1] de la liberté vécurent trop de quelques jours ; ils allèrent achever leurs hymnes à l'indépendance dans les bureaux de la police d'un tyran. Ce temps n'est aujourd'hui qu'un degré rompu sur lequel a passé la Révolution : que d'hommes ont parlé et agi avec énergie, se sont passionnés pour des faits dont on ne s'occupe plus ! Les vivants recueillent le fruit des existences oubliées qui se sont consumées pour eux.

On touchait au renouvellement de la Convention ; les assemblées primaires étaient convoquées : comités, clubs, sections, faisaient un tribouil[2] effroyable.

La Convention, menacée par l'aversion générale, vit qu'il se fallait défendre : à Danican elle opposa Barras, nommé chef de la force armée de Paris et de l'intérieur. Ayant rencontré Bonaparte à Toulon, et remémoré de lui par madame de Beauharnais, Barras fut frappé du secours dont lui pourrait être un pareil homme : il se l'adjoignit pour commandant en second. Le futur directeur, entretenant la Convention des journées de vendémiaire, déclara que c'était aux dispositions savantes et promptes de Bonaparte que l'on devait le salut de l'enceinte, autour de laquelle il avait distribué les postes avec beaucoup d'habileté. Napoléon foudroya les sections et dit : «J'ai mis mon cachet sur la France.» Attila avait dit : «Je suis le marteau de l'univers, *ego malleus orbis.*»

Après le succès, Napoléon craignit de s'être rendu impopulaire, et il assura qu'il donnerait plusieurs années de sa vie pour effacer cette page de son histoire.

Il existe un récit des journées de vendémiaire de la main de Napoléon : il s'efforce de prouver que ce furent les sections qui commencèrent le feu. Dans leur rencontre il put se figurer être encore à Toulon : le général Carteaux était à la tête d'une colonne sur le Pont-Neuf ; une compagnie de Marseillais marchait sur Saint-Roch ; les postes occupés par les gardes nationales furent successivement emportés. Réal, de la narration duquel je vous ai déjà entretenu, finit son

---

1. Correction des éditeurs : Chateaubriand avait écrit « trabans » (hallebardiers). — 2. Confusion.

exposition par ces niaiseries que croient ferme les Parisiens : c'est un blessé qui, traversant le salon des Victoires, reconnaît un drapeau qu'il a pris : « N'allons pas plus loin, dit-il d'une voix expirante, je veux mourir ici » ; c'est la femme du général Dufraisse qui coupe sa chemise pour en faire des bandes ; ce sont les deux filles de Durocher qui administrent le vinaigre et l'eau-de-vie. Réal attribue tout à Barras : flagornerie de réticence ; elle prouve qu'en l'an IV Napoléon, vainqueur au profit d'un autre, n'était pas encore compté.

Il paraît que Bonaparte n'espérait pas tirer un grand avantage de sa victoire sur les sections, car il écrivait à Bourienne : « Cherche un petit bien dans ta belle vallée de l'Yonne ; je l'achèterai dès que j'aurai de l'argent ; mais n'oublie pas que je ne veux pas de bien national. » Bonaparte s'est ravisé sous l'Empire : il a fait grand cas des biens nationaux. Ces émeutes de vendémiaire terminent l'époque des émeutes : elles ne se sont renouvelées qu'en 1830, pour mettre fin à la monarchie.

Quatre mois après les journées de vendémiaire, le 19 ventôse (9 mars) an IV, Bonaparte épousa Marie-Josèphe-Rose de Tascher. L'acte ne fait aucune mention de la veuve du comte de Beauharnais. Tallien et Barras sont témoins au contrat. Au mois de juin[1] Bonaparte est appelé au généralat des troupes cantonnées dans les Alpes maritimes ; Carnot réclame contre Barras l'honneur de cette nomination. On appelait le commandement de l'armée d'Italie *la dot de madame Beauharnais*. Napoléon, racontant à Sainte-Hélène, avec dédain, avoir cru s'allier à une grande dame, manquait de reconnaissance.

Napoléon entre en plein dans ses destinées : il avait eu besoin des hommes, les hommes vont avoir besoin de lui, les événements l'avaient fait, il va faire les événements. Il a maintenant traversé ces malheurs auxquels sont condamnées les natures supérieures avant d'être reconnues, contraintes de s'humilier sous les médiocrités dont le patronage leur est nécessaire : le germe du plus haut palmier est d'abord abrité par l'Arabe sous un vase d'argile.

---

**1.** En mars.

## 12

### Campagnes d'Italie.

Arrivé à Nice, au quartier général de l'armée d'Italie, Bonaparte trouve les soldats manquant de tout, nus, sans souliers, sans pain, sans discipline. Il avait vingt-huit ans[1] : sous ses ordres Masséna commandait trente-six mille hommes. C'était l'an 1796. Il ouvre sa première campagne le 20 mars, date fameuse qui devait se graver plusieurs fois dans sa vie. Il bat Beaulieu à Montenotte ; deux jours après, à Millesimo, il sépare les deux armées autrichienne et sarde. À Ceva, à Mondovi, à Fossano, à Cherasco, les succès continuent ; le génie de la guerre même est descendu. Cette proclamation fait entendre une voix nouvelle, comme les combats avaient annoncé un homme nouveau :

« Soldats ! vous avez remporté, en quinze jours, six victoires, pris vingt et un drapeaux, cinquante-cinq pièces de canon, quinze mille prisonniers, tué ou blessé plus de dix mille hommes. Vous avez gagné des batailles sans canon, passé des rivières sans ponts, fait des marches forcées sans souliers, bivouaqué sans eau-de-vie et souvent sans pain. Les phalanges républicaines, les soldats de la liberté, étaient seuls capables de souffrir ce que vous avez souffert ; grâces vous soient rendues, soldats !...

« Peuples d'Italie ! l'armée française vient rompre vos chaînes ; le peuple français est l'ami de tous les peuples. Nous n'en voulons qu'aux tyrans qui vous asservissent. »

Dès le 15 mai la paix est conclue entre la République française et le roi de Sardaigne ; la Savoie est cédée à la France avec Nice et Tende. Napoléon avance toujours, et il écrit à Carnot :

---

[1]. Moins de vingt-six.

Du quartier général, à Plaisance, 9 mai 1796.

« Nous avons enfin passé le Pô : la seconde campagne est commencée ; Beaulieu est déconcerté ; il calcule assez mal, et donne constamment dans les pièges qu'on lui tend. Peut-être voudra-t-il donner une bataille, car cet homme-là a l'audace de la fureur, et non celle du génie. Encore une victoire, et nous sommes maîtres de l'Italie. Dès l'instant que nous arrêterons nos mouvements, nous ferons habiller l'armée à neuf. Elle est toujours à faire peur ; mais tout engraisse ; le soldat ne mange que du pain de Gonesse[1], bonne viande et en quantité, etc. La discipline se rétablit tous les jours ; mais il faut souvent fusiller, car il est des hommes intraitables qui ne peuvent se commander. Ce que nous avons pris à l'ennemi est incalculable. Plus vous m'enverrez d'hommes, plus je les nourrirai facilement. Je vous fais passer vingt tableaux des premiers maîtres, du Corrège et de Michel-Ange. Je vous dois des remerciements particuliers pour les attentions que vous voulez bien avoir pour ma femme. Je vous la recommande : elle est patriote sincère, et je l'aime à la folie. J'espère que les choses vont bien, pouvant vous envoyer une douzaine de millions à Paris ; cela ne vous fera pas de mal pour l'armée du Rhin. Envoyez-moi quatre mille cavaliers démontés, je chercherai ici à les remonter. Je ne vous cache pas que, depuis la mort de Stengel, je n'ai plus un officier supérieur de cavalerie qui se batte. Je désirerais que vous me pussiez envoyer deux ou trois adjudants généraux qui aient du feu et une ferme résolution de ne jamais faire de savantes retraites[2]. »

C'est une des lettres remarquables de Napoléon. Quelle vivacité ! quelle diversité de génie ! Avec les intelligences du héros se trouve jetée pêle-mêle, dans la profusion triomphale des tableaux de Michel-Ange, une raillerie piquante contre un rival, à propos de ces adjudants généraux ayant *une ferme résolution de ne jamais faire de savantes retraites*. Le même jour Bonaparte écrivait au Directoire pour lui donner avis de la

---

1. Gonesse, au N.-E. de Paris, était réputée pour la qualité de son pain. — 2. Ce dernier trait vise Moreau (voir p. 91).

suspension d'armes accordée au duc de Parme et de l'envoi du *Saint Jérôme* du Corrège. Le 11 mai, il annonce à Carnot le passage du pont de Lodi qui nous rend possesseurs de la Lombardie. S'il ne va pas tout de suite à Milan, c'est qu'il veut suivre Beaulieu et l'achever. — « Si j'enlève Mantoue, rien ne m'arrête plus pour pénétrer dans la Bavière ; dans deux décades je puis être dans le cœur de l'Allemagne. Si les deux armées du Rhin entrent en campagne, je vous prie de me faire part de leur position. Il serait digne de la République d'aller signer le traité de paix des trois armées réunies dans le cœur de la Bavière et de l'Autriche étonnées. »

L'aigle ne marche pas, il vole, chargé des banderoles de victoires suspendues à son cou et à ses ailes.

Il se plaint de ce qu'on veut lui donner pour adjoint Kellermann : « Je ne puis pas servir volontiers avec un homme qui se croit le premier général de l'Europe, et je crois qu'un mauvais général vaut mieux que deux bons. »

Le 1$^{er}$ juin 1796 les Autrichiens sont entièrement expulsés d'Italie, et nos avant-postes éclairent les monts de l'Allemagne : « Nos grenadiers et nos carabiniers, écrit Bonaparte au Directoire, jouent et rient avec la mort. Rien n'égale leur intrépidité si ce n'est la gaieté avec laquelle ils font les marches les plus forcées. Vous croiriez qu'arrivés au bivouac ils doivent au moins dormir ; pas du tout : chacun fait son conte ou son plan d'opération du lendemain, et souvent on en voit qui rencontrent très juste. L'autre jour je voyais défiler une demi-brigade ; un chasseur s'approcha de mon cheval : Général, me dit-il, il faut faire cela. — Malheureux, lui dis-je, veux-tu bien te taire ! Il disparaît à l'instant ; je l'ai fait en vain chercher : c'était justement ce que j'avais ordonné que l'on fît. »

Les soldats graduèrent[1] leur commandant : à Lodi ils le firent caporal, à Castiglione sergent.

Le 17 de novembre on débouche sur Arcole : le jeune général passe le pont qui l'a rendu fameux ; dix mille hommes restent sur la place. « C'était un chant de l'*Iliade* ! » s'écriait Bonaparte au seul souvenir de cette action.

---

[1]. Au sens de : conférer un grade.

En Allemagne, Moreau accomplissait la célèbre retraite que Napoléon appelait une *retraite de sergent*. Celui-ci se préparait à dire à son rival, en battant l'archiduc Charles :

> *Je suivrai d'assez près votre illustre retraite*
> *Pour traiter avec lui sans besoin d'interprète*[1].

Le 16 janvier 1797, les hostilités se renouèrent par la bataille de Rivoli. Deux combats contre Wurmser, à Saint-Georges et à la Favorite, entraînent pour l'ennemi la perte de cinq mille tués et de vingt mille prisonniers ; le demeurant se barricade dans Mantoue ; la ville bloquée capitule ; Wurmser, avec les douze mille hommes qui lui restent, se rend.

Bientôt la Marche d'Ancône est envahie ; plus tard le traité de Tolentino nous livre des perles, des diamants, des manuscrits précieux, la *Transfiguration*, le *Laocoon*, l'*Apollon du Belvédère*, et termine cette suite d'opérations par lesquelles en moins d'un an quatre armées autrichiennes ont été détruites, la haute Italie soumise et le Tyrol entamé ; on n'a pas le temps de se reconnaître : l'éclair et le coup partent à la fois.

L'archiduc Charles, accouru pour défendre l'Autriche antérieure avec une nouvelle armée, est forcé au passage du Tagliamento ; Gradisca tombe ; Trieste est pris ; les préliminaires de la paix entre la France et l'Autriche sont signés à Léoben.

Venise, formée au milieu de la chute de l'empire romain, trahie et troublée, nous avait ouvert ses lagunes et ses palais ; une révolution s'accomplit le 31 mai 1797 dans Gênes sa rivale : la république ligurienne prend naissance. Bonaparte aurait été bien étonné si, du milieu de ses conquêtes, il eût pu voir qu'il s'emparait de Venise pour l'Autriche, des Légations pour Rome, de Naples pour les Bourbons, de Gênes pour le Piémont, de l'Espagne pour l'Angleterre, de la Westphalie pour la Prusse, de la Pologne pour la Russie, semblable à ces soldats qui, dans le sac d'une ville, se gorgent d'un butin qu'ils sont obligés de jeter, faute de le pouvoir emporter, tandis qu'au même moment ils perdent leur patrie.

---

1. Corneille, *Sertorius*, III, I.

Le 9 juillet, la République cisalpine[1] proclame son existence. Dans la correspondance de Bonaparte on voit courir la navette à travers la chaîne des révolutions attachées à la nôtre : comme Mahomet avec le glaive et le Koran, nous allions l'épée dans une main, les droits de l'homme dans l'autre.

Dans l'ensemble de ses mouvements généraux, Bonaparte ne laisse échapper aucun détail : tantôt il craint que les *vieillards* des grands peintres de Venise, de Bologne, de Milan, ne soient bien mouillés en passant le Mont-Cenis ; tantôt il est inquiet qu'un manuscrit sur papyrus de la bibliothèque ambrosienne ne soit perdu ; il prie le ministre de l'intérieur de lui apprendre s'il est arrivé à la Bibliothèque nationale. Il donne au Directoire exécutif son opinion sur ses généraux :

« Berthier : talents, activité, courage, caractère, tout pour lui.

« Augereau : beaucoup de caractère, de courage, de fermeté, d'activité ; est aimé du soldat, heureux dans ses opérations.

« Masséna : actif, infatigable, a de l'audace, du coup d'œil et de la promptitude à se décider.

« Serrurier : se bat en soldat, ne prend rien sur lui ; ferme ; n'a pas assez bonne opinion de ses troupes ; est malade.

« Despinois : mou, sans activité, sans audace, n'a pas l'état de la guerre, n'est pas aimé du soldat, ne se bat pas à sa tête ; a d'ailleurs de la hauteur, de l'esprit et des principes politiques sains ; bon à commander dans l'intérieur.

« Sauret : bon, très bon soldat, pas assez éclairé pour être général ; peu heureux.

« Abatucci : pas bon à commander cinquante hommes, etc., etc. »

Bonaparte écrit au chef des Maïnottes[2] : « Les Français estiment le petit, mais brave peuple qui, seul de l'ancienne Grèce, a conservé sa vertu, les dignes descendants de Sparte, auxquels il n'a manqué pour être aussi renommés que leurs ancêtres que de se trouver sur un plus vaste théâtre. » Il instruit l'autorité de la prise de possession de Corfou : « L'île de Corcyre, remarque-t-il, était, selon Homère, la patrie de la princesse

---

1. Elle a pour capitale Milan. — 2. Maïna (ou Magne) est une région du sud du Péloponnèse.

Nausicaa. » Il envoie le traité de paix conclu avec Venise : « Notre marine y gagnera quatre ou cinq vaisseaux de guerre, trois ou quatre frégates, plus trois ou quatre millions de cordages. — Qu'on me fasse passer des matelots français ou corses, mande-t-il ; je prendrai ceux de Mantoue et de Guarda. — Un million pour Toulon, que je vous ai annoncé, part demain ; deux millions, etc., formeront la somme de cinq millions que l'armée d'Italie aura fournie depuis la nouvelle campagne. — J'ai chargé... de se rendre à Sion pour chercher à ouvrir une négociation avec le Valais. — J'ai envoyé chercher un excellent ingénieur pour savoir ce que coûterait cette route à établir (le Simplon)... J'ai chargé le même ingénieur de voir ce qu'il faudrait pour faire sauter le rocher dans lequel s'enfuit le Rhône, et par là rendre possible l'exploitation des bois du Valais et de la Savoie. » Il donne avis qu'il fait partir de Trieste un chargement de blé et d'aciers pour Gênes. Il fait présent au pacha de Scutari de quatre caisses de fusils, comme une marque de son amitié. Il ordonne de renvoyer de Milan quelques hommes suspects et d'en arrêter quelques autres. Il écrit au citoyen Grogniard, ordonnateur de la marine à Toulon : « Je ne suis pas votre juge, mais si vous étiez sous mes ordres, je vous mettrais aux arrêts pour avoir obtempéré à une réquisition ridicule. » Une note remise au ministre du pape dit : « Le pape pensera peut-être qu'il est digne de sa sagesse, de la plus sainte des religions, de faire une bulle ou mandement qui ordonne aux prêtres obéissance au gouvernement. »

Tout cela est mêlé des négociations avec les républiques nouvelles, des détails des fêtes pour Virgile et Arioste, des bordereaux explicatifs des vingt tableaux et des cinq cents manuscrits de Venise ; tout cela a lieu à travers l'Italie assourdie du bruit des combats, à travers l'Italie devenue une fournaise où nos grenadiers vivaient dans le feu comme des salamandres.

Pendant ces tourbillons d'affaires et de succès advint le 18 fructidor[1], favorisé par les proclamations de Bonaparte et les délibérations de son armée, en jalousie de l'armée de la Meuse. Alors disparut celui qui, peut-être à tort, avait passé

---

[1]. 4 septembre 1797 : les partisans du retour à la monarchie sont éliminés des Conseils législatifs ; Carnot, qui, par respect de la légalité, s'était joint aux modérés, dut s'enfuir.

pour l'auteur des plans des victoires républicaines ; on assure que Danissy, Lafitte, d'Arçon, trois génies militaires supérieurs, dirigeaient ces plans : Carnot se trouva proscrit par l'influence de Bonaparte.

Le 17 octobre, celui-ci signe le traité de paix de Campo-Formio : la première guerre continentale de la Révolution finit à trente lieues de Vienne.

## 13

Congrès de Rastadt. – Retour de Napoléon en France. Napoléon est nommé chef de l'armée dite d'Angleterre. Il part pour l'expédition d'Égypte.

Un congrès étant rassemblé à Rastadt, et Bonaparte ayant été nommé par le Directoire représentant à ce congrès, il prit congé de l'armée d'Italie. « Je ne serai consolé, lui dit-il, que par l'espoir de me revoir bientôt avec vous, luttant contre de nouveaux dangers. » Le 16 novembre 1797, son ordre du jour annonce qu'il a quitté Milan pour présider la légation française au congrès et qu'il a envoyé au Directoire le drapeau de l'armée d'Italie.

Sur un des côtés de ce drapeau Bonaparte avait fait broder le résumé de ses conquêtes : « Cent cinquante mille prisonniers, dix-sept mille chevaux, cinq cent cinquante pièces de siège, six cents pièces de campagne, cinq équipages de ponts, neuf vaisseaux de cinquante-quatre canons, douze frégates de trente-deux, douze corvettes, dix-huit galères ; armistice avec le roi de Sardaigne, convention avec Gênes ; armistice avec le duc de Parme, avec le duc de Modène, avec le roi de Naples, avec le pape ; préliminaires de Léoben ; convention de Montebello avec la République de Gênes ; traité de paix avec l'Empereur à Campo-Formio ; donné la liberté aux peuples de Bologne, Ferrare, Modène, Massa-Carrara, de la Romagne, de la Lombardie, de Brescia, de Bergame, de Mantoue, de Crème, d'une partie du Véronais, de Chiavenna, Bormio, et de la Valteline ; au peuple de Gênes, aux fiefs impériaux, au peuple des départements de Corcyre, de la mer Égée et d'Ithaque.

Envoyé à Paris tous les chefs-d'œuvre de Michel-Ange, de Guerchin, du Titien, de Paul Véronèse, Corrège, Albane, des Carrache, Raphaël, Léonard de Vinci, etc., etc. »

« Ce monument de l'armée d'Italie, dit l'ordre du jour, sera suspendu aux voûtes de la salle des séances publiques du Directoire, et il attestera les exploits de nos guerriers quand la génération présente aura disparu. »

Après une convention purement militaire, qui stipulait la remise de Mayence aux troupes de la République et la remise de Venise aux troupes autrichiennes, Bonaparte quitta Rastadt et laissa la suite des affaires du congrès aux mains de Treilhard et de Bonnier.

Dans les derniers temps de la campagne d'Italie, Bonaparte eut beaucoup à souffrir de l'envie de divers généraux et du Directoire : deux fois il avait offert sa démission ; les membres du gouvernement la désiraient et n'osaient l'accepter. Les sentiments de Bonaparte ne suivaient pas le penchant du siècle ; il cédait à contrecœur aux intérêts nés de la Révolution : de là les contradictions de ses actes et de ses idées.

De retour à Paris, il descendit dans sa maison, rue Chantereine, qui prit et porte encore le nom de *rue de la Victoire*. Le conseil des Anciens voulut faire à Napoléon le don de Chambord, ouvrage de François Ier, qui ne rappelle plus que l'exil du dernier fils de saint Louis[1]. Bonaparte fut présenté au Directoire, le 10 décembre 1795, dans la cour du palais du Luxembourg. Au milieu de cette cour s'élevait un autel de la Patrie, surmonté des statues de la Liberté, de l'Égalité et de la Paix. Les drapeaux conquis formaient un dais au-dessus des cinq Directeurs habillés à l'antique ; l'ombre de la Victoire descendait de ces drapeaux sous lesquels la France faisait halte un moment. Bonaparte était vêtu de l'uniforme qu'il portait à Arcole et à Lodi. M. de Talleyrand reçut le vainqueur auprès de l'autel, se souvenant d'avoir naguère[2] dit la messe sur un autre autel. Fuyard revenu des États-Unis, chargé par la protection de Chénier[3] du ministère des relations extérieures, l'évêque d'Autun, le sabre au côté, était

---

**1.** Chambord avait été offert en 1821 par une souscription nationale au duc de Bordeaux qui, après 1830, se fit appeler comte de Chambord. — **2.** Le 14 juillet 1790, au Champ-de-Mars. — **3.** Marie-Joseph.

coiffé d'un chapeau à la Henri IV : les événements forçaient de prendre au sérieux ces travestissements.

Le prélat fit l'éloge du conquérant de l'Italie : « Il aime, dit-il mélancoliquement, il aime les chants d'Ossian, surtout parce qu'ils détachent de la terre. Loin de redouter ce qu'on appelle son ambition, il nous faudra peut-être la solliciter un jour pour l'arracher aux douceurs de sa studieuse retraite. La France entière sera libre, peut-être lui ne le sera jamais : telle est sa destinée. »

Merveilleusement deviné !

Le frère de saint Louis à Grandella, Charles VIII à Fornoue, Louis XII à Agnadel, François Ier à Marignan, Lautrec à Ravenne, Catinat à Turin, demeurent loin du nouveau général. Les succès de Napoléon n'eurent point de pairs.

Les Directeurs, redoutant un despotisme supérieur qui menaçait tous les despotismes, avaient vu avec inquiétude les hommages que l'on rendait à Napoléon ; ils songeaient à se débarrasser de sa présence. Ils favorisèrent la passion qu'il montrait pour une expédition dans l'Orient. Il disait : « L'Europe est une taupinière ; il n'y a jamais eu de grands empires et de grandes révolutions qu'en Orient ; je n'ai déjà plus de gloire : cette petite Europe n'en fournit pas assez. » Napoléon, comme un enfant, était charmé d'avoir été élu membre de l'Institut [1]. Il ne demandait que six ans pour aller aux Indes et pour en revenir : « Nous n'avons que vingt-neuf ans, remarquait-il en songeant à lui ; ce n'est pas un âge : j'en aurai trente-cinq à mon retour. »

Nommé général d'une armée dite de l'Angleterre, dont les corps étaient dispersés de Brest à Anvers, Bonaparte passa son temps à des inspections, à des visites aux autorités civiles et scientifiques, tandis qu'on assemblait les troupes qui devaient composer l'armée d'Égypte. Survint l'échauffourée du drapeau tricolore et du bonnet rouge, que notre ambassadeur à Vienne, le général Bernadotte, avait planté sur la porte de son palais. Le Directoire se disposait à retenir Napoléon pour l'opposer à la nouvelle guerre possible, lorsque M. de Cobentzel prévint la rupture, et Bonaparte reçut l'ordre de partir [2]. L'Italie devenue

---

1. Le 26 décembre 1797, dans la classe des Sciences mathématiques.
— 2. Pour la campagne d'Égypte.

républicaine, la Hollande transformée en république, la paix laissant à la France, étendue jusqu'au Rhin, des soldats inutiles, dans sa prévoyance peureuse le Directoire s'empressa d'écarter le vainqueur. Cette aventure d'Égypte change à la fois la fortune et le génie de Napoléon, en surdorant ce génie, déjà trop éclatant, d'un rayon du soleil qui frappa la colonne de nuée et de feu[1].

## 14

## *EXPÉDITION D'ÉGYPTE.*

Malte. – Bataille des Pyramides. – Le Caire. Napoléon dans la grande Pyramide. – Suez.

Toulon, 19 mai 1798.

PROCLAMATION.

« Soldats,

« Vous êtes une des ailes de l'armée d'Angleterre.

« Vous avez fait la guerre de montagnes, de plaines, de sièges ; il vous reste à faire la guerre maritime.

« Les légions romaines, que vous avez quelquefois imitées, mais pas encore égalées, combattaient Carthage tour à tour sur cette même mer, et aux plaines de Zama[2]. La victoire ne les abandonna jamais, parce que constamment elles furent braves, patientes à supporter la fatigue, disciplinées et unies entre elles.

« Soldats, l'Europe a les yeux sur vous ! vous avez de grandes destinées à remplir, des batailles à livrer, des dangers, des fatigues à vaincre ; vous ferez plus que vous n'avez fait pour la prospérité de la patrie, le bonheur des hommes et votre propre gloire. »

Après cette proclamation de souvenirs, Napoléon s'embarque : on dirait d'Homère ou du héros qui enfermait les chants du Méonide[3] dans une cassette d'or. Cet homme ne

---

**1.** Allusion à la colonne mobile qui guidait les Hébreux dans le désert. — **2.** En Numidie. Scipion l'Africain y battit Hannibal (202 av. J.-C.). — **3.** Homère. – Ce « héros » est Alexandre.

chemine pas tout doucement : à peine a-t-il mis l'Italie sous ses pieds, qu'il paraît en Égypte ; épisode romanesque dont il agrandit sa vie réelle. Comme Charlemagne, il attache une épopée à son histoire. Dans la bibliothèque qu'il emporta se trouvaient *Ossian, Werther, la Nouvelle Héloïse* et *le Vieux Testament* : indication du chaos de la tête de Napoléon. Il mêlait les idées positives et les sentiments romanesques, les systèmes et les chimères, les études sérieuses et les emportements de l'imagination, la sagesse et la folie. De ces productions incohérentes du siècle il tira l'Empire ; songe immense, mais rapide comme la nuit désordonnée qui l'avait enfanté.

Entré dans Toulon le 9 mai 1798, Napoléon descend à l'hôtel de la Marine ; dix jours après il monte sur le vaisseau amiral *l'Orient* ; le 19 mai il met à la voile ; il part de la borne où la première fois il avait répandu le sang, et un sang français : les massacres de Toulon l'avaient préparé aux massacres de Jaffa. Il menait avec lui les généraux premiers nés de sa gloire : Berthier, Caffarelli, Kléber, Desaix, Lannes, Murat, Menou. Treize vaisseaux de ligne, quatorze frégates, quatre cents bâtiments de transport, l'accompagnent.

Nelson le laissa échapper du port et le manqua sur les flots, bien qu'une fois nos navires ne fussent qu'à six lieues de distance des vaisseaux anglais. De la mer de Sicile, Napoléon aperçut le sommet des Apennins ; il dit : « Je ne puis voir sans émotion la terre d'Italie ; voilà l'Orient : j'y vais. » À l'aspect de l'Ida, explosion d'admiration sur Minos et la sagesse antique. Dans la traversée, Bonaparte se plaisait à réunir les savants et provoquait leurs disputes ; il se rangeait ordinairement à l'avis du plus absurde ou du plus audacieux ; il s'enquérait si les planètes étaient habitées, quand elles seraient détruites par l'eau ou par le feu, comme s'il eût été chargé de l'inspection de l'armée céleste.

Il aborde à Malte, déniche la vieille chevalerie retirée dans le trou d'un rocher marin ; puis il descend parmi les ruines de la cité d'Alexandre. Il voit à la pointe du jour cette colonne de Pompée que j'apercevais du bord de mon vaisseau en m'éloignant de la Libye. Du pied du monument, immortalisé d'un grand et triste nom, il s'élance ; il escalade les murailles derrière lesquelles se trouvait jadis *le dépôt des remèdes de l'âme*[1], et les aiguilles de Cléopâtre, maintenant couchées à terre parmi des chiens maigres. La porte de Rosette est forcée ; nos troupes se ruent dans les deux havres et dans le phare. Égorgement effroyable ! l'adjudant général Boyer écrit à ses parents : « Les Turcs, repoussés de tous côtés, se réfugient chez leur dieu et leur prophète ; ils remplissent leurs mosquées ; hommes, femmes, vieillards, jeunes et enfants, tous sont massacrés. »

Bonaparte avait dit à l'évêque de Malte : « Vous pouvez assurer vos diocésains que la religion catholique, apostolique et romaine sera non seulement respectée, mais ses ministres spécialement protégés. » Il dit, en arrivant en Égypte : « Peuples d'Égypte, je respecte plus que les mameloucks Dieu, son Prophète et le Koran. Les Français sont amis des musulmans. Naguère ils ont marché sur Rome et renversé le trône du pape, qui aigrissait les chrétiens contre ceux qui professent l'islamisme ; bientôt après ils ont dirigé leur course vers Malte, et en ont chassé les incrédules qui se croyaient appelés de Dieu pour faire la guerre aux musulmans . . . . . .
. . . . . . . . . . . . . . . . . . . . . . . . . Si l'Égypte est la ferme des mameloucks, qu'ils montrent le bail que Dieu leur en a fait. »

Napoléon marche aux Pyramides ; il crie à ses soldats : « Songez que du haut de ces monuments quarante siècles ont les yeux fixés sur vous. » Il entre au Caire ; sa flotte saute en l'air à Aboukir ; l'armée d'Orient est séparée de l'Europe. Julien (de la Drôme), fils de Julien le Conventionnel, témoin du désastre, le note minute par minute :

« Il est sept heures ; la nuit se fait et le feu redouble encore. À neuf heures et quelques minutes le vaisseau a sauté. Il est dix heures, le feu se ralentit et la lune se lève à droite du lieu où vient de s'élever l'explosion du vaisseau. »

Bonaparte au Caire déclare au chef de la loi qu'il sera le restaurateur des mosquées ; il envoie son nom à l'Arabie, à l'Éthiopie, aux Indes. Le Caire se révolte ; il le bombarde au milieu d'un orage ; l'inspiré dit aux croyants : « Je pourrais demander à chacun de vous compte des sentiments les plus secrets de son cœur, car je sais tout, même ce que vous

---

1. La bibliothèque d'Alexandrie (cf. *Les Martyrs*, XI).

n'avez dit à personne. » Le grand schérif de la Mecque le nomme, dans une lettre, le *protecteur de la Kaaba* ; le pape, dans une missive, l'appelle *mon très cher fils*.

Par une infirmité de nature, Bonaparte préférait souvent son côté petit à son grand côté. La partie qu'il pouvait gagner d'un seul coup ne l'amusait pas. La main qui brisait le monde se plaisait au jeu des gobelets ; sûr, quand il usait de ses facultés, de se dédommager de ses pertes ; son génie était le réparateur de son caractère. Que ne se présenta-t-il tout d'abord comme l'héritier des chevaliers ? Par une position double, il n'était, aux yeux de la multitude musulmane, qu'un faux chrétien et qu'un faux mahométan. Admirer des impiétés de système, ne pas reconnaître ce qu'elles avaient de misérable, c'est se tromper misérablement : il faut pleurer quand le géant se réduit à l'emploi du grimacier. Les infidèles proposèrent à saint Louis dans les fers la couronne d'Égypte, parce qu'il était resté, disent les historiens arabes, le plus fier chrétien qu'on eût jamais vu.

Quand je passai au Caire, cette ville conservait des traces des Français : un jardin public, notre ouvrage, était planté de palmiers ; des établissements de restaurateurs l'avaient jadis entouré. Malheureusement, de même que les anciens Égyptiens, nos soldats avaient promené un cercueil autour de leurs festins.

Quelle scène mémorable, si l'on pouvait y croire ! Bonaparte assis dans l'intérieur de la pyramide de Chéops sur le sarcophage d'un Pharaon dont la momie avait disparu, et causant avec les muphtis et les imans ! Toutefois, prenons le récit du *Moniteur* comme le travail de la muse. Si ce n'est pas l'histoire matérielle de Napoléon, c'est l'histoire de son intelligence ; cela en vaut encore la peine. Écoutons dans les entrailles d'un sépulcre cette voix que tous les siècles entendront.

(*Moniteur*, 27 novembre 1798.)

« Ce jourd'hui, 25 thermidor de l'an VI de la République française une et indivisible, répondant au 28 de la lune de Mucharim, l'an de l'hégire 1213, le général en chef, accompagné de plusieurs officiers de l'état-major de l'armée et de plusieurs membres de l'Institut national, s'est transporté à la grande pyramide, dite de Chéops, dans l'intérieur de laquelle il était attendu par plusieurs muphtis et imans, chargés de lui en montrer la construction intérieure.

« La dernière salle à laquelle le général en chef est parvenu est à voûte plate, et longue de trente-deux pieds sur seize de large et dix-neuf de haut. Il n'y a trouvé qu'une caisse de granit d'environ huit pieds de long sur quatre d'épaisseur, qui renfermait la momie d'un Pharaon. Il s'est assis sur le bloc de granit, a fait asseoir à ses côtés les muphtis et imans, *Suleiman, Ibrahim* et *Muhamed*, et il a eu avec eux, en présence de sa suite, la conversation suivante :

*Bonaparte :* « Dieu est grand et ses œuvres sont merveilleuses. Voici un grand ouvrage de main d'homme ! Quel était le but de celui qui fit construire cette pyramide ? »

*Suleiman :* « C'était un puissant roi d'Égypte, dont on croit que le nom était Chéops. Il voulait empêcher que des sacrilèges ne vinssent troubler le repos de sa cendre. »

*Bonaparte :* « Le grand Cyrus se fit enterrer en plein air, pour que son corps retournât aux éléments : penses-tu qu'il ne fit pas mieux ? le penses-tu ? »

*Suleiman* (s'inclinant) : « Gloire à Dieu, à qui toute gloire est due ! »

*Bonaparte :* « Gloire à Allah ! Il n'y a point d'autre Dieu que Dieu ; Mohamed est son prophète, et je suis de ses amis. »

*Ibrahim :* « Que les anges de la victoire balaient la poussière sur ton chemin et te couvrent de leurs ailes ! Le mamelouck a mérité la mort. »

*Bonaparte :* « Il a été livré aux anges noirs Moukir et Quarkir. »

*Suleiman :* « Il étendit les mains de la rapine sur les terres, les moissons, les chevaux de l'Égypte. »

*Bonaparte :* « Les trésors, l'industrie et l'amitié des Francs seront votre partage, en attendant que vous montiez au septième ciel et qu'assis aux côtés des houris aux yeux noirs, toujours jeunes et toujours vierges, vous vous reposiez à l'ombre du laba, dont les branches offriront d'elles-mêmes aux vrais musulmans tout ce qu'ils pourront désirer. »

De telles parades ne changent rien à la gravité des Pyramides :

*Vingt siècles, descendus dans l'éternelle nuit,*
*Y sont sans mouvement, sans lumière et sans bruit* [1].

Bonaparte, en remplaçant Chéops dans la crypte séculaire, en aurait augmenté l'immensité ; mais il ne s'est jamais traîné dans ce vestibule de la mort.

« Pendant le reste de notre navigation sur le Nil, dis-je dans l'*Itinéraire*, je demeurai sur le pont à contempler ces tombeaux.................... Les grands monuments font une partie essentielle de la gloire de toute société humaine : ils portent la mémoire d'un peuple au-delà de sa propre existence, et le font vivre contemporain des générations qui viennent s'établir dans ses champs abandonnés. »

Remercions Bonaparte, aux Pyramides, de nous avoir si bien justifiés, nous autres petits hommes d'État entachés de poésie, qui maraudons [2] de chétifs mensonges sur des ruines.

D'après les proclamations, les ordres du jour, les discours de Bonaparte, il est évident qu'il visait à se faire passer pour l'envoyé du ciel, à l'instar d'Alexandre. Callisthène [3], à qui le Macédonien infligea dans la suite un si rude traitement, en punition sans doute de la flatterie du philosophe, fut chargé de prouver que le fils de Philippe était fils de Jupiter ; c'est ce que l'on voit dans un fragment de Callisthène conservé par Strabon. *Le Pourparler d'Alexandre*, de Pasquier [4], est un dialogue des morts entre Alexandre le grand conquérant et Rabelais le grand moqueur : « Cours-moi de l'œil, dit Alexandre à Rabelais, toutes ces contrées que tu vois être en ces bas lieux, tu ne trouveras aucun personnage d'étoffe qui, pour autoriser ses pensées, n'ait voulu donner à entendre qu'il eût familiarité avec les dieux. » Rabelais répond : « Alexandre, pour te dire le vrai, je ne m'amusai jamais à reprendre tes petites particularités, mêmement en ce qui

---

**1.** Vers extraits du poème du P. Le Moyne intitulé *Saint Louis ou la Couronne reconquise* (1653). Le Moyne avait écrit : « Ces siècles ». L'expression de Chateaubriand semble annoncer les « quarante siècles » de la phrase fameuse prêtée à Bonaparte. — **2.** Emploi hardi : Il faut sans doute entendre : « qui cueillons en maraude des mensonges sur des ruines ». — **3.** Philosophe, petit-neveu d'Aristote. Alexandre le fit mettre à mort en 328 av. J.-C. — **4.** Étienne Pasquier, juriste et humaniste (1529-1615).

appartient au vin. Mais quel profit sens-tu de ta grandeur maintenant ? en es-tu autre que moi ? Le regret que tu as te doit causer telle fâcherie qu'il te seroit beaucoup plus expédient qu'avec ton corps tu eusses perdu la mémoire. »

Et pourtant, en s'occupant d'Alexandre, Bonaparte se méprenait et sur lui-même et sur l'époque du monde et sur la religion : aujourd'hui, on ne peut se faire passer pour un dieu. Quant aux exploits de Napoléon dans le Levant, ils n'étaient pas encore mêlés à la conquête de l'Europe ; ils n'avaient pas obtenu d'assez hauts résultats pour imposer à la foule islamiste, quoiqu'on le surnommât le *sultan de feu*. « Alexandre, à l'âge de trente-trois ans, dit Montaigne, avoit passé victorieux toute la terre habitable, et, dans une demi-vie, avoit atteint tout l'effort de l'humaine nature. Plus de rois et de princes ont écrit ses gestes que d'autres historiens n'ont écrit les gestes d'autre roi. »

Du Caire, Bonaparte se rendit à Suez. il vit la mer qu'ouvrit Moïse et qui retomba sur Pharaon. Il reconnut les traces d'un canal que commença Sésostris, qu'élargirent les Perses, que réentreprirent les Soudans dans le dessein de porter à la Méditerranée le commerce de la mer Rouge. Il projeta d'amener une branche du Nil dans le golfe Arabique : au fond de ce golfe son imagination traça l'emplacement d'un nouvel Ophir, où se tiendrait tous les ans une foire pour les marchands de parfums, d'aromates, d'étoffes de soie, pour tous les objets précieux de Mascate, de la Chine, de Ceylan, de Sumatra, des Philippines et des Indes. Les cénobites descendent du Sinaï, et le prient d'inscrire son nom auprès de celui de Saladin, dans le livre de leurs *garanties*.

Revenu au Caire, Bonaparte célèbre la fête anniversaire de la fondation de la République, en adressant ces paroles à ses soldats : « Il y a cinq ans l'indépendance du peuple français était menacée ; mais vous prîtes Toulon : ce fut le présage de la ruine de vos ennemis. Un an après, vous battiez les Autrichiens à Dego ; l'année suivante, vous étiez sur le sommet des Alpes ; vous luttiez contre Mantoue, il y a deux ans, et vous remportiez la célèbre victoire de Saint-Georges ; l'an passé, vous étiez aux sources de la Drave et de l'Isonzo, de retour de l'Allemagne. Qui eût dit alors que vous seriez aujourd'hui sur les bords du Nil, au centre de l'ancien continent ? »

## 15

Opinion de l'armée.

Mais Bonaparte, au milieu des soins dont il était occupé et des projets qu'il avait conçus, était-il réellement fixé dans ces idées ? Tandis qu'il avait l'air de vouloir rester en Égypte, la fiction ne l'aveuglait pas sur la réalité, et il écrivait à Joseph, son frère : « Je pense être en France dans deux mois ; fais en sorte que j'aie une campagne à mon arrivée, soit près de Paris ou en Bourgogne : je compte y passer l'hiver. » Bonaparte ne calculait point ce qui pouvait s'opposer à son retour : sa volonté était sa destinée et sa fortune. Cette correspondance tombée aux mains de l'Amirauté, les Anglais ont osé avancer que Napoléon n'avait eu d'autre mission que de faire périr son armée. Une des lettres de Bonaparte contient des plaintes sur la coquetterie de sa femme.

Les Français, en Égypte, étaient d'autant plus héroïques qu'ils sentaient vivement leurs maux. Un maréchal des logis écrit à l'un de ses amis : « Dis à Ledoux qu'il n'ait jamais la faiblesse de s'embarquer pour venir dans ce maudit pays. »

Avrieury : « Tous ceux qui viennent de l'intérieur disent qu'Alexandrie est la plus belle ville : hélas ! que doit donc être le reste ? Figurez-vous un amas confus de maisons mal bâties, à un étage ; les belles avec terrasse, petite porte en bois, serrure *idem* ; point de fenêtres, mais un grillage en bois si rapproché qu'il est impossible de voir quelqu'un au travers. Rues étroites, hormis le quartier des Francs et le côté des grands. Les habitants pauvres, qui forment le plus grand nombre, au naturel, hormis une chemise bleue jusqu'à mi-cuisse, qu'ils retroussent la moitié du temps dans leurs mouvements, une ceinture et un turban de guenilles. J'ai de ce charmant pays jusque par-dessus la tête. Je m'enrage d'y être. La maudite Égypte ! Sable partout ! Que de gens attrapés, cher ami ! Tous ces faiseurs de fortune, ou bien tous ces voleurs, ont le nez bas ; ils voudraient retourner d'où ils sont partis : je le crois bien ! »

Rozis, capitaine : « Nous sommes très réduits ; avec cela il existe un mécontentement général dans l'armée ; le despotisme n'a jamais été au point qu'il l'est aujourd'hui ; nous avons des soldats qui se sont donné la mort en présence du général en chef, en lui disant : Voilà ton ouvrage ! »

Le nom de Tallien terminera la liste de ces noms aujourd'hui presque inconnus :

### TALLIEN À MADAME TALLIEN

« Quant à moi, ma chère amie, je suis ici, comme tu le sais, bien contre mon gré ; ma position devient chaque jour plus désagréable, puisque, séparé de mon pays, de tout ce qui m'est cher, je ne prévois pas le moment où je pourrai m'en rapprocher.

« Je te l'avoue bien franchement, je préférerais mille fois être avec toi et ta fille retiré dans un coin de terre, loin de toutes les passions, de toutes les intrigues, et je t'assure que si j'ai le bonheur de retoucher le sol de mon pays, ce sera pour ne le quitter jamais. *Parmi les quarante mille Français qui sont ici, il n'y en a pas quatre qui pensent autrement.*

« Rien de plus triste que la vie que nous menons ici ! Nous manquons de tout. Depuis cinq jours je n'ai pas fermé l'œil ; je suis couché sur le carreau ; les mouches, les punaises, les fourmis, les cousins, tous les insectes nous dévorent, et vingt fois chaque jour je regrette notre charmante chaumière. Je t'en prie, ma chère amie, ne t'en défais pas.

« Adieu, ma bonne Thérésia[1], les larmes inondent mon papier. Les souvenirs les plus doux de ta bonté, de notre amour, l'espoir de te retrouver toujours aimable, toujours fidèle, d'embrasser ma chère fille soutiennent seuls l'infortuné. »

La fidélité n'était pour rien dans tout cela.

Cette unanimité de plaintes est l'exagération naturelle d'hommes tombés de la hauteur de leurs illusions : de tous temps les Français ont rêvé l'Orient ; la chevalerie leur en avait tracé la route ; s'ils n'avaient plus la foi qui les menait à la délivrance du saint tombeau, ils avaient l'intrépidité des croisés, la croyance des royaumes et des beautés qu'avaient créés, autour de Godefroi, les chroniqueurs et les troubadours.

---

1. Thérésia Cabarrus était devenue Mme Tallien.

Les soldats vainqueurs de l'Italie avaient vu un riche pays à prendre, des caravanes à détrousser, des chevaux, des armes et des sérails à conquérir ; les romanciers avaient aperçu la princesse d'Antioche, et les savants ajoutaient leurs songes à l'enthousiasme des poètes. Il n'y a pas jusqu'au *Voyage d'Anténor*[1] qui ne passât au début pour une docte réalité : on allait pénétrer la mystérieuse Égypte, descendre dans les catacombes, fouiller les Pyramides, retrouver des manuscrits ignorés, déchiffrer des hiéroglyphes et réveiller Thermosiris. Quand, au lieu de tout cela, l'Institut en s'abattant sur les Pyramides, les soldats en ne rencontrant que des fellahs nus, des cahutes de boue desséchée, se trouvèrent en face de la peste, des Bédouins et des mameloucks, le mécompte fut énorme. Mais l'injustice de la souffrance aveugla sur le résultat définitif. Les Français semèrent en Égypte ces germes de civilisation que Méhémet a cultivés ; la gloire de Bonaparte s'accrut ; un rayon de lumière se glissa dans les ténèbres de l'islamisme, et une brèche fut faite à la barbarie.

16

CAMPAGNE DE SYRIE.

Pour prévenir les hostilités des pachas de la Syrie et poursuivre quelques mameloucks, Bonaparte entra le 22 février dans cette partie du monde à laquelle le combat d'Aboukir l'avait légué. Napoléon trompait ; c'était un de ses rêves de puissance qu'il poursuivait. Plus heureux que Cambyse, il franchit les sables sans rencontrer le vent du midi ; il campe parmi des tombeaux ; il escalade El-Arisch, et triomphe à Gaza : « Nous étions, écrit-il le 6, aux colonnes placées sur les limites de l'Afrique et de l'Asie ; nous couchâmes le soir en Asie. » Cet homme immense marchait à la conquête du monde ; c'était un conquérant pour des climats qui n'étaient pas à conquérir.

Jaffa est emporté. Après l'assaut, une partie de la garnison, estimée par Bonaparte à douze cents hommes et portée par

---

**1.** Ouvrage d'Étienne Lautier (1798).

d'autres à deux ou trois mille, se rendit et fut reçue à merci : deux jours après, Bonaparte ordonna de la passer par les armes.

Walter Scott et sir Robert Wilson ont raconté ces massacres ; Bonaparte, à Sainte-Hélène, n'a fait aucune difficulté de les avouer à lord Ebrington et au docteur O'Meara. Mais il en rejetait l'odieux sur la position dans laquelle il se trouvait : il ne *pouvait nourrir les prisonniers* ; il ne *les pouvait renvoyer en Égypte sous escorte*. Leur laisser la liberté sur parole ? *ils ne comprendraient* même pas ce point d'honneur et ces procédés européens. « Wellington dans ma place, disait-il, *aurait agi comme moi.* »

« Napoléon se décida, dit M. Thiers, à une mesure terrible et qui est le seul acte cruel de sa vie : il fit passer au fil de l'épée les prisonniers qui lui restaient ; l'armée consomma avec obéissance, mais avec une espèce d'effroi, l'exécution qui lui était commandée. »

*Le seul acte cruel de sa vie*, c'est beaucoup affirmer après les massacres de Toulon, après tant de campagnes où Napoléon compta à néant la vie des hommes. Il est glorieux pour la France que nos soldats aient protesté par *une espèce d'effroi* contre la cruauté de leur général.

Mais les massacres de Jaffa sauvaient-ils notre armée ? Bonaparte ne vit-il pas avec quelle facilité une poignée de Français renversa les forces du pacha de Damas ? À Aboukir, ne détruisit-il pas avec quelques chevaux, treize mille Osmanlis ? Kléber, plus tard, ne fit-il pas disparaître le grand vizir et ses myriades de mahométans ? S'il s'agissait de droit, quel droit les Français avaient-ils eu d'envahir l'Égypte ? Pourquoi égorgeaient-ils des hommes qui n'usaient que du droit de la défense ? Enfin Bonaparte ne pouvait invoquer les lois de la guerre, puisque les prisonniers de la garnison de Jaffa avaient *mis bas les armes* et que leur *soumission avait été acceptée*. Le fait que le conquérant s'efforçait de justifier le gênait : ce fait est passé sous silence ou indiqué vaguement dans les dépêches officielles et dans les récits des hommes attachés à Bonaparte. « Je me dispenserai, dit le docteur Larrey[1], de

---

1. Chirurgien en chef de l'armée (1766-1842).

parler des suites horribles qu'entraîne ordinairement l'assaut d'une place : j'ai été le triste témoin de celui de Jaffa. » Bourienne s'écrie : « Cette scène atroce me fait encore frémir, lorsque j'y pense, comme le jour où je la vis, et j'aimerais mieux qu'il me fût possible de l'oublier que d'être forcé de la décrire. Tout ce qu'on peut se figurer d'affreux dans un jour de sang serait encore au-dessous de la réalité. » Bonaparte écrit au Directoire que : « Jaffa fut livré au pillage et à toutes les horreurs de la guerre qui jamais ne lui a paru si hideuse. » Ces horreurs, qui les avait commandées ?

Berthier, compagnon de Napoléon en Égypte, étant au quartier général d'Ens, en Allemagne, adressa, le 5 mai 1809, au major général de l'armée autrichienne, une dépêche foudroyante contre une prétendue fusillade exécutée dans le Tyrol où commandait Chasteller : « Il a laissé égorger (Chasteller) sept cents prisonniers français et dix-huit à dix-neuf cents Bavarois ; crime inouï dans l'histoire des nations, qui eût pu exciter une terrible représaille, si S.M. ne regardait *les prisonniers comme placés sous sa foi et sous son honneur.* »

Bonaparte dit ici tout ce que l'on peut dire contre l'exécution des prisonniers de Jaffa. Que lui importaient de telles contradictions ? Il connaissait la vérité, et il s'en jouait ; il en faisait le même usage que du mensonge ; il n'appréciait que le résultat, le moyen lui était égal ; le nombre des prisonniers l'embarrassait, il les tua.

Il y a toujours eu deux Bonaparte : l'un grand, l'autre petit. Lorsque vous croyez être en sûreté dans la vie de Napoléon, il rend cette vie affreuse.

Miot[1], dans la première édition de ses *Mémoires* (1804), se tait sur les massacres ; on ne les lit que dans l'édition de 1814. Cette édition a presque disparu ; j'ai eu peine à la retrouver. Pour affirmer une aussi douloureuse vérité, il ne me fallait rien moins que le récit d'un témoin oculaire. Autre est de savoir en gros l'existence d'une chose, autre d'en connaître les particularités : la vérité morale d'une action ne se décèle que dans les détails de cette action ; les voici d'après Miot :

---

1. Commissaire adjoint des guerres pendant la campagne d'Égypte.

« Le 20 ventôse (10 mars), dans l'après-midi, les prisonniers de Jaffa furent mis en mouvement au milieu d'un vaste bataillon carré formé par les troupes du général Bon. Un bruit sourd du sort qu'on leur préparait me détermina, ainsi que beaucoup d'autres personnes, à monter à cheval et à suivre cette colonne silencieuse de victimes, pour m'assurer si ce qu'on m'avait dit était fondé. Les Turcs, marchant pêle-mêle, prévoyaient déjà leur destinée ; ils ne versaient point de larmes ; ils ne poussaient point de cris : ils étaient résignés. Quelques-uns blessés, ne pouvant suivre aussi promptement, furent tués en route à coups de baïonnette. Quelques autres circulaient dans la foule, et semblaient donner des avis salutaires dans un danger aussi imminent. Peut-être les plus hardis pensaient-ils qu'il ne leur était pas impossible d'enfoncer le bataillon qui les enveloppait ; peut-être espéraient-ils qu'en se disséminant dans les champs qu'ils traversaient, un certain nombre échapperait à la mort. Toutes les mesures avaient été prises à cet égard, et les Turcs ne firent aucune tentative d'évasion.

« Arrivés enfin dans les dunes de sable au sud-ouest de Jaffa, on les arrêta auprès d'une mare d'eau jaunâtre. Alors l'officier qui commandait les troupes fit diviser la masse par petites portions, et ces pelotons, conduits sur plusieurs points différents, y furent fusillés. Cette horrible opération demanda beaucoup de temps, malgré le nombre des troupes réservées pour ce funeste sacrifice, et qui, je dois le déclarer, ne se prêtaient qu'avec une extrême répugnance au ministère abominable qu'on exigeait de leurs bras victorieux. Il y avait près de la mare d'eau un groupe de prisonniers, parmi lesquels étaient quelques vieux chefs au regard noble et assuré, et un jeune homme dont le moral était fort ébranlé. Dans un âge si tendre, il devait se croire innocent, et ce sentiment le porta à une action qui parut choquer ceux qui l'entouraient. Il se précipita dans les jambes du cheval que montait le chef des troupes françaises ; il embrassa les genoux de cet officier, en implorant la grâce de la vie. Il s'écriait : "De quoi suis-je coupable ? quel mal ai-je fait ?" Les larmes qu'il versait, ses cris touchants, furent inutiles ; ils ne purent changer le fatal arrêt prononcé sur son sort. À l'exception de ce jeune homme, tous les autres Turcs firent avec calme leur ablution dans cette eau stagnante dont j'ai parlé, puis, se prenant la main, après l'avoir portée sur le cœur et à la bouche, ainsi que se saluent les musulmans, ils donnaient et recevaient un éternel adieu. Leurs âmes courageuses paraissaient défier la mort ; on voyait dans leur tranquillité la confiance que leur inspirait, à ces derniers moments, leur religion et l'espérance d'un avenir heureux. Ils semblaient se dire : "Je quitte ce monde pour aller jouir auprès de Mahomet d'un bonheur durable." Ainsi ce bien-être après la vie, que lui promet le Koran, soutenait le musulman vaincu, mais fier de son malheur.

« Je vis un vieillard respectable, dont le ton et les manières annonçaient un grade supérieur, je le vis... faire creuser froidement devant lui, dans le sable mouvant, un trou assez profond pour s'y enterrer vivant : sans doute il ne voulut mourir que par la main des siens. Il s'étendit sur le dos dans cette tombe tutélaire et douloureuse, et ses camarades, en adressant à Dieu des prières suppliantes, le couvrirent bientôt de sable et trépignèrent ensuite sur la terre qui lui servait de linceul, probablement dans l'idée d'avancer le terme de ses souffrances.

« Ce spectacle, qui fait palpiter mon cœur et que je peins encore trop faiblement, eut lieu pendant l'exécution des pelotons répartis dans les dunes. Enfin il ne restait plus de tous les prisonniers que ceux placés près de la mare d'eau. Nos soldats avaient épuisé leurs cartouches ; il fallut frapper ceux-ci à la baïonnette et à l'arme blanche. Je ne pus soutenir cette horrible vue ; je m'enfuis, pâle et prêt à défaillir. Quelques officiers me rapportèrent le soir que ces infortunés, cédant à ce mouvement irrésistible de la nature qui nous fait éviter le trépas, même quand nous n'avons plus l'espérance de lui échapper, s'élançaient les uns dessus les autres, et recevaient dans les membres les coups dirigés au cœur et qui devaient sur-le-champ terminer leur triste vie. Il se forma, puisqu'il faut le dire, une pyramide effroyable de morts et de mourants dégouttant le sang, et il fallut retirer les corps déjà expirés pour achever les malheureux qui, à l'abri de ce rempart affreux, épouvantable, n'avaient point encore été frappés. Ce tableau est exact et fidèle, et le souvenir fait trembler ma main qui n'en rend point toute l'horreur. »

La vie de Napoléon opposée à de telles pages explique l'éloignement que l'on ressent pour lui.

Conduit par les religieux du couvent de Jaffa dans les sables au sud-ouest de la ville, j'ai fait le tour de la tombe, jadis monceau de cadavres, aujourd'hui pyramide d'ossements ; je me suis promené dans des vergers de grenadiers chargés de pommes vermeilles, tandis qu'autour de moi la première hirondelle arrivée d'Europe rasait la terre funèbre.

Le ciel punit la violation des droits de l'humanité : il envoya la peste ; elle ne fit pas d'abord de grands ravages. Bourienne relève l'erreur des historiens qui placent la scène des *Pestiférés de Jaffa*[1] au premier passage des Français dans cette ville ; elle n'eut lieu qu'à leur retour de Saint-Jean-d'Acre. Plusieurs personnes de notre armée m'avaient déjà assuré que cette scène était une pure fable ; Bourienne confirme ces renseignements :

« Les lits des pestiférés, raconte le secrétaire de Napoléon, étaient à droite en entrant dans la première salle. Je marchais à côté du général ; j'affirme ne l'avoir pas vu toucher un pestiféré. Il traversa rapidement les salles, frappant légèrement le revers jaune de sa botte avec la cravache qu'il tenait à la main. Il répétait en marchant à grands pas ces paroles : " Il faut que je retourne en Égypte pour la préserver des ennemis qui vont arriver." »

Dans le rapport officiel du major général, 29 mai, il n'y est pas dit un mot des pestiférés, de la visite à l'hôpital et de l'attouchement des pestiférés.

Que devient le beau tableau de Gros ? Il reste comme un chef-d'œuvre de l'art.

Saint Louis, moins favorisé par la peinture, fut plus héroïque dans l'action : « Le bon roi, doux et débonnaire, quand il vit ce, eut grand pitié à son cœur, et fit tantost toutes autres choses laisser, et faire fosses emmi les champs et dédier là un cimetière par le légat... Le roi Louis aida de ses propres mains à enterrer les morts. À peine trouvoit-on aucun qui voulust mettre la main. Le roi venoit tous les matins, de cinq jours qu'on mit à enterrer les morts, après sa messe, au

---

[1]. Ce tableau de Gros est au Louvre.

lieu, et disoit à sa gent : Allons ensevelir les martyrs, qui ont souffert pour Notre-Seigneur, et ne soyez pas lassés de ce faire, car ils ont plus souffert que nous n'avons. Là, étoient présents, en habits de cérémonie, l'archevêque de Tyr et l'évêque de Damiette et leur clergé qui disoient le service des morts. Mais ils estoupoient leur nez pour la puanteur ; mais oncques ne fut vu au bon roi Louis estouper le sien, tant le faisoit fermement et dévotement [1]. »

Bonaparte met le siège devant Saint-Jean-d'Acre. On verse le sang à Cana, qui fut témoin de la guérison du fils du centenier par le Christ ; à Nazareth, qui cacha la pacifique enfance du Sauveur ; au Thabor, qui vit la transfiguration et où Pierre dit : « Maître, nous sommes bien sur cette montagne ; dressons-y trois tentes. » Ce fut du mont Thabor que fut expédié l'ordre du jour à toutes les troupes qui occupaient *Sour, l'ancienne Tyr, Césarée, les cataractes du Nil, les bouches Pélusiaques, Alexandrie* et les rives de la *mer Rouge*, qui porte les ruines de *Kolsum* et d'*Arsinoé*. Bonaparte était charmé de ces noms qu'il se plaisait à réunir.

Dans ce lieu des miracles, Kléber et Murat renouvelèrent les faits d'armes de Tancrède et de Renaud : ils dispersèrent les populations de la Syrie, s'emparèrent du camp du pacha de Damas, jetèrent un regard sur le Jourdain, sur la mer de Galilée, et prirent possession de Scafet, l'ancienne Béthulie. — Bonaparte remarque que les habitants montrent l'endroit où Judith tua Holopherne.

Les enfants arabes des montagnes de la Judée m'ont appris des traditions plus certaines lorsqu'ils me criaient en français : « En avant, marche ! » « Ces mêmes déserts, ai-je dit dans *les Martyrs*, ont vu marcher les armées de Sésostris, de Cambyse, d'Alexandre, de César : siècles à venir, vous y ramènerez des armées non moins nombreuses, des guerriers non moins célèbres. »

Après m'être guidé sur les traces encore récentes de Bonaparte en Orient, je suis ramené quand il n'est plus à repasser sur sa course. Saint-Jean était défendu par Djezzar le *Boucher*[2]. Bonaparte lui avait écrit de Jaffa, le 9 mars 1799 :

---

1. Extrait des *Mémoires* de Joinville. — 2. Il en était le pacha.

« Depuis mon entrée en Égypte, je vous ai fait connaître plusieurs fois que mon intention n'était pas de vous faire la guerre, que mon seul but était de chasser les mameloucks... Je marcherai sous peu de jours sur Saint-Jean-d'Acre. Mais quelle raison ai-je d'ôter quelques années de vie à un vieillard que je ne connais pas ? Que font quelques lieues de plus à côté des pays que j'ai conquis ? »

Djezzar ne se laissa pas prendre à ces caresses : le vieux tigre se défiait de l'ongle de son jeune confrère. Il était environné de domestiques mutilés de sa propre main. « On raconte que Djezzar est un Bosnien cruel, disait-il de lui-même *(récit du général Sébastiani),* un homme de rien ; mais en attendant je n'ai besoin de personne et l'on me recherche. Je suis né pauvre ; mon père ne m'a légué que son courage. Je me suis élevé à force de travaux ; mais cela ne me donne pas d'orgueil : car tout finit, et aujourd'hui peut-être, ou demain, Djezzar finira, non pas qu'il soit vieux, comme le disent ses ennemis, mais parce que Dieu l'a ainsi ordonné. Le roi de France, qui était puissant, a péri ; Nabuchodonosor a été tué par un moucheron, etc. »

Au bout de soixante-un jours de tranchée, Napoléon fut obligé de lever le siège de Saint-Jean-d'Acre. Nos soldats, sortant de leurs huttes de terre, couraient après les boulets de l'ennemi que nos canons lui renvoyaient. Nos troupes, ayant à se défendre contre la ville et contre les vaisseaux embossés des Anglais, livrèrent neuf assauts et montèrent cinq fois sur les remparts. Du temps des croisés, il y avait à Saint-Jean-d'Acre, au rapport de Rigord[1], une tour appelée *maudite.* Cette tour avait peut-être été remplacée par la grosse tour qui fit échouer l'attaque de Bonaparte. Nos soldats sautèrent dans les rues, où l'on se battit corps à corps pendant la nuit. Le général Lannes fut blessé à la tête, Colbert[2] à la cuisse : parmi les morts on compta Boyer, Venoux et le général Bon, exécuteur du massacre des prisonniers de Jaffa. Kléber disait de ce siège : « Les Turcs se défendent comme des chrétiens, les Français attaquent comme des Turcs. » Critique d'un soldat qui n'aimait pas Napoléon. Bonaparte s'en alla procla-

---

1. Moine du XIIe siècle. — 2. Général de cavalerie.

mant qu'il avait rasé le palais de Djezzar et bombardé la ville de manière qu'il n'y restait pas pierre sur pierre, que Djezzar s'était retiré avec ses gens dans un des forts de la côte, qu'il était grièvement blessé, et que les frégates aux ordres de Napoléon s'étaient emparées de trente bâtiments syriens chargés de troupes.

Sir Sidney Smith et Phelippeaux, officier d'artillerie émigré, assistaient Djezzar : l'un avait été prisonnier au Temple, l'autre compagnon d'études de Napoléon[1].

Autrefois périt devant Saint-Jean-d'Acre la fleur de la chevalerie, sous Philippe-Auguste. Mon compatriote, Guillaume le Breton[2], chante ainsi en vers latins du douzième siècle : « Dans tout le royaume à peine trouvait-on un lieu dans lequel quelqu'un n'eût quelque sujet de pleurer, tant était grand le désastre qui précipita nos héros dans la tombe, lorsqu'ils furent frappés par la mort dans la ville d'Ascaron (Ascalon, près de Saint-Jean-d'Acre). »

Bonaparte était un grand magicien, mais il n'avait pas le pouvoir de transformer le général Bon, tué à Ptolémaïs[3], en Raoul, sire de Coucy, qui, expirant au pied des remparts de cette ville[4], écrivait à la dame de Fayel : *Mort por loïalement amer son amie.*

Napoléon n'aurait pas été bien reçu à rejeter la chanson des *canteors*, lui qui se nourrissait à Saint-Jean-d'Acre de bien d'autres fables. Dans les derniers jours de sa vie, sous un ciel que nous ne voyons pas, il s'est plu à divulguer ce qu'il méditait en Syrie, si toutefois il n'a pas inventé des projets d'après des faits accomplis et ne s'est pas amusé à bâtir avec un passé réel l'avenir fabuleux qu'il voulait que l'on crût. « Maître de Ptolémaïs, nous racontent les révélations de Sainte-Hélène, Napoléon fondait en Orient un empire, et la France était laissée à d'autres destinées. Il volait à Damas, à Alep, sur l'Euphrate. Les chrétiens de la Syrie, ceux même de l'Arménie, l'eussent renforcé. Les populations allaient être ébranlées. Les débris des mameloucks, les Arabes du désert de l'Égypte, les Druses du Liban, les Mutualis ou mahométans opprimés

---

**1.** À Brienne. — **2.** Chroniqueur (XIIe-XIIIe s.). — **3.** Nom ancien de Saint-Jean-d'Acre. — **4.** En 1191.

de la secte d'Ali, pouvaient se réunir à l'armée maîtresse de la Syrie, et la commotion se communiquait à toute l'Arabie. Les provinces de l'empire ottoman qui parlent arabe appelaient un grand changement et attendaient un homme avec des chances heureuses ; il pouvait se trouver sur l'Euphrate, au milieu de l'été, avec cent mille auxiliaires et une réserve de vingt-cinq mille Français qu'il eût successivement fait venir d'Égypte. Il aurait atteint Constantinople et les Indes et changé la face du monde. »

Avant de se retirer de Saint-Jean-d'Acre, l'armée française avait touché Tyr : désertée des flottes de Salomon et de la phalange du Macédonien, Tyr ne gardait plus que la solitude imperturbable d'Isaïe ; solitude dans laquelle *les chiens muets refusent d'aboyer.*

Le siège de Saint-Jean-d'Acre fut levé le 20 mai 1799. Arrivé à Jaffa le 27, Bonaparte fut obligé de continuer sa retraite. Il y avait environ trente à quarante pestiférés, nombre que Napoléon réduit à sept, qu'on ne pouvait transporter ; ne voulant pas les laisser derrière lui, dans la crainte, disait-il, de les exposer à la cruauté des Turcs, il proposa à Desgenettes[1] de leur administrer une forte dose d'opium. Desgenettes lui fit la réponse si connue : « Mon métier est de guérir les hommes, non de les tuer. » « On ne leur administra point d'opium, dit M. Thiers, et ce fait servit à propager une calomnie indigne et aujourd'hui détruite. »

Est-ce une calomnie ? est-elle détruite ? C'est ce que je ne saurais affirmer aussi péremptoirement que le brillant historien ; son raisonnement équivaut à ceci : Bonaparte n'a point empoisonné les pestiférés, par la raison qu'il proposait de les empoisonner.

Desgenettes, d'une pauvre famille de gentilshommes normands, est encore en vénération parmi les Arabes de la Syrie, et Wilson dit que son nom ne devrait être écrit qu'en lettres d'or.

Bourienne écrit dix pages entières pour soutenir l'empoisonnement contre ceux qui le nient : « Je ne puis pas dire que j'aie vu donner la potion, dit-il, je mentirais ; mais je sais bien

---

1. Médecin principal de l'armée d'Égypte.

positivement que la décision a été prise et a dû être prise après délibération, que l'ordre en a été donné, et que les pestiférés sont morts. Quoi ! ce dont s'entretenait, dès le lendemain du départ de Jaffa, tout le quartier général comme d'une chose positive, ce dont nous parlions comme d'un épouvantable malheur, serait devenu une atroce invention pour nuire à la réputation d'un héros ? »

Napoléon n'abandonna jamais une de ses fautes ; comme un père tendre, il préfère celui de ses enfants qui est le plus disgracié. L'armée française fut moins indulgente que les historiens admiratifs ; elle croyait à la mesure de l'empoisonnement, non seulement contre une poignée de malades, mais contre plusieurs centaines d'hommes. Robert Wilson, dans son *Histoire de l'expédition des Anglais en Égypte*, avance le premier la grande accusation ; il affirme qu'elle était appuyée de l'opinion des officiers français prisonniers des Anglais en Syrie. Bonaparte donna le démenti à Wilson, qui répliqua n'avoir dit que la vérité. Wilson est le même major général qui fut commissaire de la Grande-Bretagne auprès de l'armée russe pendant la retraite de Moscou ; il eut le bonheur de contribuer depuis à l'évasion de M. de Lavalette. Il leva une légion contre la légitimité lors de la guerre d'Espagne en 1823, défendit Bilbao et renvoya à M. de Villèle son beau-frère, M. Desbassyns, contraint de relâcher dans le port. Le récit de Robert Wilson a donc, sous divers points de vue, un grand poids. La plupart des relations sont uniformes sur le fait de l'empoisonnement. M. de Las Cases admet que le bruit de l'empoisonnement était cru dans l'armée. Bonaparte, devenu plus sincère dans sa captivité, a dit à M. Warnen et au docteur O'Meara que, dans le cas où se trouvaient les pestiférés, il aurait cherché pour lui-même dans l'opium l'oubli de ses maux, et qu'il aurait fait administrer le poison à son propre fils. Walter Scott rapporte tout ce qui s'est débité à ce sujet ; mais il rejette la version du grand nombre des malades condamnés, soutenant qu'un empoisonnement ne pourrait s'exécuter avec succès sur une multitude ; il ajoute que sir Sidney rencontra dans l'hôpital de Jaffa les *sept* Français mentionnés par Bonaparte. Walter Scott est de la plus grande impartialité ; il défend Napoléon comme il aurait défendu Alexandre contre les reproches dont on peut charger sa mémoire.

C'est pour ainsi dire la première fois que je parle de Walter Scott comme historien de Napoléon, et je le citerai encore : c'est donc ici que je dois dire qu'on s'est trompé prodigieusement en accusant l'illustre Écossais de prévention contre un grand homme. La *Vie de Napoléon (Life of Napoleon)* n'occupe pas moins de onze volumes. Elle n'a pas eu le succès qu'on en pouvait espérer, parce que, excepté dans deux ou trois endroits, l'imagination de l'auteur de tant d'ouvrages si brillants lui a failli : il est ébloui par les succès fabuleux qu'il décrit, et comme écrasé par le merveilleux de la gloire. La Vie entière manque aussi des grandes vues que les Anglais ouvrent rarement dans l'histoire, parce qu'ils ne conçoivent pas l'histoire comme nous. Du reste, cette Vie est exacte, sauf quelques erreurs de chronologie ; toute la partie qui a rapport à la détention de Bonaparte à Sainte-Hélène est excellente : les Anglais étaient mieux placés que nous pour connaître cette partie. En rencontrant une vie si prodigieuse, le romancier a été vaincu par la vérité. La raison domine dans le travail de Walter Scott ; il est en garde contre lui-même. La modération de ses jugements est si grande qu'elle dégénère en apologie. Le narrateur pousse la débonnaireté jusqu'à recevoir des excuses sophistiquées par Napoléon et qui ne sont pas admissibles. Il est évident que ceux qui parlent de l'ouvrage de Walter Scott comme d'un livre écrit sous l'influence des préjugés nationaux anglais et dans un intérêt privé ne l'ont jamais lu : on ne lit plus en France. Loin de rien exagérer contre Bonaparte, l'auteur est effrayé par l'opinion : ses concessions sont innombrables ; il capitule partout ; s'il aventure d'abord un jugement ferme, il le reprend ensuite par des considérations subséquentes qu'il croit devoir à l'impartialité ; il n'ose tenir tête à son héros, ni le regarder en face. Malgré cette sorte de pusillanimité devant l'infatuation populaire, Walter Scott a perdu le mérite de ses condescendances pour avoir, dans son avertissement, fait entendre cette simple vérité : « Si le système général de Napoléon, dit-il, a reposé sur la violence et la fraude, ce n'est ni la grandeur de ses talents, ni le succès de ses entreprises qui doit étouffer la voix ou éblouir les yeux de celui qui s'aventure à devenir son historien. *If the general system of Napoleon has rested upon force or fraud, it is neither the greatness of his talents, nor the success of his undertakings, that ought to stifle the voice or dazzle the eyes of him who adventures to be his historian.* »

L'humble audace qui essuie, comme Madeleine, la poussière des pieds du Dieu avec sa chevelure passe aujourd'hui pour un sacrilège.

La retraite sous le soleil de la Syrie fut marquée par des malheurs qui rappellent les misères de nos soldats dans la retraite de Moscou au milieu des frimas : « Il y avait encore, dit Miot, dans les cabanes, sur les bords de la mer, quelques malheureux qui attendaient qu'on les transportât. Parmi eux, un soldat était attaqué de la peste, et, dans le délire qui accompagne quelquefois l'agonie, il supposa sans doute, en voyant l'armée marcher au bruit du tambour, qu'il allait être abandonné ; son imagination lui fit entrevoir l'étendue de son malheur s'il tombait entre les mains des Arabes. On peut supposer que ce fut cette crainte qui le mit dans une si grande agitation et qui lui suggéra l'idée de suivre les troupes : il prit son havresac, sur lequel reposait sa tête, et le plaçant sur ses épaules, il fit l'effort de se lever. Le venin de l'affreuse épidémie qui coulait dans ses veines lui ôtait ses forces, et au bout de trois pas il retomba sur le sable en donnant de la tête. Cette chute augmenta sa frayeur, et, après avoir passé quelques moments à regarder avec des yeux égarés la queue des colonnes en marche, il se leva une seconde fois et ne fut pas plus heureux ; à sa troisième tentative il succomba et, tombant plus près de la mer, il resta à la place que les destins lui avaient choisie pour tombeau. La vue de ce soldat était épouvantable ; le désordre qui régnait dans ses discours insignifiants, sa figure qui peignait la douleur, ses yeux ouverts et fixes, ses habits en lambeaux, offraient tout ce que la mort a de plus hideux. L'œil attaché sur les troupes en marche, il n'avait point eu l'idée, toute simple pour quelqu'un de sang-froid, de tourner la tête d'un autre côté : il aurait aperçu la division Kléber et celle de cavalerie qui quittèrent Tentoura après les autres, et l'espoir de se sauver aurait peut-être conservé ses jours. »

Quand nos soldats, devenus impassibles, voyaient un de leurs infortunés camarades les suivre comme un homme dans l'ivresse, trébuchant, tombant, se relevant et retombant pour toujours, ils disaient : « Il a pris ses quartiers. »

Une page de Bourienne achèvera le tableau :

« Une soif dévorante, disent les *Mémoires*, le manque total d'eau, une chaleur excessive, une marche fatigante dans des dunes brûlantes, démoralisèrent les hommes, et firent succéder à tous les sentiments généreux le plus cruel égoïsme, la plus affligeante indifférence. J'ai vu jeter de dessus les brancards des officiers amputés dont le transport était ordonné, et qui avaient même remis de l'argent pour récompense de la fatigue. J'ai vu abandonner dans les orges des amputés, des blessés, des pestiférés, ou soupçonnés seulement de l'être. La marche était éclairée par des torches allumées pour incendier les petites villes, les bourgades, les villages, les hameaux, les riches moissons dont la terre était couverte. Le pays était tout en feu. Ceux qui avaient l'ordre de présider à ces désastres semblaient, en répandant partout la désolation, vouloir venger leurs revers et trouver un soulagement à leurs souffrances. Nous n'étions entourés que de mourants, de pillards et d'incendiaires. Des mourants jetés sur les bords du chemin disaient d'une voix faible : *Je ne suis pas pestiféré, je ne suis que blessé* ; et, pour convaincre les passants, on en voyait rouvrir leur blessure ou s'en faire une nouvelle. Personne n'y croyait ; on disait : *Son affaire est faite* ; on passait, on se tâtait ; et tout était oublié. Le soleil, dans tout son éclat sous ce beau ciel, était obscurci par la fumée de nos continuels incendies. Nous avions la mer à notre droite ; à notre gauche et derrière nous le désert que nous faisions ; devant nous les privations et les souffrances qui nous attendaient. »

## 17

RETOUR EN ÉGYPTE. – CONQUÊTE DE LA HAUTE-ÉGYPTE.

« Il est parti ; il est arrivé ; il a dissipé tous les orages ; son retour les a fait repasser dans le désert. » Ainsi chantait et se louait le triomphateur repoussé, en rentrant au Caire : il emportait le monde dans des hymnes.

Pendant son absence, Desaix avait achevé de soumettre la Haute-Égypte. On rencontre en remontant le Nil des débris à qui le langage de Bossuet laisse toute leur grandeur et l'augmente : « On a, dit l'auteur de l'*Histoire universelle*, découvert dans le Saïde des temples et des palais presque encore entiers, où ces colonnes et ces statues sont innombrables. On y admire surtout un palais dont les restes semblent n'avoir subsisté que pour effacer la gloire de tous les plus grands ouvrages. Quatre allées à perte de vue, et bornées de part et d'autre par des sphinx d'une matière aussi rare que leur grandeur est remarquable, servent d'avenues à quatre portiques dont la hauteur étonne les yeux. Quelle magnificence et quelle étendue ! Encore ceux qui nous ont décrit ce prodigieux édifice n'ont-ils pas eu le temps d'en faire le tour, et ne sont pas même assurés d'en avoir vu la moitié ; mais tout ce qu'ils y ont vu étoit surprenant. Une salle, qui apparemment faisoit le milieu de ce superbe palais, étoit soutenue de six-vingt colonnes de six brassées de grosseur, grandes à proportion, et entremêlées d'obélisques que tant de siècles n'ont pu abattre. Les couleurs mêmes, c'est-à-dire ce qui éprouve le plus tôt le pouvoir du temps, se soutiennent encore parmi les ruines de cet admirable édifice et y conservent leur vivacité : tant l'Égypte savoit imprimer le caractère d'immortalité à tous ses ouvrages ! Maintenant que le nom du roi Louis XIV pénètre aux parties du monde les plus inconnues, ne seroit-ce pas un digne objet de cette noble curiosité de découvrir les beautés que la Thébaïde renferme dans ses déserts ? Quelles beautés ne trouveroit-on pas si on pouvoit aborder la ville royale, puisque si loin d'elle on découvre des choses si merveilleuses ! La puissance romaine, désespérant d'égaler les Égyptiens, a cru faire assez pour sa grandeur d'emprunter les monuments de leurs rois. »

Napoléon se chargea d'exécuter les conseils que Bossuet donnait à Louis XIV. « Thèbes, dit M. Denon[1], qui suivait l'expédition de Desaix, cette cité reléguée que l'imagination n'entrevoit plus qu'à travers l'obscurité des temps, était encore un fantôme si gigantesque qu'à son aspect l'armée s'arrêta d'elle-même et battit des mains. Dans le complaisant enthousiasme des soldats, je trouvai des genoux pour me servir de table, des corps pour me donner de l'ombre...

---

[1]. Directeur des musées sous l'Empire.

Parvenus aux cataractes du Nil, nos soldats, toujours combattant contre les beys et éprouvant des fatigues incroyables, s'amusaient à établir dans le village de Syène des boutiques de tailleurs, d'orfèvres, de barbiers, de traiteurs à prix fixe. Sous une allée d'arbres alignés, ils plantèrent une colonne milliaire avec l'inscription : *Route de Paris...* En redescendant le Nil, l'armée eut souvent affaire aux Mecquains. On mettait le feu aux retranchements des Arabes : ils manquaient d'eau ; ils éteignaient le feu avec les pieds et les mains ; ils l'étouffaient avec leurs corps. » « Noirs et nus, dit encore M. Denon, on les voyait courir à travers les flammes : c'était l'image des diables dans l'enfer. Je ne les regardais point sans un sentiment d'horreur et d'admiration. Il y avait des moments de silence dans lesquels une voix se faisait entendre ; on lui répondait par des hymnes sacrés et des cris de combat. »

Ces Arabes chantaient et dansaient comme les soldats et les moines espagnols dans Saragosse embrasée ; les Russes brûlèrent Moscou : la sorte de sublime démence qui agitait Bonaparte, il la communiquait à ses victimes.

18

Bataille d'Aboukir. – Billets et lettres de Napoléon.
Il repasse en France. – Dix-huit brumaire.

Napoléon rentré au Caire écrivait au général Dugua[1] : « Vous ferez, citoyen général, trancher la tête à Abdalla-Aga, ancien gouverneur de Jaffa. D'après ce que m'ont dit les habitants de Syrie, c'est un monstre dont il faut délivrer la terre... Vous ferez fusiller les nommés Hassan, Joussef, Ibrahim, Saleh, Mahamet, Bekir, Hadj-Saleh, Mustapha, Mahamed, tous mameloucks. » Il renouvelle souvent ces ordres contre des Égyptiens qui ont *mal parlé des Français* : tel était le cas que Bonaparte faisait des lois ; le droit même de la guerre permettait-il de sacrifier tant de vies sur ce simple ordre d'un chef : *vous ferez fusiller* ? Au sultan du

---

1. 1740-1802.

Darfour il écrit : « Je désire que vous me fassiez passer *deux mille esclaves* mâles, ayant plus de seize ans. » Il aimait les esclaves.

Une flotte ottomane de cent voiles mouille à Aboukir et débarque une armée : Murat, appuyé du général Lannes, la jette dans la mer ; Bonaparte instruit le Directoire de ce succès : « Le rivage où l'année dernière les courants ont porté les cadavres anglais et français est aujourd'hui couvert de ceux de nos ennemis. » On se fatigue à marcher dans ces monceaux de victoires comme dans les sables étincelants de ces déserts.

Le billet suivant frappe tristement l'esprit : « J'ai été peu satisfait, citoyen général, de toutes vos opérations pendant le mouvement qui vient d'avoir lieu. Vous avez reçu l'ordre de vous porter au Caire, et vous n'en avez rien fait. Tous les événements qui peuvent survenir ne doivent jamais empêcher un militaire d'obéir, et le talent à la guerre consiste à lever les difficultés qui peuvent rendre difficile une opération, et non pas à la faire manquer. Je vous dis ceci pour l'avenir. »

Ingrat d'avance, cette rude instruction de Bonaparte est adressée à Desaix qui offrait à la tête des braves, dans la Haute-Égypte, autant d'exemples d'humanité que de courage, marchant au pas de son cheval, causant de ruines, regrettant sa patrie, sauvant des femmes et des enfants, aimé des populations qui l'appelaient le *Sultan juste*, enfin à ce Desaix tué depuis à Marengo dans la charge par laquelle le Premier Consul devint le maître de l'Europe. Le caractère de l'homme perce dans le billet de Napoléon : domination et jalousie ; on pressent celui que toute renommée afflige, le prédestinateur auquel est donnée la parole qui reste et qui contraint ; mais sans cet esprit de commandement Bonaparte aurait-il pu tout abattre devant lui ?

Prêt à quitter le sol antique où l'homme d'autrefois s'écriait en expirant : « Puissances qui dispensez la vie aux hommes, recevez-moi et accordez-moi une demeure parmi les dieux immortels ! », Bonaparte ne songe qu'à son avenir de la terre : il fait avertir par la mer Rouge les gouverneurs de l'île de France et de l'île de Bourbon ; il envoie ses salutations au sultan de Maroc et au bey de Tripoli ; il leur fait part de ses affectueuses sollicitudes pour les caravanes et les pèlerins de la Mecque ; Napoléon cherche en même temps à détourner le grand vizir de l'invasion que la Porte médite, assurant qu'il est prêt à tout vaincre, comme à entrer dans toute négociation.

Une chose ferait peu d'honneur à notre caractère, si notre imagination et notre amour de nouveauté n'étaient plus coupables que notre équité nationale ; les Français s'extasient sur l'expédition d'Égypte, et ils ne remarquent pas qu'elle blessait autant la probité que le droit politique : en pleine paix avec la plus vieille alliée de la France, nous l'attaquons, nous lui ravissons sa féconde province du Nil, sans déclaration de guerre, comme des Algériens qui, dans une de leurs *algarades*, se seraient emparés de Marseille et de la Provence. Quand la Porte arme pour sa défense légitime, fiers de notre illustre guet-apens, nous lui demandons ce qu'elle a, et pourquoi elle se fâche ; nous lui déclarons que nous n'avons pris les armes que pour faire la police chez elle, que pour la débarrasser de ces brigands de mameloucks qui tenaient son pacha prisonnier. Bonaparte mande au grand vizir : « Comment Votre Excellence ne sentirait-elle pas qu'il n'y a pas un Français de tué qui ne soit un appui de moins pour la Porte ? Quant à moi, je tiendrai pour le plus beau jour de ma vie celui où je pourrai contribuer à faire terminer une guerre à la fois *impolitique et sans objet.* » Bonaparte voulait s'en aller : la guerre alors était sans objet et impolitique ! L'ancienne monarchie fut du reste aussi coupable que la République : les archives des affaires étrangères conservent plusieurs plans de colonies françaises à établir en Égypte ; Leibnitz lui-même avait conseillé la colonie égyptienne à Louis XIV. Les Anglais n'estiment que la politique positive, celle des intérêts ; la fidélité aux traités et les scrupules moraux leur semblent puérils.

Enfin l'heure était sonnée : arrêté aux frontières orientales de l'Asie, Bonaparte va saisir d'abord le sceptre de l'Europe, pour chercher ensuite au nord, par un autre chemin, les portes de l'Himalaya et les splendeurs de Cachemire. Sa dernière lettre à Kléber, datée d'Alexandrie, 22 août 1799, est de toute excellence et réunit la raison, l'expérience et l'autorité. La fin de cette lettre s'élève à un pathétique sérieux et pénétrant.

« Vous trouverez ci-joint, citoyen général, un ordre pour prendre le commandement en chef de l'armée. La crainte que la croisière anglaise ne reparaisse d'un moment à l'autre me fait précipiter mon voyage de deux ou trois jours.

« J'emmène avec moi les généraux Berthier, Andréossi, Murat, Lannes et Marmont, et les citoyens Monge et Berthollet.

« Vous trouverez ci-joints les papiers anglais et de Francfort jusqu'au 10 juin. Vous y verrez que nous avons perdu l'Italie, que Mantoue, Turin et Tortone sont bloqués. J'ai lieu d'espérer que la première tiendra jusqu'à la fin de novembre. J'ai l'espérance, si la fortune me sourit, d'arriver en Europe avant le commencement d'octobre. » Suivent des instructions particulières.

« Vous savez apprécier aussi bien que moi combien la possession de l'Égypte est importante à la France : cet empire turc, qui menace ruine de tous côtés, s'écroule aujourd'hui, et l'évacuation de l'Égypte serait un malheur d'autant plus grand, que nous verrions de nos jours cette belle province passer en d'autres mains européennes.

« Les nouvelles des succès ou des revers qu'aura la République doivent aussi entrer puissamment dans vos calculs.

..................................................

« Vous connaissez, citoyen général, quelle est ma manière de voir sur la politique intérieure de l'Égypte : quelque chose que vous fassiez, les chrétiens seront toujours nos amis. Il faut les empêcher d'être trop insolents, afin que les Turcs n'aient pas contre nous le même fanatisme que contre les chrétiens, ce qui nous les rendrait irréconciliables.

..................................................

« J'avais déjà demandé plusieurs fois une troupe de comédiens ; je prendrai un soin particulier de vous en envoyer. Cet article est très important pour l'armée et pour commencer à changer les mœurs du pays.

« La place importante que vous allez occuper en chef va vous mettre à même enfin de déployer les talents que la nature vous a donnés. L'intérêt de ce qui se passera ici est vif, et les résultats en seront immenses pour le commerce, pour la civilisation ; ce sera l'époque d'où dateront de grandes révolutions.

« Accoutumé à voir la récompense des peines et des travaux de la vie dans l'opinion de la postérité, j'abandonne avec le plus grand regret l'Égypte. L'intérêt de la patrie, sa gloire, l'obéissance, les événements extraordinaires qui viennent de se passer, me décident seuls à passer au milieu des escadres ennemies pour me rendre en Europe. Je serai d'esprit et de cœur avec vous. Vos succès me seront aussi chers que ceux où je me trouverais en personne, et je regarderai comme mal employés tous les jours de ma vie où je ne ferai pas quelque chose pour l'armée dont je vous laisse le commandement, et pour consolider le magnifique établissement dont les fondements viennent d'être jetés.

« L'armée que je vous confie est toute composée de mes enfants ; j'ai eu dans tous les temps, même dans les plus grandes peines, des marques de leur attachement. Entretenez-les dans ces sentiments, vous le devez à l'estime et à l'amitié toute particulière que j'ai pour vous et à l'attachement vrai que je leur porte.

« BONAPARTE. »

Jamais le guerrier n'a retrouvé d'accents pareils ; c'est Napoléon qui finit ; l'Empereur, qui suivra, sera sans doute plus étonnant encore ; mais combien aussi plus haïssable ! Sa voix n'aura plus le son des jeunes années : le temps, le despotisme, l'ivresse de la prospérité, l'auront altérée.

Bonaparte aurait été bien à plaindre s'il eût été contraint, en vertu de l'ancienne loi égyptienne, à tenir trois jours embrassés les *enfants* qu'il avait fait mourir. Il avait songé, pour les soldats qu'il laissait exposés à l'ardeur du soleil, à ces distractions que le capitaine Parry[1] employa trente-deux ans après pour ses matelots dans les nuits glacées du pôle. Il envoie le testament de l'Égypte à son brave successeur, qui sera bientôt assassiné, et il se dérobe furtivement, comme César se sauva à la nage dans le port d'Alexandrie. Cette reine que le poète appelait un *fatal prodige*[2], Cléopâtre, ne l'attendait pas ; il allait au rendez-vous secret que lui avait

---

1. Navigateur anglais, explorateur des mers polaires (1790-1855). — 2. *Fatale monstrum* (Horace, *Odes*, I, XXXVII).

donné le destin, autre puissance infidèle. Après s'être plongé dans l'Orient, source des renommées merveilleuses, il nous revient, sans toutefois être monté à Jérusalem, de même qu'il n'entra jamais dans Rome. Le Juif qui criait : Malheur ! malheur ! rôda autour de la ville sainte[1], sans pénétrer dans ses habitacles éternels. Un poète, s'échappant d'Alexandrie, monte le dernier sur la frégate aventureuse. Tout imprégné des miracles de la Judée et des souvenirs de la tombe aux Pyramides, Bonaparte franchit les mers, insouciant de leurs vaisseaux et de leurs abîmes : tout était guéable pour ce géant, événements et flots.

Napoléon prend la route que j'ai suivie : il longe l'Afrique par des vents contraires ; au bout de vingt-un jours, il double le cap Bon ; il gagne les côtes de Sardaigne, est forcé de relâcher à Ajaccio, promène ses regards sur les lieux de sa naissance, reçoit quelque argent du cardinal Fesch, et se rembarque ; il découvre une flotte anglaise qui ne le poursuit pas. Le 8 octobre, il entre dans la rade de Fréjus, non loin de ce golfe Juan où il se devait manifester une terrible et dernière fois. Il aborde à terre, part, arrive à Lyon, prend la route du Bourbonnais, entre à Paris le 16 octobre. Tout paraît disposé contre lui, Barras, Sieyès, Bernadotte, Moreau ; et tous ces opposants le servent comme par miracle. La conspiration s'ourdit ; le gouvernement est transféré à Saint-Cloud. Bonaparte veut haranguer le Conseil des Anciens : il se trouble, il balbutie les mots de frères d'armes, de volcan, de victoire, de César ; on le traite de Cromwell, de tyran, d'hypocrite : il veut accuser et on l'accuse ; il se dit accompagné du dieu de la guerre et du dieu de la fortune ; il se retire en s'écriant : « Qui m'aime me suive ! » On demande sa mise en accusation ; Lucien, président du conseil des Cinq-Cents, descend de son fauteuil pour ne pas mettre Napoléon hors la loi. Il tire son épée et jure de percer le sein de son frère si jamais il essaie de porter atteinte à la liberté. On parlait de faire fusiller le soldat déserteur, l'infracteur des lois sanitaires,

---

1. Allusion au prophète qui, d'après l'historien Josèphe, pendant le siège de Jérusalem par Titus, courait autour des murs de la ville en criant : « Malheur ! malheur ! »

le porteur de la peste, et on le couronne. Murat fait sauter par les fenêtres les représentants ; le 18 brumaire s'accomplit ; le gouvernement consulaire naît, et la liberté meurt.

Alors s'opère dans le monde un changement absolu : l'homme du dernier siècle descend de la scène, l'homme du nouveau siècle y monte ; Washington, au bout de ses prodiges, cède la place à Bonaparte, qui recommence les siens. Le 9 novembre le président des États-Unis ferme l'année 1799 ; le Premier Consul de la République française ouvre l'année 1800 :

*Un grand destin commence, un grand destin s'achève* [1].

(CORNEILLE.)

C'est sur ces événements immenses qu'est écrite la partie de mes *Mémoires* que vous avez vue, ainsi qu'un texte moderne profanant d'antiques manuscrits. Je comptais mes abattements et mes obscurités à Londres sur les élévations et l'éclat de Napoléon ; le bruit de ses pas se mêlait au silence des miens dans mes promenades solitaires ; son nom me poursuivait jusque dans les réduits où se rencontraient les tristes indigences de mes compagnons d'infortune, et les joyeuses détresses, ou, comme aurait dit notre vieille langue, les misères *hilareuses* de Pelletier. Napoléon était de mon âge : partis tous les deux du sein de l'armée, il avait gagné cent batailles que je languissais encore dans l'ombre de ces émigrations qui furent le piédestal de sa fortune. Resté si loin derrière lui, le pouvais-je jamais rejoindre ? Et néanmoins quand il dictait des lois aux monarques, quand il les écrasait de ses armées et faisait jaillir leur sang sous ses pieds, quand, le drapeau à la main, il traversait les ponts d'Arcole et de Lodi, quand il triomphait aux Pyramides, aurais-je donné pour toutes ces victoires une seule de ces heures oubliées qui s'écoulaient en Angleterre dans une petite ville inconnue ? Oh ! magie de la jeunesse !

---

1. Corneille, *Attila*, I, VII.

# II

1. Deuxième coalition. – Position de la France au retour de Bonaparte de la campagne d'Égypte. — 2. CONSULAT. – Deuxième campagne d'Italie. – Victoire de Marengo. – Victoire de Hohenlinden. – Paix de Lunéville. — 3. Paix d'Amiens. – Rupture du traité. – Bonaparte élevé à l'empire. — 4. EMPIRE. – Sacre. – Royaume d'Italie. — 5. Invasion de l'Allemagne. – Austerlitz. – Le traité de paix de Presbourg. – Le Sanhédrin. — 6. Quatrième coalition. – Campagne de Prusse. – Décret de Berlin. – Guerre continuée en Pologne contre la Russie. – Tilsit. – Projet de partage du monde entre Napoléon et Alexandre. – Paix. — 7. Guerre d'Espagne. – Erfurt. – Apparition de Wellington. — 8. Pie VII. – Réunion des États Romains à la France. — 9. Protestation du Souverain Pontife. – Il est enlevé de Rome. — 10. Cinquième coalition. – Prise de Vienne. – Bataille d'Essling. – Bataille de Wagram. – Paix signée dans le palais de l'empereur d'Autriche. – Divorce. – Napoléon épouse Marie-Louise. – Naissance du roi de Rome. — 11. Projets et préparatifs de la guerre de Russie. – Embarras de Napoléon. — 12. L'Empereur entreprend l'expédition de Russie. – Objections. – Faute de Napoléon. — 13. Réunion à Dresde. – Bonaparte passe en revue son armée et arrive au bord du Niémen.

## 1

DEUXIÈME COALITION. – POSITION DE LA FRANCE AU RETOUR DE BONAPARTE DE LA CAMPAGNE D'ÉGYPTE.

Je quittai l'Angleterre quelques mois après que Napoléon eut quitté l'Égypte ; nous revînmes en France presque en même temps, lui de Memphis, moi de Londres : il avait saisi des villes et des royaumes, ses mains étaient pleines de puissantes réalités ; je n'avais encore pris que des chimères.

Que s'était-il passé en Europe pendant l'absence de Napoléon ?

La guerre recommencée en Italie, au royaume de Naples et dans les États de Sardaigne ; Rome et Naples momentanément occupées ; Pie VI prisonnier, amené pour mourir en France ; un traité d'alliance est conclu entre les cabinets de Pétersbourg et de Londres.

Deuxième coalition continentale contre la France. Le 8 avril 1799, le congrès de Rastadt est rompu, les plénipotentiaires français sont assassinés. Suwaroff, arrivé en Italie, bat les Français à Cassano. La citadelle de Milan se rend au général russe. Une de nos armées, forcée d'évacuer Naples, se soutient à peine, commandée par le général Macdonald. Masséna défend la Suisse.

Mantoue succombe après un blocus de soixante-douze jours et un siège de vingt. Le 15 octobre 1799, le général Joubert, tué à Novi, laisse le champ libre à Bonaparte ; il était destiné à jouer le rôle de celui-ci : malheur à qui barrait une fortune fatale, témoins Hoche, Moreau et Joubert ! Vingt mille Anglais descendus au Helder y restent inutiles ; leur flotte en partie est bloquée par les glaces ; notre cavalerie charge sur des vaisseaux et les prend. Dix-huit mille Russes, auxquels les combats et les fatigues ont réduit l'armée de Suwaroff, ayant passé le Saint-Gothard le 24 septembre, se sont engagés dans la vallée de la Reuss. Masséna sauve la France à la bataille de Zurich. Suwaroff, rentré en Allemagne, accuse les Autrichiens et se retire en Pologne. Telle était la position de la France, lorsque Bonaparte reparaît, renverse le Directoire et établit le Consulat.

Avant de m'engager plus loin, je rappellerai une chose dont on doit déjà être convaincu : je ne m'occupe pas d'une vie particulière de Bonaparte ; je trace l'abrégé et le résumé de ses actions ; je peins ses batailles, je ne les décris pas ; on les trouve partout, depuis Pomereul, qui a donné les *Campagnes d'Italie*, jusqu'à nos généraux, critiques et censeurs des combats où ils assistèrent, jusqu'aux tacticiens étrangers, anglais, russes, allemands, italiens, espagnols. Les bulletins publics de Napoléon et ses dépêches secrètes forment le fil très peu sûr de ces narrations. Les travaux du lieutenant général Jomini [1] fournissent la meilleure source d'instruction : l'auteur est d'autant plus croyable, qu'il a fait preuve d'études dans son *Traité de la grande tactique* et dans son *Traité des grandes opérations militaires*. Admirateur de Napoléon jusqu'à l'injustice, attaché à l'état-major du maréchal Ney, on a de lui l'histoire critique et militaire des campagnes de la Révolution ; il a vu de ses propres yeux la guerre en Allemagne, en Prusse, en Pologne et en Russie jusqu'à la prise de Smolensk ; il était présent en Saxe aux combats de 1813 ; de là il passa aux alliés ; il fut condamné à mort par un conseil de guerre de Bonaparte, et nommé au même moment aide de camp de l'empereur Alexandre. Attaqué par le général Sarrazin, dans son *Histoire de la guerre de Russie et d'Allemagne*, Jomini lui répliqua. Jomini a eu à sa disposition les matériaux déposés au ministère de la guerre et aux autres archives du royaume ; il a contemplé à l'envers la marche rétrograde de nos armées, après avoir servi à les guider en avant. Son récit est lucide et entremêlé de quelques réflexions fines et judicieuses. On lui a souvent emprunté des pages entières sans le dire ; mais je n'ai point la vocation de copiste et je n'ambitionne point le renom suspect d'un César méconnu, auquel il n'a manqué qu'un casque pour soumettre de nouveau la terre. Si j'avais voulu venir au secours de la mémoire des vétérans, en manœuvrant sur des cartes, en courant autour des champs de bataille couverts de paisibles moissons, en extrayant tant et tant de documents, en entassant descriptions sur descriptions toujours les mêmes, j'aurais accumulé volumes sur volumes, je me serais fait une réputation de capacité, au risque d'ensevelir sous mes labeurs moi, mon lecteur et mon héros. N'étant qu'un petit soldat, je m'humilie devant la science des Végèce ; je n'ai point pris pour mon public les officiers à demi-solde ; le moindre caporal en sait plus que moi.

---

1. Cet officier suisse est resté jusqu'en 1812 au service de la France ; il a laissé des traités militaires de grande importance.

## 2

## *CONSULAT.*

Deuxième campagne d'Italie. – Victoire de Marengo.
Victoire de Hohenlinden. – Paix de Lunéville.

Pour s'assurer de la place où il s'était assis, Napoléon avait besoin de se surpasser en miracles.

Le 25 et le 30 avril 1800, les Français franchissent le Rhin, Moreau à leur tête. L'armée autrichienne, battue quatre fois en huit jours, recule d'un côté jusqu'au Voralberg, de l'autre jusqu'à Ulm. Bonaparte passe le grand Saint-Bernard le 16 mai ; et le 20, le petit Saint-Bernard, le Simplon, le Saint-Gothard, le mont Cenis, le mont Genèvre, sont escaladés et emportés ; nous pénétrons en Italie par trois débouchés réputés imprenables, cavernes des ours, rochers des aigles. L'armée s'empare de Milan le 2 juin, et la République Cisalpine se réorganise ; mais Gênes est obligée de se rendre après un siège mémorable, soutenu par Masséna.

L'occupation de Pavie et l'affaire heureuse de Montebello précèdent la victoire de Marengo.

Une défaite commence cette victoire : les corps de Lannes et de Victor épuisés cessent de combattre et abandonnent le terrain ; la bataille se renouvelle avec quatre mille hommes d'infanterie que conduit Desaix et qu'appuie la brigade de cavalerie de Kellermann : Desaix est tué. Une charge de Kellermann décide le succès de la journée qu'achèvera de compléter la stupidité du général Mélas.

Desaix, gentilhomme d'Auvergne, sous-lieutenant dans le régiment de Bretagne, aide de camp du général Victor de Broglie, commanda en 1796 une division de l'armée de Moreau, et passa en Orient avec Bonaparte. Son caractère était désintéressé, naïf et facile. Lorsque le traité d'El-Arisch l'eut rendu libre, il fut retenu par lord Keith au lazaret de Livourne. « Quand les lumières étaient éteintes, dit Miot son compagnon de voyage, notre général nous faisait conter des histoires de voleurs et de revenants ; il partageait nos plaisirs et apaisait nos querelles ; il aimait beaucoup les femmes et n'aurait voulu mériter leur amour que par son amour pour la gloire. » À son débarquement en Europe, il reçut une lettre du Premier Consul qui l'appelait auprès de lui ; elle l'attendrit, et Desaix disait : « Ce pauvre Bonaparte est couvert de gloire, et il n'est pas heureux. » Lisant dans les journaux la marche de l'armée de réserve, il s'écriait : « Il ne nous laissera rien à faire. » Il lui laissait à lui donner la victoire et à mourir.

Desaix fut inhumé sur le haut des Alpes, à l'hospice du mont Saint-Bernard, comme Napoléon sur les mornes de Sainte-Hélène.

Kléber assassiné trouva la mort en Égypte de même que Desaix la rencontra en Italie. Après le départ du commandant en chef, Kléber avec onze mille hommes défait cent mille Turcs sous les ordres du grand vizir, à Héliopolis, exploit auquel Napoléon n'a rien à comparer.

Le 16 juin, convention d'Alexandrie. Les Autrichiens se retirent sur la rive gauche du bas Pô. Le sort de l'Italie est décidé dans cette campagne appelée de *trente jours*.

Le triomphe d'Hochstedt obtenu par Moreau console l'ombre de Louis XIV. Cependant l'armistice entre l'Allemagne et l'Italie, conclu après la bataille de Marengo, était dénoncé le 20 octobre 1800.

Le 3 décembre amena la victoire de Hohenlinden au milieu d'une tempête de neige ; victoire encore obtenue par Moreau, grand général sur qui dominait un autre grand génie. Le compatriote de Du Guesclin marche sur Vienne. À vingt-cinq lieues de cette capitale, il conclut la suspension d'armes de Steyer avec l'archiduc Charles. Après la bataille de Pozzolo, le passage du Mincio, de l'Adige et de la Brenta, survient, le 9 février 1801, le traité de paix de Lunéville.

Et il n'y avait pas neuf mois que Napoléon était au bord du Nil ! Neuf mois lui avaient suffi pour renverser la Révolution populaire en France et pour écraser les monarchies absolues en Europe.

Je ne sais plus si c'est à cette époque qu'il faut placer une anecdote que l'on trouve dans des mémoires familiers, et si cette anecdote mérite la peine d'être rappelée ; mais il ne manque pas d'historiettes sur César ; la vie n'est pas toute en plaine, on monte quelquefois, on descend souvent : Napoléon avait reçu dans son lit à Milan une Italienne de seize années, belle comme le jour ; au milieu de la nuit il la renvoya, de même qu'il aurait fait jeter par la fenêtre un bouquet de fleurs.

Une autre fois, une de ces belles printanières s'était glissée dans le palais qu'il habitait ; elle y pénétrait à trois heures du matin, faisait le sabbat et roulait ses jeunes années sur la tête du lion, ce jour-là plus patient.

Ces plaisirs, loin d'être l'amour, n'avaient même pas une vraie puissance sur un homme de la mort : il aurait incendié Persépolis pour son propre compte, non pour les joies d'une courtisane. « François I$^{er}$, dit Tavannes[1], voit les affaires quand il n'a plus de femmes ; Alexandre voit les femmes quand il n'a plus d'affaires. »

Les femmes, en général, détestaient Bonaparte comme mères ; elles l'aimaient peu comme femmes, parce qu'elles n'en étaient pas aimées : sans délicatesse, il les insultait, ou ne les recherchait que pour un moment. Il a inspiré quelques passions d'imagination après sa chute : en ce temps-ci, et pour un cœur de femme, la poésie de la fortune est moins séduisante que celle du malheur ; il y a des fleurs de ruines.

À l'instar de l'ordre des chevaliers de Saint-Louis, la Légion d'honneur est créée : par cette institution passe un rayon de la vieille monarchie, et s'introduit un obstacle à la nouvelle égalité. La translation des cendres de Turenne aux Invalides fit estimer Napoléon ; l'expédition du capitaine Baudin[2] portait sa renommée autour du monde. Tout ce qui pouvait nuire au Premier Consul échoue : il se débarrasse du complot des prévenus du 18 vendémiaire[3], et échappe le 3 nivôse à la machine infernale ; Pitt se retire ; Paul meurt ; Alexandre lui succède ; on n'apercevait point encore Wellington. Mais l'Inde s'ébranle pour nous enlever notre conquête du Nil ; l'Égypte est attaquée par la mer Rouge, tandis que le Capitan-Pacha l'aborde par la Méditerranée. Napoléon agite les empires : toute la terre se mêlait de lui.

---

1. Maréchal de France (1555-1629). — 2. Nicolas Baudin, parti du Havre en octobre 1800, explora les terres australes ; il trouva la mort dans cette expédition. — 3. Des jacobins.

## 3

Paix d'Amiens. – Rupture du traité.
Bonaparte élevé à l'Empire.

Les préliminaires de la paix entre la France et l'Angleterre, arrêtés à Londres le 1er octobre 1801, sont convertis en traité à Amiens. Le monde napoléonien n'était point encore fixé ; ses limites changeaient avec la crue ou la décroissance des marées de nos victoires.

C'est à peu près alors que le Premier Consul nommait Toussaint-Louverture gouverneur à vie à Saint-Domingue, et incorporait l'île d'Elbe à la France ; mais Toussaint, traîtreusement enlevé, devait mourir dans un château fort du Jura, et Bonaparte se nantissait d'une prison à Porto-Ferrajo[1] afin de subvenir à l'empire du monde quand il n'y aurait plus de place.

Le 6 mai 1802, Napoléon est élu consul pour dix ans, et bientôt consul à vie. Il se trouve à l'étroit dans la vaste domination que la paix avec l'Angleterre lui avait laissée : sans s'embarrasser du traité d'Amiens, sans songer aux guerres nouvelles où sa résolution va le plonger, sous prétexte de la non-évacuation de Malte, il réunit les provinces du Piémont aux États français, et, en raison des troubles survenus en Suisse, il l'occupe. L'Angleterre rompt avec nous : cette rupture a lieu du 13 au 30 mai 1803, et le 22 mai paraît le décret sauvage qui enjoint d'arrêter tous les Anglais commerçant ou voyageant en France.

Bonaparte envahit le 3 juin l'Électorat de Hanovre : à Rome, je fermais alors les yeux d'une femme ignorée[2].

Le 21 mars 1804 amène la mort du duc d'Enghien : je vous l'ai racontée. Le même jour, le Code civil ou le Code Napoléon est décrété pour nous apprendre à respecter les lois.

Quarante jours après la mort du duc d'Enghien, un membre du Tribunat, nommé Curée, fait, le 30 avril 1804, la motion d'élever Bonaparte au suprême pouvoir, apparem-

---

1. Capitale de l'île d'Elbe. — 2. Pauline de Beaumont.

ment parce qu'on avait juré la liberté : jamais maître plus éclatant n'est sorti de la proposition d'un esclave plus obscur.

Le Sénat conservateur change en décret la proposition du Tribunat. Bonaparte n'imite ni César ni Cromwell : plus assuré devant la couronne, il l'accepte. Le 18 mai il est proclamé empereur à Saint-Cloud, dans les salles dont lui-même chassa le peuple, dans les lieux où Henri III fut assassiné, Henriette d'Angleterre empoisonnée[1], Marie-Antoinette accueillie de quelques joies fugitives qui la conduisirent à l'échafaud, et d'où Charles X est parti pour son dernier exil.

Les adresses de congratulation débordent. Mirabeau en 1790 avait dit : « Nous donnons un nouvel exemple de cette aveugle et mobile inconsidération qui nous a conduits d'âge en âge à toutes les crises qui nous ont successivement affligés. Il semble que nos yeux ne puissent être dessillés et que nous ayons résolu d'être, jusqu'à la consommation des siècles, des enfants quelquefois mutins et toujours esclaves. »

Le plébiscite du 1er décembre 1804 est présenté à Napoléon ; l'Empereur répond : « *Mes descendants conserveront longtemps ce trône.* » Quand on voit les illusions dont la Providence environne le pouvoir, on est consolé par leur courte durée.

4

*EMPIRE.*

Sacre. – Royaume d'Italie.

Le 2 décembre 1804 eurent lieu le sacre et le couronnement de l'Empereur à Notre-Dame de Paris. Le pape prononça cette prière : « Dieu tout-puissant et éternel, qui avez établi Hazaël pour gouverner la Syrie, et Jéhu roi d'Israël, en leur manifestant vos volontés par l'organe du prophète Élie ; qui avez également répandu l'onction sainte des rois sur la tête de Saül et de David, par le ministère du

---

**1.** Du moins le bruit en a-t-il couru.

prophète Samuel, répandez par mes mains les trésors de vos grâces et de vos bénédictions sur votre serviteur Napoléon, que, malgré notre indignité personnelle, nous consacrons aujourd'hui empereur en votre nom. » Pie VII n'étant encore qu'évêque d'Imola avait dit en 1797 : « Oui, mes très chers frères, *siate buoni cristiani, e sarete ottimi democratici*[1]. Les vertus morales rendent bons démocrates. Les premiers chrétiens étaient animés de l'esprit de démocratie : Dieu favorisa les travaux de Caton d'Utique et des illustres républicains de Rome. » *Quo turbine fertur vita hominum*[2] ?

Le 18 mars 1805, l'Empereur déclare au Sénat qu'il accepte la couronne de fer que lui sont venus offrir les collèges électoraux de la République cisalpine : il était à la fois l'inspirateur secret du vœu et l'objet public du vœu. Peu à peu l'Italie entière se range sous ses lois ; il l'attache à son diadème, comme au seizième siècle les chefs de guerre mettaient un diamant en guise de bouton à leur chapeau.

5

Invasion de l'Allemagne. – Austerlitz.
Le traité de paix de Presbourg. – Le Sanhédrin.

L'Europe blessée voulut mettre un appareil à sa blessure : l'Autriche adhère au traité de Presbourg conclu entre la Grande-Bretagne et la Russie[3]. Alexandre et le roi de Prusse ont une entrevue à Potsdam, ce qui fournit à Napoléon un sujet d'ignobles moqueries. La troisième coalition continentale s'ourdit. Ces coalitions renaissaient sans cesse de la défiance et de la terreur ; Napoléon s'éjouissait dans les tempêtes : il profite de celle-ci.

Du rivage de Boulogne où il décrétait une colonne et menaçait Albion avec des chaloupes, il s'élance. Une armée organisée par Davoust se transporte comme un nuage à la

---

**1.** « Soyez bons chrétiens, et vous serez d'excellents démocrates. »
— **2.** « Par quel tourbillon la vie des hommes est-elle emportée ? »
— **3.** Le traité de Presbourg a été conclu le 11 avril 1805 ; l'Autriche y adhère en août.»

rive du Rhin. Le 1ᵉʳ octobre 1805, l'Empereur harangue ses cent soixante mille soldats : la rapidité de son mouvement déconcerte l'Autriche. Combat du Lech, combat de Werthingen, combat de Guntzbourg. Le 17 octobre, Napoléon paraît devant Ulm ; il fait à Mack le commandement : *Armes bas !* Mack obéit avec ses trente mille hommes. Munich se rend ; l'Inn est passé, Salzbourg pris, la Traun franchie. Le 13 novembre, Napoléon pénètre dans une de ces capitales qu'il visitera tour à tour : il traverse Vienne, enchaîné à ses propres triomphes, il est emmené à leur suite jusqu'au centre de la Moravie à la rencontre des Russes. À gauche la Bohême s'insurge ; à droite les Hongrois se lèvent ; l'archiduc Charles accourt d'Italie. La Prusse, entrée clandestinement dans la coalition et ne s'étant pas encore déclarée, envoie le ministre Haugwitz porteur d'un ultimatum.

Arrive le 2 décembre 1805, la journée d'Austerlitz. Les alliés attendaient un troisième corps russe qui n'était plus qu'à huit marches de distance. Kutuzoff[1] soutenait qu'on devait éviter de risquer une bataille ; Napoléon par ses manœuvres force les Russes d'accepter le combat : ils sont défaits. En moins de deux mois les Français, partis de la mer du Nord, ont, par delà la capitale de l'Autriche, écrasé les légions de Catherine. Le ministre de Prusse vient féliciter Napoléon à son quartier général : « Voilà, lui dit le vainqueur, un compliment dont la fortune a changé l'adresse. » François second se présente à son tour au bivouac du soldat heureux : « Je vous reçois, lui dit Napoléon, dans le seul palais que j'habite depuis deux mois. » — « Vous savez si bien tirer parti de cette habitation, répondit François, qu'elle doit vous plaire. » De pareils souverains valaient-ils la peine d'être abattus ? Un armistice est accordé. Les Russes se retirent en trois colonnes à journées d'étape dans un ordre déterminé par Napoléon. Depuis la bataille d'Austerlitz, Bonaparte ne fait presque plus que des fautes.

Le traité de Presbourg est signé le 26 décembre 1805. Napoléon fabrique deux rois, l'électeur de Bavière et l'électeur de Wurtemberg. Les républiques que Bonaparte avait

---

1. Le général en chef des armées russes.

créées, il les dévorait pour les transformer en monarchies ; et, contradictoirement à ce système, le 27 décembre 1805, au château de Schœnbrünn, il déclare que *la dynastie de Naples a cessé de régner* ; mais c'était pour la remplacer par la sienne[1] : à sa voix, les rois entraient ou sautaient par les fenêtres. Les desseins de la Providence ne s'accomplissaient pas moins avec ceux de Napoléon : on voit marcher à la fois Dieu et l'homme. Bonaparte après sa victoire ordonne de bâtir le pont d'Austerlitz à Paris, et le ciel ordonne à Alexandre d'y passer.

La guerre commencée dans le Tyrol s'était poursuivie tandis qu'elle continuait en Moravie. Au milieu des prosternations, quand on trouve un homme debout, on respire : Hofer le Tyrolien[2] ne capitula pas comme son maître : mais la magnanimité ne touchait point Napoléon ; elle lui semblait stupidité ou folie. L'empereur d'Autriche abandonna Hofer. Lorsque je traversai le lac de Garde, qu'immortalisèrent Catulle et Virgile, on me montra l'endroit où fut fusillé le chasseur : c'est ce que j'ai su personnellement du courage du sujet et de la lâcheté du prince.

Le prince Eugène[3], le 14 janvier 1806, épousa la fille du nouveau roi de Bavière : les trônes s'abattaient de toute part dans la famille d'un soldat de la Corse. Le 20 février l'Empereur décrète la restauration de l'église de Saint-Denis ; il consacre les caveaux reconstruits à la sépulture des princes de sa race, et Napoléon n'y sera jamais enseveli : l'homme creuse la tombe ; Dieu en dispose.

Berg et Clèves sont dévolus à Murat, les Deux-Siciles à Joseph. Un souvenir de Charlemagne traverse la cervelle de Napoléon, et l'Université est érigée.

La République batave, contrainte à aimer les princes, envoie le 5 juin 1806 implorer Napoléon, afin qu'il daignât lui accorder son frère Louis pour roi.

L'idée de l'association de la Batavie à la France par une union plus ou moins déguisée ne provenait que d'une convoitise sans règle et sans raison : c'était préférer une petite

---

1. En la personne de son frère Joseph. — 2. Chef des insurgés tyroliens. — 3. Eugène de Beauharnais (1781-1824), fils de Joséphine.

province à fromage aux avantages qui résulteraient de l'alliance d'un grand royaume ami, en augmentant sans profit les frayeurs et les jalousies de l'Europe ; c'était confirmer aux Anglais la position de l'Inde, en les obligeant, pour leur sûreté, de garder le cap de Bonne-Espérance et Ceylan dont ils s'étaient emparés à notre première invasion de la Hollande. La scène de l'octroiement des Provinces-Unies au prince Louis était préparée : on donna au château des Tuileries une seconde représentation de Louis XIV faisant paraître au château de Versailles son petit-fils Philippe V. Le lendemain il y eut déjeuner en grand gala, dans le salon de Diane. Un des enfants de la reine Hortense entre ; Bonaparte lui dit : « Chou-chou, répète-nous la fable que tu as apprise. » L'enfant aussitôt : *Les grenouilles qui demandent un roi*, et il continue :

> *Les grenouilles, se lassant*
> *De l'état démocratique,*
> *Par leurs clameurs firent tant*
> *Que Jupin leur envoie un roi tout pacifique.*

Assis derrière la récente souveraine de Hollande[1], l'Empereur, selon une de ses familiarités, lui pinçait les oreilles : s'il était de grande société, il n'était pas toujours de bonne compagnie.

Le 17 de juillet 1806 a lieu le traité de la confédération des États du Rhin ; quatorze princes allemands se séparent de l'Empire, s'unissent entre eux et avec la France : Napoléon prend le titre de protecteur de cette confédération.

Le 20 juillet, la paix de la France avec la Russie étant signée, François II, par suite de la confédération du Rhin, renonce le 6 août à la dignité d'empereur électif d'Allemagne et devient empereur héréditaire d'Autriche : le Saint-Empire romain croule. Cet immense événement fut à peine remarqué ; après la Révolution française, tout était petit ; après la chute du trône de Clovis, on entendait à peine le bruit de la chute du trône germanique.

---

1. La reine Hortense.

Au commencement de notre Révolution, l'Allemagne comptait une multitude de souverains. Deux principales monarchies tendaient à attirer vers elles les différents pouvoirs : l'Autriche créée par le temps, la Prusse par un homme. Deux religions divisaient le pays et s'asseyaient tant bien que mal sur les bases du traité de Westphalie. L'Allemagne rêvait l'unité politique ; mais il manquait à l'Allemagne, pour arriver à la liberté, l'éducation politique, comme pour arriver à la même liberté l'éducation militaire manque à l'Italie. L'Allemagne, avec ses anciennes traditions, ressemblait à ces basiliques aux clochetons multiples, lesquelles pèchent contre les règles de l'art, mais n'en représentent pas moins la majesté de la religion et la puissance des siècles.

La confédération du Rhin est un grand ouvrage inachevé, qui demandait beaucoup de temps, une connaissance spéciale des droits et des intérêts des peuples ; il dégénéra subitement dans l'esprit de celui qui l'avait conçu : d'une combinaison profonde, il ne resta qu'une machine fiscale et militaire. Bonaparte, sa première visée de génie passée, n'apercevait plus que de l'argent et des soldats ; l'exacteur[1] et le recruteur prenaient la place du grand homme. Michel-Ange de la politique et de la guerre, il a laissé des cartons remplis d'immenses ébauches.

Remueur de tout, Napoléon imagina vers cette époque le grand Sanhédrin[2] : cette assemblée ne lui adjugea pas Jérusalem, mais, de conséquence en conséquence, elle a fait tomber les finances du monde aux échoppes des Juifs, et produit par là dans l'économie sociale une fatale subversion.

Le marquis of Lauderdale vint à Paris remplacer M. Fox dans les négociations pendantes entre la France et l'Angleterre, pourparlers diplomatiques qui se réduisirent à ce mot de l'ambassadeur anglais[3] sur M. de Talleyrand : « C'est de la boue* dans un bas de soie. »

---

* J'affaiblis l'expression. *[Note de l'auteur.]*

1. Le percepteur. — 2. Conseil suprême des Juifs. — 3. Le mot est attribué à Napoléon lui-même.

6

Quatrième coalition.
Campagne de Prusse. Décret de Berlin.
Guerre en Pologne contre la Russie. – Tilsit.
Projet de partage du monde
entre Napoléon et Alexandre. – Paix.

Dans le courant de 1806, la quatrième coalition éclate. Napoléon part de Saint-Cloud, arrive à Mayence, enlève à Saalbourg les magasins de l'ennemi. À Saalfeldt, le prince Ferdinand de Prusse est tué. À Auerstaedt et à Iéna, le 14 octobre, la Prusse disparaît dans cette double bataille : je ne la retrouvai plus à mon retour de Jérusalem.

Le Bulletin prussien peint tout dans une ligne : « *L'armée du roi a été battue. Le roi et ses frères sont en vie.* » Le duc de Brunswick survécut peu à ses blessures : en 1792, sa proclamation avait soulevé la France ; il m'avait salué sur le chemin lorsque, pauvre soldat, j'allai rejoindre les frères de Louis XVI.

Le prince d'Orange et Moellendorf, avec plusieurs officiers généraux renfermés dans Halle, ont la permission de se retirer en vertu de la capitulation de la place.

Moellendorf, âgé de plus de 80 ans, avait été le compagnon de Frédéric, qui en fait l'éloge dans l'*Histoire de son temps*, de même que Mirabeau dans ses *Mémoires secrets*. Il assista à nos désastres de Rosbach et fut témoin de nos triomphes d'Iéna : le duc de Brunswick vit à Clostercamp immoler d'Assas, et tomber à Auerstaedt Ferdinand de Prusse, coupable seulement de haine généreuse contre le meurtre du duc d'Enghien. Ces spectres des vieilles guerres de Hanovre et de Silésie ont touché les boulets de nos deux Empires : les ombres impuissantes du passé ne pouvaient arrêter la marche de l'avenir ; entre les fumées de nos anciennes tentes et de nos bivouacs nouveaux, elles parurent et s'évanouirent.

Erfurt capitule ; Leipsick est saisi par Davoust ; les passages de l'Elbe sont forcés ; Spandau cède ; Bonaparte fait prisonnière à Potsdam l'épée de Frédéric. Le 27 octobre 1806, le grand roi de Prusse, dans sa poussière autour de ses palais vides à Berlin, entend porter les armes d'une façon qui lui révèle des grenadiers étrangers : Napoléon est arrivé. Pendant que le monument de la philosophie s'écroulait au bord de la Sprée, je visitais à Jérusalem le monument impérissable de la religion.

Stettin, Custrin se rendent ; à Lubeck nouvelle victoire ; la capitale de la Wagrie est emportée d'assaut ; Blücher, destiné à pénétrer deux fois dans Paris, demeure entre nos mains. C'est l'histoire de la Hollande et de ses quarante-six villes emportées dans un voyage en 1672 par Louis XIV.

Le 27 novembre paraît le décret de Berlin sur le système continental, décret gigantesque qui mit l'Angleterre au ban du monde, et fut au moment de s'accomplir ; ce décret paraissait fou, il n'était qu'immense. Nonobstant, si le blocus continental créa d'un côté les manufactures de la France, de l'Allemagne, de la Suisse et de l'Italie, de l'autre il étendit le commerce anglais sur le reste du globe : en gênant les gouvernements de notre alliance, il révolta des intérêts industriels, fomenta des haines, et contribua à la rupture entre le cabinet des Tuileries et le cabinet de Saint-Pétersbourg. Le blocus fut donc un acte douteux : Richelieu ne l'aurait pas entrepris.

Bientôt, à la suite des autres États de Frédéric, la Silésie est parcourue. La guerre avait commencé le 9 octobre entre la France et la Prusse : en dix-sept jours nos soldats, comme une volée d'oiseaux de proie, ont plané sur les défilés de la Franconie, sur les eaux de la Saale et de l'Elbe ; le 6 décembre les trouve au delà de la Vistule. Murat, depuis le 29 novembre, tenait garnison à Varsovie, d'où s'étaient retirés les Russes, venus trop tard au secours des Prussiens. L'électeur de Saxe, enflé en roi napoléonien, accède à la confédération du Rhin, et s'engage à fournir en cas de guerre un contingent de vingt mille hommes.

L'hiver de 1807 suspend les hostilités entre les deux empires de France et de Russie mais ces empires se sont abordés, et une altération s'observe dans les destinées. Toutefois, l'astre de Bonaparte monte encore malgré ses aberrations. En 1807, le 7 février, il garde le champ de bataille à Eylau : il reste de ce lieu de carnage un des plus beaux tableaux de Gros, orné de la tête idéalisée de Napoléon. Après cinquante et un jours de tranchée, Dantzick ouvre ses portes au maréchal Lefebvre, qui n'avait cessé de dire aux artilleurs pendant le siège : « Je n'y entends rien ; mais fichez-moi un trou et j'y passerai. » L'ancien sergent aux gardes-françaises devint duc de Dantzick.

Le 14 juin 1807, Friedland coûte aux Russes dix-sept mille morts et blessés, autant de prisonniers et soixante-dix canons ; nous payâmes trop cher cette victoire : nous avions changé d'ennemi ; nous n'obtenions plus de succès sans que la veine française ne fût largement ouverte. Kœnigsberg est emporté ; à Tilsit un armistice est conclu.

Napoléon et Alexandre ont une entrevue dans un pavillon, sur un radeau. Alexandre menait en laisse le roi de Prusse qu'on apercevait à peine : le sort du monde flottait sur le Niémen, où plus tard il devait s'accomplir. À Tilsit on s'entretint d'un traité secret en dix articles. Par ce traité, la Turquie européenne était dévolue à la Russie, ainsi que les conquêtes que les armées moscovites pourraient faire en Asie. De son côté, Bonaparte devenait maître de l'Espagne et du Portugal, réunissait Rome et ses dépendances au royaume d'Italie, passait en Afrique, s'emparait de Tunis et d'Alger, possédait Malte, envahissait l'Égypte, ouvrant la Méditerranée aux seules voiles françaises, russes, espagnoles et italiennes : c'étaient des cantates sans fin dans la tête de Napoléon. Un projet d'invasion de l'Inde par terre avait déjà été concerté en 1800 entre Napoléon et l'empereur Paul I$^{er}$.

La paix est conclue le 7 juillet. Napoléon, odieux dès le début pour la reine de Prusse[1], ne voulut rien accorder à ses intercessions. Elle habitait une petite maison esseulée sur la rive droite du Niémen, et on lui fit l'honneur de la prier deux fois aux festins des empereurs. La Silésie, jadis injustement envahie par Frédéric, fut rendue à la Prusse : on respectait le droit de l'ancienne injustice ; ce qui venait de la violence était sacré. Une partie des territoires polonais passa en souveraineté à la Saxe ; Dantzick fut rétabli dans son indépendance ; on compta pour rien les hommes tués dans ses rues et dans ses fossés : ridicules et inutiles meurtres de la guerre ! Alexandre reconnut la confédération du Rhin et les trois frères de Napoléon, Joseph, Louis et Jérôme, comme rois de Naples, de Hollande et de Westphalie.

---

1. La reine Louise (1776-1810)

## 7

### Guerre d'Espagne. – Erfurt.
### Apparition de Wellington.

Cette fatalité dont Bonaparte menaçait les rois le menaçait lui-même ; presque simultanément il attaque la Russie, l'Espagne et Rome : trois entreprises qui l'ont perdu. Vous avez vu dans le *Congrès de Vérone*, dont la publication a devancé celle de ces *Mémoires*, l'histoire de l'envahissement de l'Espagne. Le traité de Fontainebleau fut signé le 29 octobre 1807. Junot arrivé en Portugal avait déclaré, d'après le décret de Bonaparte, que la maison de Bragance *avait cessé de régner* ; protocole adopté : vous savez qu'elle règne encore. On était si bien instruit à Lisbonne de ce qui se passait sur la terre, que Jean second[1] ne connut ce décret que par un numéro du *Moniteur* apporté par hasard, et déjà l'armée française était à trois marches de la capitale de la Lusitanie. Il ne restait à la cour qu'à fuir sur ces mers qui saluèrent les voiles de Gama et entendirent les chants de Camoëns.

En même temps que pour son malheur Bonaparte avait au nord touché la Russie, le rideau se leva au midi ; on vit d'autres régions et d'autres scènes, le soleil de l'Andalousie, les palmiers du Guadalquivir que nos grenadiers saluèrent en portant les armes. Dans l'arène on aperçut des taureaux combattant, dans les montagnes des guérillas demi-nues, dans les cloîtres des moines priant.

Par l'envahissement de l'Espagne, l'esprit de la guerre changea ; Napoléon se trouva en contact avec l'Angleterre, son génie funeste, et il lui apprit la guerre : l'Angleterre détruisit la flotte de Napoléon à Aboukir, l'arrêta à Saint-Jean-d'Acre, lui enleva ses derniers vaisseaux à Trafalgar, le contraignit d'évacuer l'Ibérie, s'empara du midi de la France jusqu'à la Garonne, et l'attendit à Waterloo : elle garde aujourd'hui sa tombe à Sainte-Hélène de même qu'elle occupa son berceau en Corse.

---

**1.** En réalité, Jean VI, alors régent du Portugal. Il se réfugia au Brésil.

Le 5 mai 1808, le traité de Bayonne cède à Napoléon, au nom de Charles IV, tous les droits de ce monarque : le rapt des Espagnes ne fait plus de Bonaparte qu'un prince d'Italie, à la façon de Machiavel, sauf l'énormité du vol. L'occupation de la Péninsule diminue ses forces contre la Russie dont il est encore ostensiblement l'ami et l'allié, mais dont il porte au cœur la haine cachée. Dans sa proclamation, Napoléon avait dit aux Espagnols : « Votre nation périssait ; j'ai vu vos maux, je vais y porter remède ; je veux que vos derniers neveux conservent mon souvenir et disent : *Il fut le régénérateur de notre patrie.* » Oui, il a été le régénérateur de l'Espagne, mais il prononçait des paroles qu'il comprenait mal. Un catéchisme d'alors, composé par les Espagnols, explique le sens véritable de la prophétie :

« Dis-moi, mon enfant, qui es-tu ? — Espagnol par la grâce de Dieu. — Quel est l'ennemi de notre félicité ? — L'empereur des Français. — Qui est-ce ? — Un méchant. — Combien a-t-il de natures ? — Deux, la nature humaine et la nature diabolique. — De qui dérive Napoléon ? — Du péché. — Quel supplice mérite l'Espagnol qui manque à ses devoirs ? — La mort et l'infamie des traîtres. — Que sont les Français ? — D'anciens chrétiens devenus hérétiques. »

Bonaparte tombé a condamné en termes non équivoques son entreprise d'Espagne : « J'embarquai, dit-il, fort mal toute cette affaire. *L'immoralité dut se montrer par trop patente, l'injustice par trop cynique*, et le tout demeure fort vilain, puisque j'ai succombé ; car *l'attentat* ne se présente plus que dans sa honteuse nudité, privé de tout le grandiose et des nombreux bienfaits qui remplissaient mon intention. La postérité l'eût préconisé pourtant si j'avais réussi, et avec raison peut-être, à cause de ses grands et heureux résultats. Cette combinaison m'a perdu. Elle a perdu ma moralité en Europe, ouvert une école aux soldats anglais. Cette malheureuse guerre d'Espagne a été une véritable plaie, la cause première des malheurs de la France [1]. »

Cet aveu, pour réemployer la phrase de Napoléon, *est par trop cynique* ; mais ne nous y trompons pas : en s'accusant le

---

1. Phrases tirées du *Mémorial*.

but de Bonaparte est de chasser dans le désert, chargé de malédictions, un attentat-émissaire, afin d'appeler sans réserve l'admiration sur toutes ses autres actions.

L'affaire de Baylen[1] perdue, les cabinets de l'Europe, étonnés du succès des Espagnols, rougissent de leur pusillanimité. Wellington se lève pour la première fois sur l'horizon, au point où le soleil se couche ; une armée anglaise débarque le 31 juillet 1808 près de Lisbonne, et le 30 août les troupes françaises évacuent la Lusitanie. Soult avait en portefeuille des proclamations où il s'intitulait Nicolas I$^{er}$, roi de Portugal. Napoléon rappela de Madrid le grand-duc de Berg. Entre Joseph, son frère, et Joachim, son beau-frère, il lui plut d'opérer une transmutation : il prit la couronne de Naples sur la tête du premier et la posa sur la tête du second ; il enfonça d'un coup de main ces coiffures sur le front des deux nouveaux rois, et ils s'en allèrent, chacun de son côté, comme deux conscrits qui ont changé de shako.

Le 22 septembre, à Erfurt, Bonaparte donna une des dernières représentations de sa gloire ; il croyait s'être joué d'Alexandre et l'avoir enivré d'éloges. Un général écrivait : « Nous venons de faire avaler un verre d'opium au czar, et, pendant qu'il dormira, nous irons nous occuper d'ailleurs. »

Un hangar avait été transformé en salle de spectacle ; deux fauteuils à bras étaient placés devant l'orchestre pour les deux potentats ; à gauche et à droite, des chaises garnies pour les monarques ; derrière étaient des banquettes pour les princes : Talma, roi de la scène, joua devant un parterre de rois. À ce vers :

*L'amitié d'un grand homme est un bienfait des dieux*[2]*,*

Alexandre serra la main de son *grand ami*, s'inclina et dit : « Je ne l'ai jamais mieux senti. »

Aux yeux de Bonaparte, Alexandre était alors un niais ; il en faisait des risées ; il l'admira quand il le supposa fourbe : « C'est un Grec du Bas-Empire, disait-il, il faut s'en défier. »

---

1. Échec français en Andalousie (22 juillet 1808). — 2. On jouait l'*Œdipe* de Voltaire où se trouve ce vers.

À Erfurt, Napoléon affectait la fausseté effrontée d'un soldat vainqueur ; Alexandre dissimulait comme un prince vaincu : la ruse luttait contre le mensonge, la politique de l'Occident et la politique de l'Orient gardaient leurs caractères.

Londres éluda les ouvertures de paix qui lui furent faites, et le cabinet de Vienne se déterminait sournoisement à la guerre. Livré de nouveau à son imagination, Bonaparte, le 26 octobre, fit au Corps législatif cette déclaration : « L'empereur de Russie et moi nous nous sommes vus à Erfurt : nous sommes d'accord et invariablement unis pour la paix comme pour la guerre. » Il ajouta : « Lorsque je paraîtrai *au-delà* des Pyrénées, le Léopard épouvanté cherchera l'Océan pour éviter la honte, la défaite ou la mort » : et le Léopard a paru *en deçà* des Pyrénées.

Napoléon, qui croit toujours ce qu'il désire, pense qu'il reviendra sur la Russie, après avoir achevé de soumettre l'Espagne en quatre mois, comme il arriva depuis à la légitimité ; conséquemment il retire quatre-vingt mille vieux soldats de la Saxe, de la Pologne et de la Prusse ; il marche lui-même en Espagne ; il dit à la députation de la ville de Madrid : « Il n'est aucun obstacle capable de retarder longtemps l'exécution de mes volontés. Les Bourbons ne peuvent plus régner en Europe ; aucune puissance ne peut exister sur le continent influencée par l'Angleterre. »

Il y a trente-deux ans que cet oracle est rendu, et la prise de Saragosse, dès le 21 février 1809, annonça la délivrance de l'univers.

Toute la vaillance des Français leur fut inutile : les forêts s'armèrent, les buissons devinrent ennemis. Les représailles n'arrêtèrent rien, parce que dans ce pays les représailles sont naturelles. L'affaire de Baylen, la défense de Girone et de Ciudad-Rodrigo, signalèrent la résurrection d'un peuple. La Romana[1], du fond de la Baltique, ramène ses régiments en Espagne, comme autrefois les Francs, échappés de la mer Noire, débarquèrent triomphants aux bouches du Rhin. Vain-

---

1. Général espagnol qui occupait alors pour Napoléon des îles danoises. Il réussit à revenir en Espagne avec ses troupes. Cf. Mérimée, *Les Espagnols en Danemark* (dans le *Théâtre de Clara Gazul*, 1825).

queurs des meilleurs soldats de l'Europe, nous versions le sang des moines avec cette rage impie que la France tenait des bouffonneries de Voltaire et de la démence athée de la Terreur. Ce furent pourtant ces milices du cloître qui mirent un terme aux succès de nos vieux soldats : ils ne s'attendaient guère à rencontrer ces enfroqués, à cheval comme des dragons de feu, sur les poutres embrasées des édifices de Saragosse, chargeant leurs escopettes parmi les flammes au son des mandolines, au chant des *boleros* et au *requiem* de la messe des morts : les ruines de Sagonte[1] applaudirent.

Mais néanmoins le secret des palais des Maures, changés en basiliques chrétiennes, fut pénétré ; les églises dépouillées perdirent les chefs-d'œuvre de Velasquez et de Murillo ; une partie des os de Rodrigue à Burgos fut enlevée ; on avait tant de gloire qu'on ne craignit pas de soulever contre soi les restes du Cid, comme on n'avait pas craint d'irriter l'ombre de Condé.

Lorsque, sortant des débris de Carthage, je traversai l'Hespérie avant l'invasion des Français, j'aperçus les Espagnes encore protégées de leurs antiques mœurs. L'Escurial me montra dans un seul site et dans un seul monument la sévérité de la Castille : caserne de cénobites, bâtie par Philippe II dans la forme d'un gril de martyre, en mémoire de l'un de nos désastres, l'Escurial s'élevait sur un sol concret entre des mornes noirs. Il renfermait des tombes royales remplies ou à remplir, une bibliothèque à laquelle les araignées avaient apposé leur sceau, et des chefs-d'œuvre de Raphaël moisissant dans une sacristie vide. Ses onze cent quarante fenêtres, aux trois quarts brisées, s'ouvraient sur les espaces muets du ciel et de la terre : la cour et les hiéronymites[2] y rassemblaient autrefois le siècle et le dégoût du siècle.

Auprès du redoutable édifice à face d'Inquisition chassée au désert, étaient un parc strié de genêts et un village dont les foyers enfumés révélaient l'ancien passage de l'homme. Le Versailles des steppes n'avait d'habitants que pendant le séjour intermittent des rois. J'ai vu le mauvis, alouette de

---

1. Ville romaine d'Espagne, détruite par Hannibal en 219 av. J.-C. — 2. Moines (« ermites de Saint-Jérôme »).

bruyère, perché sur la toiture à jour. Rien n'était plus imposant que ces architectures saintes et sombres, à croyance invincible, à mine haute, à taciturne expérience ; une insurmontable force attachait mes yeux aux dosserets sacrés, ermites de pierre qui portaient la religion sur leur tête.

Adieu, monastères, à qui j'ai jeté un regard aux vallées de la Sierra-Nevada et aux grèves des mers de Murcie ! Là, au glas d'une cloche qui ne tintera bientôt plus, sous des arcades tombantes, parmi des laures sans anachorètes, des sépulcres sans voix, des morts sans mânes ; là, dans des réfectoires vides, dans des préaux abandonnés où Bruno laissa son silence, François ses sandales, Dominique sa torche, Charles sa couronne, Ignace son épée, Rancé son cilice ; à l'autel d'une foi qui s'éteint, on s'accoutumait à mépriser le temps et la vie : si l'on rêvait encore de passions, votre solitude leur prêtait quelque chose qui allait bien à la vanité des songes.

À travers ces constructions funèbres on voyait passer l'ombre d'un homme noir ; c'était l'ombre de Philippe II, leur inventeur.

8

Pie VII. – Réunion des États Romains à la France.

Bonaparte était entré dans l'orbite de ce que les astrologues appelaient la *planète traversière*[1] : la même politique qui le jetait dans l'Espagne vassale, agitait l'Italie soumise. Que lui revenait-il des chicanes faites au clergé ? Le souverain pontife, les évêques, les prêtres, le catéchisme même, ne surabondaient-ils pas en éloges de son pouvoir ? ne prêchaient-ils pas assez l'obéissance ? Les faibles États Romains, diminués d'une moitié, lui faisaient-ils obstacle ? n'en disposait-il pas à sa volonté ? Rome même n'avait-elle pas été dépouillée de ses chefs-d'œuvre et de ses trésors ? il ne lui restait que ses ruines.

Était-ce la puissance morale et religieuse du Saint-Siège

---

1. Funeste.

dont Napoléon avait peur ? Mais, en persécutant la papauté, n'augmentait-il pas cette puissance ? Le successeur de saint Pierre, soumis comme il l'était, ne lui devenait-il pas plus utile en marchant de concert avec le maître qu'en se trouvant forcé de se défendre contre l'oppresseur ? Qui poussait donc Bonaparte ? la partie mauvaise de son génie, son impossibilité de rester en repos : joueur éternel, quand il ne mettait pas des empires sur une carte, il y mettait une fantaisie.

Il est probable qu'au fond de ces tracasseries il y avait quelque cupidité de domination, quelques souvenirs historiques entrés de travers dans ses idées et inapplicables au siècle. Toute autorité (même celle du temps et de la foi) qui n'était pas attachée à sa personne semblait à l'Empereur une usurpation. La Russie et l'Angleterre accroissaient sa soif de prépondérance, l'une par son autocratie, l'autre par sa suprématie spirituelle. Il se rappelait les temps du séjour des papes à Avignon, quand la France renfermait dans ses limites la source de la domination religieuse : un pape payé sur sa liste civile l'aurait charmé. Il ne voyait pas qu'en persécutant Pie VII, en se rendant coupable d'une ingratitude sans fruit, il perdait auprès des populations catholiques l'avantage de passer pour le restaurateur de la religion : il gagnait à sa convoitise le dernier vêtement du prêtre caduc qui l'avait couronné, et l'honneur de devenir le geôlier d'un vieillard mourant. Mais enfin il fallait à Napoléon un *département du Tibre* ; on dirait qu'il ne peut y avoir de conquête complète que par la prise de la ville éternelle : Rome est toujours la grande dépouille de l'univers.

Pie VII avait sacré Napoléon. Prêt à retourner à Rome, on fit entendre au pape qu'on le pourrait retenir à Paris : « Tout est prévu, répondit le pontife ; avant de quitter l'Italie, j'ai signé une abdication régulière ; elle est entre les mains du cardinal Pignatelli à Palerme, hors de la portée du pouvoir des Français. Au lieu d'un pape, il ne restera entre vos mains qu'un moine appelé Barnabé Chiaramonti. »

Le premier prétexte de la querelle du chercheur de querelles fut la permission accordée par le pape aux Anglais (avec lesquels lui souverain pontife était en paix) de venir à Rome comme les autres étrangers. Ensuite Jérôme Bonaparte ayant épousé aux États-Unis mademoiselle Paterson, Napoléon désapprouva cette alliance : madame Jérôme Bonaparte, prête d'accoucher, ne put débarquer en France et fut obligée d'aborder en Angleterre[1]. Bonaparte veut faire casser le mariage à Rome ; Pie VII s'y refuse, ne trouvant à l'engagement aucune cause de nullité, bien qu'il fût contracté entre un catholique et une protestante. Qui défendait les droits de la justice, de la liberté et de la religion, du pape ou de l'Empereur ? Celui-ci s'écriait : « Je trouve dans mon siècle un prêtre plus puissant que moi ; il règne sur les esprits, je ne règne que sur la matière. Les prêtres gardent l'âme et me jettent le cadavre. » Ôtez la mauvaise foi de Napoléon dans cette correspondance entre ces deux hommes, l'un debout sur des ruines nouvelles, l'autre assis sur de vieilles ruines, il reste un fond extraordinaire de grandeur.

Une lettre datée de Benevente en Espagne, du théâtre de la destruction, vient mêler le comique au tragique ; on croit assister à une scène de Shakespeare : le maître du monde prescrit à son ministre des affaires étrangères d'écrire à Rome pour déclarer au pape que lui, Napoléon, n'acceptera pas les cierges de la Chandeleur[2], que le roi d'Espagne, Joseph, n'en veut pas non plus ; les rois de Naples et de Hollande, Joachim et Louis, doivent également refuser lesdits cierges.

Le consul de France eut ordre de dire à Pie VII « que ce n'était ni la pourpre ni la puissance qui donnent de la valeur à ces choses (la pourpre et la puissance d'un vieillard prisonnier !), qu'il peut y avoir en enfer des papes et des curés, et qu'un cierge bénit par un curé peut être une chose aussi sainte que celui d'un pape ». Misérables outrages d'une philosophie de club.

Puis Bonaparte, ayant fait une enjambée de Madrid à Vienne, reprenant son rôle d'exterminateur, par un décret daté du 17 mai 1809 réunit les États de l'Église à l'Empire français, déclare Rome ville impériale libre, et nomme une *consulte* pour prendre possession.

Le pape dépossédé résidait encore au Quirinal ; il

---

1. Elle retourna vivre aux États-Unis. — 2. Cierges bénits par le pape le jour de la Chandeleur et dont il faisait présent aux souverains qu'il voulait honorer.

commandait encore à quelques autorités dévouées, à quelques Suisses de sa garde ; c'était trop : il fallait un prétexte à une dernière violence ; on le trouva dans un incident ridicule, qui pourtant offrait une preuve naïve d'affection : des pêcheurs du Tibre avaient pris un esturgeon ; ils le veulent porter à leur nouveau saint Pierre aux Liens ; aussitôt les agents français crient à l'*émeute !* et ce qui restait du gouvernement papal est dispersé. Le bruit du canon du château Saint-Ange annonce la chute de la souveraineté temporelle du pontife. Le drapeau pontifical abaissé fait place à ce drapeau tricolore qui dans toutes les parties du monde annonçait la gloire et les ruines. Rome avait vu passer et s'évanouir bien d'autres orages : ils n'ont fait qu'enlever la poussière dont sa vieille tête est couverte.

9

Protestation du Souverain Pontife.
Il est enlevé de Rome.

Le cardinal Pacca[1], un des successeurs de Consalvi qui s'était retiré, courut auprès du Saint Père. Tous les deux s'écrient : *Consummatum est*[2] ! Le neveu du cardinal, Tibère Pacca, apporte un exemplaire imprimé du décret de Napoléon ; le cardinal prend le décret, s'approche d'une fenêtre dont les volets fermés ne laissaient entrer qu'une lumière insuffisante, et veut lire le papier ; il n'y parvient qu'avec peine, en voyant à quelques pas de lui son infortuné souverain et entendant les coups de canon du triomphe impérial. Deux vieillards dans la nuit d'un palais romain luttaient seuls contre une puissance qui écrasait le monde ; ils tiraient leur vigueur de leur âge : prêt à mourir on est invincible.

Le pape signa d'abord une protestation solennelle ; mais, avant de signer la bulle d'excommunication depuis longtemps préparée, il interrogea le cardinal Pacca : « Que feriez-vous ?

---

**1.** Secrétaire d'État de Pie VII. — **2.** C'est le dernier mot du Christ sur la Croix.

lui dit-il. — Levez les yeux au ciel, répondit le serviteur, ensuite donnez vos ordres : ce qui sortira de votre bouche sera ce que veut le ciel. » Le pape leva les yeux, signa et s'écria : « Donnez cours à la bulle. »

Megacci posa les premières affiches de la bulle aux portes des trois basiliques, de Saint-Pierre, de Sainte-Marie-Majeure et de Saint-Jean-de-Latran. Le placard fut arraché ; le général Miollis[1] l'expédia à l'Empereur.

Si quelque chose pouvait rendre à l'excommunication un peu de son ancienne force, c'était la vertu de Pie VII : chez les anciens, la foudre qui éclatait dans un ciel serein passait pour la plus menaçante. Mais la bulle conservait encore un caractère de faiblesse : Napoléon, compris parmi les *spoliateurs* de l'Église, n'était pas *expressément* nommé. Le temps était aux frayeurs ; les timides se réfugièrent en sûreté de conscience dans cette absence d'excommunication nominale. Il fallait combattre à coups de tonnerre ; il fallait rendre foudre pour foudre, puisqu'on n'avait pas pris le parti de se défendre ; il fallait faire cesser le culte, fermer les portes des temples, mettre les églises en interdit, ordonner aux prêtres de ne plus administrer les sacrements. Que le siècle fût propre ou non à cette haute aventure, utile était de la tenter : Grégoire VII n'y eût pas manqué. Si d'une part il n'y avait pas assez de foi pour soutenir une excommunication, de l'autre il n'y en avait plus assez pour que Bonaparte, devenant un Henri VIII, se fît chef d'une Église séparée. L'Empereur, par l'excommunication complète, se fût trouvé dans des difficultés inextricables : la violence peut fermer les églises, mais elle ne les peut ouvrir ; on ne saurait ni forcer le peuple à prier, ni contraindre le prêtre à offrir le saint sacrifice. Jamais on n'a joué contre Napoléon toute la partie qu'on pouvait jouer.

Un prêtre de soixante et onze ans, sans un soldat, tenait en échec l'empire. Murat dépêcha sept cents Napolitains à Miollis, l'inaugurateur de la fête de Virgile à Mantoue. Radet, général de gendarmerie qui se trouvait à Rome, fut chargé d'enlever le pape et le cardinal Pacca. Les précau-

---

[1]. Général français, gouverneur militaire de Rome.

tions militaires furent prises, les ordres donnés dans le plus grand secret et tout juste comme dans la nuit de la Saint-Barthélemy : lorsqu'une heure après minuit frapperait à l'horloge du Quirinal, les troupes rassemblées en silence devaient monter intrépidement à l'escalade de la geôle de deux prêtres décrépits.

À l'heure attendue, le général Radet pénétra dans la cour du Quirinal par la grande entrée ; le colonel Siry, qui s'était glissé dans le palais, lui en ouvrit en dedans les portes. Le général monte aux appartements : arrivé dans la salle de sanctifications, il y trouve la garde suisse, forte de quarante hommes ; elle ne fit aucune résistance, ayant reçu l'ordre de s'abstenir : le pape ne voulait avoir devant lui que Dieu.

Les fenêtres du palais donnant sur la rue qui va à la Porta Pia avaient été brisées à coups de hache. Le pape, levé à la hâte, se tenait en rochet et en mosette dans la salle de ses audiences ordinaires avec le cardinal Pacca, le cardinal Despuig, quelques prélats et des employés de la secrétairerie. Il était assis devant une table entre les deux cardinaux. Radet entre ; on reste de part et d'autre en silence. Radet pâle et déconcerté prit enfin la parole : il déclare à Pie VII qu'il doit renoncer à la souveraineté temporelle de Rome, et que si sa sainteté refuse d'obéir, il a ordre de la conduire au général Miollis.

Le pape répondit que si les serments de fidélité obligeaient Radet d'obéir aux injonctions de Bonaparte, à plus forte raison lui, Pie VII, devait tenir les serments qu'il avait faits en recevant la tiare ; il ne pouvait ni céder ni abandonner le domaine de l'Église qui ne lui appartenait pas, et dont il n'était que l'administrateur.

Le pape, ayant demandé s'il devait partir seul : « Votre Sainteté, répondit le général, peut emmener avec elle son ministre. » Pacca courut se revêtir dans une chambre voisine de ses habits de cardinal.

Dans la nuit de Noël[1], Grégoire VII, célébrant l'office à Sainte-Marie-Majeure, fut arraché de l'autel, blessé à la tête, dépouillé de ses ornements et conduit dans une tour par

---

1. En 1075.

ordre du préfet Cencius. Le peuple prit les armes ; Cencius effrayé tomba aux pieds de son captif ; Grégoire apaisa le peuple, fut ramené à Sainte-Marie-Majeure, et acheva l'office.

Le 8 septembre 1303, Nogaret[1] et Colonne entrèrent la nuit dans Anagni, forcèrent la maison de Boniface VIII qui les attendait le manteau pontifical sur les épaules, la tête ceinte de la tiare, les mains armées des clefs et de la croix. Colonne le frappa au visage : Boniface en mourut de rage et de douleur.

Pie VII, humble et digne, ne montra ni la même audace humaine, ni le même orgueil du monde ; les exemples étaient plus près de lui ; ses épreuves ressemblaient à celles de Pie VI. Deux papes du même nom, successeurs l'un de l'autre, ont été victimes de nos révolutions : tous deux furent traînés en France par la *voie douloureuse* ; l'un, âgé de quatre-vingt-deux ans, est venu expirer à Valence[2] ; l'autre, septuagénaire, a subi la prison à Fontainebleau. Pie VII semblait être le fantôme de Pie VI, repassant sur le même chemin.

Lorsque Pacca dans sa robe de cardinal revint, il trouva son auguste maître déjà entre les mains des sbires et des gendarmes qui le forçaient de descendre les escaliers sur les débris des portes jetées à terre. Pie VI, enlevé du Vatican le 20 février 1800[3], trois heures avant le lever du soleil, abandonna le monde de chefs-d'œuvre qui semblait le pleurer et sortit de Rome, au murmure des fontaines de la place Saint-Pierre, par la porte Angélique. Pie VII, enlevé du Quirinal le 16 juillet au point du jour, sortit par la Porta Pia ; il fit le tour des murailles jusqu'à la porte du Peuple. Cette Porta Pia, où tant de fois je me suis promené seul, fut celle par laquelle Alaric entra dans Rome. En suivant le chemin de ronde, où Pie VII avait passé, je ne voyais du côté de la villa Borghèse que la retraite de Raphaël, et du côté du mont Pincio que les refuges de Claude Lorrain et du Poussin ; merveilleux souvenirs de la beauté des femmes et de la

---

1. Conseiller de Philippe le Bel. – Les Colonna étaient ennemis personnels de Boniface VIII. Il s'agit ici de Sciarra Colonna qui souffleta le pape à Anagni. — 2. Pie VI avait été enlevé de Rome le 20 février 1798, sur l'ordre du gouvernement français. — 3. Date inexacte (voir la note précédente).

lumière de Rome ; souvenirs du génie des arts que protégea la puissance pontificale, et qui pouvaient suivre et consoler un prince captif et dépouillé.

Quand Pie VII partit de Rome, il avait dans sa poche un *papetto*[1] de vingt-deux sous comme un soldat à cinq sous par étape : il a recouvré le Vatican. Bonaparte, au moment des exploits du général Radet, avait les mains pleines de royaumes : que lui en est-il resté ? Radet a imprimé le récit de ses exploits ; il en a fait faire un tableau qu'il a laissé à sa famille : tant les notions de la justice et de l'honneur sont brouillées dans les esprits.

Dans la cour du Quirinal le pape avait rencontré les Napolitains ses oppresseurs ; il les bénit ainsi que la ville : cette bénédiction apostolique se mêlant à tout, dans le malheur comme dans la prospérité, donne un caractère particulier aux événements de la vie de ces rois-pontifes qui ne ressemblent point aux autres rois.

Des chevaux de poste attendaient en dehors de la porte du Peuple. Les persiennes de la voiture où monta Pie VII étaient clouées du côté où il s'assit ; le pape entré, les portières furent fermées à double tour, et Radet mit les clefs dans sa poche ; le chef des gendarmes devait accompagner le pape jusqu'à la Chartreuse de Florence.

À Monterossi il y avait sur le seuil des portes des femmes qui pleuraient : le général pria Sa Sainteté de baisser les rideaux de la voiture pour se cacher. La chaleur était accablante. Vers le soir Pie VII demanda à boire ; le maréchal des logis Cardigny remplit une bouteille d'une eau sauvage qui coulait sur le chemin ; Pie VII but avec grand plaisir. Sur la montagne de Radicofani le pape descendit à une pauvre auberge ; ses habits étaient trempés de sueur, et il n'avait pas de quoi se changer ; Pacca aida la servante à faire le lit de Sa Sainteté. Le lendemain le pape rencontra des paysans ; il leur dit : « Courage et prières ! » On traversa Sienne ; on entra dans Florence, une des roues de la voiture se brisa ; le peuple ému s'écriait : « *Santo Padre ! santo Padre !* » Le pape fut tiré hors de la voiture renversée par une portière. Les uns se pros-

---

1. Monnaie des États de l'Église.

ternaient, les autres touchaient les vêtements de Sa Sainteté, comme le peuple de Jérusalem la robe du Christ.

Le pape put enfin se remettre en route pour la Chartreuse ; il hérita dans cette solitude de la couche que dix ans auparavant avait occupée Pie VI, lorsque deux palefreniers hissaient celui-ci dans la voiture et qu'il poussait des gémissements de souffrance. La Chartreuse appartenait au site de Vallombrosa ; par une succession de forêts de pins on arrivait aux Camaldules, et de là, de rocher en rocher, à ce sommet de l'Apennin qui voit les deux mers. Un ordre subit contraignit Pie VII de repartir pour Alexandrie ; il n'eut que le temps de demander un bréviaire au prieur ; Pacca fut séparé du souverain pontife.

De la Chartreuse à Alexandrie la foule accourut de toutes parts ; on jetait des fleurs au captif, on lui donnait de l'eau, on lui présentait des fruits ; des gens de la campagne prétendaient le délivrer et lui disaient : « *Vuole ? dica*[1]. » Un pieux larron lui déroba une épingle, relique qui devait ouvrir au ravisseur les portes du ciel.

À trois milles de Gênes une litière conduisit le pape au bord de la mer ; une felouque le transporta de l'autre côté de la ville à Saint-Pierre d'Arena. Par la route d'Alexandrie et de Mondovi Pie VII gagna le premier village français ; il y fut accueilli avec des effusions de tendresse religieuse ; il disait : « Dieu pourrait-il nous ordonner de paraître insensible à ces marques d'affection ? »

Les Espagnols faits prisonniers à Saragosse étaient détenus à Grenoble : de même que ces garnisons d'Européens oubliées sur quelques montagnes des Indes, ils chantaient la nuit et faisaient retentir ces climats étrangers des airs de la patrie. Tout à coup le pape descend ; il semblait avoir entendu ces voix chrétiennes. Les captifs volent au-devant du nouvel opprimé ; ils tombent à genoux ; Pie VII jette presque tout son corps hors de la portière ; il étend ses mains amaigries et tremblantes sur ces guerriers qui avaient défendu la liberté de l'Espagne avec l'épée, comme il avait défendu la liberté de l'Italie avec la foi ; les deux glaives se croisent sur des têtes héroïques.

---

[1] « Voulez-vous ? Dites. »

De Grenoble Pie VII atteignit Valence. Là, Pie VI avait expiré ; là, il s'était écrié quand on le montra au peuple : *« Ecce homo ! »* Là, Pie VI se sépara de Pie VII ; le mort, rencontrant sa tombe, y rentra ; il fit cesser la double apparition, car jusqu'alors on avait vu comme deux papes marchant ensemble, ainsi que l'ombre accompagne le corps. Pie VII portait l'anneau que Pie VI avait au doigt lorsqu'il expira : signe qu'il avait accepté les misères et les destinées de son devancier.

À deux lieues de Comana[1], saint Chrysostome logea aux établissements de saint Basilisque ; ce martyr lui apparut pendant la nuit et lui dit : « Courage, mon frère Jean ! demain nous serons ensemble. » Jean répliqua : « Dieu soit loué de tout ! » Il s'étendit à terre et mourut.

À Valence, Bonaparte commença la carrière d'où il s'élança sur Rome. On ne laissa pas le temps à Pie VII de visiter les cendres de Pie VI ; on le poussa précipitamment à Avignon : c'était le faire rentrer dans la petite Rome ; il y put voir la glacière dans les souterrains du palais d'une autre lignée de pontifes, et entendre la voix de l'ancien poète couronné[2], qui rappelait les successeurs de saint Pierre au Capitole.

Conduit au hasard, il rentra dans les Alpes-Maritimes ; au pont du Var, il le voulut traverser à pied ; il rencontra la population divisée en ordre de métiers, les ecclésiastiques vêtus de leurs habits sacerdotaux, et dix mille personnes à genoux dans un profond silence. La reine d'Étrurie[3] avec ses deux enfants, à genoux aussi, attendait le Saint Père au bout du pont. À Nice, les rues de la ville étaient jonchées de fleurs. Le commandant, qui menait le pape à Savone, prit la nuit un chemin infréquenté par les bois ; à son grand étonnement il tomba au milieu d'une illumination solitaire ; un lampion avait été attaché à chaque arbre. Le long de la mer, la Corniche était pareillement illuminée ; les vaisseaux aperçurent de loin ces phares que le respect, l'attendrissement et la pitié allumaient pour le naufrage d'un moine captif. Napoléon revint-il ainsi de Moscou ? Était-ce du bulletin de

---

1. Ville du Pont. — 2. Pétrarque avait été couronné de lauriers au Capitole en 1341. — 3. Fille du roi d'Espagne.

ses bienfaits et des bénédictions des peuples qu'il était précédé ?

Durant ce long voyage la bataille de Wagram avait été gagnée, le mariage de Napoléon avec Marie-Louise arrêté. Treize des cardinaux mandés à Paris furent exilés, et la consulte romaine formée par la France avait de nouveau prononcé la réunion du Saint-Siège à l'empire.

Le pape, détenu à Savone[1], fatigué et assiégé par les créatures de Napoléon, émit un bref dont le cardinal Roverella fut le principal auteur, et qui permettait d'envoyer des bulles de confirmation à différents évêques nommés. L'Empereur n'avait pas compté sur tant de complaisance ; il rejeta le bref parce qu'il lui eût fallu mettre le souverain pontife en liberté. Dans un accès de colère il avait ordonné que les cardinaux opposants quittassent la pourpre[2] ; quelques-uns furent enfermés à Vincennes.

Le préfet de Nice écrivit à Pie VII que « défense lui était faite de communiquer avec aucune église de l'empire, sous peine de désobéissance ; que lui, Pie VII, a cessé d'être l'organe de l'Église parce qu'il prêche la rébellion et que *son âme est toute de fiel* ; que, puisque rien ne peut le rendre sage, il verra que Sa Majesté est assez puissante pour déposer un pape ».

Était-ce bien le vainqueur de Marengo qui avait dicté la minute d'une pareille lettre ?

Enfin, après trois ans de captivité à Savone, le 9 juin 1812, le pape fut mandé en France. On lui enjoignit de changer d'habits : dirigé sur Turin, il arriva à l'hospice du mont Cenis au milieu de la nuit. Là, près d'expirer, il reçut l'extrême-onction. On ne lui permit de s'arrêter que le temps nécessaire à l'administration du dernier sacrement ; on ne souffrit pas qu'il séjournât près du ciel. Il ne se plaignit point ; il renouvelait l'exemple de la mansuétude de la martyre de Verceil. Au bas de la montagne, au moment qu'elle allait être décollée, voyant tomber l'agrafe de la chlamyde du bourreau, elle dit à cet homme : « Voilà une agrafe d'or qui vient de tomber de ton épaule ; ramasse-la, de crainte de perdre ce que tu n'as gagné qu'avec beaucoup de travail. »

---

1. Sur la Riviera italienne. — 2. On les appela « les cardinaux noirs ».

Pendant sa traversée de la France, on ne permit pas à Pie VII de descendre de voiture. S'il prenait quelque nourriture, c'était dans cette voiture même, que l'on enfermait dans les remises de la poste. Le 20 juin au matin, il arriva à Fontainebleau ; Bonaparte trois jours après franchissait le Niémen pour commencer son expiation. Le concierge refusa de recevoir le captif, parce qu'aucun ordre ne lui était encore parvenu. L'ordre envoyé de Paris, le pape entra dans le château ; il y fit entrer avec lui la justice céleste : sur la même table où Pie VII appuyait sa main défaillante, Napoléon signa son abdication.

Si l'inique invasion de l'Espagne souleva contre Bonaparte le monde politique, l'ingrate occupation de Rome lui rendit contraire le monde moral : sans la moindre utilité, il s'aliéna comme à plaisir les peuples et les autels, l'homme et Dieu. Entre les deux précipices qu'il avait creusés aux deux bords de sa vie, il alla, par une étroite chaussée, chercher sa destruction au fond de l'Europe, comme sur ce pont que la Mort, aidée du Mal, avait jeté à travers le chaos [1].

Pie VII n'est point étranger à ces *Mémoires* : c'est le premier souverain auprès duquel j'aie rempli une mission dans ma carrière politique, commencée et subitement interrompue sous le Consulat. Je le vois encore me recevant au Vatican, le *Génie du Christianisme* ouvert sur sa table, dans le même cabinet où j'ai été admis aux pieds de Léon XII et de Pie VIII. J'aime à rappeler ce qu'il a souffert : les douleurs qu'il a bénies à Rome en 1803 [2] paieront aux siennes par mon souvenir une dette de reconnaissance.

---

**1.** Souvenir de Milton (*Paradis perdu*, II). — **2.** Celles de Pauline de Beaumont mourante.

## 10

CINQUIÈME COALITION. – PRISE DE VIENNE.
BATAILLE D'ESSLING. – BATAILLE DE WAGRAM.
PAIX SIGNÉE DANS LE PALAIS DE L'EMPEREUR D'AUTRICHE.
DIVORCE. – NAPOLÉON ÉPOUSE MARIE-LOUISE.
NAISSANCE DU ROI DE ROME.

Le 9 avril 1809, entre l'Angleterre, l'Autriche et l'Espagne, se déclara la cinquième coalition, sourdement appuyée par le mécontentement des autres souverains. Les Autrichiens, se plaignant de l'infraction de traités, passent tout à coup l'Inn à Braunau : on leur avait reproché leur lenteur, ils voulurent faire les Napoléon ; cette allure ne leur allait pas. Heureux de quitter l'Espagne, Bonaparte accourt en Bavière ; il se met à la tête des Bavarois sans attendre les Français : tout soldat lui était bon. Il défait à Abensberg l'archiduc Louis, à Eckmühl l'archiduc Charles ; il scie en deux l'armée autrichienne, il effectue le passage de la Salza.

Il entre à Vienne. Le 21 et le 22 mai a lieu la terrible affaire d'Essling. La relation de l'archiduc Charles porte que, le premier jour, deux cent quatre-vingt-huit pièces autrichiennes tirèrent cinquante et un mille coups de canon, et que le lendemain plus de quatre cents pièces jouèrent de part et d'autre. Le maréchal Lannes y fut blessé mortellement. Bonaparte lui dit un mot et puis l'oublia : l'attachement des hommes se refroidit aussi vite que le boulet qui les frappe.

La bataille de Wagram (6 juillet 1809) résume les différents combats livrés en Allemagne : Bonaparte y déploie tout son génie. Le colonel César de Laville, chargé de l'aller prévenir d'un désastre qu'éprouve l'aile gauche, le trouve à l'aile droite dirigeant l'attaque du maréchal Davoust. Napoléon revient sur-le-champ à la gauche et répare l'échec essuyé par Masséna. Ce fut alors, au moment où l'on croyait la bataille perdue, que, jugeant seul du contraire par les manœuvres de l'ennemi, il s'écria : « La bataille est gagnée ! » Il oppose sa volonté à la victoire hésitante ; il la ramène au feu comme César ramenait par la barbe au combat ses vétérans étonnés. Neuf cents bouches de bronze rugissent ; la plaine et les moissons sont en flammes ; de grands villages disparaissent ; l'action dure douze heures. Dans une seule charge, Lauriston marche au trot à l'ennemi, à la tête de cent pièces de canon. Quatre jours après on ramassait au milieu des blés des militaires qui achevaient de mourir aux rayons du soleil sur des épis piétinés, couchés et collés par du sang : les vers s'attachaient déjà aux plaies des cadavres avancés.

Dans ma jeunesse, on s'occupait de lire les commentaires de Folard et de Guischardt, de Tempelhof et de Lloyd ; on étudiait l'ordre *profond* et l'ordre *mince* ; j'ai fait manœuvrer sur ma table de sous-lieutenant bien des petits carrés de bois. La science militaire a changé comme tout le reste par la Révolution ; Bonaparte a inventé la grande guerre, dont les conquêtes de la République lui avaient fourni l'idée par les masses réquisitionnaires. Il méprisa les places fortes qu'il se contenta de masquer, s'aventura dans le pays envahi et gagna tout à coups de batailles. Il ne s'occupait point de retraites ; il allait droit devant lui comme ces voies romaines qui traversent sans se détourner les précipices et les montagnes. Il portait toutes ses forces sur un point, puis ramassait au demi-cercle les corps isolés dont il avait rompu la ligne. Cette manœuvre, qui lui fut propre, était d'accord avec la *furie française* ; mais elle n'eût point réussi avec des soldats moins impétueux et moins agiles. Il faisait aussi, vers la fin de sa carrière, charger l'artillerie et emporter les redoutes par la cavalerie. Qu'en est-il résulté ? En menant la France à la guerre, on a appris à l'Europe à marcher : il ne s'est plus agi que de multiplier les moyens ; les masses ont équipollé les masses. Au lieu de cent mille hommes on en a pris six cent mille ; au lieu de cent pièces de canon on en a traîné cinq cents : la science ne s'est point accrue ; l'échelle seulement s'est élargie. Turenne en savait autant que Bonaparte, mais il n'était pas maître absolu et ne disposait pas de quarante millions d'hommes. Tôt ou tard il faudra rentrer dans la guerre civilisée que savait encore Moreau, guerre qui laisse les peuples en repos tandis qu'un petit nombre de soldats font leur devoir ; il faudra en revenir à l'art des retraites, à la défense d'un pays au moyen des places fortes, aux manœuvres patientes qui ne coûtent que des heures en épargnant des hommes. Ces énormes batailles de Napoléon sont au-delà de la gloire ; l'œil ne peut embrasser ces champs de carnage qui, en définitive, n'amènent aucun résultat proportionné à leurs calamités. L'Europe, à moins d'événements imprévus, est pour longtemps dégoûtée de combats. Napoléon a tué la guerre en l'exagérant : notre guerre d'Afrique[1] n'est qu'une école expérimentale ouverte à nos soldats.

Au milieu des morts, sur le champ de bataille de Wagram, Napoléon montra l'impassibilité qui lui était propre et qu'il affectait afin de paraître au-dessus des autres hommes ; il dit froidement ou plutôt il répéta son mot habituel dans de telles circonstances : « Voilà une grande consommation ! »

Lorsqu'on lui recommandait des officiers blessés, il répondait : « Ils sont absents. » Si la vertu militaire enseigne quelques vertus, elle en affaiblit plusieurs : le soldat trop humain ne pourrait accomplir son œuvre ; la vue du sang et des larmes, les souffrances, les cris de douleur, l'arrêtant à chaque pas, détruiraient en lui ce qui fait les Césars, race dont, après tout, on se passerait volontiers.

Après la bataille de Wagram, un armistice est convenu à Znaïm. Les Autrichiens, quoi qu'en disent nos bulletins, s'étaient retirés en bon ordre et n'avaient pas laissé derrière eux un seul canon monté. Bonaparte, en possession de Schœnbrünn, y travaillait à la paix. « Le 13 octobre, dit le duc de Cadore[2], j'étais venu de Vienne pour travailler avec l'Empereur. Après quelques moments d'entretien, il me dit : "Je vais passer la revue ; restez dans mon cabinet ; vous rédigerez cette note que je verrai après la revue." Je restai dans son cabinet avec M. de Menneval[3], son secrétaire intime ; il rentra bientôt. — "Le prince de Lichtenstein, me dit Napoléon, ne vous a-t-il pas fait connaître qu'on lui faisait souvent la proposition de m'assassiner ? — Oui, sire, il m'a exprimé l'horreur avec laquelle il rejetait ces propositions. — Eh bien ! on vient d'en faire la tentative. Suivez-moi." J'entrai avec lui dans le salon. Là étaient quelques personnes qui paraissaient très agitées et qui entouraient un jeune homme de dix-huit à vingt ans, d'une

---

1. D'Algérie. — 2. Nompère de Champagny avait succédé à Talleyrand comme ministre des Relations extérieures en 1807. L'année suivante il avait été fait duc de Cadore. — 3. Secrétaire du portefeuille dans le cabinet de l'Empereur.

figure agréable, très douce, annonçant une sorte de candeur, et qui seul paraissait conserver un grand calme. C'était l'assassin[1]. Il fut interrogé avec une grande douceur par Napoléon lui-même, le général Rapp servant d'interprète. Je ne rapporterai que quelques-unes de ses réponses, qui me frappèrent davantage.

« "Pourquoi vouliez-vous m'assassiner ? — Parce qu'il n'y aura jamais de paix pour l'Allemagne tant que vous serez au monde. — Qui vous a inspiré ce projet ? — L'amour de mon pays. — Ne l'avez-vous concerté avec personne ? — Je l'ai trouvé dans ma conscience. — Ne saviez-vous pas à quels dangers vous vous exposiez ? — Je le savais ; mais je serais heureux de mourir pour mon pays. — Vous avez des principes religieux ; croyez-vous que Dieu autorise l'assassinat ? — J'espère que Dieu me pardonnera en faveur de mes motifs. — Est-ce que, dans les écoles que vous avez suivies, on enseigne cette doctrine ? — Un grand nombre de ceux qui les ont suivies avec moi sont animés de ces sentiments et disposés à dévouer leur vie au salut de la patrie. — Que feriez-vous si je vous mettais en liberté ? — Je vous tuerais." »

« La terrible naïveté de ces réponses, la froide et inébranlable résolution qu'elles annonçaient, et ce fanatisme, si fort au-dessus de toutes les craintes humaines, firent sur Napoléon une impression que je jugeai d'autant plus profonde qu'il montrait plus de sang-froid. Il fit retirer tout le monde, et je restai seul avec lui. Après quelques mots sur un fanatisme aussi aveugle et aussi réfléchi, il me dit : "Il faut faire la paix." » Ce récit du duc de Cadore méritait d'être cité en entier.

Les nations commençaient leur levée ; elles annonçaient à Bonaparte des ennemis plus puissants que les rois ; la résolution d'un seul homme du peuple sauvait alors l'Autriche. Cependant la fortune de Napoléon ne voulait pas encore tourner la tête. Le 14 août 1809, dans le palais même de l'empereur d'Autriche, il fait la paix ; cette fois la fille des Césars est la palme remportée ; mais Joséphine avait été sacrée[2], et Marie-Louise ne le fut pas : avec sa première

---

1. Il fut fusillé quelques jours plus tard. — 2. Impératrice.

femme, la vertu de l'onction divine sembla se retirer du triomphateur. J'aurais pu voir dans Notre-Dame de Paris la même cérémonie que j'ai vue dans la cathédrale de Reims[1] ; à l'exception de Napoléon, les mêmes hommes y figuraient.

Un des acteurs secrets qui eut le plus de part dans la conduite intérieure de cette affaire fut mon ami Alexandre de Laborde, blessé dans les rangs des émigrés, et honoré de la croix de Marie-Thérèse pour ses blessures.

Le 11 mars, le prince de Neuchâtel[2] épousa à Vienne, par procuration, l'archiduchesse Marie-Louise. Celle-ci partit pour la France, accompagnée de la princesse Murat : Marie-Louise était parée sur la route des emblèmes de la souveraine. Elle arriva à Strasbourg le 22 mars, et le 28 au château de Compiègne, où Bonaparte l'attendait. Le mariage civil eut lieu à Saint-Cloud le 1$^{er}$ avril ; le 2, le cardinal Fesch donna dans le Louvre la bénédiction nuptiale aux deux époux. Bonaparte apprit à cette seconde femme à lui devenir infidèle, ainsi que l'avait été la première, en trompant lui-même son propre lit par son intimité avec Marie-Louise avant la célébration du mariage religieux : mépris de la majesté des mœurs royales et des lois saintes qui n'était pas d'un heureux augure.

Tout paraît achevé ; Bonaparte a obtenu la seule chose qui lui manquait : comme Philippe-Auguste s'alliant à Isabelle de Hainaut[3], il confond la dernière race avec la *race des grands rois* ; le passé se réunit à l'avenir. En arrière comme en avant, il est désormais le maître des siècles s'il se veut enfin fixer au sommet ; mais il a la puissance d'arrêter le monde et n'a pas celle de s'arrêter : il ira jusqu'à ce qu'il ait conquis la dernière couronne qui donne du prix à toutes les autres, la couronne du malheur.

L'archiduchesse Marie-Louise, le 20 mars 1811, accouche d'un fils : sanction supposée des félicités précédentes. De ce fils, éclos, comme les oiseaux du pôle, au soleil de minuit, il ne restera qu'une valse triste, composée par lui-même à Schœnbrünn, et jouée sur des orgues, dans les rues de Paris, autour du palais de son père.

---

**1.** Pour le sacre de Charles X en 1825. — **2.** Le maréchal Berthier. — **3.** Dernière descendante des Carlovingiens.

## 11

Projets et préparatifs de la guerre de Russie.
Embarras de Napoléon.

Bonaparte ne voyait plus d'ennemis ; ne sachant où prendre des empires, faute de mieux il avait pris le royaume de Hollande à son frère. Mais une inimitié secrète, qui remontait à l'époque de la mort du duc d'Enghien, était restée au fond du cœur de Napoléon contre Alexandre. Une rivalité de puissance l'animait ; il savait ce que la Russie pouvait faire et à quel prix il avait acheté les victoires de Friedland et d'Eylau. Les entrevues de Tilsit et d'Erfurt, des suspensions d'armes forcées, une paix que le caractère de Bonaparte ne pouvait supporter, des déclarations d'amitié, des serrements de main, des embrassades, des projets fantastiques de conquêtes communes, tout cela n'était que des ajournements de haine. Il restait sur le continent un pays et des capitales où Napoléon n'était point entré, un empire debout en face de l'empire français : les deux colosses se devaient mesurer. À force d'étendre la France, Bonaparte avait rencontré les Russes, comme Trajan, en passant le Danube, avait rencontré les Goths.

Un calme naturel, soutenu d'une piété sincère depuis qu'il était revenu à la religion, inclinait Alexandre à la paix : il ne l'aurait jamais rompue si l'on n'était venu le chercher. Toute l'année 1811 se passa en préparatifs. La Russie invitait l'Autriche domptée et la Prusse pantelante à se réunir à elle dans le cas où elle serait attaquée ; l'Angleterre arrivait avec sa bourse. L'exemple des Espagnols avait soulevé les sympathies des peuples ; déjà commençait à se former le lien de la vertu (Tugendbund[1]) qui enserrait peu à peu la jeune Allemagne.

Bonaparte négociait ; il faisait des promesses : il laissait espérer au roi de Prusse la possession des provinces russes allemandes ; le roi de Saxe et l'Autriche se flattaient d'obtenir des agrandissements dans ce qui restait encore de la Pologne ;

---

**1.** Société secrète d'étudiants patriotes.

des princes de la Confédération du Rhin rêvaient des changements de territoire à leur convenance ; il n'y avait pas jusqu'à la France que Napoléon ne méditât d'élargir, quoiqu'elle débordât déjà sur l'Europe ; il prétendait l'augmenter nominativement de l'Espagne. Le général Sebastiani lui dit : « Et votre frère ? » Napoléon répliqua : « Qu'importe mon frère ! est-ce qu'on donne un royaume comme l'Espagne ? » Le maître disposait par un mot du royaume qui avait coûté tant de malheurs et de sacrifices à Louis XIV ; mais il ne l'a pas gardé si longtemps. Quant aux peuples, jamais homme n'en a moins tenu compte et ne les a plus méprisés que Bonaparte : il en jetait des lambeaux à la meute de rois qu'il conduisait à la chasse, le fouet à la main : « Attila, dit Jornandès [1], menait avec lui une foule de princes tributaires qui attendaient avec crainte et tremblement un signe du maître des monarques pour exécuter ce qui leur serait ordonné. »

Avant de marcher en Russie avec ses alliées l'Autriche et la Prusse, avec la Confédération du Rhin composée de rois et de princes, Napoléon avait voulu assurer ses deux flancs qui touchaient aux deux bords de l'Europe : il négociait deux traités, l'un au midi avec Constantinople, l'autre au nord avec Stockholm. Ces traités manquèrent.

Napoléon, à l'époque de son consulat, avait renoué des intelligences avec la Porte : Sélim et Bonaparte avaient échangé leurs portraits ; ils entretenaient une correspondance mystérieuse. Napoléon écrivait à son compère, en date d'Ostende [2], 3 avril 1807 : « Tu t'es montré le digne descendant des Sélim et des Soliman. Confie-moi tous tes besoins : je suis assez puissant et assez intéressé à tes succès, tant par amitié que par politique, pour n'avoir rien à te refuser. » Charmante effusion de tendresse entre deux sultans causant bec à bec, comme aurait dit Saint-Simon.

Sélim renversé, Napoléon revient au système russe et songe à partager la Turquie avec Alexandre ; puis, bouleversé encore par un nouveau cataclysme d'idées, il se détermine à l'invasion de l'empire moscovite. Mais ce n'est que le 21 mars

---

1. Historien goth du VIe siècle. — 2. Erreur de l'édition originale. Il faut lire « Osterode », ville du Hanovre.

1812 qu'il demande à Mahmoud son alliance, requérant soudain de lui cent mille Turcs au bord du Danube. Pour cette armée, il offre à la Porte la Valachie et la Moldavie. Les Russes l'avaient devancé ; leur traité était au moment de se conclure, et il fut signé le 28 mai 1812.

Au nord, les événements trompèrent également Bonaparte. Les Suédois auraient pu envahir la Finlande, comme les Turcs menacer la Crimée : par cette combinaison la Russie, ayant deux guerres sur les bras, eût été dans l'impossibilité de réunir ses forces contre la France ; ce serait de la politique sur une vaste échelle, si le monde n'était aujourd'hui rapetissé au moral comme au physique par la communication des idées et des chemins de fer. Stockholm, se renfermant dans une politique nationale, s'arrangea avec Pétersbourg.

Après avoir perdu en 1807 la Poméranie envahie par les Français, et en 1808 la Finlande envahie par la Russie, Gustave IV avait été déposé. Gustave, loyal et fou, a augmenté le nombre des rois errants sur la terre, et moi, je lui ai donné une lettre de recommandation pour les Pères de Terre sainte ; c'est au tombeau de Jésus-Christ qu'il se faut consoler. L'oncle de Gustave fut mis en place de son neveu détrôné[1]. Bernadotte, ayant commandé le corps d'armée français en Poméranie, s'était attiré l'estime des Suédois ; ils jetèrent les yeux sur lui ; Bernadotte fut choisi pour combler le vide que laissait le prince de Holstein-Augustenbourg, prince héréditaire de Suède, nouvellement élu et mort. Napoléon vit avec déplaisir l'élection de son ancien compagnon.

L'inimitié de Bonaparte et de Bernadotte remontait haut : Bernadotte s'était opposé au 18 brumaire ; ensuite il contribua, par des conversations animées et par l'ascendant qu'il exerçait sur les esprits, à ces brouillements qui amenèrent Moreau devant une cour de justice. Bonaparte se vengea à sa façon, en cherchant à ravaler un caractère. Après le jugement de Moreau il fit présent à Bernadotte d'une maison, rue d'Anjou, dépouille du général condamné ; par une faiblesse alors trop commune, le beau-frère de Joseph Bonaparte n'osa refuser cette munificence peu honorable. Grosbois[2] fut donné

---

1. Sous le nom de Charles XIII. — 2. Dans l'arrondissement de Corbeil.

à Berthier. La fortune ayant mis le sceptre de Charles XII aux mains d'un compatriote de Henri IV, Charles-Jean se refusa à l'ambition de Napoléon ; il pensa qu'il lui était plus sûr d'avoir pour allié Alexandre, son voisin, que Napoléon, ennemi éloigné ; il se déclara neutre, conseilla la paix et se proposa pour médiateur entre la Russie et la France.

Bonaparte entre en fureur ; il s'écrie : « Lui, le misérable, il me donne des conseils ! il veut me faire la loi ! un homme qui tient tout de ma bonté ! quelle ingratitude ! Je saurai bien le forcer de suivre mon impulsion souveraine ! » À la suite de ces violences, Bernadotte signa le 24 mars 1812 le traité de Saint-Pétersbourg[1].

Ne demandez pas de quel droit Bonaparte traitait Bernadotte de *misérable*, oubliant qu'il ne sortait, lui Bonaparte, ni d'une source plus élevée, ni d'une autre origine : la Révolution et les armes. Ce langage insultant n'annonçait ni la hauteur héréditaire du rang, ni la grandeur de l'âme. Bernadotte n'était point ingrat, il ne devait rien à la bonté de Bonaparte.

L'Empereur s'était transformé en un monarque de vieille race qui s'attribue tout, qui ne parle que de lui, qui croit récompenser ou punir en disant qu'il est satisfait ou mécontent. Beaucoup de siècles passés sous la couronne, une longue suite de tombeaux à Saint-Denis, n'excuseraient pas même ces arrogances.

La fortune ramena des États-Unis et du nord de l'Europe deux généraux français sur le même champ de bataille, pour faire la guerre à un homme contre lequel ils s'étaient d'abord réunis et qui les avait séparés. Soldat ou roi, nul ne songeait alors qu'il y eût crime à vouloir renverser l'oppresseur des libertés. Bernadotte triompha, Moreau succomba. Les hommes disparus jeunes sont de vigoureux voyageurs ; ils font vite une route que des hommes plus débiles achèvent à pas lents.

---

1. Il s'alliait aux ennemis de Napoléon.

## 12

L'Empereur entreprend l'expédition de Russie.
Objections. – Faute de Napoléon.

Ce ne fut pas faute d'avertissements que Bonaparte s'obstina à la guerre de Russie : le duc de Frioul[1], le comte de Ségur, le duc de Vicence[2], consultés, opposèrent à cette entreprise une foule d'objections : « Il ne faut pas, disait courageusement le dernier *(Histoire de la grande armée)*, en s'emparant du continent et même des États de la famille de son allié, accuser cet allié de manquer au système continental. Quand les armées françaises couvraient l'Europe, comment reprocher aux Russes leur armée ? Fallait-il donc se jeter par delà tous ces peuples de l'Allemagne, dont les plaies faites par nous n'étaient point encore cicatrisées ? Les Français ne se reconnaissaient déjà plus au milieu d'une patrie qu'aucune frontière naturelle ne limitait. Qui donc défendra la véritable France abandonnée ? — Ma renommée, répliqua l'Empereur. » Médée avait fourni cette réponse[3] : Napoléon faisait descendre à lui la tragédie.

Il annonçait le dessein d'organiser l'Empire en cohortes de ban et d'arrière-ban : sa mémoire était une confusion de temps et de souvenirs. À l'objection des divers partis existants encore dans l'Empire, il répondait : « Les royalistes redoutent plus ma perte qu'ils ne la désirent. Ce que j'ai fait de plus utile et de plus difficile a été d'arrêter le torrent révolutionnaire : il aurait tout englouti. Vous craignez la guerre pour mes jours ? Me tuer, moi, c'est impossible : ai-je donc accompli les volontés du Destin ? Je me sens poussé vers un but que je ne connais pas. Quand je l'aurai atteint, un atome suffira pour m'abattre. » C'était encore une copie : les Vandales en Afrique, Alaric en Italie, disaient ne céder qu'à une impulsion surnaturelle : *divino jussu perurgeri*.

L'absurde et honteuse querelle avec le pape augmentant les

---

**1.** Duroc. — **2.** Caulaincourt. — **3.** Allusion au fameux « Moi » que Corneille prête à Médée.

dangers de la position de Bonaparte, le cardinal Fesch le conjurait de ne pas s'attirer à la fois l'inimitié du ciel et de la terre : Napoléon prit son oncle par la main, le mena à une fenêtre (c'était la nuit) et lui dit : « Voyez-vous cette étoile ? — Non, sire. — Regardez bien. — Sire, je ne la vois pas. — Eh bien, moi, je la vois. »

« Vous aussi, disait Bonaparte à M. de Caulaincourt, vous êtes devenu Russe. »

« Souvent, assure M. de Ségur, on le voyait (Napoléon) à demi renversé sur un sofa, plongé dans une méditation profonde ; puis il en sort tout à coup comme en sursaut, convulsivement et par des exclamations ; il croit s'entendre nommer et s'écrie : "Qui m'appelle ?" Alors il se lève, marche avec agitation. » Quand le Balafré[1] touchait à sa catastrophe, il monta sur la terrasse du château de Blois, appelée *le Perche aux Bretons* : sous un ciel d'automne, une campagne déserte s'étendant au loin, on le vit se promener à grands pas avec des mouvements furieux[2]. Bonaparte, dans ses hésitations salutaires, dit : « Rien n'est assez établi autour de moi pour une guerre aussi lointaine ; il faut la retarder de trois ans. » Il offrait de déclarer au czar qu'il ne contribuerait ni directement, ni indirectement, au rétablissement d'un royaume de Pologne : l'ancienne et la nouvelle France ont également abandonné ce fidèle et malheureux pays.

Cet abandon, entre toutes les fautes politiques commises par Bonaparte, est une des plus graves. Il a déclaré, depuis cette faute, que s'il n'avait pas procédé à un rétablissement hautement indiqué, c'est qu'il avait craint de déplaire à son beau-père. Bonaparte était bien homme à être retenu par des considérations de famille ! L'excuse est si faible qu'elle ne le mène, en la donnant, qu'à maudire son mariage avec Marie-Louise. Loin d'avoir senti ce mariage de la même manière, l'empereur de Russie s'était écrié : « Me voilà renvoyé au fond de mes forêts. » Bonaparte fut tout simplement aveuglé par l'antipathie qu'il avait pour la liberté des peuples.

Le prince Poniatowski, lors de la première invasion de l'armée française, avait organisé des troupes polonaises ; des

---

1. Le duc de Guise. — 2. Il allait être assassiné par ordre d'Henri III.

corps politiques s'étaient assemblés ; la France maintint deux ambassadeurs successifs à Varsovie, l'archevêque de Malines [1] et M. Bignon. Français du nord, les Polonais, braves et légers comme nous, parlaient notre langue ; ils nous aimaient comme des frères ; ils se faisaient tuer pour nous avec une fidélité où respirait leur aversion de la Russie. La France les avait jadis perdus ; il lui appartenait de leur rendre la vie : ne devait-on rien à ce peuple sauveur de la chrétienté ? Je l'ai dit à Alexandre à Vérone : « Si Votre Majesté ne rétablit pas la Pologne, elle sera obligée de l'exterminer. » Prétendre ce royaume condamné à l'oppression par sa position géographique, c'est trop accorder aux collines et aux rivières : vingt peuples entourés de leur seul courage ont gardé leur indépendance, et l'Italie, remparée des Alpes, est tombée sous le joug de quiconque les a voulu franchir. Il serait plus juste de reconnaître une autre fatalité, savoir : que les peuples belliqueux, habitants des plaines, sont condamnés à la conquête : des plaines sont accourus les divers envahisseurs de l'Europe.

Loin de favoriser la Pologne, on voulut que ses soldats prissent la cocarde nationale ; pauvre qu'elle était, on la chargeait d'entretenir une armée française de quatre-vingt mille hommes ; le grand-duché de Varsovie était promis au roi de Saxe. Si la Pologne eût été reformée en royaume, la race slave depuis la Baltique jusqu'à la mer Noire reprenait son indépendance. Même dans l'abandon où Napoléon laissait les Polonais, tout en se servant d'eux, ils demandaient qu'on les jetât en avant ; ils se vantaient de pouvoir seuls entrer sans nous à Moscou : proposition inopportune ! Le poète armé, Bonaparte avait reparu ; il voulait monter au Kremlin pour y chanter et pour signer un décret sur les théâtres.

Quoi qu'on publie aujourd'hui à la louange de Bonaparte, ce grand démocrate, sa haine des gouvernements constitutionnels était invincible ; elle ne l'abandonna point alors même qu'il était entré dans les déserts menaçants de la Russie. Le sénateur Wibicki lui apporta jusqu'à Wilna les résolutions de la Diète de Varsovie : « C'est à vous, disait-il dans son exagération sacrilège, c'est à vous qui dictez au

---

1. Il eut Bignon pour successeur à Varsovie.

siècle son histoire, et en qui la force de la Providence réside, c'est à vous d'appuyer des efforts que vous devez approuver. » Il venait, lui, Wibicki, demander à Napoléon le Grand de prononcer ces seules paroles : « Que le royaume de Pologne existe », et le royaume de Pologne existera. « Les Polonais se dévoueront aux ordres du chef devant qui les siècles ne sont qu'un moment, et l'espace qu'un point. »

Napoléon répondit :

« Gentilshommes, députés de la confédération de Pologne, j'ai entendu avec intérêt ce que vous venez de me dire. Polonais, *je penserais* et *agirais* comme vous ; j'aurais voté comme vous dans l'assemblée de Varsovie. L'amour de son pays est le premier devoir de l'homme civilisé.

« *Dans ma situation, j'ai beaucoup d'intérêts à concilier et beaucoup de devoirs à remplir*. Si j'avais régné pendant le premier, le second, ou le troisième partage de la Pologne, j'aurais armé *mes peuples* pour la défendre.

« J'aime votre nation ! Pendant seize ans j'ai vu vos soldats à mes côtés, dans les champs d'Italie et dans ceux de l'Espagne. J'applaudis à ce que vous avez fait ; j'autorise les efforts que vous voulez faire : je ferai tout ce qui dépendra de moi pour seconder vos résolutions.

« Je vous ai tenu le même langage dès ma première entrée en Pologne. Je dois y ajouter *que j'ai garanti à l'empereur d'Autriche l'intégrité de ses domaines, et que je ne puis sanctionner aucune manœuvre, ou aucun mouvement, qui tende à troubler la paisible possession de ce qui lui reste des provinces de la Pologne*.

« Je récompenserai ce dévouement de vos contrées, qui vous rend si intéressants et vous acquiert tant de titres à mon estime et à ma protection, par tout ce qui *pourra dépendre de moi dans les circonstances*. »

Ainsi crucifiée pour le rachat des nations, la Pologne a été abandonnée ; on a lâchement insulté sa passion ; on lui a présenté l'éponge pleine de vinaigre, lorsque sur la croix de la liberté elle a dit : « J'ai soif, *sitio*[1]. » « Quand la liberté, s'écrie Mickiewicz, s'assiéra sur le trône du monde, elle jugera les

---

1. Comme le Christ sur la Croix.

nations. Elle dira à la France : Je t'ai appelée, tu ne m'as pas écoutée : va donc à l'esclavage. »

« Tant de sacrifices, tant de travaux, dit l'abbé de Lamennais, doivent-ils être stériles ? Les sacrés martyrs n'auraient-ils semé dans les champs de la patrie qu'un esclavage éternel ? Qu'entendez-vous dans ces forêts ? Le murmure triste des vents. Que voyez-vous passer sur ces plaines ? L'oiseau voyageur qui cherche un lieu pour se reposer. »

13

Réunion à Dresde. – Bonaparte passe en revue son armée et arrive au bord du Niémen.

Le 9 mai 1812, Napoléon partit pour l'armée et se rendit à Dresde. C'est à Dresde qu'il rassembla les ressorts épars de la confédération du Rhin, et que, pour la première et la dernière fois, il mit en mouvement cette machine qu'il avait fabriquée.

Parmi les chefs-d'œuvre exilés qui regrettent le soleil de l'Italie [1], a lieu une réunion de l'empereur Napoléon et de l'impératrice Marie-Louise, de l'empereur et de l'impératrice d'Autriche, d'une cohue de souverains grands et petits. Ces souverains aspirent à former de leurs diverses cours les cercles subordonnés de la cour première : ils se disputent le vasselage ; l'un veut être l'échanson du sous-lieutenant de Brienne, l'autre son pannetier. L'histoire de Charlemagne est mise à contribution par l'érudition des chancelleries allemandes ; plus on était élevé, plus on était rampant : « Une dame de Montmorency, dit Bonaparte dans Las Cases, se serait précipitée pour renouer les souliers de l'impératrice. »

Lorsque Bonaparte traversait le palais de Dresde pour se rendre à un gala préparé, il marchait le premier et en avant, le chapeau sur la tête ; François II suivait, chapeau bas, accompagnant sa fille, l'impératrice Marie-Louise ; la tourbe

---

[1]. Les tableaux pris en Italie par Bonaparte avaient été pour la plupart rassemblés au musée de Dresde.

des princes venait pêle-mêle derrière, dans un respectueux silence. L'impératrice d'Autriche manquait au cortège ; elle se disait souffrante, ne sortait de ses appartements qu'en chaise à porteurs, pour éviter de donner le bras à Napoléon, qu'elle détestait. Ce qui restait de sentiments nobles s'était retiré au cœur des femmes.

Un seul roi, le roi de Prusse, fut d'abord tenu à l'écart : « Que me veut ce prince ? s'écriait Bonaparte avec impatience. N'est-ce pas assez de l'importunité de ses lettres ? Pourquoi veut-il me persécuter encore de sa présence ? Je n'ai pas besoin de lui. » Dures paroles contre le malheur, prononcées la veille du malheur.

Le grand crime de Frédéric-Guillaume auprès du *républicain* Bonaparte était d'*avoir abandonné la cause des rois*. Les négociations de la cour de Berlin avec le Directoire *décelaient en ce prince,* disait Bonaparte, *une politique timide, intéressée, sans noblesse, qui sacrifiait sa dignité et la cause générale des trônes à de petits agrandissements*. Quand il regardait sur une carte la nouvelle Prusse, il s'écriait : « Se peut-il que j'aie laissé à cet homme tant de pays ! » Des trois commissaires des alliés qui le conduisirent à Fréjus, le commissaire prussien fut le seul que Bonaparte reçut mal et avec lequel il ne voulut avoir aucun rapport. On a cherché la cause secrète de cette aversion de l'Empereur pour Guillaume ; on l'a cru trouver dans telle et telle circonstance particulière : en parlant de la mort du duc d'Enghien, je pense avoir touché de plus près la vérité.

Bonaparte attendit à Dresde les progrès des colonnes de ses armées : Marlborough, dans cette même ville, allant saluer Charles XII, aperçut sur une carte un tracé aboutissant à Moscou ; il devina que le monarque prendrait cette route, et ne se mêlerait pas de la guerre de l'Occident. En n'avouant pas tout haut son projet d'invasion, Bonaparte ne pouvait néanmoins le cacher ; avec les diplomates il mettait en avant trois griefs : l'ukase du 31 décembre 1810, prohibant certaines importations en Russie, et détruisant, par cette prohibition, le *système continental* ; la protestation d'Alexandre contre la réunion du duché d'Oldenbourg ; les armements de la Russie. Si l'on n'était accoutumé à l'abus des mots, on s'étonnerait de voir donner pour cause légitime de guerre les règlements de douanes d'un État indépendant et la violation d'un système que cet État n'a pas adopté. Quant à la réunion du duché d'Oldenbourg et aux armements de la Russie, vous venez de voir que le duc de Vicence avait osé montrer à Napoléon l'outrecuidance de ces reproches. La justice est si sacrée, elle semble si nécessaire au succès des affaires, que ceux-là même qui la foulent aux pieds prétendent n'agir que d'après ses principes. Cependant le général Lauriston fut envoyé à Saint-Pétersbourg et le comte de Narbonne au quartier général d'Alexandre : messagers de paroles suspectes de paix et de bon vouloir. L'abbé de Pradt avait été dépêché à la Diète polonaise ; il en revint surnommant son maître *Jupiter-Scapin*. Le comte de Narbonne rapporta qu'Alexandre, sans abattement et sans jactance, préférait la guerre à une paix honteuse. Le czar professait toujours pour Napoléon un enthousiasme naïf ; mais il disait que la cause des Russes était juste, et que son ambitieux ami avait tort. Cette vérité, exprimée dans les bulletins moscovites, prit l'empreinte du génie national : Bonaparte devint l'*Antéchrist*.

Napoléon quitte Dresde le 22 mai 1812, passe à Posen et à Thorn ; il y vit piller les Polonais par ses autres alliés. Il descend la Vistule, s'arrête à Dantzick, Kœnigsberg et Gumbinnen.

Chemin faisant, il passe en revue ses différentes troupes : aux vieux soldats il parle des Pyramides, de Marengo, d'Austerlitz, d'Iéna, de Friedland ; avec les jeunes gens il s'occupe de leurs besoins, de leurs équipements, de leur solde, de leurs capitaines : il jouait dans ce moment à la bonté.

# III

1. Invasion de la Russie. – Wilna ; le sénateur polonais Wibicki ; le parlementaire russe Balascheff. – Smolensk. – Murat. – Le fils de Platoff. — 2. Retraite des Russes. – Le Borysthène. – Obsession de Bonaparte. – Kutuzoff succède à Barclay dans le commandement de l'armée russe. – Bataille de la Moskowa ou de Borodino. – Bulletin. – Aspect du champ de bataille. — 3. Extrait du dix-huitième bulletin de la grande armée. — 4. Marche en avant des Français. - Rostopschine. – Bonaparte au Mont-du-Salut. – Vue de Moscou. – Entrée de Napoléon au Kremlin. – Incendie de Moscou. – Bonaparte gagne avec peine Petrowski. – Écriteau de Rostopschine. – Séjour sur les ruines de Moscou. – Occupations de Bonaparte. — 5. Retraite. — 6. Smolensk. – Suite de la retraite. — 7. Passage de la Bérésina. — 8. Jugement sur la campagne de Russie. – Dernier bulletin de la grande armée. – Retour de Bonaparte à Paris. - Harangue du Sénat.

## 1

INVASION DE LA RUSSIE.
WILNA ; LE SÉNATEUR POLONAIS WIBICKI ;
LE PARLEMENTAIRE RUSSE BALASCHEFF. – SMOLENSK.
MURAT. – LE FILS DE PLATOFF.

Lorsque Bonaparte franchit le Niémen, quatre-vingt-cinq millions cinq cent mille âmes reconnaissaient sa domination ou celle de sa famille ; la moitié de la population de la chrétienté lui obéissait ; ses ordres étaient exécutés dans un espace qui comprenait dix-neuf degrés de latitude et trente degrés de longitude. Jamais expédition plus gigantesque ne s'était vue, ne se reverra.

Le 22 juin, à son quartier général de Wilkowiski, Napoléon proclame la guerre : « Soldats, la seconde guerre de la Pologne est commencée ; la première s'est terminée à Tilsit ;

la Russie est entraînée par la fatalité : ses *destins* doivent s'accomplir. »

Moscou répond à cette voix jeune encore par la bouche de son métropolitain, âgé de cent dix ans : « La ville de Moscou reçoit Alexandre, son Christ, comme une mère dans les bras de ses fils zélés, et chante Hosanna ! Béni soit celui qui arrive ! » Bonaparte s'adressait au Destin, Alexandre à la Providence.

Le 23 juin 1812, Bonaparte reconnut de nuit le Niémen ; il ordonna d'y jeter trois ponts. À la chute du jour suivant, quelques sapeurs passent le fleuve dans un bateau ; ils ne trouvent personne sur l'autre rive. Un officier de Cosaques, commandant une patrouille, vient à eux et leur demande qui ils sont. « — Français. — Pourquoi venez-vous en Russie ? — Pour vous faire la guerre. » Le Cosaque disparaît dans les bois ; trois sapeurs tirent sur la forêt ; on ne leur répond point : silence universel.

Bonaparte était demeuré toute une journée étendu sans force et pourtant sans repos : il sentait quelque chose se retirer de lui. Les colonnes de nos armées s'avancèrent à travers la forêt de Pilwisky, à la faveur de l'obscurité, comme les Huns conduits par une biche dans les Palus-Méotides[1]. On ne voyait pas le Niémen ; pour le reconnaître, il en fallut toucher les bords.

Au milieu du jour, au lieu des bataillons moscovites, ou des populations lithuaniennes, s'avançant au-devant de leurs libérateurs, on ne vit que des sables nus et des forêts désertes : « À trois cents pas du fleuve, sur la hauteur la plus élevée, on apercevait la tente de l'Empereur. Autour d'elle toutes les collines, leurs pentes, les vallées, étaient couvertes d'hommes et de chevaux. » (Ségur.)

L'ensemble des forces obéissant à Napoléon se montait à six cent quatre-vingt mille trois cents fantassins, à cent soixante-seize mille huit cent cinquante chevaux. Dans la guerre de la succession, Louis XIV avait sous les armes six cent mille hommes, tous Français. L'infanterie active, sous les ordres immédiats de Bonaparte, était répartie en dix corps.

---

[1]. Marais qui avoisinent la mer d'Azov.

Ces corps se composaient de vingt mille Italiens, de quatre-vingt mille hommes de la Confédération du Rhin, de trente mille Polonais, de trente mille Autrichiens, de vingt mille Prussiens et de deux cent soixante-dix mille Français.

L'armée franchit le Niémen ; Bonaparte passe lui-même le pont fatal et pose le pied sur la terre russe. Il s'arrête et voit défiler ses soldats, puis il échappe à la vue, et galope au hasard dans une forêt, comme appelé au conseil des esprits sur la bruyère. Il revient ; il écoute ; l'armée écoutait : on se figure entendre gronder le canon lointain ; on était plein de joie : ce n'était qu'un orage ; les combats reculaient. Bonaparte s'abrita dans un couvent abandonné : double asile de paix.

On a raconté que le cheval de Napoléon s'abattit et qu'on entendit murmurer : « C'est un mauvais présage ; un Romain reculerait. » Vieille histoire de Scipion, de Guillaume le Bâtard, d'Édouard III, et de Malesherbes partant pour le tribunal révolutionnaire.

Trois jours furent employés au passage des troupes ; elles prenaient rang et s'avançaient. Napoléon s'empressait sur la route ; le temps lui criait : « Marche ! marche ! » comme parle Bossuet[1].

À Wilna, Bonaparte reçut le sénateur Wibicki, de la Diète de Varsovie : un parlementaire russe, Balascheff, se présente à son tour ; il déclare qu'on pouvait encore traiter, qu'Alexandre n'était point l'agresseur, que les Français se trouvaient en Russie sans aucune déclaration de guerre. Napoléon répond qu'Alexandre n'est qu'un général à la parade, qu'Alexandre n'a que trois généraux : Kutuzoff, dont lui, Bonaparte, ne se soucie pas parce qu'il est Russe ; Beningsen, déjà trop vieux il y a six ans et maintenant en enfance ; Barclay, général de retraite. Le duc de Vicence, s'étant cru insulté par Bonaparte dans la conversation, l'interrompit d'une voix irritée : « Je suis bon Français ; je l'ai prouvé : je le prouverai encore, en répétant que cette guerre est impolitique, dangereuse, qu'elle perdra l'armée, la France et l'Empereur. »

---

**1.** Dans son « esquisse d'un sermon pour le jour de Pâques » (22 avril 1685) : « Je voudrais retourner sur mes pas. Marche, marche !... On voudrait s'arrêter. Marche, marche !... »

Bonaparte avait dit à l'envoyé russe : « Croyez-vous que je me soucie de vos jacobins de Polonais ? » Madame de Staël rapporte ce dernier propos [1] ; ses hautes liaisons la tenaient bien informée : elle affirme qu'il existait une lettre écrite à M. de Romanzoff [2] par un ministre de Bonaparte, lequel proposait de rayer des actes européens le nom de Pologne et de Polonais : preuve surabondante du dégoût de Napoléon pour ses braves suppliants.

Bonaparte s'enquit devant Balascheff du nombre des églises de Moscou ; sur la réponse, il s'écrie : « Comment, tant d'églises à une époque où l'on n'est plus chrétien ? — Pardon, sire, reprit le Moscovite, les Russes et les Espagnols le sont encore. »

Balascheff renvoyé avec des propositions inadmissibles, la dernière lueur de paix s'évanouit. Les bulletins disaient : « Le voilà donc cet empire de Russie, de loin si redoutable ! c'est un désert. Il faut plus de temps à Alexandre pour rassembler ses recrues qu'à Napoléon pour arriver à Moscou. »

Bonaparte, parvenu à Witepsk, eut un moment l'idée de s'y arrêter. Rentrant à son quartier général, après avoir vu Barclay se retirer encore, il jeta son épée sur des cartes et s'écria : « Je m'arrête ici ! ma campagne de 1812 est finie : celle de 1813 fera le reste. » Heureux s'il eût tenu à cette résolution que tous ses généraux lui conseillaient ! Il s'était flatté de recevoir de nouvelles propositions de paix : ne voyant rien venir, il s'ennuya ; il n'était qu'à vingt journées de Moscou. « Moscou, la ville sainte ! » répétait-il. Son regard devenait étincelant, son air farouche : l'ordre de partir est donné. On lui fait des observations ; il les dédaigne ; Daru, interrogé, lui répond : « qu'il ne conçoit ni le but ni la nécessité d'une pareille guerre ». L'Empereur réplique : « Me prend-on pour un insensé ? Pense-t-on que je fais la guerre par goût ? » Ne lui avait-on pas entendu dire à lui, empereur, « que la guerre d'Espagne et celle de Russie étaient deux chancres qui rongeaient la France » ? Mais pour faire la paix il fallait être deux, et l'on ne recevait pas une seule lettre d'Alexandre.

---

1. Dans ses *Dix années d'exil*. — 2. Ministre d'Alexandre Ier.

Et ces *chancres*, de qui venaient-ils ? Ces inconséquences passent inaperçues et se changent même au besoin en preuves de la candide sincérité de Napoléon.

Bonaparte se croirait dégradé s'il s'arrêtait dans une faute qu'il reconnaît. Ses soldats se plaignent de ne plus le voir qu'aux moments des combats, toujours pour les faire mourir, jamais pour les faire vivre : il est sourd à ces plaintes. La nouvelle de la paix entre les Russes et les Turcs le frappe et ne le retient pas : il se précipite à Smolensk. Les proclamations des Russes disaient : « Il vient (Napoléon), la trahison dans le cœur et la loyauté sur les lèvres, il vient nous enchaîner avec ses légions d'esclaves. Portons la croix dans nos cœurs et le fer dans nos mains ; arrachons les dents à ce lion ; renversons le tyran qui renverse la terre. »

Sur les hauteurs de Smolensk Napoléon retrouve l'armée russe, composée de cent vingt mille hommes : « Je les tiens ! » s'écrie-t-il. Le 17, au point du jour, Belliard[1] poursuit une bande de Cosaques et la jette dans le Dniéper ; le rideau replié, on aperçoit l'armée ennemie sur la route de Moscou ; elle se retirait. Le rêve de Bonaparte lui échappe encore. Murat, qui avait trop contribué à la vaine poursuite, dans son désespoir voulait mourir. Il refusait de quitter une de nos batteries écrasée par le feu de la citadelle de Smolensk non encore évacuée : « Retirez-vous tous ; laissez-moi seul ici ! » s'écriait-il. Une attaque effroyable avait lieu contre cette citadelle : rangée sur des hauteurs qui s'élèvent en amphithéâtre, notre armée contemplait le combat au-dessous : quand elle vit les assaillants s'élancer à travers le feu et la mitraille, elle battit des mains comme elle avait fait à l'aspect des ruines de Thèbes.

Pendant la nuit un incendie attire les regards. Un sous-officier de Davoust escalade les murs, parvient dans la citadelle au milieu de la fumée ; le son de quelques voix lointaines arrive à son oreille : le pistolet à la main, il se dirige de ce côté et, à son grand étonnement, il tombe dans une patrouille d'amis. Les Russes avaient abandonné la ville, et les Polonais de Poniatowski l'avaient occupée.

---

1. Général de cavalerie.

Murat, par son costume extraordinaire, par le caractère de sa vaillance qui ressemblait à la leur, excitait l'enthousiasme des Cosaques. Un jour qu'il faisait sur leurs bandes une charge furieuse, il s'emporte contre elles, les gourmande et leur commande : les Cosaques ne comprennent pas, mais ils devinent, tournent bride et obéissent à l'ordre du général ennemi.

Lorsque nous vîmes à Paris[1] l'hetman Platoff, nous ignorions ses afflictions paternelles : en 1812 il avait un fils beau comme l'Orient ; ce fils montait un superbe cheval blanc de l'Ukraine ; le guerrier de dix-sept ans combattait avec l'intrépidité de l'âge qui fleurit et espère : un hulan polonais le tua. Étendu sur une peau d'ours, les Cosaques vinrent respectueusement baiser sa main. Ils prononcent des prières funèbres, l'enterrent sur une butte couverte de pins ; ensuite, tenant en main leurs chevaux, ils défilent autour de la tombe, la pointe de leur lance renversée contre terre : on croyait voir les funérailles décrites par l'historien des Goths[2], ou les cohortes prétoriennes renversant leurs faisceaux devant les cendres de Germanicus, *versi fasces*[3]. « Le vent fait tomber les flocons de neige que le printemps du nord porte dans ses cheveux. » (Edda de Sœmund[4].)

2

RETRAITE DES RUSSES. – LE BORYSTHÈNE.
OBSESSION DE BONAPARTE. – KUTUZOFF SUCCÈDE À BARCLAY
DANS LE COMMANDEMENT DE L'ARMÉE RUSSE.
BATAILLE DE LA MOSKOWA OU DE BORODINO. – BULLETIN.
ASPECT DU CHAMP DE BATAILLE.

Bonaparte écrivit de Smolensk en France qu'il était maître des salines russes et que son ministre du Trésor pouvait compter sur quatre-vingts millions de plus.

---

**1.** En 1814. — **2.** Jornandès (ou Jordanès), historien goth d'expression latine (VIᵉ siècle). — **3.** Souvenir de Tacite (*Annales*, III, II). — **4.** Recueil de la mythologie scandinave.

La Russie fuyait vers le pôle : les seigneurs, désertant leurs châteaux de bois, s'en allaient avec leurs familles, leurs serfs et leurs troupeaux. Le *Dniéper*, ou l'ancien *Borysthène*, dont les eaux avaient jadis été déclarées saintes par Wladimir[1], était franchi : ce fleuve avait envoyé aux peuples civilisés des invasions de Barbares ; il subissait maintenant les invasions des peuples civilisés. Sauvage déguisé sous un nom grec, il ne se rappelait même plus les premières migrations des Slaves ; il continuait de couler inconnu, parmi ses forêts, portant dans ses barques, au lieu des enfants d'Odin, des châles et des parfums aux femmes de Saint-Pétersbourg et de Varsovie. Son histoire pour le monde ne commence qu'à l'orient des montagnes où sont les *autels d'Alexandre.*

De Smolensk on pouvait également conduire une armée à Saint-Pétersbourg et à Moscou. Smolensk aurait dû avertir le vainqueur de s'arrêter ; il en eut un moment l'envie : « L'Empereur, dit M. Fain, découragé, parla du projet de s'arrêter à Smolensk. » Aux ambulances on commençait déjà à manquer de tout. Le général Gourgaud raconte que le général Lariboisière fut obligé de délivrer l'étoupe de ses canons pour panser les blessés. Mais Bonaparte était entraîné ; il se délectait à contempler aux deux bouts de l'Europe les deux aurores qui éclairaient ses armées dans des plaines brûlantes et sur des plateaux glacés.

Roland, dans son cercle étroit de chevalerie, courait après Angélique[2] ; les conquérants de première race poursuivent une plus haute souveraine[3] : point de repos pour eux qu'ils n'aient pressé dans leurs bras cette divinité couronnée de tours, épouse du Temps, fille du Ciel et mère des Dieux. Possédé de sa propre existence, Bonaparte avait tout réduit à sa personne ; Napoléon s'était emparé de Napoléon ; il n'y avait plus que lui en lui. Jusqu'alors il n'avait exploré que des lieux célèbres ; maintenant il parcourait une voie sans nom, le long de laquelle Pierre avait à peine ébauché les villes futures d'un empire qui ne comptait pas un siècle. Si les exemples

---

**1.** Prince russe du Xe siècle, canonisé par l'Église orthodoxe. — **2.** Souvenir du *Roland furieux* de l'Arioste. — **3.** Cybèle, déesse de la Terre.

instruisaient, Bonaparte aurait pu s'inquiéter au souvenir de Charles XII qui traversa Smolensk en cherchant Moscou. À Kolodrina il y eut une affaire meurtrière : on avait enterré à la hâte les cadavres des Français, de sorte que Napoléon ne put juger de la grandeur de sa perte. À Dorogobouj, rencontre d'un Russe avec une barbe éblouissante de blancheur descendant sur sa poitrine : trop vieux pour suivre sa famille, resté seul à son foyer, il avait vu les prodiges de la fin du règne de Pierre le Grand, et il assistait, dans une silencieuse indignation, à la dévastation de son pays.

Une suite de batailles présentées et refusées amenèrent les Français sur le champ de la Moskowa. À chaque bivouac, l'Empereur allait discutant avec ses généraux, écoutant leurs contentions, tandis qu'il était assis sur des branches de sapin ou se jouait avec quelque boulet russe qu'il poussait du pied.

Barclay[1], pasteur de Livonie, et puis général, était l'auteur de ce système de retraite qui laissait à l'automne le temps de le rejoindre : une intrigue de cour le renversa. Le vieux Kutuzoff, battu à Austerlitz parce qu'on n'avait pas suivi son opinion, laquelle était de refuser le combat jusqu'à l'arrivée du prince Charles, remplaça Barclay. Les Russes voyaient dans Kutuzoff un général de leur nation, l'élève de Suwaroff, le vainqueur du grand vizir en 1811, et l'auteur de la paix avec la Porte, alors si nécessaire à la Russie. Sur ces entrefaites, un officier moscovite se présente aux avant-postes de Davoust ; il n'était chargé que de propositions vagues ; sa mission réelle semblait être de regarder et d'examiner : on lui montra tout. La curiosité française, insouciante et sans frayeur, lui demanda ce qu'on trouverait de Viazma à Moscou : « Pultava[2] », répondit-il.

Arrivé sur les hauteurs de Borodino, Bonaparte voit enfin l'armée russe arrêtée et formidablement retranchée. Elle comptait cent vingt mille hommes et six cents pièces de canon ; du côté des Français, égale force. La gauche des Russes examinée, le maréchal Davoust propose à Napoléon

---

**1.** Barclay de Tolly (1750-1818), général russe. — **2.** Pierre le Grand y avait battu Charles XII en 1709.

de tourner l'ennemi : « Cela me ferait perdre trop de temps », répond l'Empereur. Davoust insiste ; il s'engage à avoir accompli sa manœuvre avant six heures du matin ; Napoléon l'interrompt brusquement : « Ah ! vous êtes toujours pour tourner l'ennemi. »

On avait remarqué un grand mouvement dans le camp moscovite : les troupes étaient sous les armes ; Kutuzoff, entouré des popes et des archimandrites, précédé des emblèmes de la religion et d'une image sacrée sauvée des ruines de Smolensk, parle à ses soldats du ciel et de la patrie ; il nomme Napoléon le despote universel.

Au milieu de ces chants de guerre, de ces chœurs de triomphe mêlés à des cris de douleur, on entend aussi dans le camp français une voix chrétienne ; elle se distingue de toutes les autres ; c'est l'hymne saint qui monte seul sous les voûtes du temple. Le soldat dont la voix tranquille, et pourtant émue, retentit la dernière, est l'aide de camp du maréchal qui commandait la cavalerie de la garde. Cet aide de camp s'est mêlé à tous les combats de la campagne de Russie ; il parle de Napoléon comme ses plus grands admirateurs ; mais il lui reconnaît des infirmités ; il redresse des récits menteurs et déclare que les fautes commises sont venues de l'orgueil du chef et de l'oubli de Dieu dans les capitaines. « Dans le camp russe, dit le lieutenant-colonel de Baudus, on sanctifia cette vigile d'un jour qui devait être le dernier pour tant de braves
..........................................................
Le spectacle offert à mes yeux par la piété de l'ennemi, ainsi que les plaisanteries qu'il dicta à un trop grand nombre d'officiers placés dans nos rangs, me rappela que le plus grand de nos rois, Charlemagne, se disposa lui aussi à commencer la plus périlleuse de ses entreprises par des cérémonies religieuses ..........................................................
Ah ! sans doute, parmi ces chrétiens égarés, il s'en trouva un grand nombre dont la bonne foi sanctifia les prières ; car si les Russes furent vaincus à la Moskowa, notre entier anéantissement, dont ils ne peuvent se glorifier en aucune façon, puisqu'il fut l'œuvre manifeste de la Providence, vint prouver quelques mois plus tard que leur demande n'avait été que trop favorablement écoutée. »

Mais où était le czar ? Il venait de dire modestement à

madame de Staël fugitive qu'il regrettait *de n'être pas un grand général.* Dans ce moment paraissait à nos bivouacs M. de Bausset[1], officier du palais : sorti des bois tranquilles de Saint-Cloud, et suivant les traces horribles de notre armée, il arrivait la veille des funérailles à la Moskowa ; il était chargé du portrait du roi de Rome que Marie-Louise envoyait à l'Empereur. M. Fain et M. de Ségur peignent les sentiments dont Bonaparte fut saisi à cette vue ; selon le général Gourgaud, Bonaparte s'écria, après avoir regardé le portrait : « Retirez-le, il voit de trop bonne heure un champ de bataille. »

Le jour qui précéda l'orage fut extrêmement calme : « Cette espèce de sagesse que l'on met, dit M. de Baudus, à préparer de si cruelles folies, a quelque chose d'humiliant pour la raison humaine quand on y pense de sang-froid à l'âge où je suis arrivé : car, dans ma jeunesse, je trouvais cela bien beau. »

Vers le soir du 6, Bonaparte dicta cette proclamation ; elle ne fut connue de la plupart des soldats qu'après la victoire :

« Soldats, voilà la bataille que vous avez tant désirée. Désormais la victoire dépend de vous ; elle nous est nécessaire ; elle nous donnera l'abondance et un prompt retour dans la patrie. Conduisez-vous comme à Austerlitz, à Friedland, à Witepsk et à Smolensk, et que la postérité la plus reculée cite votre conduite dans cette journée ; que l'on dise de vous : Il était à cette grande bataille sous les murs de Moscou. »

Bonaparte passa la nuit dans l'anxiété : tantôt il croyait que les ennemis se retiraient, tantôt il redoutait le dénûment de ses soldats et la lassitude de ses officiers. Il savait que l'on disait autour de lui : « Dans quel but nous a-t-on fait faire huit cents lieues pour ne trouver que de l'eau marécageuse, la famine et des bivouacs sur des cendres ? Chaque année la guerre s'aggrave ; de nouvelles conquêtes forcent d'aller chercher de nouveaux ennemis. Bientôt l'Europe ne lui suffira plus ; il lui faudra l'Asie. » Bonaparte en effet n'avait pas vu avec indifférence les cours d'eau qui se jettent dans le Volga ;

---

[1]. Chambellan de l'Empereur.

né pour Babylone, il l'avait déjà tentée par une autre route. Arrêté à Jaffa à l'entrée occidentale de l'Asie, arrêté à Moscou à la porte septentrionale de cette même Asie, il vint mourir dans les mers qui bordent cette partie du monde d'où se levèrent l'homme et le soleil.

Napoléon, au milieu de la nuit, fit appeler un de ses aides de camp ; celui-ci le trouva la tête appuyée dans ses deux mains : « Qu'est-ce que la guerre ? disait-il. Un métier de barbares où tout l'art consiste à être le plus fort sur un point donné. » Il se plaint de l'inconstance de la fortune ; il envoie examiner la position de l'ennemi : on lui rapporte que les feux brillent du même éclat et en égal nombre ; il se tranquillise. À cinq heures du matin, Ney lui envoie demander l'ordre d'attaque ; Bonaparte sort et s'écrie : « Allons ouvrir les portes de Moscou. » Le jour paraît ; Napoléon montrant l'Orient qui commençait à rougir : « Voilà le soleil d'Austerlitz ! » s'écria-t-il.

3

Extrait du dix-huitième bulletin de la Grande Armée.

*Mojaïsk, 12 septembre 1812.*

..................................................

« Le 6, à deux heures du matin, l'Empereur parcourut les avant-postes ennemis : on passa la journée à se reconnaître. L'ennemi avait une position très resserrée.

« Cette position parut belle et forte. *Il était facile de manœuvrer et d'obliger l'ennemi à l'évacuer ; mais cela aurait remis la partie.*

..................................................

« Le 7, à six heures du matin, le général comte Sorbier, qui avait armé la batterie droite avec l'artillerie de la réserve de la garde, commença le feu. . . . . . . . . . . . . . . . . . . . . . . . . . .

« À six heures et demie, le général Compans est blessé. À sept heures, le prince d'Eckmühl a son cheval tué . . . . . . .

« À sept heures, le maréchal duc d'Elchingen se remet en mouvement et, sous la protection de soixante pièces de canon que le général Foucher avait placées la veille contre le centre de l'ennemi, se porte sur le centre. Mille pièces de canon vomissent de part et d'autre la mort.

« À huit heures, les positions de l'ennemi sont enlevées, ses redoutes prises, et notre artillerie couronne ses mamelons...
..................................................

« Il restait à l'ennemi ses redoutes de droite ; le général comte Morand y marche et les enlève ; mais à neuf heures du matin, attaqué de tous côtés, il ne peut s'y maintenir. L'ennemi, encouragé par ce succès, fit avancer sa réserve et ses dernières troupes pour tenter encore la fortune. La garde impériale russe en fait partie. Il attaque notre centre sur lequel avait pivoté notre droite. On craint pendant un moment qu'il n'enlève le village brûlé ; la division Friant s'y porte : quatre-vingts pièces de canon françaises arrêtent d'abord et écrasent ensuite les colonnes ennemies qui se tiennent pendant deux heures serrées sous la mitraille, n'osant pas avancer, ne voulant pas reculer, et renonçant à l'espoir de la victoire. Le roi de Naples décide leur incertitude ; il fait charger le quatrième corps de cavalerie qui pénètre dans les brèches que la mitraille de nos canons a faites dans les masses serrées des Russes et les escadrons de leurs cuirassiers ; ils se débandent de tous côtés. ................
..................................................

« Il est deux heures après midi, toute espérance abandonne l'ennemi : la bataille est finie, la canonnade continue encore ; il se bat pour sa retraite et pour son salut, mais non pour la victoire.

« Notre perte totale peut être évaluée à dix mille hommes ; celle de l'ennemi à quarante ou cinquante mille. Jamais on n'a vu pareil champ de bataille. Sur six cadavres il y en avait un français et cinq russes. Quarante généraux russes ont été tués, blessés ou pris : le général Bagration a été blessé.

« Nous avons perdu le général de division comte Montbrun, tué d'un coup de canon ; le général comte Caulaincourt, qui avait été envoyé pour le remplacer, tué d'un même coup une heure après.

« Les généraux de brigade Compère, Plauzonne, Marion, Huart, ont été tués ; sept ou huit généraux ont été blessés, la plupart légèrement. Le prince d'Eckmühl n'a eu aucun mal.

Les troupes françaises se sont couvertes de gloire et ont montré leur grande supériorité sur les troupes russes.

« Telle est en peu de mots l'esquisse de la bataille de la Moskowa, donnée à deux lieues en arrière de Mojaïsk et à vingt-cinq lieues de Moscou.

« L'Empereur n'a jamais été exposé ; la garde, ni à pied ni à cheval, n'a pas donné et n'a pas perdu un seul homme. La victoire n'a jamais été incertaine. Si l'ennemi, forcé dans ses positions, n'avait pas voulu les reprendre, notre perte aurait été plus forte que la sienne ; mais il a détruit son armée en la tenant depuis huit heures jusqu'à deux sous le feu de nos batteries et en s'opiniâtrant à reprendre ce qu'il avait perdu. C'est la cause de son immense perte. »

Ce bulletin froid et rempli de réticences est loin de donner une idée de la bataille de la Moskowa, et surtout des affreux massacres à la grande redoute : quatre-vingt mille hommes furent mis hors de combat ; trente mille d'entre eux appartenaient à la France. Auguste de la Rochejaquelein[1] eut le visage fendu d'un coup de sabre et demeura prisonnier des Moscovites : il rappelait d'autres combats et un autre drapeau. Bonaparte, passant en revue le 61e régiment presque détruit, dit au colonel : « Colonel, qu'avez-vous fait d'un de vos bataillons ? — Sire, il est dans la redoute. » Les Russes ont toujours soutenu et soutiennent encore avoir gagné la bataille : ils vont élever une colonne triomphale funèbre sur les hauteurs de Borodino.

Le récit de M. de Ségur va suppléer à ce qui manque au bulletin de Bonaparte : « L'Empereur parcourut, dit-il, le champ de bataille. Jamais aucun ne fut d'un si horrible aspect. Tout y concourait : un ciel obscur, une pluie froide, un vent violent, des habitations en cendres, une plaine bouleversée, couverte de ruines et de débris ; à l'horizon, la triste et sombre verdure des arbres du Nord ; partout des soldats errants parmi des cadavres et cherchant des subsistances jusque dans les sacs de leurs compagnons morts ; d'horribles blessures, car les balles russes sont plus grosses que les nôtres ; des bivouacs silencieux ; plus de chants, point de récits : une morne taciturnité.

---

1. Frère du chef vendéen.

« On voyait autour des aigles le reste des officiers et sous-officiers, et quelques soldats, à peine ce qu'il en fallait pour garder le drapeau. Leurs vêtements étaient déchirés par l'acharnement du combat, noircis de poudre, souillés de sang ; et pourtant, au milieu de ces lambeaux, de cette misère, de ce désastre, un air fier, et même, à l'aspect de l'Empereur, quelques cris de triomphe, mais rares et excités : car, dans cette armée, capable à la fois d'analyse et d'enthousiasme, chacun jugeait de la position de tous. ............
..................................................

« L'Empereur ne put évaluer sa victoire que par les morts. La terre était tellement jonchée de Français étendus sur les redoutes, qu'elles paraissaient leur appartenir plus qu'à ceux qui restaient debout. Il semblait y avoir là plus de vainqueurs tués que de vainqueurs vivants.

« Dans cette foule de cadavres, sur lesquels il fallait marcher pour suivre Napoléon, le pied d'un cheval rencontra un blessé et lui arracha un dernier signe de vie ou de douleur. L'Empereur, jusque-là muet comme sa victoire, et que l'aspect de tant de victimes oppressait, éclata ; il se soulagea par des cris d'indignation, et par une multitude de soins qu'il fit prodiguer à ce malheureux. Puis il dispersa les officiers qui le suivaient pour qu'ils secourussent ceux qu'on entendait crier de toutes parts.

« On en trouvait surtout dans le fond des ravines où la plupart des nôtres avaient été précipités, et où plusieurs s'étaient traînés pour être plus à l'abri de l'ennemi et de l'ouragan. Les uns prononçaient en gémissant le nom de leur patrie ou de leur mère : c'étaient les plus jeunes. Les plus anciens attendaient la mort d'un air ou impassible ou sardonique, sans daigner implorer ni se plaindre ; d'autres demandaient qu'on les tuât sur-le-champ : mais on passait vite à côté de ces malheureux, qu'on n'avait ni l'inutile pitié de secourir, ni la pitié cruelle d'achever. »

Tel est le récit de M. de Ségur. Anathème aux victoires non remportées pour la défense de la patrie et qui ne servent qu'à la vanité d'un conquérant !

La garde, composée de vingt-cinq mille hommes d'élite, ne fut point engagée à la Moskowa : Bonaparte la refusa sous divers prétextes. Contre sa coutume, il se tint à l'écart du feu et ne pouvait suivre de ses propres yeux les manœuvres. Il s'asseyait ou se promenait près d'une redoute emportée la veille : lorsqu'on venait lui apprendre la mort de quelques-uns de ses généraux, il faisait un geste de résignation. On regardait avec étonnement cette impassibilité ; Ney s'écriait : « Que fait-il derrière l'armée ? Là, il n'est à portée que des revers, et non des succès. Puisqu'il ne fait plus la guerre par lui-même, qu'il n'est plus général, qu'il veut faire partout l'Empereur, qu'il retourne aux Tuileries et nous laisse être généraux pour lui. » Murat avouait que dans cette grande journée il n'avait plus reconnu le génie de Napoléon.

Des admirateurs sans réserve ont attribué l'engourdissement de Napoléon à la complication des souffrances dont, assurent-ils, il était alors accablé ; ils affirment qu'à tous moments il était obligé de descendre de cheval, et que souvent il restait immobile, le front appuyé contre des canons. Cela peut être : un malaise passager pouvait contribuer dans ce moment à la prostration de son énergie ; mais si l'on remarque qu'il retrouva cette énergie dans la campagne de Saxe et dans sa fameuse campagne de France, il faudra chercher une autre cause de son inaction à Borodino. Comment ! vous avouez dans votre bulletin *qu'il était facile de manœuvrer et d'obliger l'ennemi à évacuer sa belle position, mais que cela aurait remis la partie* ; et vous, qui avez assez d'*activité d'esprit* pour condamner à la mort tant de milliers de nos soldats, vous n'avez pas assez de *force de corps* pour ordonner à votre garde d'aller au moins à leur secours ? Il n'y a d'autre explication à ceci que la nature même de l'homme : l'adversité arrivait ; sa première atteinte le glaça. La grandeur de Napoléon n'était pas de cette qualité qui appartient à l'infortune ; la prospérité seule lui laissait ses facultés entières : il n'était point fait pour le malheur.

## 4

Marche en avant des Français. – Rostopschine.
Bonaparte au Mont-du-Salut. – Vue de Moscou.
Entrée de Napoléon au Kremlin. – Incendie de Moscou.
Bonaparte gagne avec peine Petrowski.
Écriteau de Rostopschine. – Séjour sur les ruines de
Moscou. – Occupations de bonaparte.

Entre la Moskowa et Moscou, Murat engagea une affaire devant Mojaïsk. On entra dans la ville où l'on trouva dix mille morts et mourants ; on jeta les morts par les fenêtres pour loger les vivants. Les Russes se repliaient en bon ordre sur Moscou.

Dans la soirée du 13 septembre, Kutuzoff avait assemblé un conseil de guerre : tous les généraux déclarèrent que *Moscou n'était pas la patrie.* Buturlin *(Histoire de la campagne de Russie),* le même officier qu'Alexandre envoya au quartier de Mgr le duc d'Angoulême en Espagne, Barclay, dans son *Mémoire justificatif,* donnent les motifs qui déterminèrent l'opinion du conseil. Kutuzoff proposa au roi de Naples une suspension d'armes, tandis que les soldats russes traverseraient l'ancienne capitale des czars. La suspension fut acceptée, car les Français voulaient conserver la ville ; Murat seulement serrait de près l'arrière-garde ennemie, et nos grenadiers emboîtaient le pas du grenadier russe qui se retirait. Mais Napoléon était loin du succès auquel il croyait toucher : Kutuzoff cachait Rostopschine.

Le comte Rostopschine était gouverneur de Moscou. La vengeance promettait de descendre du ciel : un ballon monstrueux, construit à grands frais, devait planer sur l'armée française, choisir l'Empereur entre mille, s'abattre sur sa tête dans une pluie de fer et de feu. À l'essai, les ailes de l'aérostat se brisèrent ; force fut de renoncer à la bombe des nuées ; mais les artifices restèrent à Rostopschine. Les nouvelles du désastre de Borodino étaient arrivées à Moscou, tandis que, sur un bulletin de Kutuzoff, on se flattait encore de la victoire dans le reste de l'empire. Rostopschine avait fait diverses proclamations en prose rimée ; il disait :

« Allons, mes amis les Moscovites, marchons aussi ! Nous rassemblerons cent mille hommes, nous prendrons l'image de la sainte Vierge, cent cinquante pièces de canon, et nous mettrons fin à tout. »

Il conseillait aux habitants de s'armer simplement de fourches, un Français ne pesant pas plus qu'une gerbe.

On sait que Rostopschine a décliné toute participation à l'incendie de Moscou ; on sait aussi qu'Alexandre ne s'est jamais expliqué à ce sujet. Rostopschine a-t-il voulu échapper au reproche des nobles et des marchands dont la fortune avait péri ? Alexandre a-t-il craint d'être appelé *un Barbare* par l'Institut ? Ce siècle est si misérable, Bonaparte en avait tellement accaparé toutes les grandeurs, que quand quelque chose de digne arrivait, chacun s'en défendait et en repoussait la responsabilité.

L'incendie de Moscou restera une résolution héroïque qui sauva l'indépendance d'un peuple et contribua à la délivrance de plusieurs autres. Numance[1] n'a point perdu ses droits à l'admiration des hommes. Qu'importe que Moscou ait été brûlé ? ne l'avait-il pas été déjà sept fois ? N'est-il pas aujourd'hui brillant et rajeuni, bien que dans son vingt-unième bulletin Napoléon eût prédit que l'*incendie de cette capitale retarderait la Russie de cent ans* ? « Le malheur même de Moscou, dit admirablement madame de Staël, a régénéré l'empire : cette ville religieuse a péri comme un martyr dont le sang répandu donne de nouvelles forces aux frères qui lui survivent. » *(Dix années d'exil.)*

Où en seraient les nations si Bonaparte, du haut du Kremlin, eût couvert le monde de son despotisme comme d'un drap mortuaire ? Les droits de l'espèce humaine passent avant tout. Pour moi, la terre fût-elle un globe explosible, je n'hésiterais pas à y mettre le feu s'il s'agissait de délivrer mon pays. Toutefois, il ne faut rien moins que les intérêts supérieurs de la liberté humaine pour qu'un Français, la tête couverte d'un crêpe et les yeux pleins de larmes, puisse se résoudre à raconter une résolution qui devait devenir fatale à tant de Français.

---

1. Ville d'Espagne détruite par Scipion Émilien (133 av. J.-C.).

On a vu à Paris le comte Rostopschine, homme instruit et spirituel : dans ses écrits la pensée se cache sous une certaine bouffonnerie ; espèce de Barbare policé, de poète ironique, dépravé même, capable de généreuses dispositions, tout en méprisant les peuples et les rois : les églises gothiques admettent dans leur grandeur des décorations grotesques.

La débâcle avait commencé à Moscou ; les routes de Cazan étaient couvertes de fugitifs à pied, en voiture, isolés ou accompagnés de serviteurs. Un présage avait un moment ranimé les esprits : un vautour s'était embarrassé dans les chaînes qui soutenaient la croix de la principale église ; Rome eût, comme Moscou, vu dans ce présage la captivité de Napoléon.

À l'approche des longs convois de blessés russes qui se présentaient aux portes, toute espérance s'évanouit. Kutuzoff avait flatté Rostopschine de défendre la ville avec quatre-vingt-onze mille hommes qui lui restaient : vous venez de voir que le conseil de guerre l'obligeait de se retirer. Rostopschine demeura seul.

La nuit descend : des émissaires vont frapper mystérieusement aux portes, annoncent qu'il faut partir et que Ninive est condamnée[1]. Des matières inflammables sont introduites dans les édifices publics et les bazars, dans les boutiques et les maisons particulières ; les pompes sont enlevées. Alors Rostopschine ordonne d'ouvrir les prisons : du milieu d'une troupe immonde on fait sortir un Russe et un Français ; le Russe, appartenant à une secte d'illuminés allemands, est accusé d'avoir voulu livrer sa patrie et d'avoir traduit la proclamation des Français ; son père accourt ; le gouverneur lui accorde un moment pour bénir son fils : « Moi, bénir un traître ! » s'écrie le vieux Moscovite, et il le maudit. Le prisonnier est livré à la populace et abattu.

« Pour toi, dit Rostopschine au Français, tu devais désirer l'arrivée de tes compatriotes : sois libre. Va dire aux tiens que la Russie n'a eu qu'un seul traître et qu'il est puni. »

Les autres malfaiteurs relâchés reçoivent, avec leur grâce, les instructions pour procéder à l'incendie, quand le moment

---

[1]. Souvenir de la prédiction de Jonas aux Ninivites.

sera venu. Rostopschine sort le dernier de Moscou, comme un capitaine de vaisseau quitte le dernier son bord dans un naufrage.

Napoléon, monté à cheval, avait rejoint son avant-garde. Une hauteur restait à franchir ; elle touchait à Moscou de même que Montmartre à Paris ; elle s'appelait le *Mont du salut*, parce que les Russes y priaient à la vue de la ville sainte, comme les pèlerins en apercevant Jérusalem. Moscou *aux coupoles dorées*, disent les poètes slaves, resplendissait à la lumière du jour, avec ses deux cent quatre-vingt-quinze églises, ses quinze cents châteaux, ses maisons ciselées, colorées en jaune, en vert, en rose : il n'y manquait que les cyprès et le Bosphore. Le Kremlin faisait partie de cette masse couverte de fer poli ou peinturé. Au milieu d'élégantes villas de briques et de marbre, la Moskowa coulait parmi des parcs ornés de bois de sapins, palmiers de ce ciel : Venise, aux jours de sa gloire, ne fut pas plus brillante dans les flots de l'Adriatique. Ce fut le 14 septembre, à deux heures de l'après-midi, que Bonaparte, par un soleil orné des diamants du pôle, aperçut sa nouvelle conquête. Moscou, comme une princesse européenne aux confins de son empire, parée de toutes les richesses de l'Asie, semblait amenée là pour épouser Napoléon.

Une acclamation s'élève : « Moscou ! Moscou ! » s'écrient nos soldats ; ils battent encore des mains : au temps de la vieille gloire, ils criaient, revers ou prospérités, vive le Roi !

« Ce fut un beau moment, dit le lieutenant-colonel de Baudus, que celui où le magnifique panorama présenté par l'ensemble de cette immense cité s'offrit tout à coup à mes regards. Je me rappellerai toujours l'émotion qui se manifesta dans les rangs de la division polonaise ; elle me frappa d'autant plus qu'elle se fit jour par un mouvement empreint d'une pensée religieuse. En apercevant Moscou, les régiments entiers se jetèrent à genoux et remercièrent le Dieu des armées de les avoir conduits par la victoire dans la capitale de leur ennemi le plus acharné. »

Les acclamations cessent ; on descend muets vers la ville ; aucune députation ne sort des portes pour présenter les clefs dans un bassin d'argent. Le mouvement de la vie était suspendu dans la grande cité. Moscou chancelait silencieuse devant l'étranger : trois jours après elle avait disparu ; la Circassienne du Nord, la belle fiancée, s'était couchée sur son bûcher funèbre.

Lorsque la ville était encore debout, Napoléon en marchant vers elle s'écriait : « La voilà donc cette ville fameuse ! » et il regardait : Moscou, délaissée, ressemblait à la cité[1] pleurée dans les *Lamentations*[2]. Déjà Eugène et Poniatowski ont débordé les murailles ; quelques-uns de nos officiers pénètrent dans la ville ; ils reviennent et disent à Napoléon : « Moscou est déserte ! — Moscou est déserte ? c'est invraisemblable ! qu'on m'amène les boyards. » Point de boyards, il n'est resté que des pauvres qui se cachent. Rues abandonnées, fenêtres fermées : aucune fumée ne s'élève des foyers d'où s'en échapperont bientôt des torrents. Pas le plus léger bruit. Bonaparte hausse les épaules.

Murat, s'étant avancé jusqu'au Kremlin, y est reçu par les hurlements des prisonniers devenus libres pour délivrer leur patrie : on est contraint d'enfoncer les portes à coups de canon.

Napoléon s'était porté à la barrière de Dorogomilow ; il s'arrêta dans une des premières maisons du faubourg, fit une course le long de la Moskowa, ne rencontra personne. Il revint à son logement, nomma le maréchal Mortier gouverneur de Moscou, le général Durosnel commandant de la place et M. de Lesseps chargé de l'administration en qualité d'intendant. La garde impériale et les troupes étaient en grande tenue pour paraître devant un peuple absent. Bonaparte apprit bientôt avec certitude que la ville était menacée de quelque événement. À deux heures du matin on lui vient dire que le feu commence. Le vainqueur quitte le faubourg de Dorogomilow et vient s'abriter au Kremlin : c'était dans la matinée du 15. Il éprouva un moment de joie en pénétrant dans le palais de Pierre le Grand ; son orgueil satisfait écrivit quelques mots à Alexandre, à la réverbération du bazar qui commençait à brûler, comme autrefois Alexandre vaincu lui écrivait un billet du champ d'Austerlitz.

Dans le bazar on voyait de longues rangées de boutiques

---

1. Jérusalem. — 2. De Jérémie.

toutes fermées. On contient d'abord l'incendie ; mais dans la seconde nuit il éclate de toutes parts ; des globes lancés par des artifices crèvent, retombent en gerbes lumineuses sur les palais et les églises. Une bise violente pousse les étincelles et lance les flammèches sur le Kremlin : il renfermait un magasin à poudre ; un parc d'artillerie avait été laissé sous les fenêtres mêmes de Bonaparte. De quartier en quartier nos soldats sont chassés par les effluves du volcan. Des Gorgones et des Méduses, la torche à la main, parcourent les carrefours livides de cet enfer ; d'autres attisent le feu avec des lances de bois goudronné. Bonaparte, dans les salles du nouveau Pergame, se précipite aux croisées, s'écrie : « Quelle résolution extraordinaire ! quels hommes ! ce sont des Scythes ! »

Le bruit se répand que le Kremlin est miné : des serviteurs se trouvent mal, des militaires se résignent. Les bouches des divers brasiers en dehors s'élargissent, se rapprochent, se touchent : la tour de l'Arsenal, comme un haut cierge, brûle au milieu d'un sanctuaire embrasé. Le Kremlin n'est plus qu'une île noire contre laquelle se brise une mer ondoyante de feu. Le ciel, reflétant l'illumination, est comme traversé des clartés mobiles d'une aurore boréale.

La troisième nuit descendait ; on respirait à peine dans une vapeur suffocante : deux fois des mèches ont été attachées au bâtiment qu'occupait Napoléon. Comment fuir ? les flammes attroupées bloquent les portes de la citadelle. En cherchant de tous les côtés, on découvre une poterne qui donnait sur la Moskowa. Le vainqueur avec sa garde se dérobe par ce guichet de salut. Autour de lui dans la ville, des voûtes se fendent en mugissant, des clochers d'où découlaient des torrents de métal liquéfié se penchent, se détachent et tombent. Des charpentes, des poutres, des toits craquant, pétillant, croulant, s'abîment dans un Phlégéton dont ils font rejaillir la lame ardente et des millions de paillettes d'or. Bonaparte ne s'échappe que sur les charbons refroidis d'un quartier déjà réduit en cendres : il gagna Petrowsky, villa du czar.

Le général Gourgaud, critiquant l'ouvrage de M. de Ségur, accuse l'officier d'ordonnance de l'Empereur de s'être trompé : en effet, il demeure prouvé, par le récit de M. de Baudus, aide de camp du maréchal Bessières, et qui servit lui-même de guide à Napoléon, que celui-ci ne s'évada pas par une poterne, mais qu'il sortit par la grande porte du Kremlin. Du rivage de Sainte-Hélène, Napoléon revoyait brûler la ville des Scythes : « Jamais, dit-il, en dépit de la poésie, toutes les fictions de l'incendie de Troie n'égaleront la réalité de celui de Moscou. »

Remémorant antérieurement cette catastrophe, Bonaparte écrit encore : « *Mon mauvais génie m'apparut et m'annonça ma fin, que j'ai trouvée à l'île d'Elbe.* » Kutuzoff avait d'abord pris sa route à l'orient ; il se rabattit au midi. Sa marche de nuit était à demi éclairée par l'incendie lointain de Moscou, dont il sortait un bourdonnement lugubre ; on eût dit que la cloche qu'on n'avait jamais pu monter à cause de son énorme poids eût été magiquement suspendue au haut d'un clocher brûlant pour tinter les glas. Kutuzoff atteignit Voronowo, possession du comte Rostopschine ; à peine avait-il aperçu la superbe demeure, qu'elle s'enfonce dans le gouffre de la nouvelle conflagration. Sur la porte de fer d'une église on lisait cet écriteau, la *scritta morta*[1], de la main du propriétaire : « J'ai embelli pendant huit ans cette campagne, et j'y ai vécu heureux au sein de ma famille ; les habitants de cette terre, au nombre de dix-sept cent vingt, la quittent à votre approche, et moi je mets le feu à ma maison pour qu'elle ne soit pas souillée par votre présence. Français, je vous ai abandonné mes deux maisons de Moscou, avec un mobilier d'un demi-million de roubles. Ici vous ne trouverez que des cendres.

« ROSTOPSCHINE. »

Bonaparte avait au premier moment admiré les feux et les Scythes comme un spectacle apparenté à son imagination ; mais bientôt le mal que cette catastrophe lui faisait le refroidit et le fit retourner à ses injurieuses diatribes. En envoyant la lettre de Rostopschine en France, il ajoute : « Il paraît que Rostopschine est aliéné. Les Russes le regardent comme une espèce de Marat. » Qui ne comprend pas la grandeur dans les autres ne la comprendra pas pour soi quand le temps des sacrifices sera venu.

---

1. La lettre de mort, le dernier écrit.

Alexandre avait appris sans abattement son adversité. « Reculerons-nous, écrivait-il dans ses instructions circulaires, quand l'Europe nous encourage de ses regards ? Servons-lui d'exemple ; saluons la main qui nous choisit pour être la première des nations dans la cause de la vertu et de la liberté. » Suivait une invocation au Très-Haut.

Un style dans lequel se trouvent les mots de Dieu, de vertu, de liberté, est puissant : il plaît aux hommes, les rassure et les console ; combien il est supérieur à ces phrases affectées, tristement empruntées des locutions païennes, et fatalisées à la turque : *il fut, ils ont été, la fatalité les entraîne !* phraséologie stérile, toujours vaine, alors même qu'elle est appuyée sur les plus grandes actions.

Sorti de Moscou dans la nuit du 15 septembre, Napoléon y rentra le 18. Il avait rencontré, en revenant, des foyers allumés sur la fange, nourris avec des meubles d'acajou et des lambris dorés. Autour de ces foyers en plein air étaient des militaires noircis, crottés, en lambeaux, couchés sur des canapés de soie ou assis dans des fauteuils de velours, ayant pour tapis sous leurs pieds, dans la boue, des châles de cachemire, des fourrures de la Sibérie, des étoffes d'or de la Perse, mangeant dans des plats d'argent une pâte noire ou de la chair sanguinolente de cheval grillé.

Un pillage irrégulier ayant commencé, on le régularisa ; chaque régiment vint à son tour à la curée. Des paysans chassés de leurs huttes, des Cosaques, des déserteurs de l'ennemi, rôdaient autour des Français et se nourrissaient de ce que nos escouades avaient rongé. On emportait tout ce qu'on pouvait prendre ; bientôt, surchargé de ces dépouilles, on les jetait, quand on venait à se souvenir qu'on était à six cents lieues de son toit.

Les courses que l'on faisait pour trouver des vivres produisaient des scènes pathétiques : une escouade française ramenait une vache ; une femme s'avança, accompagnée d'un homme qui portait dans ses bras un enfant de quelques mois ; ils montraient du doigt la vache qu'on venait de leur enlever. La mère déchira les misérables vêtements qui couvraient son sein, pour montrer qu'elle n'avait plus de lait ; le père fit un mouvement comme s'il eût voulu briser la tête de l'enfant sur une pierre. L'officier fit rendre la vache, et il ajoute : « L'effet que produisit cette scène sur mes soldats fut tel, que, pendant longtemps, il ne fut pas prononcé une seule parole dans les rangs. »

Bonaparte avait changé de rêve ; il déclarait qu'il voulait marcher à Saint-Pétersbourg ; il traçait déjà la route sur ses cartes ; il expliquait l'excellence de son plan nouveau, la certitude d'entrer dans la seconde capitale de l'empire : « Qu'a-t-il à faire désormais sur des ruines ? Ne suffit-il pas à sa gloire qu'il soit monté au Kremlin ? » Telles étaient les nouvelles chimères de Napoléon ; l'homme touchait à la folie, mais ses songes étaient encore ceux d'un esprit immense.

« Nous ne sommes qu'à quinze marches de Saint-Pétersbourg, dit M. Fain : Napoléon pense à se rabattre sur cette capitale. » Au lieu de *quinze marches*, à cette époque et dans de pareilles circonstances, il faut lire *deux mois*. Le général Gourgaud ajoute que toutes les nouvelles qu'on recevait de Saint-Pétersbourg annonçaient la peur qu'on avait du mouvement de Napoléon. Il est certain qu'à Saint-Pétersbourg on ne doutait point du succès de l'Empereur s'il se présentait ; mais on se préparait à lui laisser une seconde carcasse de cité, et la retraite sur Archangel était jalonnée. On ne soumet point une nation dont le pôle est la dernière forteresse. De plus les flottes anglaises, pénétrant au printemps dans la Baltique, auraient réduit la prise de Saint-Pétersbourg à une simple destruction.

Mais tandis que l'imagination sans frein de Bonaparte jouait avec l'idée d'un voyage à Saint-Pétersbourg, il s'occupait sérieusement de l'idée contraire : sa foi dans son espérance n'était pas telle qu'elle lui ôtât tout bon sens. Son projet dominant était d'apporter à Paris une paix signée à Moscou. Par là il se serait débarrassé des périls de la retraite, il aurait accompli une étonnante conquête, et serait rentré aux Tuileries le rameau d'olivier à la main. Après le premier billet qu'il avait écrit à Alexandre en arrivant au Kremlin, il n'avait négligé aucune occasion de renouveler ses avances. Dans un entretien bienveillant avec un officier général russe, M. de Toutelmine, sous-directeur de l'hôpital des enfants trouvés à Moscou, hôpital miraculeusement épargné de l'incendie, il avait glissé des paroles favorables à un accommodement. Par M. Jacowleff, frère de l'ancien ministre russe à Stuttgart, il écrivit directement à Alexandre, et M. Jacowleff prit l'engagement de remettre cette lettre au czar sans intermédiaire. Enfin le général Lauriston fut envoyé à Kutuzoff : celui-ci promit ses bons offices pour une négociation pacifique ; mais il refusa au général Lauriston de lui délivrer un sauf-conduit pour Saint-Pétersbourg.

Napoléon était toujours persuadé qu'il exerçait sur Alexandre l'empire qu'il avait exercé à Tilsit et à Erfurt, et cependant Alexandre écrivait le 21 octobre au prince Michel Larcanowitz : « J'ai appris, à mon extrême mécontentement, que le général Beningsen a eu une entrevue avec le roi de Naples .................................................
Toutes les déterminations dans les ordres qui vous sont adressés par moi doivent vous convaincre que ma résolution est inébranlable, que dans ce moment aucune proposition de l'ennemi ne pourrait m'engager à terminer la guerre et à affaiblir par là le devoir sacré de venger la patrie. »

Les généraux russes abusaient de l'amour-propre et de la simplicité de Murat, commandant de l'avant-garde ; toujours charmé de l'empressement des Cosaques, il empruntait des bijoux de ses officiers pour faire des présents à ses courtisans du Don ; mais les généraux russes, loin de désirer la paix, la redoutaient. Malgré la résolution d'Alexandre, ils connaissaient la faiblesse de leur empereur, et ils craignaient la séduction du nôtre. Pour la vengeance, il ne s'agissait que de gagner un mois, que d'attendre les premiers frimas : les vœux de la chrétienté moscovite suppliaient le ciel de hâter ses tempêtes.

Le général Wilson, en qualité de commissaire anglais à l'armée russe, était arrivé : il s'était déjà trouvé sur le chemin de Bonaparte en Égypte. Fabvier[1], de son côté, était revenu de notre armée du midi à celle du nord. L'Anglais poussait Kutuzoff à l'attaque, et l'on savait que les nouvelles apportées par Fabvier n'étaient pas bonnes. Des deux bouts de l'Europe, les deux seuls peuples qui combattaient pour leur liberté se donnaient la main par-dessus la tête du vainqueur à

---

1. Général d'artillerie. Il devait s'illustrer en combattant dès 1823, comme volontaire, pour l'indépendance de la Grèce.

Moscou. La réponse d'Alexandre n'arrivait point ; les estafettes de France s'attardèrent ; l'inquiétude de Napoléon augmentait ; des paysans avertissaient nos soldats : « Vous ne connaissez pas notre climat, leur disaient-ils ; dans un mois le froid vous fera tomber les ongles. » Milton, dont le grand nom agrandit tout, s'exprime aussi naïvement dans sa *Moscovie* : « Il fait si froid dans ce pays que la sève des branches mises au feu gèle en sortant du bout opposé à celui qui brûle. »

Bonaparte, sentant qu'un pas rétrograde rompait le prestige et faisait évanouir la terreur de son nom, ne pouvait se résoudre à descendre : malgré l'avertissement du prochain péril, il restait, attendant de minute en minute des réponses de Saint-Pétersbourg ; lui, qui avait commandé avec tant d'outrages, soupirait après quelques mots miséricordieux du vaincu. Il s'occupe au Kremlin d'un règlement pour la Comédie-Française ; il met trois soirées à achever ce majestueux ouvrage ; il discute avec ses aides de camp le mérite de quelques vers nouveaux arrivés de Paris ; autour de lui on admirait le sang-froid du grand homme, tandis qu'il y avait encore des blessés de ses derniers combats expirant dans des douleurs atroces, et que, par ce retard de quelques jours, il dévouait à la mort les cent mille hommes qui lui restaient. La servile stupidité du siècle prétend faire passer cette pitoyable affectation pour la conception d'un esprit incommensurable.

Bonaparte visita les édifices du Kremlin. Il descendit et remonta l'escalier sur lequel Pierre le Grand fit égorger les Strélitz ; il parcourut la salle des festins où Pierre se faisait amener des prisonniers, abattant une tête entre chaque rasade, proposant à ses convives, princes et ambassadeurs, de se divertir de la même façon. Des hommes furent roués alors, et des femmes enterrées vives ; on pendit deux mille Strélitz dont les corps restèrent accrochés autour des murailles.

Au lieu de l'ordonnance sur les théâtres, Bonaparte eût mieux fait d'écrire au Sénat conservateur la lettre que des bords du Pruth Pierre écrivait au Sénat de Moscou : « Je vous annonce que, trompé par de faux avis, et sans qu'il y ait de ma faute, je me trouve ici enfermé dans mon camp par une armée quatre fois plus forte que la mienne. S'il arrive que je sois pris, vous n'avez plus à me considérer comme votre czar et seigneur, ni à tenir compte d'aucun ordre qui pourrait vous être porté de ma part, quand même vous y reconnaîtriez ma propre main. Si je dois périr, vous choisirez pour mon successeur le plus digne d'entre vous. »

Un billet de Napoléon, adressé à Cambacérès, contenait des ordres inintelligibles : on délibéra, et quoique la signature du billet portât un nom allongé d'un nom antique, l'écriture ayant été reconnue être celle de Bonaparte, on déclara que les ordres inintelligibles devaient être exécutés.

Le Kremlin renfermait un double trône pour deux frères : Napoléon ne partageait pas le sien. On voyait encore dans les salles le brancard brisé d'un coup de canon sur lequel Charles XII blessé se faisait porter à la bataille de Pultava. Toujours vaincu dans l'ordre des instincts magnanimes, Bonaparte, en visitant les tombeaux des czars, se souvint-il qu'aux jours de fête on les couvrait de draps mortuaires superbes ; que lorsqu'un sujet avait quelque grâce à solliciter, il déposait sa supplique sur un des tombeaux, et que le czar avait seul le droit de l'en retirer ?

Ces placets de l'infortune, présentés par la mort à la puissance, n'étaient point du goût de Napoléon. Il était occupé d'autres soins : moitié désir de tromper, moitié nature, il prétendait, comme en quittant l'Égypte, faire venir des comédiens de Paris à Moscou, et il assurait qu'un chanteur italien arrivait. Il dépouilla les églises du Kremlin, entassa dans ses fourgons des ornements sacrés et des images de saints avec les croissants et les queues de cheval conquis sur les Mahométans. Il enleva l'immense croix de la tour du grand Yvan ; son projet était de la planter sur le dôme des Invalides : elle eût fait le pendant des chefs-d'œuvre du Vatican dont il avait décoré le Louvre. Tandis qu'on détachait cette croix, des corneilles vagissantes voletaient autour : « Que me veulent ces oiseaux ? » disait Bonaparte.

On touchait au moment fatal : Daru élevait des objections contre divers projets qu'exposait Bonaparte : « Quel parti prendre donc ? s'écria l'Empereur. — Rester ici ; faire de Moscou un grand camp retranché ; y passer l'hiver ; faire saler les chevaux qu'on ne pourra nourrir ; attendre le printemps : nos renforts et la Lithuanie armée viendront nous délivrer et achever la conquête. — C'est un conseil de lion, répond Napoléon : mais que dirait Paris ? La France ne s'accoutumerait pas à mon absence. » — » Que dit-on de moi à Athènes ? » disait Alexandre.

Il se replonge aux incertitudes : partira-t-il ? ne partira-t-il pas ? Il ne sait. Maintes délibérations se succèdent. Enfin une affaire engagée à Winkovo, le 18 octobre, le détermine subitement à sortir des débris de Moscou avec son armée : ce jour-là même, sans appareil, sans bruit, sans tourner la tête, voulant éviter la route directe de Smolensk, il s'achemine par l'une des deux routes de Kalouga.

Durant trente-cinq jours, comme ces formidables dragons de l'Afrique qui s'endorment après s'être repus, il s'était oublié : c'était apparemment les jours nécessaires pour changer le sort d'un homme pareil. Pendant ce temps-là, l'astre de sa destinée s'inclinait. Enfin il se réveille pressé entre l'hiver et une capitale incendiée ; il se glisse au dehors des décombres : il était trop tard ; cent mille hommes étaient condamnés. Le maréchal Mortier, commandant l'arrière-garde, a l'ordre, en se retirant, de faire sauter le Kremlin*.

5

Retraite.

Bonaparte, se trompant ou voulant tromper les autres, écrivit le 18 octobre au duc de Bassano une lettre que rapporte M. Fain : « Vers les premières semaines de novembre, mandait-il, j'aurai ramené mes troupes dans le

---

\* On achève d'imprimer à Saint-Pétersbourg les papiers d'État sur cette campagne, trouvés dans le cabinet d'Alexandre après sa mort. Ces documents, formant cinq à six volumes, jetteront sans doute un grand jour sur les événements si curieux d'une partie de notre histoire. Il sera bon de lire avec précaution les récits de l'ennemi, et cependant avec moins de défiance que les documents officiels de Bonaparte. Il est impossible de se figurer à quel point celui-ci altérait la réalité et la rendait insaisissable ; ses propres victoires se transformaient en roman dans son imagination. Toutefois, au bout de ses relations fantasmagoriques, restait cette vérité, à savoir, que Napoléon, par une raison ou par une autre, était le maître du monde. (Paris, note de 1841.) *[Note de l'auteur.]*

carré qui est entre Smolensk, Mohilow, Minsk et Witepsk. Je me décide à ce mouvement, parce que Moscou n'est plus une position militaire ; j'en vais chercher une autre plus favorable au début de la campagne prochaine. Les opérations auront alors à se diriger sur Pétersbourg et sur Kiew. » Pitoyable forfanterie, s'il ne s'agissait que du secours passager d'un mensonge ; mais dans Bonaparte une idée de conquête, malgré l'évidence contraire de la raison, pouvait toujours être une idée de bonne foi.

On marchait sur Malojaroslawetz : par l'embarras des bagages et des voitures mal attelées de l'artillerie, le troisième jour de marche on n'était encore qu'à dix lieues de Moscou. On avait l'intention de devancer Kutuzoff : l'avant-garde du prince Eugène le prévint en effet à Fominskoï. Il restait encore cent mille hommes d'infanterie au début de la retraite. La cavalerie était presque nulle, à l'exception de trois mille cinq cents chevaux de la garde. Nos troupes, ayant atteint la nouvelle route de Kalouga le 21, entrèrent le 22 à Borowsk, et le 23 la division Delzons occupa Malojaroslawetz. Napoléon était dans la joie ; il se croyait échappé.

Le 23 octobre, à une heure et demie du matin, la terre trembla : cent quatre-vingt-trois milliers[1] de poudre, placés sous les voûtes du Kremlin, déchirèrent le palais des czars. Mortier[2], qui fit sauter le Kremlin, était réservé à la machine infernale de Fieschi. Que de mondes passés entre ces deux explosions si différentes et par les temps et par les hommes !

Après ce sourd mugissement, une forte canonnade vint à travers le silence dans la direction de Malojaroslawetz : autant Napoléon avait désiré ouïr ce bruit en entrant en Russie, autant il redoutait de l'entendre en sortant. Un aide de camp du vice-roi annonce une attaque générale des Russes : à la nuit les généraux Compans et Gérard arrivèrent en aide au prince Eugène. Beaucoup d'hommes périrent des deux côtés ; l'ennemi parvint à se mettre à cheval sur la route de Kalouga, et fermait l'entrée du chemin intact qu'on avait espéré suivre. Il ne restait d'autre ressource que de retomber dans la route

---

1. Milliers de livres. — 2. Il sera l'une des dix-huit victimes de l'attentat de Fieschi (28 juillet 1835).

de Mojaïsk et de rentrer à Smolensk par les vieux sentiers de nos malheurs : on le pouvait ; les oiseaux du ciel n'avaient pas encore achevé de manger ce que nous avions semé pour retrouver nos traces.

Napoléon logea cette nuit à Ghorodnia dans une pauvre maison où les officiers attachés aux divers généraux ne purent se mettre à couvert. Ils se réunirent sous la fenêtre de Bonaparte ; elle était sans volets et sans rideaux : on en voyait sortir une lumière, tandis que les officiers restés en dehors étaient plongés dans l'obscurité. Napoléon était assis dans sa chétive chambre, la tête abaissée sur ses deux mains ; Murat, Berthier et Bessières se tenaient debout à ses côtés, silencieux et immobiles. Il ne donna point d'ordre, et monta à cheval le 25 au matin, pour examiner la position de l'armée russe.

À peine était-il sorti que roula jusqu'à ses pieds un éboulement de Cosaques. La vivante avalanche avait franchi la Luja, et s'était dérobée à la vue, le long de la lisière des bois. Tout le monde mit l'épée à la main, l'Empereur lui-même. Si ces maraudeurs avaient eu plus d'audace, Bonaparte demeurait prisonnier. À Malo-Iaroslavetz incendié, les rues étaient encombrées de corps à moitié grillés, coupés, sillonnés, mutilés par les roues de l'artillerie, qui avait passé sur eux. Pour continuer le mouvement sur Kalouga, il eût fallu livrer une seconde bataille ; l'Empereur ne le jugea pas convenable. Il s'est élevé à cet égard une discussion entre les partisans de Bonaparte et les amis des maréchaux. Qui donna le conseil de reprendre la première route parcourue par les Français ? Ce fut évidemment Napoléon : une grande sentence funèbre à prononcer ne lui coûtait guère ; il en avait l'habitude.

Revenu le 26 à Borowsk, le lendemain, près de Wercia, on présenta au chef de nos armées le général Vitzingerode et son aide de camp le comte Nariskin : ils s'étaient laissé surprendre en entrant trop tôt dans Moscou. Bonaparte s'emporta : « Qu'on fusille ce général ! s'écrie-t-il hors de lui ; c'est un déserteur du royaume de Wurtemberg ; il appartient à la confédération du Rhin. » Il se répand en invectives contre la noblesse russe et finit par ces mots : « J'irai à Saint-Pétersbourg, je jetterai cette ville dans la Newa, » et subitement il commande de brûler un château que l'on apercevait sur une hauteur : le lion blessé se ruait en écumant sur tout ce qui l'environnait.

Néanmoins, au milieu de ses folles colères, lorsqu'il intimait à Mortier l'ordre de détruire le Kremlin, il se conformait en même temps à sa double nature ; il écrivait au duc de Trévise[1] des phrases de sensiblerie ; pensant que ses missives seraient connues, il lui enjoignait avec un soin tout paternel de sauver les hôpitaux ; « car c'est ainsi, ajoutait-il, que j'en ai usé à Saint-Jean-d'Acre ». Or, en Palestine, il fit fusiller les prisonniers turcs, et, sans l'opposition de Desgenettes, il eût empoisonné ses malades[2] ! Berthier et Murat sauvèrent le prince Vitzingerode.

Cependant Kutuzoff nous poursuivait mollement. Wilson pressait-il le général russe d'agir, le général répondait : « Laissez venir la neige. » Le 29 septembre, on touche aux fatales collines de la Moskowa : un cri de douleur et de surprise échappe à notre armée. De vastes boucheries se présentaient, étalant quarante mille cadavres diversement consommés. Des files de carcasses alignées semblaient garder encore la discipline militaire ; des squelettes détachés en avant, sur quelques mamelons écrêtés, indiquaient les commandants et dominaient la mêlée des morts. Partout armes rompues, tambours défoncés, lambeaux de cuirasses et d'uniformes, étendards déchirés, dispersés entre des troncs d'arbres coupés à quelques pieds du sol par les boulets : c'était la grande redoute de la Moskowa.

Au sein de la destruction immobile on aperçoit une chose en mouvement : un soldat français privé des deux jambes se frayait un passage dans des cimetières qui semblaient avoir rejeté leurs entrailles au dehors. Le corps d'un cheval effondré par un obus avait servi de guérite à ce soldat : il y vécut en rongeant sa loge de chair, les viandes putréfiées des morts à la portée de sa main lui tenaient lieu de charpie pour panser ses plaies, et d'amadou pour emmailloter ses os. L'effrayant remords de la gloire se traînait vers Napoléon : Napoléon ne l'attendit pas.

Le silence des soldats, hâtés du froid, de la faim et de l'ennemi, était profond ; ils songeaient qu'ils seraient bientôt semblables aux compagnons dont ils apercevaient les restes.

---

1. Mortier. — 2. Voir p. 115.

On n'entendait dans ce reliquaire que la respiration agitée et le bruit du frisson involontaire des bataillons en retraite.

Plus loin on retrouva l'abbaye de Kotloskoï transformée en hôpital ; tous les secours y manquaient : là restait encore assez de vie pour sentir la mort. Bonaparte, arrivé sur le lieu, se chauffa du bois de ses chariots disloqués. Quand l'armée reprit sa marche, les agonisants se levèrent, parvinrent au seuil de leur dernier asile, se laissèrent dévaler jusqu'au chemin, tendirent aux camarades qui les quittaient leurs mains défaillantes : ils semblaient à la fois les conjurer et les ajourner.

À chaque instant retentissait la détonation des caissons qu'on était forcé d'abandonner. Les vivandiers jetaient les malades dans les fossés. Des prisonniers russes, qu'escortaient des étrangers au service de la France, furent dépêchés par leurs gardes : tués d'une manière uniforme, leur cervelle était répandue à côté de leur tête. Bonaparte avait emmené l'Europe avec lui ; toutes les langues se parlaient dans son armée ; toutes les cocardes, tous les drapeaux s'y voyaient. L'Italien, forcé au combat, s'était battu comme un Français ; l'Espagnol avait soutenu sa renommée de courage : Naples et l'Andalousie n'avaient été pour eux que les regrets d'un doux songe. On a dit que Bonaparte n'avait été vaincu que par l'Europe entière, et c'est juste ; mais on oublie que Bonaparte n'avait vaincu qu'à l'aide de l'Europe, de force ou de gré son alliée.

La Russie résista seule à l'Europe guidée par Napoléon ; la France, restée seule et défendue par Napoléon, tomba sous l'Europe retournée ; mais il faut dire que la Russie était défendue par son climat, et que l'Europe ne marchait qu'à regret sous son maître. La France, au contraire, n'était préservée ni par son climat ni par sa population décimée ; elle n'avait que son courage et le souvenir de sa gloire.

Indifférent aux misères de ses soldats, Bonaparte n'avait souci que de ses intérêts : lorsqu'il campait, sa conversation roulait sur des ministres vendus, disait-il, aux Anglais, lesquels ministres étaient les fomentateurs de cette guerre ; ne se voulant pas avouer que cette guerre venait uniquement de lui. Le duc de Vicence [1], qui s'obstinait à racheter un malheur

---

1. Caulaincourt.

par sa noble conduite, éclatait au milieu de la flatterie au bivouac. Il s'écriait : « Que d'atroces cruautés ! Voilà donc la civilisation que nous apportons en Russie ! » Aux incroyables dires de Bonaparte, il faisait un geste de colère et d'incrédulité, et se retirait. L'homme que la moindre contradiction mettait en fureur souffrait les rudesses de Caulaincourt en expiation de la lettre qu'il l'avait jadis chargé de porter à Ettenheim. Quand on a commis une chose reprochable, le ciel en punition vous en impose les témoins : en vain les anciens tyrans les faisaient disparaître ; descendus aux enfers, ces témoins entraient dans le corps des Furies et revenaient.

Napoléon, ayant traversé Gjatsk, poussa jusqu'à Wiasma ; il le dépassa, n'ayant point trouvé l'ennemi qu'il craignait d'y rencontrer. Il arriva le 3 novembre à Slawskowo : là il apprit qu'un combat s'était donné derrière lui à Wiasma ; ce combat contre les troupes de Miloradowitch nous fut fatal : nos soldats, nos officiers blessés, le bras en écharpe, la tête enveloppée de linge, miracle de vaillance, se jetaient sur les canons ennemis.

Cette suite d'affaires dans les mêmes lieux, ces couches de morts ajoutées à des couches de morts, ces batailles doublées de batailles, auraient deux fois immortalisé des champs funestes, si l'oubli ne passait rapidement sur notre poussière. Qui pense à ces paysans laissés en Russie ? Ces rustiques sont-ils contents d'avoir été *à la grande bataille sous les murs de Moscou* ? Il n'y a peut-être que moi qui, dans les soirées d'automne, en regardant voler au haut du ciel les oiseaux du Nord, me souvienne qu'ils ont vu la tombe de nos compatriotes. Des compagnies industrielles se sont transportées au désert avec leurs fourneaux et leurs chaudières ; les os ont été convertis en noir animal : qu'il vienne du chien ou de l'homme, le vernis est du même prix, et il n'est pas plus brillant, qu'il ait été tiré de l'obscurité ou de la gloire. Voilà le cas que nous faisons des morts aujourd'hui ! Voilà les rites sacrés de la nouvelle religion ! *Diis Manibus*[1]. Heureux compagnons de Charles XII, vous n'avez point été visités par ces hyènes sacrilèges ! Pendant l'hiver l'hermine fréquente les

---

1. « Aux dieux Mânes. »

neiges virginales, et pendant l'été les mousses fleuries de Pultava.

Le 6 novembre (1812) le thermomètre descendit à dix-huit degrés au-dessous de zéro ; tout disparaît sous la blancheur universelle. Les soldats sans chaussure sentent leurs pieds mourir ; leurs doigts violâtres et raidis laissent échapper le mousquet dont le toucher brûle ; leurs cheveux se hérissent de givre, leurs barbes de leur haleine congelée ; leurs méchants habits deviennent une casaque de verglas. Ils tombent, la neige les couvre ; ils forment sur le sol de petits sillons de tombeaux. On ne sait plus de quel côté les fleuves coulent ; on est obligé de casser la glace pour apprendre à quel orient il faut se diriger. Égarés dans l'étendue, les divers corps font des feux de bataillons pour se rappeler et se reconnaître, de même que des vaisseaux en péril tirent le canon de détresse. Les sapins changés en cristaux immobiles s'élèvent çà et là, candélabres de ces pompes funèbres. Des corbeaux et des meutes de chiens blancs sans maîtres suivaient à distance cette retraite de cadavres.

Il était dur, après les marches, d'être obligé, à l'étape déserte, de s'entourer des précautions d'un ost sain, largement pourvu, de poser des sentinelles, d'occuper des postes, de placer des grand'gardes. Dans des nuits de seize heures, battu des rafales du nord, on ne savait ni où s'asseoir, ni où se coucher ; les arbres jetés bas avec tous leurs albâtres refusaient de s'enflammer ; à peine parvenait-on à faire fondre un peu de neige, pour y démêler une cuillerée de farine de seigle. On ne s'était pas reposé sur le sol nu que des hurlements de cosaques faisaient retentir les bois ; l'artillerie volante de l'ennemi grondait ; le jeûne de nos soldats était salué comme le festin des rois, lorsqu'ils se mettent à table ; les boulets roulaient leurs pains de fer au milieu des convives affamés. À l'aube, que ne suivait point l'aurore, on entendait le battement d'un tambour drapé de frimas ou le son enroué d'une trompette : rien n'était triste comme cette diane lugubre, appelant sous les armes des guerriers qu'elle ne réveillait plus. Le jour grandissant éclairait des cercles de fantassins raidis et morts autour des bûchers expirés.

Quelques survivants partaient ; ils s'avançaient vers des horizons inconnus qui, reculant toujours, s'évanouissaient à chaque pas dans le brouillard. Sous un ciel pantelant, et comme lassé des tempêtes de la veille, nos files éclaircies traversaient des landes après des landes, des forêts suivies de forêts et dans lesquelles l'océan semblait avoir laissé son écume attachée aux branches échevelées des bouleaux. On ne rencontrait même pas dans ces bois ce triste et petit oiseau de l'hiver qui chante, ainsi que moi, parmi les buissons dépouillés. Si je me retrouve tout à coup par ce rapprochement en présence de mes vieux jours, ô mes camarades ! (les soldats sont frères), vos souffrances me rappellent aussi mes jeunes années, lorsque, me retirant devant vous, je traversais, si misérable et si délaissé, la bruyère des Ardennes.

Les grandes armées russes suivaient la nôtre : celle-ci était partagée en plusieurs divisions qui se subdivisaient en colonnes : le prince Eugène commandait l'avant-garde, Napoléon le centre, l'arrière-garde le maréchal Ney. Retardés de divers obstacles et combats, ces corps ne conservaient pas leur exacte distance : tantôt ils se devançaient les uns les autres ; tantôt ils marchaient sur une ligne horizontale, très souvent sans se voir et sans communiquer ensemble faute de cavalerie. Des Tauridiens, montés sur de petits chevaux dont les crins balayaient la terre, n'accordaient de repos ni jour ni nuit à nos soldats harassés par ces taons de neige. Le paysage était changé : là où l'on avait vu un ruisseau, on retrouvait un torrent que des chaînes de glace suspendaient aux bords escarpés de sa ravine. « Dans une seule nuit, dit Bonaparte (Papiers de Sainte-Hélène), on perdit trente mille chevaux : on fut obligé d'abandonner presque toute l'artillerie, forte alors de cinq cents bouches à feu ; on ne put emporter ni munitions, ni provisions. Nous ne pouvions, faute de chevaux, faire de reconnaissance ni envoyer une avant-garde de cavalerie reconnaître la route. Les soldats perdaient le courage et la raison, et tombaient dans la confusion. La circonstance la plus légère les alarmait. Quatre ou cinq hommes suffisaient pour jeter la frayeur dans tout un bataillon. Au lieu de se tenir réunis, ils erraient séparément pour chercher du feu. Ceux qu'on envoyait en éclaireurs abandonnaient leurs postes et allaient chercher les moyens de se réchauffer dans les maisons. Ils se répandaient de tous côtés, s'éloignaient de leurs corps et devenaient facilement la proie de l'ennemi. D'autres se couchaient sur la terre, s'endormaient ; un peu de sang sortait de leurs narines, et ils mouraient en dormant. Des milliers de soldats périrent. Les Polonais sauvèrent quelques-uns de leurs chevaux et un peu de leur artillerie ; mais les Français et les soldats des autres nations n'étaient plus les mêmes hommes. La cavalerie a surtout beaucoup souffert. Sur quarante mille hommes, je ne crois pas qu'il en soit échappé trois mille. »

Et vous qui racontiez cela sous le beau soleil d'un autre hémisphère, n'étiez-vous que le témoin de tant de maux ?

Le jour même (6 octobre) où le thermomètre tomba si bas, arriva de France, comme une fresaie[1] égarée, la première estafette que l'on eût vue depuis longtemps : elle apportait la mauvaise nouvelle de la conspiration de Malet. Cette conspiration eut quelque chose du prodigieux de l'étoile de Napoléon. Au rapport du général Gourgaud, ce qui fit le plus d'impression sur l'Empereur fut la preuve trop évidente « que les principes monarchiques dans leur application à sa monarchie avaient jeté des racines si peu profondes que de grands fonctionnaires, à la nouvelle de la mort de l'Empereur, oublièrent que, le souverain étant mort, un autre était là pour lui succéder ».

Bonaparte à Sainte-Hélène (*Mémorial* de Las Cases) racontait qu'il avait dit à sa cour des Tuileries, en parlant de la conspiration de Malet : « Eh bien, messieurs, vous prétendiez avoir fini votre révolution ; vous me croyiez mort : mais le roi de Rome, vos serments, vos principes, vos doctrines ? Vous me faites frémir pour l'avenir ! » Bonaparte raisonnait logiquement ; il s'agissait de sa dynastie : aurait-il trouvé le raisonnement aussi juste s'il s'était agi de la race de saint Louis ?

Bonaparte apprit l'accident de Paris au milieu d'un désert, parmi les débris d'une armée presque détruite dont la neige buvait le sang ; les droits de Napoléon fondés sur la force s'anéantissaient en Russie avec sa force, tandis qu'il avait suffi d'un seul homme pour les mettre en doute dans la capitale : hors de la religion, de la justice et de la liberté, il n'y a point de droits.

---

1. Autre nom de l'effraie.

Presque au même moment que Bonaparte apprenait ce qui s'était passé à Paris, il recevait une lettre du maréchal Ney. Cette lettre lui faisait part « que les meilleurs soldats se demandaient pourquoi c'était à eux seuls à combattre pour assurer la fuite des autres ; pourquoi l'aigle ne protégeait plus et tuait ; pourquoi il fallait succomber par bataillons, puisqu'il n'y avait plus qu'à fuir ? »

Quand l'aide de camp de Ney voulut entrer dans des particularités affligeantes, Bonaparte l'interrompit : « Colonel, je ne vous demande pas ces détails. » — Cette expédition de la Russie était une vraie extravagance que toutes les autorités civiles et militaires de l'empire avaient blâmée : les triomphes et les malheurs que rappelait la route de retraite aigrissaient ou décourageaient les soldats : sur ce chemin monté et redescendu, Napoléon pouvait trouver aussi l'image des deux parts de sa vie.

6

Smolensk. – Suite de la retraite.

Le 9 novembre, on avait enfin gagné Smolensk. Un ordre de Bonaparte avait défendu d'y laisser entrer personne avant que les postes n'eussent été remis à la garde impériale. Des soldats du dehors confluent au pied des murailles ; les soldats du dedans se tiennent renfermés. L'air retentit des imprécations des désespérés forclos, vêtus de sales lévites de cosaques, de capotes rapetassées, de manteaux et d'uniformes en loques, de couvertures de lit ou de cheval, la tête couverte de bonnets, de mouchoirs roulés, de shakos défoncés, de casques faussés et rompus ; tout cela sanglant ou neigeux, percé de balles ou haché de coups de sabre. Le visage hâve et dévalé, les yeux sombres et étincelants, ils regardaient au haut des remparts en grinçant les dents, ayant l'air de ces prisonniers mutilés qui, sous Louis le Gros, portaient dans leur main droite leur main gauche coupée : on les eût pris pour des masques en furie ou pour des malades affolés, échappés des hôpitaux. La jeune et la vieille garde arrivèrent ; elles entrèrent dans la place incendiée à notre premier passage.

Des cris s'élèvent contre la troupe privilégiée : « L'armée n'aurait-elle jamais que ses restes ? » Ces cohortes faméliques courent tumultuairement aux magasins comme une insurrection de spectres ; on les repousse ; on se bat : les tués restent dans les rues, les femmes, les enfants, les mourants sur les charrettes. L'air était empesté de la corruption d'une multitude d'anciens cadavres ; des militaires étaient atteints d'imbécillité ou de folie ; quelques-uns dont les cheveux s'étaient dressés et tordus, blasphémant ou riant d'un rire hébété, tombaient morts. Bonaparte exhale sa colère contre un misérable fournisseur impuissant dont aucun des ordres n'avait été exécuté.

L'armée de cent mille hommes, réduite à trente mille, était côtoyée d'une bande de cinquante mille traîneurs : il ne se trouvait plus que dix-huit cents cavaliers montés. Napoléon en donna le commandement à M. de Latour-Maubourg[1]. Cet officier, qui menait les cuirassiers à l'assaut de la grande redoute de Borodino, eut la tête fendue de coups de sabre ; depuis il perdit une jambe à Dresde. Apercevant son domestique qui pleurait, il lui dit : « De quoi te plains-tu ? tu n'auras plus qu'une botte à cirer. » Ce général, resté fidèle au malheur, est devenu le gouverneur de Henri V dans les premières années de l'exil du jeune prince : j'ôte mon chapeau en passant devant lui, comme en passant devant l'honneur.

On séjourna par force jusqu'au 14 dans Smolensk. Napoléon ordonna au maréchal Ney de se concerter avec Davoust et de démembrer la place en la déchirant avec des fougasses : pour lui, il se rendit à Krasnoï, où il s'établit le 15, après que cette station eut été pillée par les Russes. Les Moscovites rétrécissaient leur cercle : la grande armée dite de Moldavie était dans le voisinage ; elle se préparait à nous cerner tout à fait et à nous jeter dans la Bérésina.

Le reste de nos bataillons diminuait de jour en jour. Kutuzoff, instruit de nos misères, remuait à peine : « Sortez seulement un moment de votre quartier général, s'écriait Wilson ; avancez-vous sur les hauteurs, vous verrez que le dernier

---

1. Il sera sous la Restauration ministre de la Guerre et gouverneur des Invalides.

moment de Napoléon est venu. La Russie réclame cette victime : il n'y a plus qu'à frapper ; une charge suffira ; dans deux heures la face de l'Europe sera changée. »

Cela était vrai mais il n'y aurait eu que Bonaparte de particulièrement frappé, et Dieu voulait appesantir sa main sur la France.

Kutuzoff répondait : « Je fais reposer mes soldats tous les trois jours ; je rougirais, je m'arrêterais aussitôt, si le pain leur manquait un seul instant. J'escorte l'armée française ma prisonnière ; je la châtie dès qu'elle veut s'arrêter ou s'éloigner de la grande route. Le terme de la destinée de Napoléon est irrévocablement marqué : c'est dans les marais de la Bérésina que s'éteindra le météore en présence de toutes les armées russes. Je leur aurai livré Napoléon affaibli, désarmé, mourant : c'est assez pour ma gloire. »

Bonaparte avait parlé du *vieux* Kutuzoff avec ce dédain insultant dont il était si prodigue : le *vieux* Kutuzoff à son tour lui rendait mépris pour mépris.

L'armée de Kutuzoff était plus impatiente que son chef ; les Cosaques eux-mêmes s'écriaient : « Laissera-t-on ces squelettes sortir de leurs tombeaux ? »

Cependant on ne voyait pas venir le quatrième corps qui avait dû quitter Smolensk le 15 et rejoindre Napoléon le 16 à Krasnoï ; les communications étaient coupées ; le prince Eugène, qui menait la queue, essaya vainement de les rétablir : tout ce qu'il put faire, ce fut de tourner les Russes et d'opérer sa jonction avec la garde sous Krasnoï ; mais toujours les maréchaux Davoust et Ney ne paraissaient pas.

Alors Napoléon retrouva subitement son génie : il sort de Krasnoï le 17, un bâton à la main, à la tête de sa garde réduite à treize mille hommes, pour affronter d'innombrables ennemis, dégager la route de Smolensk, et frayer un passage aux deux maréchaux. Il ne gâta cette action que par la réminiscence d'un mot peu proportionné à son masque : « J'ai assez fait l'Empereur, il est temps que je fasse le général. » Henri IV, partant pour le siège d'Amiens, avait dit : « J'ai assez fait le roi de France, il est temps que je fasse le roi de Navarre. » Les hauteurs environnantes, au pied desquelles marchait Napoléon, se chargeaient d'artillerie et pouvaient à chaque instant le foudroyer ; il y jette un coup d'œil et dit :

« Qu'un escadron de mes chasseurs s'en empare ! » Les Russes n'avaient qu'à se laisser rouler en bas, leur seule masse l'eût écrasé ; mais, à la vue de ce grand homme et des débris de la garde serrée en bataillon carré, ils demeurèrent immobiles, comme fascinés : son regard arrêta cent mille hommes sur les collines.

Kutuzoff, à propos de cette affaire de Krasnoï, fut honoré à Pétersbourg du surnom de Smolenski : apparemment pour n'avoir pas, sous le bâton de Bonaparte, désespéré du salut de la République.

7

Passage de la Bérésina.

Après cet inutile effort, Napoléon repassa le Dniéper le 19 et vint camper à Orcha : il y brûla les papiers qu'il avait apportés pour écrire sa vie dans les ennuis de l'hiver, si Moscou restée entière lui eût permis de s'y établir. Il s'était vu forcé de jeter dans le lac de Semlewo l'énorme croix de saint Jean : elle a été retrouvée par des Cosaques et replacée sur la tour du grand Yvan.

À Orcha les inquiétudes étaient grandes : malgré la tentative de Napoléon pour la rescousse[1] du maréchal Ney, il manquait encore. On reçut enfin de ses nouvelles à Baranni : Eugène était parvenu à le rejoindre. Le général Gourgaud raconte le plaisir que Napoléon en éprouva, bien que les bulletins et les relations des amis de l'Empereur continuent de s'exprimer avec une réserve jalouse sur tous les faits qui n'ont pas un rapport direct avec lui. La joie de l'armée fut promptement étouffée ; on passait de péril en péril. Bonaparte se rendait de Kokhanow à Tolozcim, lorsqu'un aide de camp lui annonça la perte de la tête du pont de Borisow, enlevé par l'armée de Moldavie au général Dombrowski[2]. L'armée de Moldavie, surprise à son tour par le duc de Reggio[3] dans Borisow, se

---

1. Pour retrouver le maréchal Ney. — 2. Il commandait dans l'armée de Napoléon une division polonaise. — 3. Le maréchal Oudinot.

retira derrière la Bérésina après avoir détruit le pont. Tchitchakoff se trouvait ainsi en face de nous, de l'autre côté de la rivière.

Le général Corbineau, commandant une brigade de notre cavalerie légère, renseigné par un paysan, avait découvert au-dessous de Borisow le gué de Vésélovo. Sur cette nouvelle, Napoléon, dans la soirée du 24, fit partir de Bobre d'Éblé et Chasseloup avec les pontonniers et les sapeurs : ils arrivèrent à Stoudianka, sur la Bérésina, au gué indiqué.

Deux ponts sont jetés : une armée de quarante mille Russes campait au bord opposé. Quelle fut la surprise des Français, lorsqu'au lever du jour ils aperçurent le rivage désert et l'arrière-garde de la division de Tchaplitz en pleine retraite ! Ils n'en croyaient pas leurs yeux. Un seul boulet, le feu de la pipe d'un Cosaque eussent suffi pour mettre en pièces ou pour brûler les faibles pontons de d'Éblé. On court avertir Bonaparte ; il se lève à la hâte, sort, voit et s'écrie : « J'ai trompé l'amiral[1] ! » L'exclamation était naturelle ; les Russes avortaient au dénoûment et commettaient une faute qui devait prolonger la guerre de trois années ; mais leur chef n'avait point été trompé. L'amiral Tchitchakoff avait tout aperçu ; il s'était simplement laissé aller à son caractère : quoique intelligent et fougueux, il aimait ses aises ; il craignait le froid, restait au poêle, et pensait qu'il aurait toujours le temps d'exterminer les Français quand il se serait bien chauffé : il céda à son tempérament. Retiré aujourd'hui à Londres, ayant abandonné sa fortune et renoncé à la Russie, Tchitchakoff a fourni au *Quarterly-Review* de curieux articles sur la campagne de 1811 : il cherche à s'excuser, ses compatriotes lui répondent ; c'est une querelle entre des Russes. Hélas ! Si Bonaparte, par la construction de ses deux ponts et l'incompréhensible retraite de la division Tchaplitz, était sauvé, les Français ne l'étaient pas : deux autres armées russes s'aggloméraient sur la rive du fleuve que Napoléon se préparait à quitter. Ici celui qui n'a point vu doit se taire et laisser parler les témoins.

---

1. Tchitchakoff.

« Le dévouement des pontonniers dirigés par d'Éblé, dit Chambray, vivra autant que le souvenir du passage de la Bérésina. Quoique affaiblis par les maux qu'ils enduraient depuis si longtemps, quoique privés de liqueurs et d'aliments substantiels, on les vit, bravant le froid qui était devenu très rigoureux, se mettre dans l'eau quelquefois jusqu'à la poitrine ; c'était courir à une mort presque certaine ; mais l'armée les regardait ; ils se sacrifièrent pour son salut [1]. »

« Le désordre régnait chez les Français, dit à son tour M. de Ségur, et les matériaux avaient manqué aux deux ponts ; deux fois, dans la nuit du 26 au 27, celui des voitures s'était rompu et le passage en avait été retardé de sept heures : il se brisa une troisième fois le 27, vers quatre heures du soir. D'un autre côté, les traîneurs dispersés dans les bois et dans les villages environnants n'avaient pas profité de la première nuit, et le 27, quand le jour avait reparu, tous s'étaient présentés à la fois pour passer les ponts.

« Ce fut surtout quand la garde, sur laquelle ils se réglaient, s'ébranla. Son départ fut comme un signal : ils accoururent de toutes parts ; ils s'amoncelèrent sur la rive. On vit en un instant une masse profonde, large et confuse d'hommes, de chevaux et de chariots assiéger l'étroite entrée des ponts qu'elle débordait. Les premiers, poussés par ceux qui les suivaient, repoussés par les gardes et par les pontonniers, ou arrêtés par le fleuve, étaient écrasés, foulés aux pieds, ou précipités dans les glaces que charriait la Bérésina. Il s'élevait de cette immense et horrible cohue, tantôt un bourdonnement sourd, tantôt une grande clameur, mêlée de gémissements et d'affreuses imprécations.................
......................... Le désordre avait été si grand, que, vers deux heures, quand l'Empereur s'était présenté à son tour, il avait fallu employer la force pour lui ouvrir un passage. Un corps de grenadiers de la garde, et Latour-Maubourg, renoncèrent, par pitié, à se faire jour au travers de ces malheureux......................
La multitude immense entassée sur la rive, pêle-mêle avec les

---

[1]. Ce paragraphe est emprunté à l'*Histoire de l'expédition de Russie* du général de Chambray (1833).

chevaux et les chariots, y formait un épouvantable encombrement. Ce fut vers le milieu du jour que les premiers boulets ennemis tombèrent au milieu de ce chaos : ils furent le signal d'un désespoir universel ..........................

« Beaucoup de ceux qui s'étaient lancés les premiers de cette foule de désespérés, ayant manqué le pont, voulurent l'escalader par ses côtés ; mais la plupart furent repoussés dans le fleuve. Ce fut là qu'on aperçut des femmes au milieu des glaçons, avec leurs enfants dans leurs bras, les élevant à mesure qu'elles s'enfonçaient ; déjà submergées, leurs bras raidis les tenaient encore au-dessus d'elles.

« Au milieu de cet horrible désordre, le pont de l'artillerie creva et se rompit. La colonne engagée sur cet étroit passage voulut en vain rétrograder. Le flot d'hommes qui venait derrière, ignorant ce malheur, n'écoutant pas les cris des premiers, poussèrent devant eux, et les jetèrent dans le gouffre, où ils furent précipités à leur tour.

« Tout alors se dirigea vers l'autre pont. Une multitude de gros caissons, de lourdes voitures et de pièces d'artillerie y affluèrent de toutes parts. Dirigées par leurs conducteurs, et rapidement emportées sur une pente raide et inégale, au milieu de cet amas d'hommes, elles broyèrent les malheureux qui se trouvèrent surpris entre elles ; puis s'entre-choquant, la plupart, violemment renversées, assommèrent dans leur chute ceux qui les entouraient. Alors des rangs entiers d'hommes éperdus poussés sur ces obstacles s'y embarrassent, culbutent, et sont écrasés par des masses d'autres infortunés qui se succèdent sans interruption.

« Ces flots de misérables roulaient ainsi les uns sur les autres ; on n'entendait que des cris de douleur et de rage. Dans cette affreuse mêlée les hommes foulés et étouffés se débattaient sous les pieds de leurs compagnons, auxquels ils s'attachaient avec leurs ongles et leurs dents. Ceux-ci les repoussaient sans pitié comme des ennemis. Dans cet épouvantable fracas d'un ouragan furieux, de coups de canon, du sifflement de la tempête, de celui des boulets, des explosions des obus, de vociférations, de gémissements, de juremens effroyables, cette foule désordonnée n'entendait pas les plaintes des victimes qu'elle engloutissait. »

Les autres témoignages sont d'accord avec les récits de

M. de Ségur : pour leur collation et leur preuve, je ne citerai plus que ce passage des *Mémoires de Vaudoncourt* :

« La plaine assez grande qui se trouve devant Veselovo offre, le soir, un spectacle dont l'horreur est difficile à peindre. Elle est couverte de voitures et de fourgons, la plupart renversés les uns sur les autres et brisés. Elle est jonchée de cadavres d'individus non militaires, parmi lesquels on ne voit que trop de femmes et d'enfants traînés, à la suite de l'armée, jusqu'à Moscou, ou fuyant cette ville pour suivre leurs compatriotes, et que la mort avait frappés de différentes manières. Le sort de ces malheureux, au milieu de la mêlée des deux armées, fut d'être écrasés sous les roues des voitures ou sous les pieds des chevaux ; frappés par les boulets ou par les balles des deux partis ; noyés en voulant passer les ponts avec les troupes, ou dépouillés par les soldats ennemis et jetés nus sur la neige où le froid termina bientôt leurs souffrances. »

Quel gémissement Bonaparte a-t-il pour une pareille catastrophe, pour cet événement de douleur, un des plus grands de l'histoire ; pour des désastres qui surpassent ceux de l'armée de Cambyse ? Quel cri est arraché de son âme ? Ces quatre mots de son bulletin : *« Pendant la journée du 26 et du 27 l'armée passa. »* Vous venez de voir comment ! Napoléon ne fut pas même attendri par le spectacle de ces femmes élevant dans leurs bras leurs nourrissons au-dessus des eaux. L'autre grand homme qui par la France a régné sur le monde, Charlemagne, grossier barbare apparemment, chanta et pleura (poète qu'il était aussi) l'enfant englouti dans l'Èbre en se jouant sur la glace :

*Trux puer adstricto glacie dum ludit in Hebro*[1].

Le duc de Bellune[2] était chargé de protéger le passage. Il avait laissé en arrière le général Partouneaux qui fut obligé de capituler. Le duc de Reggio, blessé de nouveau, était remplacé dans son commandement par le maréchal Ney. On traversa les marais de la Gaina : la plus petite prévoyance des Russes

---

1. « L'enfant sauvage pris par la glace pendant qu'il joue sur l'Èbre... » — 2. Le maréchal Victor.

aurait rendu les chemins impraticables. À Malodeczno, le 3 décembre, se trouvèrent toutes les estafettes arrêtées depuis trois semaines. Ce fut là que Napoléon médita d'abandonner le drapeau. « Puis-je rester, disait-il, à la tête d'une déroute ? » À Smorgoni, le roi de Naples et le prince Eugène le pressèrent de retourner en France. Le duc d'Istrie[1] porta la parole ; dès les premiers mots Napoléon entra en fureur, il s'écria : « Il n'y a que mon plus mortel ennemi qui puisse me proposer de quitter l'armée dans la situation où elle se trouve. » Il fit un mouvement pour se jeter sur le maréchal, son épée nue à la main. Le soir il fit rappeler le duc d'Istrie et lui dit : « Puisque vous le voulez tous, il faut bien que je parte. » La scène était arrangée ; le projet de départ était arrêté lorsqu'elle fut jouée. M. Fain assure en effet que l'Empereur s'était déterminé à quitter l'armée pendant la marche *qui le ramena le 4 de Malodeczno à Biclitza*. Telle fut la comédie par laquelle l'immense acteur dénoua son drame tragique.

À Smorgoni l'Empereur écrivit son vingt-neuvième bulletin. Le 5 décembre il monta sur un traîneau avec M. de Caulaincourt : il était dix heures du soir. Il traversa l'Allemagne caché sous le nom de son compagnon de fuite. À sa disparition, tout s'abîma : dans une tempête, lorsqu'un colosse de granit s'ensevelit sous les sables de la Thébaïde, nulle ombre ne reste au désert. Quelques soldats dont il ne restait de vivant que les têtes finirent par se manger les uns les autres sous des hangars de branches de pins. Des maux qui paraissaient ne pouvoir augmenter se complètent : l'hiver, qui n'avait encore été que l'automne de ces climats, descend. Les Russes n'avaient plus le courage de tirer, dans des régions de glace, sur les ombres gelées que Bonaparte laissait vagabondes après lui.

À Wilna on ne rencontra que des juifs qui jetaient sous les pieds de l'ennemi les malades qu'ils avaient d'abord recueillis par avarice. Une dernière déroute abîma le demeurant des Français, à la hauteur de Ponary. Enfin on touche au Niémen : des trois ponts sur lesquels nos troupes avaient défilé, aucun n'existait ; un pont, ouvrage de l'ennemi, domi-

---

1. Le maréchal Bessières.

naît les eaux congelées. Des cinq cent mille hommes, de l'innombrable artillerie qui, au mois d'août, avaient traversé le fleuve, on ne vit repasser à Kowno qu'un millier de fantassins réguliers, quelques canons et trente mille misérables couverts de plaies. Plus de musique, plus de chants de triomphe ; la bande à la face violette, et dont les cils figés forçaient les yeux à se tenir ouverts, marchait en silence sur le pont ou rampait de glaçons en glaçons jusqu'à la rive polonaise. Arrivés dans des habitations échauffées par des poêles, les malheureux expirèrent : leur vie se fondit avec la neige dont ils étaient enveloppés. Le général Gourgaud affirme que cent vingt-sept mille hommes repassèrent le Niémen : ce serait toujours même à ce compte une perte de trois cent treize mille hommes dans une campagne de quatre mois.

Murat, parvenu à Gumbinnen, rassembla ses officiers et leur dit : « Il n'est plus possible de servir un insensé ; il n'y a plus de salut dans sa cause ; aucun prince de l'Europe ne croit plus à ses paroles ni à ses traités. » De là il se rendit à Posen et, le 16 janvier 1813, il disparut. Vingt-trois jours après, le prince de Schwartzenberg quitta l'armée : elle passa sous le commandement du prince Eugène. Le général Yorck, d'abord blâmé ostensiblement par Frédéric-Guillaume et bientôt réconcilié avec lui, se retira en emmenant les Prussiens : la défection européenne commençait.

8

Jugement sur la campagne de Russie.
Dernier bulletin de la grande armée.
Retour de Bonaparte à Paris. – Harangue du Sénat.

Dans toute cette campagne Bonaparte fut inférieur à ses généraux, et particulièrement au maréchal Ney. Les excuses que l'on a données de la fuite de Bonaparte sont inadmissibles : la preuve est là, puisque son départ, qui devait tout sauver, ne sauva rien. Cet abandon, loin de réparer les malheurs, les augmenta et hâta la dissolution de la Fédération Rhénane.

Le vingt-neuvième et dernier bulletin de la grande armée,

daté de Molodetschino[1] le 3 décembre 1812, arrivé à Paris le 18, n'y précéda Napoléon que de deux jours : il frappa la France de stupeur, quoiqu'il soit loin de s'exprimer avec la franchise dont on l'a loué ; des contradictions frappantes s'y remarquent et ne parviennent pas à couvrir une vérité qui perce partout. À Sainte-Hélène (comme on l'a vu ci-dessus), Bonaparte s'exprimait avec plus de bonne foi : ses révélations ne pouvaient plus compromettre un diadème alors tombé de sa tête. Il faut pourtant écouter encore un moment le ravageur :

« Cette armée, dit-il dans le bulletin du 3 décembre 1812, si belle le 6, était bien différente dès le 14. Presque sans cavalerie, sans transports, nous ne pouvions nous éclairer à un quart de lieue. . . . . . . . . . . . . . . . . . . . . . . . . . . . . . . . . . .

« Les hommes que la nature n'a pas trempés assez fortement pour être au-dessus de toutes les chances du sort et de la fortune parurent ébranlés, perdirent leur gaieté, leur bonne humeur, et ne rêvèrent que malheurs et catastrophes ; ceux qu'elle a créés supérieurs à tout conservèrent leur gaieté, leurs manières ordinaires, et virent une nouvelle gloire dans des difficultés différentes à surmonter.

« Dans tous ces mouvements, l'Empereur a toujours marché au milieu de sa garde, la cavalerie commandée par le maréchal duc d'Istrie, et l'infanterie commandée par le duc de Dantzick[2]. Sa Majesté a été satisfaite du bon esprit que sa garde a montré ; elle a toujours été prête à se porter partout où les circonstances l'auraient exigé ; mais les circonstances ont toujours été telles que sa simple présence a suffi, et qu'elle n'a pas été dans le cas de donner.

« Le prince de Neufchâtel, le grand maréchal[3], le grand écuyer[4] et tous les aides de camp et les officiers militaires de la maison de l'Empereur, ont toujours accompagné Sa Majesté.

« Notre cavalerie était tellement démontée, que l'on a dû réunir les officiers auxquels il restait un cheval pour en former quatre compagnies de cent cinquante hommes chacune. Les généraux y faisaient les fonctions de capitaines, et les colonels celles de sous-officiers. Cet escadron sacré, commandé par le général Grouchy, et sous les ordres du roi de Naples, ne

---

1. Chateaubriand a appelé ce village Malodeczno, p. 223. Il adopte l'orthographe des ouvrages et documents dont il se sert. — 2. Le maréchal Lefèbvre. — 3. Duroc. — 4. Caulaincourt.

perdait pas de vue l'Empereur dans tous ses mouvements. La santé de Sa Majesté n'a jamais été meilleure. »

Quel résumé de tant de victoires ! Bonaparte avait dit aux Directeurs : « Qu'avez-vous fait de cent mille Français, tous mes compagnons de gloire ? Ils sont morts ! » La France pouvait dire à Bonaparte : « Qu'avez-vous fait dans une seule course des cinq cent mille soldats du Niémen, tous mes enfants ou mes alliés ? Ils sont morts ! »

Après la perte de ces cent mille soldats républicains regrettés de Napoléon, du moins la patrie fut sauvée : les derniers résultats de la campagne de Russie ont amené l'invasion de la France et la perte de tout ce que notre gloire et nos sacrifices avaient accumulé depuis vingt ans.

Bonaparte a sans cesse été gardé par un *bataillon sacré qui ne le perdit pas de vue dans tous ses mouvements* ; dédommagement des trois cent mille existences immolées : mais pourquoi la *nature ne les avait-elle pas trempées assez fortement* ? Elles auraient conservé *leurs manières ordinaires*. Cette vile chair à canon méritait-elle que *ses mouvements* eussent été aussi précieusement surveillés que ceux de Sa Majesté ?

Le Bulletin conclut, comme plusieurs autres, par ces mots : « *La santé de Sa Majesté n'a jamais été meilleure.* »

Familles, séchez vos larmes : Napoléon se porte bien.

À la suite de ce rapport, on lisait cette remarque officielle dans les journaux : « C'est une pièce historique du premier rang ; Xénophon et César ont ainsi écrit, l'un la retraite des Dix mille, l'autre ses *Commentaires*. » Quelle démence de comparaison académique ! Mais, laissant à part la bénévole réclame littéraire, on devait être satisfait parce que d'effroyables calamités causées par Napoléon lui avaient fourni l'occasion de montrer ses talents comme écrivain ! Néron a mis le feu à Rome, et il chante l'incendie de Troie. Nous étions arrivés jusqu'à la féroce dérision d'une flatterie qui déterrait dans ses souvenirs Xénophon et César, afin d'outrager le deuil éternel de la France.

Le Sénat conservateur accourt : « Le Sénat, dit Lacépède[1], s'empresse de présenter au pied du trône de V.M.I. et R.

---

1. Naturaliste (Chateaubriand l'appelle plus bas « l'historien des reptiles »), grand chancelier de la Légion d'honneur.

l'hommage de ses félicitations sur l'*heureuse arrivée* de V.M. au milieu de ses peuples. Le Sénat, premier conseil de l'Empereur et *dont l'autorité n'existe que lorsque le monarque la réclame et la met en mouvement*, est établi pour la conservation de cette monarchie et de l'hérédité de votre trône, *dans notre quatrième dynastie*. La France et la postérité le trouveront, dans toutes les circonstances, fidèle à ce devoir sacré, et tous ses membres seront toujours prêts à périr pour la défense de ce *palladium* de la sûreté et de la prospérité nationales. » Les membres du Sénat l'ont merveilleusement prouvé en décrétant la déchéance de Napoléon !

L'Empereur répond : « Sénateurs, ce que vous me dites m'est fort agréable. J'ai à cœur LA GLOIRE ET LA PUISSANCE de la France : mais nos premières pensées sont POUR TOUT ce qui peut perpétuer la tranquillité intérieure..., POUR CE TRÔNE auquel sont attachées DÉSORMAIS les destinées de la patrie... J'ai demandé à la Providence un nombre *d'années déterminé*... J'ai réfléchi à ce qui a été fait aux différentes époques ; j'y penserai encore. »

L'historien des reptiles, en osant congratuler Napoléon sur les prospérités publiques, est cependant effrayé de son courage ; il a peur *d'être* ; il a bien soin de dire que l'autorité du Sénat *n'existe* que lorsque le monarque la réclame *et la met* en *mouvement*. On avait tant à craindre de l'indépendance du Sénat !

Bonaparte, s'excusant à Sainte-Hélène, dit : « Sont-ce les Russes qui m'ont anéanti ? Non, ce sont de faux rapports, de sottes intrigues, de la trahison, de la bêtise, bien des choses enfin qu'on saura peut-être un jour et qui pourront atténuer ou justifier les deux fautes grossières, en diplomatie comme en guerre, que l'on a le droit de m'adresser. »

Des fautes qui n'entraînent que la perte d'une bataille ou d'une province permettent des excuses en paroles mystérieuses, dont on renvoie l'explication à l'avenir ; mais des fautes qui bouleversent la société, et font passer sous le joug l'indépendance d'un peuple, ne sont pas effacées par les défaites de l'orgueil.

Après tant de calamités et de faits héroïques, il est rude à la fin de n'avoir plus à choisir dans les paroles du Sénat qu'entre l'horreur et le mépris.

# IV

*Revu le 22 février 1845.*

1. Malheurs de la France. – Joies forcées. – Séjour à ma Vallée. – Réveil de la légitimité. — 2. Le pape à Fontainebleau. — 3. Défections. – Mort de Lagrange et de Delille. — 4. Batailles de Lützen, de Bautzen et de Dresde. – Revers en Espagne. — 5. Campagne de Saxe ou des poètes. — 6. Bataille de Leipsick. – Retour de Bonaparte à Paris. – Traité de Valençay. — 7. Le Corps législatif convoqué, puis ajourné. – Les alliés passent le Rhin. – Colère de Bonaparte. – Premier jour de l'an 1814. — 8. Le pape mis en liberté. — 9. Notes qui devinrent la brochure *De Bonaparte et des Bourbons*. – Je prends un appartement rue de Rivoli. – Admirable campagne de France, 1814. — 10. Je commence à imprimer ma brochure. – Une note de madame de Chateaubriand. — 11. La guerre établie aux barrières de Paris. – Vue de Paris. – Combat de Belleville. – Fuite de Marie-Louise et de la régence. – M. de Talleyrand reste à Paris. — 12. Proclamation du prince généralissime Schwartzenberg. – Discours d'Alexandre. – Capitulation de Paris. — 13. Entrée des alliés dans Paris. — 14. Bonaparte à Fontainebleau. – La régence à Blois. — 15. Publication de ma brochure *De Bonaparte et des Bourbons*. — 16. Le Sénat rend le décret de déchéance. — 17. Hôtel de la rue Saint-Florentin. – M. de Talleyrand. — 18. Adresses du gouvernement provisoire. – Constitution proposée par le Sénat. — 19. Arrivée du comte d'Artois. – Abdication de Bonaparte à Fontainebleau. — 20. Itinéraire de Napoléon à l'île d'Elbe. — 21. Louis XVIII à Compiègne. – Son entrée à Paris. – La vieille garde. – Faute irréparable. – Déclaration de Saint-Ouen. – Traité de Paris. – La Charte. – Départ des alliés. — 22. Première année de la Restauration. — 23. Est-ce aux royalistes qu'il faut s'en prendre de la Restauration ?

— 24. Premier ministère. – Je publie les *Réflexions politiques*. – Madame la duchesse de Duras. – Je suis nommé ambassadeur en Suède. — 25. Exhumation des restes de Louis XVI. – Premier 21 janvier à Saint-Denis. — 26. L'île d'Elbe.

1

Malheurs de la France. – Joies forcées.
Séjours à ma Vallée. – Réveil de la légitimité.

Lorsque Bonaparte arriva précédé de son bulletin, la consternation fut générale. « On ne comptait dans l'Empire, dit M. de Ségur, que des hommes vieillis par le temps ou par la guerre, et des enfants ; presque plus d'hommes faits ! où étaient-ils ? Les pleurs des femmes, les cris des mères, le disaient assez ! Penchées sur cette terre qui sans elles resterait inculte, elles maudissent la guerre en lui. »

Au retour de la Bérésina, il n'en fallut pas moins danser par ordre : c'est ce qu'on apprend des *Souvenirs pour servir à l'histoire*, de la reine Hortense. On fut contraint d'aller au bal, la mort dans le cœur, pleurant intérieurement ses parents ou ses amis. Tel était le déshonneur auquel le despotisme avait condamné la France : on voyait dans les salons ce que l'on rencontre dans les rues, des créatures se distrayant de leur vie en chantant leur misère pour divertir les passants.

Depuis trois ans j'étais retiré à Aulnay : sur mon coteau de pins, en 1811, j'avais suivi des yeux la comète qui pendant la nuit courait à l'horizon des bois ; elle était belle et triste, et, comme une reine, elle traînait sur ses pas son long voile. Qui l'étrangère égarée dans notre univers cherchait-elle ? à qui adressait-elle ses pas dans le désert du ciel ?

Le 23 octobre 1812, gîté un moment à Paris, rue des Saints-Pères, à l'hôtel Lavalette, madame Lavalette, mon hôtesse, la sourde, me vint réveiller munie de son long cornet : « Monsieur ! monsieur ! Bonaparte est mort ! Le général Malet a tué Hulin. Toutes les autorités sont changées. La révolution est faite. »

Bonaparte était si aimé que pendant quelques instants

Paris fut dans la joie, excepté les autorités burlesquement arrêtées. Un souffle avait presque jeté bas l'Empire. Évadé de prison à minuit, un soldat était maître du monde au point du jour ; un songe fut près d'emporter une réalité formidable. Les plus modérés disaient : « Si Napoléon n'est pas mort, il reviendra corrigé par ses fautes et par ses revers ; il fera la paix avec l'Europe, et le reste de nos enfants sera sauvé. » Deux heures après sa femme, M. Lavalette entra chez moi pour m'apprendre l'arrestation de Malet : *il ne me cacha pas* (c'était sa phrase coutumière) *que tout était fini.* Le jour et la nuit se firent au même moment. J'ai raconté comment Bonaparte reçut cette nouvelle dans un champ de neige près de Smolensk.

Le *sénatus-consulte* du 12 janvier 1813 mit à la disposition de Napoléon revenu deux cent cinquante mille hommes ; l'inépuisable France vit sortir de son sang par ses blessures de nouveaux soldats. Alors on entendit une voix depuis longtemps oubliée ; quelques vieilles oreilles françaises crurent en reconnaître le son : c'était la voix de Louis XVIII ; elle s'élevait du fond de l'exil. Le frère de Louis XVI annonçait des principes à établir un jour dans une charte constitutionnelle ; premières espérances de liberté qui nous venaient de nos anciens rois.

Alexandre, entré à Varsovie, adresse une proclamation à l'Europe :

. . . . . . . . . . . . . . . . . . . . . . . . . . . . . . . . . . . . . . . . . . .

« Si le Nord imite le sublime exemple qu'offrent les Castillans, le deuil du monde est fini. L'Europe, sur le point de devenir la proie d'*un monstre,* recouvrerait à la fois son indépendance et sa tranquillité. Puisse enfin de ce *colosse sanglant qui menaçait le continent de sa criminelle éternité* ne rester qu'un long souvenir d'horreur et de pitié ! »

Ce *monstre, ce colosse sanglant qui menaçait le continent de sa criminelle éternité,* était si peu instruit par l'infortune qu'à peine échappé aux Cosaques, il se jeta sur un vieillard qu'il retenait prisonnier.

2

Le pape à Fontainebleau.

Nous avons vu l'enlèvement du pape à Rome, son séjour à Savone, puis sa détention à Fontainebleau. La discorde s'était mise dans le sacré collège : des cardinaux voulaient que le Saint Père résistât pour le spirituel, et ils eurent ordre de ne porter que des bas noirs ; quelques-uns furent envoyés en exil dans les provinces ; quelques chefs du clergé français enfermés à Vincennes : d'autres cardinaux opinaient à la soumission complète du pape ; ils conservèrent leurs bas rouges : c'était une seconde représentation des cierges de la Chandeleur.

Lorsqu'à Fontainebleau le pape obtenait quelque relâchement de l'obsession des cardinaux rouges, il se promenait seul dans les galeries de François I$^{er}$ : il y reconnaissait la trace des arts qui lui rappelaient la ville sacrée, et de ses fenêtres il voyait les pins que Louis XVI avait plantés en face des appartements sombres où Monescalchi[1] fut assassiné. De ce désert, comme Jésus, il pouvait prendre en pitié les royaumes de la terre. Le septuagénaire à moitié mort, que Bonaparte lui-même vint tourmenter, signa machinalement ce concordat de 1813, contre lequel il protesta bientôt après l'arrivée des cardinaux Pacca et Consalvi.

Lorsque Pacca rejoignit le captif avec lequel il était parti de Rome, il s'imaginait trouver une grande foule autour de la geôle royale ; il ne rencontra dans les cours que de rares serviteurs et une sentinelle placée au haut de l'escalier en fer à cheval. Les fenêtres et les portes du palais étaient fermées : dans la première antichambre des appartements était le cardinal Doria, dans les autres salles se tenaient quelques évêques français. Pacca fut introduit auprès de Sa Sainteté : elle était debout, immobile, pâle, courbée, amaigrie, les yeux enfoncés dans la tête.

---

**1.** Cet Italien fut assassiné à Fontainebleau en 1657 par ordre de Christine de Suède dont il avait été le favori.

Le cardinal lui dit qu'il avait hâté son voyage pour se jeter à ses pieds ; le pape répondit : « Ces cardinaux nous ont entraîné à la table et nous ont fait signer. » Pacca se retira à l'appartement qu'on lui avait préparé, confondu qu'il était de la solitude des demeures, du silence des yeux, de l'abattement des visages et du profond chagrin empreint sur le front du pape. Retourné auprès de Sa Sainteté, il « la trouva (c'est lui qui parle) dans un état digne de compassion et qui faisait craindre pour ses jours. Elle était anéantie par une tristesse inconsolable en parlant de ce qui était arrivé ; cette pensée de tourment l'empêchait de dormir et ne lui permettait de prendre de nourriture que ce qui suffisait pour ne pas consentir à mourir : — De cela, disait-elle, je mourrai fou comme Clément XIV. »

Dans le secret de ces galeries déshabitées où la voix de saint Louis, de François I<sup>er</sup>, de Henri IV et de Louis XIV ne se faisait plus entendre, le Saint Père passa plusieurs jours à écrire la minute et la copie de la lettre qui devait être remise à l'Empereur. Le cardinal Pacca emportait caché dans sa robe le papier dangereux à mesure que le pape y ajoutait quelques lignes. L'ouvrage achevé, le pape le remit, le 24 mai 1813, au colonel Lagorce et le chargea de le porter à l'Empereur. Il fit lire en même temps une allocution aux divers cardinaux qui se trouvaient près de lui : il regarda comme nul le bref qu'il avait donné à Savone et le concordat du 25 janvier. « Béni soit le Seigneur, dit l'allocution, qui n'a pas éloigné de nous sa miséricorde ! Il a bien voulu nous humilier par une salutaire confusion. À nous donc soit l'humiliation pour le bien de notre âme ; à lui dans tous les siècles l'exaltation, l'honneur et la gloire !

« Du palais de Fontainebleau le 24 mars 1813. »

Jamais plus belle ordonnance ne sortit de ce palais. La conscience du pape étant allégée, le visage du martyr devint serein ; son sourire et sa bouche retrouvèrent leur grâce et ses yeux le sommeil.

Napoléon menaça d'abord de *faire sauter la tête de dessus les épaules de quelques-uns des prêtres de Fontainebleau* ; il pensa à se déclarer chef de la religion de l'État ; puis, retombant dans son naturel, il feignit de n'avoir rien su de la lettre du pape. Mais sa fortune décroissait. Le pape, sorti d'un ordre de pauvres moines, rentré par ses malheurs dans le sein de la foule, semblait avoir repris le grand rôle de tribun des peuples, et donné le signal de la déposition de l'oppresseur des libertés publiques.

3

Défections. – Mort de Lagrange et de Delille.

La mauvaise fortune amène les trahisons et ne les justifie pas ; en mars 1813, la Prusse à Kalisch s'allie avec la Russie. Le 3 mars, la Suède fait un traité avec le cabinet de Saint-James : elle s'oblige à fournir trente mille hommes. Hambourg est évacué par les Français, Berlin occupé par les Cosaques, Dresde pris par les Russes et les Prussiens.

La défection de la confédération du Rhin se prépare. L'Autriche adhère à l'alliance de la Russie et de la Prusse. La guerre se rouvre en Italie où le prince Eugène s'est transporté.

En Espagne, l'armée anglaise défait Joseph à Vittoria ; les tableaux dérobés aux églises et aux palais tombent dans l'Èbre : je les avais vus à Madrid et à l'Escurial ; je les ai revus lorsqu'on les restaurait à Paris : le flot et Napoléon avaient passé sur ces Murillo et ces Raphaël, *velut umbra*[1]. Wellington, s'avançant toujours, bat le maréchal Soult à Roncevaux : nos grands souvenirs faisaient le fond des scènes de nos nouvelles destinées.

Le 14 février, à l'ouverture du Corps législatif, Bonaparte déclara qu'il avait toujours voulu la paix et qu'elle était nécessaire au monde. Ce monde ne lui réussissait plus. Du reste, dans la bouche de celui qui nous appelait *ses sujets*, aucune sympathie pour les douleurs de la France : Bonaparte levait sur nous des souffrances, comme un tribut qui lui était dû.

Le 3 avril, le Sénat conservateur ajoute cent quatre-vingt

---

1. « Comme une ombre. »

mille combattants à ceux qu'il a déjà alloués : coupes extraordinaires d'hommes au milieu des coupes réglées. Le 10 avril enlève Lagrange ; l'abbé Delille expira quelques jours après. Si dans le ciel la noblesse du sentiment l'emporte sur la hauteur de la pensée, le chantre de *la Pitié* est placé plus près du trône de Dieu que l'auteur de la *Théorie des fonctions analytiques*[1]. Bonaparte avait quitté Paris le 15 avril.

## 4

### Batailles de Lützen, de Bautzen et de Dresde. Revers en Espagne

Les levées de 1812, se succédant, s'étaient arrêtées en Saxe. Napoléon arrive. L'honneur du vieil ost[2] expiré est remis à deux cent mille conscrits qui se battent comme les grenadiers de Marengo. Le 2 mai, la bataille de Lützen est gagnée : Bonaparte, dans ces nouveaux combats, n'emploie presque plus que l'artillerie. Entré dans Dresde, il dit aux habitants : « Je n'ignore pas à quel transport vous vous êtes livrés lorsque l'empereur Alexandre et le roi de Prusse sont entrés dans vos murs. Nous voyons encore sur le pavé le fumier des fleurs que vos *jeunes filles* ont semées sur les pas des monarques. » Napoléon se souvenait-il des *jeunes filles de Verdun* ? C'était du temps de ses belles années.

À Bautzen, autre triomphe, mais où s'ensevelissent le général du génie Kirgener, et Duroc, grand maréchal du palais. « Il y a une autre vie, dit l'Empereur à Duroc : nous nous reverrons. » Duroc se souciait-il beaucoup de le revoir ?

Le 26 et le 27 août, on s'aborde sur l'Elbe, dans des champs déjà fameux[3]. Revenu de l'Amérique, après avoir vu Bernadotte à Stockholm, et Alexandre à Prague, Moreau[4] a

---

**1.** Chateaubriand reproche sans doute à l'illustre mathématicien Lagrange (1736-1813) d'avoir également reçu de Frédéric II, de Louis XVI, de la Révolution, de Napoléon, honneurs et faveurs. — **2.** Armée (mot médiéval). — **3.** Ils avaient déjà été ravagés pendant la guerre de Sept Ans. — **4.** En 1800 Moreau, alors général français, avait écrasé l'archiduc Jean à Hohenlinden en Bavière. En 1813 il était devenu le conseiller d'Alexandre Ier.

les deux jambes emportées d'un boulet, à Dresde, à côté de l'empereur de Russie : vieille habitude de la fortune napoléonienne. On apprit la mort du vainqueur de Hohenlinden, dans le camp français, par un chien perdu, sur le collier duquel était écrit le nom du nouveau Turenne[1]. L'animal, demeuré sans maître, courait au hasard parmi les morts : *Te, janitor Orci*[2] !

Le prince de Suède, devenu généralissime de l'armée du nord de l'Allemagne, avait adressé, le 15 août, une proclamation à ses soldats :

« Soldats, le même sentiment qui guida les Français de 1792, et qui les porta à s'unir et à combattre les armées qui étaient sur leur territoire, doit diriger aujourd'hui votre valeur contre celui qui, après avoir envahi le sol qui vous a vus naître, enchaîne encore vos frères, vos femmes et vos enfants. »

Bonaparte, encourant la réprobation unanime, s'élançait contre la liberté qui l'attaquait de toutes parts, sous toutes les formes. Un sénatus-consulte du 28 août annule la déclaration d'un jury d'Anvers[3] : bien petite infraction, sans doute, aux droits des citoyens, après l'énormité d'arbitraire dont avait usé l'Empereur ; mais il y a au fond des lois une sainte indépendance dont les cris sont entendus : cette oppression d'un jury fit plus de bruit que les oppressions diverses dont la France était la victime.

Enfin, au midi, l'ennemi avait touché notre sol ; les Anglais, obsession de Bonaparte et cause de presque toutes ses fautes, passèrent la Bidassoa le 7 octobre : Wellington, l'homme fatal, mit le premier le pied sur la terre de France.

S'obstinant à rester en Saxe, malgré la prise de Vandamme en Bohême et la défaite de Ney près de Berlin par Bernadotte, Napoléon revint sur Dresde. Alors le Landsturm[4] se lève ; une guerre nationale, semblable à celle qui a délivré l'Espagne, s'organise.

---

**1.** Turenne avait été lui aussi tué par un boulet. — **2.** « Toi, portier d'Orcus ! » (*Énéide*, VIII, 296). Le portier du dieu des Enfers est le chien Cerbère. — **3.** Ce jury avait acquitté deux fonctionnaires qui avaient fraudé l'octroi. — **4.** Une armée recrutée de tous les hommes valides.

## 5

Campagne de Saxe ou des poètes.

On a appelé les combats de 1813 la campagne de Saxe : ils seraient mieux nommés la *campagne de la jeune Allemagne* ou *des poètes*. À quel désespoir Bonaparte ne nous avait-il pas réduits par son oppression, puisqu'en voyant couler notre sang, nous ne pouvons nous défendre d'un mouvement d'intérêt pour cette généreuse jeunesse saisissant l'épée au nom de l'indépendance ? Chacun de ces combats était une protestation pour les droits des peuples.

Dans une de ses proclamations, datée de Kalisch le 25 mars 1813, Alexandre appelait aux armes les populations de l'Allemagne, leur promettant au nom de ses frères, les rois, des institutions libres. Ce signal fit éclater la *Burschenschaft*[1], déjà secrètement formée. Les universités d'Allemagne s'ouvrirent ; elles mirent de côté la douleur pour ne songer qu'à la réparation de l'injure : « Que les lamentations et les larmes soient courtes, la tristesse et la douleur longues, disaient les Germains d'autrefois ; à la femme il est décent de pleurer, à l'homme de se souvenir : *Lamenta ac lacrymas cito, dolorem et tristitiam tarde ponunt. Feminis lugere honestum est, viris meminisse*[2]. » Alors la jeune Allemagne court à la délivrance de la patrie ; alors se pressèrent ces Germains, *alliés de l'Empire*, dont l'ancienne Rome se servit en guise d'armes et de javelots, *velut tela atque arma*.

Le professeur Fichte[3] faisait à Berlin, en 1813, une leçon sur le *devoir* ; il parla des calamités de l'Allemagne, et termina sa leçon par ces paroles : « Le cours sera donc suspendu jusqu'à la fin de la campagne. Nous le reprendrons dans notre patrie devenue libre, ou nous serons morts pour reconquérir la liberté. » Les jeunes auditeurs se lèvent en poussant des cris ; Fichte descend de sa chaire, traverse la

---

1. La « Confrérie des Camarades », association d'étudiants. — 2. Tacite, *De moribus Germanorum*, XXVII. — 3. Philosophe saxon (1762-1814), professeur à Iéna. Les *Discours à la nation allemande* (1807-1808) devinrent le manifeste du nationalisme allemand.

foule, et va inscrire son nom sur les rôles d'un corps partant pour l'armée.

Tout ce que Bonaparte avait méprisé et insulté lui devient péril : l'intelligence descend dans la lice contre la force brutale ; Moscou est la torche à la lueur de laquelle la Germanie ceint son baudrier : « Aux armes ! s'écrie la muse. Le Phénix de la Russie s'est élancé de son bûcher ! » Cette reine de Prusse, si faible et si belle, que Napoléon avait accablée de ses ingénéreux outrages, se transforme en une ombre implorante et implorée [1] : « Comme elle dort doucement ! chantent les Bardes. Ah ! puisses-tu dormir jusqu'au jour où ton peuple lavera dans le sang la rouille de son épée ! Éveille-toi alors ! éveille-toi ! sois l'ange de la liberté et de la vengeance ! »

Kœrner [2] n'a qu'une crainte, celle de *mourir en prose* : « Poésie ! poésie ! s'écrie-t-il, rends-moi la mort à la clarté du jour ! »

Il compose au bivouac l'hymne *de la Lyre et de l'Épée*.

LE CAVALIER.

« Dis-moi, ma bonne épée, l'épée de mon flanc, pourquoi l'éclair de ton regard est-il aujourd'hui si ardent ? Tu me regardes d'un œil d'amour, ma bonne épée, l'épée qui fait ma joie. Hourrah ! »

L'ÉPÉE.

« C'est que c'est un brave cavalier qui me porte : voilà ce qui enflamme mon regard ; c'est que je suis la force d'un homme libre : voilà ce qui fait ma joie. Hourrah ! »

LE CAVALIER.

« Oui, mon épée, oui, je suis un homme libre, et je t'aime du fond du cœur : je t'aime comme si tu m'étais fiancée ; je t'aime comme une maîtresse chérie. »

---

1. La reine Louise est morte en 1810. — 2. Poète viennois (1791-1813), mort en combattant.

## L'ÉPÉE.

« Et moi, je me suis donnée à toi ! à toi ma vie, à toi mon âme d'acier ! Ah ! si nous sommes fiancés, quand me diras-tu : Viens, viens, ma maîtresse chérie ! » Ne croit-on pas entendre un de ces guerriers du Nord, un de ces hommes de batailles et de solitudes, dont Saxo Grammaticus[1] dit : « Il tomba, rit et mourut. »

Ce n'était point le froid enthousiasme d'un scalde en sûreté : Kœrner avait l'épée au flanc ; beau, blond et jeune, Apollon à cheval, il chantait la nuit comme l'Arabe sur sa selle ; son *maoual*[2], en chargeant l'ennemi, était accompagné du galop de son destrier. Blessé à Lützen, il se traîna dans les bois, où des paysans le retrouvèrent ; il reparut et mourut aux plaines de Leipsick, à peine âgé de vingt-cinq ans : il s'était échappé des bras d'une femme qu'il aimait, et s'en allait dans tout ce que la vie a de délices. « Les femmes se plaisent, disait Tyrtée[3], à contempler le jeune homme resplendissant et debout : il n'est pas moins beau lorsqu'il tombe au premier rang. »

Les nouveaux Arminius[4], nourris à l'école de la Grèce, avaient un bardit général : quand ces étudiants abandonnèrent la paisible retraite de la science pour les champs de bataille, les joies silencieuses de l'étude pour les périls bruyants de la guerre, Homère et les Niebelungen pour l'épée, qu'opposèrent-ils à notre hymne de sang, à notre cantique révolutionnaire ? Ces strophes pleines de l'affection religieuse, et de la sincérité de la nature humaine :

« Quelle est la patrie de l'Allemand ? Nommez-moi cette grande patrie ! Aussi loin que résonne la langue allemande, aussi loin que des chants allemands se font entendre pour louer Dieu, là doit être la patrie de l'Allemand.

« La patrie de l'Allemand est le pays où le serrement de mains suffit pour tout serment, où la bonne foi pure brille dans tous les regards, où l'affection siège brûlante dans tous les cœurs.

---

**1.** Historien danois du XIIe siècle. — **2.** Chant arabe moderne. — **3.** Rapprochement naturel : Kœrner avait été appelé « le Tyrtée allemand ». — **4.** Le chef germain Arminius avait écrasé en 9 av. J.-C. les légions romaines commandées par Varus.

« Ô Dieu du ciel, abaisse tes regards sur nous et donne-nous cet esprit si pur, si vraiment allemand, pour que nous puissions vivre fidèles et bons. Là est la patrie de l'Allemand, tout ce pays est sa patrie [1]. »

Ces camarades de collège, maintenant compagnons d'armes, ne s'inscrivaient point dans ces *ventes* [2] où des septembriseurs vouaient des assassinats au poignard : fidèles à la poésie de leurs rêveries, aux traditions de l'histoire, au culte du passé, ils firent d'un vieux château, d'une antique forêt, les asiles conservateurs de la *Burschenschaft*. La reine de Prusse était devenue leur patronne, en place de la reine des nuits.

Du haut d'une colline, du milieu des ruines, les écoliers-soldats, avec leurs professeurs-capitaines, découvraient le faîte des salles de leurs universités chéries : émus au souvenir de leur docte antiquité, attendris à la vue du sanctuaire de l'étude et des jeux de leur enfance, ils juraient d'affranchir leur pays, comme Melchthal, Furst et Stauffacher [3] prononcèrent leur triple serment à l'aspect des Alpes, par eux immortalisées, illustrés par elles. Le génie allemand a quelque chose de mystérieux ; la Thécla [4] de Schiller est encore la fille teutonne douée de prescience et formée d'un élément divin. Les Allemands adorent aujourd'hui la liberté dans un vague indéfinissable, de même qu'autrefois ils appelaient *Dieu* le secret des bois : *Deorumque nominibus appellant secretum illud* [5]... L'homme dont la vie était un dithyrambe en action ne tomba que quand les poètes de la jeune Allemagne eurent chanté et pris le glaive contre leur rival Napoléon, le poète armé.

Alexandre était digne d'avoir été le héraut envoyé aux jeunes Allemands : il partageait leurs sentiments élevés, et il était dans cette position de force qui rend possibles les projets ; mais il se laissa effrayer de la terreur des monarques qui l'environnaient. Ces monarques ne tinrent point leurs promesses ; ils ne donnèrent point à leurs peuples des institutions généreuses. Les enfants de la muse (flamme par qui les

---

1. Fragment d'un poème d'Ernst-Maurice Arndt. — 2. Lieux de réunion des « Carbonari ». — 3. Les trois Suisses qui en 1307 firent serment de libérer leur peuple de l'Autriche. — 4. Héroïne des *Piccolomini* de Schiller. — 5. Tacite, *De moribus Germanorum*, IX.

masses inertes des soldats avaient été animées) furent plongés dans des cachots en récompense de leur dévouement et de leur noble crédulité. Hélas ! la génération qui rendit l'indépendance aux Teutons est évanouie ; il n'est demeuré en Germanie que de vieux cabinets usés. Ils appellent le plus haut qu'ils peuvent Napoléon un grand homme, pour faire servir leur présente admiration d'excuse à leur bassesse passée. Dans le sot enthousiasme pour l'homme qui continue à aplatir les gouvernements après les avoir fouettés, à peine se souvient-on de Kœrner : « Arminius, libérateur de la Germanie, dit Tacite, fut inconnu aux Grecs qui n'admirent qu'eux, peu célèbre chez les Romains qu'il avait vaincus ; mais des nations barbares le chantent encore, *caniturque barbaras apud gentes*[1]. »

6

BATAILLE DE LEIPSICK. – RETOUR DE BONAPARTE À PARIS.
TRAITÉ DE VALENÇAY.

Le 18 et le 19 octobre se donna dans les champs de Leipsick ce combat que les Allemands ont appelé la *bataille des nations*. Vers la fin de la seconde journée, les Saxons et les Wurtembergeois, passant du camp de Napoléon sous les drapeaux de Bernadotte, décidèrent du résultat de l'action ; victoire entachée de trahison. Le prince de Suède, l'empereur de Russie et le roi de Prusse pénètrent dans Leipsick à travers trois portes différentes. Napoléon, ayant éprouvé une perte immense, se retira. Comme il n'entendait rien aux retraites de sergent, ainsi qu'il l'avait dit, il fit sauter des ponts derrière lui. Le prince Poniatowski, blessé deux fois, se noie dans l'Elster : la Pologne s'abîma avec son dernier défenseur.

Napoléon ne s'arrêta qu'à Erfurt : de là son bulletin annonça que son armée, toujours victorieuse, *arrivait comme une armée battue* : Erfurt, peu de temps auparavant, avait vu Napoléon au faîte de la prospérité.

---

**1.** Tacite, *Annales*, II, 88.

Enfin les Bavarois, déserteurs après les autres d'une fortune abandonnée, essaient d'exterminer à Hanau le reste de nos soldats. Wrède [1] est renversé par les seuls gardes d'honneur : quelques conscrits, déjà vétérans, lui passent sur le ventre ; ils sauvent Bonaparte et prennent position derrière le Rhin. Arrivé en fugitif à Mayence, Napoléon se retrouve à Saint-Cloud le 19 novembre ; l'infatigable de Lacépède revient lui dire : « Votre Majesté a tout surmonté. » M. de Lacépède avait parlé convenablement des ovipares [2] ; mais il ne se pouvait tenir debout.

La Hollande reprend son indépendance et rappelle le prince d'Orange. Le 1er décembre les puissances alliées déclarent « qu'elles ne font point la guerre à la France, mais à l'Empereur seul, ou plutôt à cette prépondérance qu'il a trop longtemps exercée, hors des limites de son empire, pour le malheur de l'Europe et de la France ».

Quand on voit s'approcher le moment où nous allions être renfermés dans notre ancien territoire, on se demande à quoi donc avait servi le bouleversement de l'Europe et le massacre de tant de millions d'hommes ? Le temps nous engloutit et continue tranquillement son cours.

Par le traité de Valençay du 11 décembre, le misérable Ferdinand VII est renvoyé à Madrid : ainsi se termina obscurément à la hâte cette criminelle entreprise d'Espagne, première cause de la perte de Napoléon. On peut toujours aller au mal, on peut toujours tuer un peuple ou un roi ; mais le retour est difficile : Jacques Clément [3] raccommodait ses sandales pour le voyage de Saint-Cloud ; ses confrères lui demandèrent en riant combien son ouvrage durerait : « Assez pour le chemin que j'ai à faire, répondit-il : je dois aller, non revenir. »

---

1. Feld-maréchal bavarois. — 2. Voir p. 226. — 3. L'assassin d'Henri III.

# 7

Le Corps législatif convoqué, puis ajourné.
Les alliés passent le Rhin. – Colère de Bonaparte.
Premier jour de l'an 1814.

Le Corps législatif est assemblé le 19 décembre 1813. Étonnant sur le champ de bataille, remarquable dans son conseil d'État, Bonaparte n'a plus la même valeur politique ; la langue de la liberté, il l'ignore ; s'il veut exprimer des affections congéniales[1], des sentiments paternels, il s'attendrit tout de travers, et il plaque des paroles émues à son insensibilité : « Mon cœur, dit-il au Corps législatif, a besoin de la présence et de l'affection de mes *sujets*. Je n'ai jamais été séduit par la prospérité ; l'adversité me trouvera au-dessus de ses atteintes. J'avais conçu et exécuté de grands desseins pour la prospérité et le bonheur du monde. *Monarque et père*, je sens que la paix ajoute à la sécurité des trônes et à celle des familles. »

Un article officiel du *Moniteur* avait dit, au mois de juillet 1804, *sous l'Empire*, que *la France ne passerait jamais le Rhin, et que ses armées ne le passeraient plus*.

Les alliés traversèrent ce fleuve le 21 décembre 1813, depuis Bâle jusqu'à Schaffouse, avec plus de cent mille hommes ; le 31 du même mois, l'armée de Silésie, commandée par Blücher, le franchit à son tour, depuis Manheim jusqu'à Coblentz.

Par ordre de l'Empereur, le Sénat et le Corps législatif avaient nommé deux commissions chargées de prendre connaissance des documents relatifs aux négociations avec les puissances coalisées ; prévision d'un pouvoir qui, se refusant à des conséquences devenues inévitables, voulait en laisser la responsabilité à une autre autorité.

La commission du Corps législatif, que présidait M. Lainé, osa dire « que les moyens de paix auraient des effets assurés, si les Français étaient convaincus que leur sang ne serait versé que pour défendre une partie et des lois protectrices ; que

---

[1]. Qui s'accordent avec son génie.

Sa Majesté doit être suppliée de maintenir l'entière et constante exécution des lois qui garantissent aux Français les droits de la liberté, de la sûreté, de la propriété, et à la nation le libre exercice de ses droits politiques ».

Le ministre de la police, duc de Rovigo, fait enlever les épreuves du rapport ; un décret du 31 décembre ajourne le Corps législatif ; les portes de la salle sont fermées. Bonaparte traite les membres de la commission législative d'*agents payés par l'Angleterre* : « Le nommé Lainé, disait-il, est un traître qui correspond avec le prince régent par l'intermédiaire de Desèze[1] ; Raynouard, Maine de Biran et Flaugergues[2] sont des factieux. »

Le soldat s'étonnait de ne plus retrouver ces Polonais qu'il abandonnait et qui, en se noyant pour lui obéir, criaient encore : « Vive l'Empereur ! » Il appelait le rapport de la commission une motion sortie d'un club de Jacobins. Pas un discours de Bonaparte dans lequel n'éclate son aversion pour la république dont il était sorti ; mais il en détestait moins les crimes que les libertés. À propos de ce même rapport il ajoutait : « Voudrait-on rétablir la souveraineté du peuple ? Eh bien, dans ce cas, je me fais peuple ; car je prétends être toujours là où réside la souveraineté. » Jamais despote n'a expliqué plus énergiquement sa nature ; c'est le mot retourné de Louis XIV : « L'État, c'est moi. »

À la réception du premier jour de l'an 1814, on s'attendait à quelque scène. J'ai connu un homme attaché à cette cour, lequel se préparait à tout hasard à mettre l'épée à la main. Napoléon ne dépassa pas néanmoins la violence des paroles, mais il s'y laissa aller avec cette plénitude qui causait quelquefois de la confusion à ses hallebardiers mêmes : « Pourquoi, s'écria-t-il, parler devant l'Europe de ces débats domestiques ? Il faut laver son linge sale en famille. Qu'est-ce qu'un trône ? un morceau de bois recouvert d'un morceau d'étoffe : tout dépend de celui qui s'y assied. La France a plus besoin de moi que je n'ai besoin d'elle. Je suis un de ces hommes qu'on tue, mais qu'on ne déshonore pas. Dans trois

---

1. Le défenseur de Louis XVI. — 2. Raynouard : l'auteur des *Templiers* ; Maine de Biran, le philosophe célèbre, membre du Corps législatif ; Flaugergues, député de l'Aveyron.

mois nous aurons la paix, ou l'ennemi sera chassé de notre territoire, ou je serai mort. »

C'était dans le sang que Bonaparte était accoutumé à laver le linge des Français. Dans trois mois on n'eut point la paix, l'ennemi ne fut point chassé de notre territoire, Bonaparte ne perdit point la vie : la mort n'était point son fait. Accablée de tant de malheurs et de l'ingrate obstination du maître qu'elle s'était donné, la France se voyait envahie avec l'inerte stupeur qui naît du désespoir.

Un décret impérial avait mobilisé 121 bataillons de gardes nationales ; un autre décret avait formé un conseil de régence présidé par Cambacérès et composé de ministres, à la tête duquel était placée l'impératrice. Joseph, monarque en disponibilité, revenu d'Espagne avec ses pillages, est déclaré commandant général de Paris. Le 25 janvier 1814, Bonaparte quitte son palais pour l'armée, et va jeter une éclatante flamme en s'éteignant.

8

Le pape mis en liberté.

La surveille, le pape avait été rendu à l'indépendance ; la main qui allait à son tour porter des chaînes fut contrainte de briser les fers qu'elle avait donnés : la Providence avait changé les fortunes, et le vent qui soufflait au visage de Napoléon poussait les alliés à Paris.

Pie VII, averti de sa délivrance, se hâta de faire une courte prière dans la chapelle de François I$^{er}$ ; il monta en voiture et traversa cette forêt qui, selon la tradition populaire, voit paraître le grand veneur de la mort quand un roi va descendre à Saint-Denis.

Le pape voyageait sous la surveillance d'un officier de gendarmerie qui l'accompagnait dans une seconde voiture. À Orléans, il apprit le nom de la ville dans laquelle il entrait.

Il suivit la route du Midi aux acclamations de la foule, de ces provinces où Napoléon devait bientôt passer, à peine en sûreté sous la garde des commissaires étrangers. Sa Sainteté fut retardée dans sa marche par la chute même de son oppresseur : les autorités avaient cessé leurs fonctions ; on n'obéissait à personne ; un ordre écrit de Bonaparte, ordre qui vingt-quatre heures auparavant aurait abattu la plus haute tête et fait tomber un royaume, était un papier sans cours : quelques minutes de puissance manquèrent à Napoléon pour qu'il pût protéger le captif que sa puissance avait persécuté. Il fallut qu'un mandat provisoire des Bourbons achevât de rendre la liberté au pontife qui avait ceint de leur diadème une tête étrangère : quelle confusion de destinées !

Pie VII cheminait au milieu des cantiques et des larmes, au son des cloches, aux cris de : Vive le pape ! Vive le chef de l'Église ! On lui apportait, non les clefs des villes, des capitulations trempées de sang et obtenues par le meurtre, mais on lui présentait des malades à guérir, de nouveaux époux à bénir au bord de sa voiture ; il disait aux premiers : « Dieu vous console ! » Il étendait sur les seconds ses mains pacifiques ; il touchait de petits enfants dans les bras de leurs mères. Il ne restait aux villes que ceux qui ne pouvaient marcher. Les pèlerins passaient la nuit sur les champs pour attendre l'arrivée d'un vieux prêtre délivré. Les paysans, dans leur naïveté, trouvaient que le Saint Père ressemblait à notre Seigneur ; des protestants attendris disaient : « Voilà le plus grand homme de son siècle. » Telle est la grandeur de la véritable société chrétienne, où Dieu se mêle sans cesse avec les hommes ; telle est sur la force du glaive et du sceptre la supériorité de la puissance du faible, soutenu de la religion et du malheur.

Pie VII traversa Carcassonne, Béziers, Montpellier et Nîmes, pour réapprendre l'Italie. Au bord du Rhône, il semblait que les innombrables croisés de Raymond de Toulouse[1] passaient encore la revue à Saint-Remy[2]. Le pape revit Nice, Savone, Imola, témoins de ses afflictions récentes et des premières macérations de sa vie : on aime à pleurer où l'on a pleuré. Dans les conditions ordinaires, on se souvient des lieux et des temps du bonheur. Pie VII repassait sur ses vertus et sur ses souffrances, comme un homme dans sa mémoire revit de ses passions éteintes.

---

1. Raymond IV, dit Raymond de Saint-Gilles, comte de Toulouse. — 2. Saint-Rémy, près d'Arles, célèbre par ses monuments romains.

À Bologne, le pape fut laissé aux mains des autorités autrichiennes. Murat, Joachim-Napoléon, roi de Naples, lui écrivit le 4 avril 1814 :

« Très-saint Père, le sort des armes m'ayant rendu maître des États que vous possédiez lorsque vous fûtes forcé de quitter Rome, je ne balance pas à les remettre sous votre autorité, renonçant en votre faveur à tous mes droits de conquête sur ces pays. »

Qu'a-t-on laissé à Joachim et à Napoléon mourants ?

Le pape n'était pas encore arrivé à Rome qu'il offrit un asile à la mère de Bonaparte. Des légats avaient repris possession de la ville éternelle. Le 23 mai, au milieu du printemps, Pie VII aperçut le dôme de Saint-Pierre. Il a raconté avoir répandu des larmes en revoyant le dôme sacré. Prêt à franchir la Porte du Peuple, le pontife fut arrêté : vingt-deux orphelines vêtues de robes blanches, quarante-cinq jeunes filles portant de grandes palmes dorées, s'avancèrent en chantant des cantiques. La multitude criait : Hosanna ! Pignatelli, qui commandait les troupes sur le Quirinal lorsque Radet emporta d'assaut le jardin des Olives de Pie VII, conduisait à présent la marche des palmes. En même temps que Pignatelli changeait de rôle, de nobles parjures, à Paris, reprenaient derrière le fauteuil de Louis XVIII leurs fonctions de grands domestiques : la prospérité nous est transmise avec ses esclaves, comme autrefois une terre seigneuriale était vendue avec ses serfs.

9

Notes qui devinrent la brochure
*De Bonaparte et des Bourbons.*
Je prends un appartement rue de Rivoli.
Admirable campagne de France, 1814.

Au livre second de ces *Mémoires*, on lit (je revenais alors de mon premier exil de Dieppe) : « On m'a permis de revenir à ma vallée. La terre tremble sous les pas du soldat étranger : j'écris, comme les derniers Romains, au bruit de l'invasion des Barbares. Le jour je trace des pages aussi agitées que les événements de ce jour ; la nuit, tandis que le roulement du canon lointain expire dans mes bois solitaires, je retourne au silence des années qui dorment dans la tombe et à la paix de mes plus jeunes souvenirs. »

Ces pages agitées que je traçais le jour étaient des notes relatives aux événements du moment, lesquelles, réunies, devinrent ma brochure : *De Bonaparte et des Bourbons*. J'avais une si haute idée du génie de Napoléon et de la vaillance de nos soldats, qu'une invasion de l'étranger, heureuse jusque dans ses derniers résultats, ne me pouvait tomber dans la tête : mais je pensais que cette invasion, en faisant sentir à la France le danger où l'ambition de Napoléon l'avait réduite, amènerait un mouvement intérieur, et que l'affranchissement des Français s'opérerait de leurs propres mains. C'était dans cette idée que j'écrivais mes notes, afin que si nos assemblées politiques arrêtaient la marche des alliés, et se résolvaient à se séparer d'un grand homme, devenu un fléau, elles sussent à qui recourir ; l'abri me paraissait être dans l'autorité, modifiée selon les temps, sous laquelle nos aïeux avaient vécu pendant huit siècles : quand dans l'orage on ne trouve à sa portée qu'un vieil édifice, tout en ruines qu'il est, on s'y retire.

Dans l'hiver de 1813 à 1814, je pris un appartement rue de Rivoli, en face de la première grille du jardin des Tuileries, devant laquelle j'avais entendu crier la mort du duc d'Enghien. On ne voyait encore dans cette rue que les arcades bâties par le gouvernement et quelques maisons s'élevant çà et là avec leur dentelure latérale de pierres d'attente.

Il ne fallait rien moins que les maux dont la France était écrasée, pour se maintenir dans l'éloignement que Napoléon inspirait et pour se défendre en même temps de l'admiration qu'il faisait renaître sitôt qu'il agissait : c'était le plus fier génie d'action qui ait jamais existé ; sa première campagne en Italie et sa dernière campagne en France (je ne parle pas de Waterloo) sont ses deux plus belles campagnes ; Condé dans la première, Turenne dans la seconde, grand guerrier dans celle-là, grand homme dans celle-ci ; mais différentes dans leurs résultats : par l'une il gagna l'empire, par l'autre il le perdit. Ses dernières heures de pouvoir, toutes déracinées, toutes déchaussées qu'elles étaient, ne purent être arrachées, comme les dents d'un lion, que par les efforts du bras de l'Europe. Le nom de Napoléon était encore si formidable que les armées ennemies ne passèrent le Rhin qu'avec terreur ; elles regardaient sans cesse derrière elles pour bien s'assurer que la retraite leur serait possible ; maîtresses de Paris, elles tremblaient encore. Alexandre jetant les yeux sur la Russie, en entrant en France, félicitait les personnes qui pouvaient s'en aller, et il écrivait à sa mère ses anxiétés et ses regrets.

Napoléon bat les Russes à Saint-Dizier, les Prussiens et les Russes à Brienne, comme pour honorer les champs dans lesquels il avait été élevé. Il culbute l'armée de Silésie à Montmirail, à Champaubert, et une partie de la grande armée à Montereau. Il fait tête partout ; va et revient sur ses pas ; repousse les colonnes dont il est entouré. Les alliés proposent un armistice ; Bonaparte déchire les préliminaires de la paix offerte et s'écrie : « Je suis plus près de Vienne que l'Empereur d'Autriche de Paris ! »

La Russie, l'Autriche, la Prusse et l'Angleterre, pour se réconforter mutuellement, conclurent à Chaumont un nouveau traité d'alliance ; mais au fond, alarmées de la résistance de Bonaparte, elles songeaient à la retraite. À Lyon, une armée se formait sur le flanc des Autrichiens ; dans le midi, le maréchal Soult arrêtait les Anglais ; le congrès de Châtillon, qui ne fut dissous que le 15 mars, négociait encore. Bonaparte chassa Blücher des hauteurs de Craonne. La grande armée alliée n'avait triomphé le 27 février, à Bar-sur-Aube, que par la supériorité du nombre. Bonaparte se multipliant avait recouvré Troyes que les alliés réoccupèrent. De Craonne il s'était porté sur Reims. « Cette nuit, dit-il, j'irai prendre mon beau-père à Troyes. »

Le 20 mars, une affaire eut lieu près d'Arcis-sur-Aube. Parmi un feu roulant d'artillerie, un obus étant tombé au front d'un carré de la garde, le carré parut faire un léger mouvement : Bonaparte se précipite sur le projectile dont la mèche fume, il la fait flairer à son cheval ; l'obus crève, et l'Empereur sort sain et sauf du milieu de la foudre brisée.

La bataille devait recommencer le lendemain ; mais Bonaparte, cédant à l'inspiration du génie, inspiration qui lui fut néanmoins funeste, se retire afin de se porter sur le derrière des troupes confédérées, les séparer de leurs magasins et grossir son armée des garnisons des places frontières. Les étrangers se préparaient à se replier sur le Rhin, lorsqu'Alexandre, par un de ces mouvements du ciel qui changent tout un monde, prit le parti de marcher à Paris, dont le chemin devenait libre\*. Napoléon croyait entraîner la masse des ennemis, et il n'était suivi que de dix mille hommes de cavalerie qu'il pensait être l'avant-garde des principales troupes, et qui lui masquaient le mouvement réel des Prussiens et des Moscovites. Il dispersa ces dix mille chevaux à Saint-Dizier et Vitry, et s'aperçut alors que la grande armée alliée n'était pas derrière ; cette armée, se précipitant sur la capitale, n'avait devant elle que les maréchaux Marmont et Mortier avec environ douze mille conscrits.

Napoléon se dirige à la hâte sur Fontainebleau : là une sainte victime[1], en se retirant, avait laissé le rémunérateur et le vengeur. Toujours dans l'histoire marchent ensemble deux choses : qu'un homme s'ouvre une voie d'injustice, il s'ouvre en même temps une voie de perdition dans laquelle, à une distance marquée, la première route vient tomber dans la seconde.

10

JE COMMENCE À IMPRIMER MA BROCHURE.
UNE NOTE DE MADAME DE CHATEAUBRIAND.

Les esprits étaient fort agités : l'espoir de voir cesser, coûte que coûte, une guerre cruelle qui pesait depuis vingt ans sur la France rassasiée de malheur et de gloire, l'emportait dans les masses sur la nationalité. Chacun s'occupait du parti qu'il aurait à prendre dans la catastrophe prochaine. Tous les soirs mes amis venaient causer chez madame de Chateaubriand, raconter et commenter les événements de la journée. MM. de Fontanes, de Clausel, Joubert, accouraient avec la foule de

---

\* J'ai entendu le général Pozzo raconter que c'était lui qui avait déterminé l'empereur Alexandre à marcher en avant. *[Note de l'auteur.]*

1. Le pape.

ces amis de passage que donnent les événements et que les événements retirent. Madame la duchesse de Lévis, belle, paisible et dévouée, que nous retrouverons à Gand, tenait fidèle compagnie à madame de Chateaubriand. Madame la duchesse de Duras était aussi à Paris, et j'allais voir souvent madame la marquise de Montcalm, sœur du duc de Richelieu.

Je continuais d'être persuadé, malgré l'approche des champs de bataille, que les alliés n'entreraient pas à Paris et qu'une insurrection nationale mettrait fin à nos craintes. L'obsession de cette idée m'empêchait de sentir aussi vivement que je l'aurais fait la présence des armées étrangères ; mais je ne me pouvais empêcher de réfléchir aux calamités que nous avions fait éprouver à l'Europe, en voyant l'Europe nous les rapporter.

Je ne cessais de m'occuper de ma brochure ; je la préparais comme un remède lorsque le moment de l'anarchie viendrait à éclater. Ce n'est pas ainsi que nous écrivons aujourd'hui, bien à l'aise, n'ayant à redouter que la guerre des feuilletons : la nuit je m'enfermais à clef ; je mettais mes paperasses sous mon oreiller, deux pistolets chargés sur ma table : je couchais entre ces deux muses. Mon texte était double ; je l'avais composé sous la forme de brochure, qu'il a gardée, et en façon de discours, différent à quelques égards de la brochure ; je supposais qu'à la levée de la France, on se pourrait assembler à l'Hôtel de Ville, et je m'étais préparé sur deux thèmes.

Madame de Chateaubriand a écrit quelques notes à diverses époques de notre vie commune ; parmi ces notes, je trouve le paragraphe suivant :

« M. de Chateaubriand écrivait sa brochure *De Bonaparte et des Bourbons*. Si cette brochure avait été saisie, le jugement n'était pas douteux : la sentence était l'échafaud. Cependant l'auteur mettait une négligence incroyable à la cacher. Souvent, quand il sortait, il l'oubliait sur sa table ; sa prudence n'allait jamais au-delà de la mettre sous son oreiller, ce qu'il faisait devant son valet de chambre, garçon fort honnête, mais qui pouvait se laisser tenter. Pour moi, j'étais dans des transes mortelles : aussi, dès que M. de Chateaubriand était sorti, j'allais prendre le manuscrit et je le mettais sur moi. Un jour, en traversant les Tuileries, je m'aperçois que je ne l'ai plus, et, bien sûre de l'avoir senti en sortant, je ne doute pas de l'avoir perdu en route. Je vois déjà le fatal écrit entre les mains de la police et M. de Chateaubriand arrêté : je tombe sans connaissance au milieu du jardin ; de bonnes gens m'assistèrent, ensuite me reconduisirent à la maison dont j'étais peu éloignée. Quel supplice lorsque, montant l'escalier, je flottais entre une crainte, qui était presque une certitude, et un léger espoir d'avoir oublié de prendre la brochure. En approchant de la chambre de mon mari, je me sentais de nouveau défaillir : j'entre enfin ; rien sur la table : je m'avance vers le lit ; je tâte d'abord l'oreiller : je ne sens rien ; je le soulève : je vois le rouleau de papier ! Le cœur me bat chaque fois que j'y pense. Je n'ai jamais éprouvé un tel moment de joie dans ma vie. Certes, je puis le dire avec vérité, il n'aurait pas été si grand si je m'étais vue délivrée au pied de l'échafaud : car enfin c'était quelqu'un qui m'était bien plus cher que moi-même que j'en voyais délivré. »

Que je serais malheureux si j'avais pu causer un moment de peine à madame de Chateaubriand !

J'avais pourtant été obligé de mettre un imprimeur dans mon secret : il avait consenti à risquer l'affaire ; d'après les nouvelles de chaque heure, il me rendait ou venait reprendre des épreuves à moitié composées, selon que le bruit du canon se rapprochait ou s'éloignait de Paris : pendant près de quinze jours je jouai ainsi ma vie à croix ou pile.

11

La guerre établie aux barrières de Paris.
Vue de Paris. – Combat de Belleville.
Fuite de Marie-Louise et de la régence.
M. de Talleyrand reste à Paris.

Le cercle se resserrait autour de la capitale : à chaque instant on apprenait un progrès de l'ennemi. Pêle-mêle entraient, par les barrières, des prisonniers russes et des blessés français traînés dans des charrettes : quelques-uns à demi-morts tombaient sous les roues qu'ils ensanglantaient. Des conscrits appelés de l'intérieur traversaient la capitale en longue file, se dirigeant sur les armées. La nuit on entendait passer sur les boulevards extérieurs des trains d'artillerie, et l'on ne savait si les détonations lointaines annonçaient la victoire décisive ou la dernière défaite.

La guerre vint s'établir enfin aux barrières de Paris. Du haut des tours de Notre-Dame on vit paraître la tête des colonnes russes, ainsi que les premières ondulations du flux de la mer sur une plage. Je sentis ce qu'avait dû éprouver un Romain lorsque, du faîte du Capitole, il découvrit les soldats d'Alaric et la vieille cité des Latins à ses pieds, comme je découvrais les soldats russes, et à mes pieds la vieille cité des Gaulois. Adieu donc, Lares paternels, foyers conservateurs des traditions du pays, toits sous lesquels avaient respiré et cette Virginie[1] sacrifiée par son père à la pudeur et à la liberté, et cette Héloïse vouée par l'amour aux lettres et à la religion.

Paris depuis des siècles n'avait point vu la fumée des camps de l'ennemi, et c'est Bonaparte qui, de triomphe en triomphe, a amené les Thébains à la vue des femmes de Sparte[2]. Paris était la borne dont il était parti pour courir la terre : il y revenait laissant derrière lui l'énorme incendie de ses inutiles conquêtes.

On se précipitait au Jardin des Plantes que jadis aurait pu protéger l'abbaye fortifiée de Saint-Victor : le petit monde des cygnes et des bananiers, à qui notre puissance avait promis une paix éternelle, était troublé. Du sommet du labyrinthe, par-dessus le grand cèdre, par-dessus les greniers d'abondance que Bonaparte n'avait pas eu le temps d'achever, au-delà de l'emplacement de la Bastille et du donjon de Vincennes (lieux qui racontaient notre successive histoire), la foule regardait les feux de l'infanterie au combat de Belleville. Montmartre est emporté ; les boulets tombent jusque sur les

---

1. Jeune Romaine légendaire : son père l'aurait tuée pour lui éviter le déshonneur (Vᵉ siècle av. J.-C.). Allusion peu claire. — 2. Selon Plutarque *(Agésilas)*, lorsque le Thébain Épaminondas envahit Sparte, Agésilas se souvint amèrement d'avoir dit que « jamais femme de Sparte n'avait vu la fumée d'un camp ennemi ».

boulevards du Temple. Quelques compagnies de la garde nationale sortirent et perdirent trois cents hommes dans les champs autour du tombeau des *martyrs*[1]. Jamais la France militaire ne brilla d'un plus vif éclat au milieu de ses revers : les derniers héros furent les cent cinquante jeunes gens de l'école Polytechnique, transformés en canonniers dans les redoutes du chemin de Vincennes. Environnés d'ennemis, ils refusaient de se rendre ; il fallut les arracher de leurs pièces : le grenadier russe les saisissait noircis de poudre et couverts de blessures ; tandis qu'ils se débattaient dans ses bras, il élevait en l'air avec des cris de victoire et d'admiration ces jeunes palmes françaises, et les rendait toutes sanglantes à leurs mères.

Pendant ce temps-là, Cambacérès s'enfuyait avec Marie-Louise, le Roi de Rome et la Régence. On lisait sur les murs cette proclamation :

*Le roi Joseph, lieutenant général de l'Empereur, commandant en chef de la garde nationale.*

« Citoyens de Paris.

« Le conseil de Régence a pourvu à la sûreté de l'Impératrice et du Roi de Rome : je reste avec vous. Armons-nous pour défendre cette ville, ses monuments, ses richesses, nos femmes, nos enfants, tout ce qui nous est cher. Que cette vaste cité devienne un camp pour quelques instants, et que l'ennemi trouve sa honte sous ses murs qu'il espère franchir en triomphe. »

Rostopschine n'avait pas prétendu défendre Moscou ; il le brûla. Joseph annonçait qu'il ne quitterait jamais les Parisiens, et il décampait à petit bruit, nous laissant son courage placardé au coin des rues.

M. de Talleyrand faisait partie de la Régence nommée par Napoléon. Du jour où l'évêque d'Autun cessa d'être, sous l'Empire, ministre des relations extérieures, il n'avait rêvé qu'une chose, la disparition de Bonaparte suivie de la régence de Marie-Louise ; régence dont lui, prince de Bénévent,

---

[1]. Autour de Montmartre.

aurait été le chef. Bonaparte, en le nommant membre d'une Régence provisoire en 1814, semblait avoir favorisé ses désirs secrets. La mort napoléonienne n'était point survenue ; il ne resta à M. de Talleyrand qu'à clopiner aux pieds du colosse qu'il ne pouvait renverser, et à tirer parti du moment pour ses intérêts : le savoir-faire était le génie de cet homme de compromis et de marchés. La position se présentait difficile : demeurer dans la capitale était chose indiquée ; mais si Bonaparte revenait, le prince séparé de la Régence fugitive, le prince retardataire, courait risque d'être fusillé ; d'un autre côté, comment abandonner Paris au moment où les alliés y pouvaient pénétrer ? Ne serait-ce pas renoncer au profit du succès, trahir ce lendemain des événements, pour lequel M. de Talleyrand était fait ? Loin de pencher vers les Bourbons, il les craignait à cause de ses diverses apostasies. Cependant, puisqu'il y avait une chance quelconque pour eux, M. de Vitrolles[1], avec l'assentiment du prélat marié, s'était rendu à la dérobée au congrès de Châtillon, en chuchoteur non avoué de la légitimité. Cette précaution apportée, le prince[2], afin de se tirer d'embarras à Paris, eut recours à un de ces tours dans lesquels il était passé maître.

M. Laborie, devenu peu après, sous M. Dupont de Nemours, secrétaire particulier du gouvernement provisoire, alla trouver M. de Laborde, attaché à la garde nationale ; il lui révéla le départ de M. de Talleyrand : « Il se dispose, lui dit-il, à suivre la Régence ; il vous semblera peut-être nécessaire de l'arrêter, afin d'être à même de négocier avec les alliés, si besoin est. » La comédie fut jouée en perfection. On charge à grand bruit les voitures du prince ; il se met en route en plein midi, le 30 mars : arrivé à la barrière d'Enfer, on le renvoie inexorablement chez lui, malgré ses protestations. Dans le cas d'un retour miraculeux, les preuves étaient là, attestant que l'ancien ministre avait voulu rejoindre Marie-Louise et que la force armée lui avait refusé le passage.

---

**1.** Il était de l'entourage du comte d'Artois. — **2.** Talleyrand.

## 12

PROCLAMATION DU PRINCE GÉNÉRALISSIME SCHWARTZENBERG. DISCOURS D'ALEXANDRE. – CAPITULATION DE PARIS.

Cependant, à la présence des alliés, le comte Alexandre de Laborde et M. Tourton, officiers supérieurs de la garde nationale, avaient été envoyés auprès du généralissime prince de Schwartzenberg, lequel avait été l'un des généraux de Bonaparte pendant la campagne de Russie. La proclamation du généralissime fut connue à Paris dans la soirée du 30 mars. Elle disait : « Depuis vingt ans l'Europe est inondée de sang et de larmes : les tentatives pour mettre un terme à tant de malheurs ont été inutiles, parce qu'il existe, dans le principe même du gouvernement qui vous opprime, un obstacle insurmontable à la paix. Parisiens, vous connaissez la situation de votre patrie : la conservation et la tranquillité de votre ville seront l'objet des soins des alliés. C'est dans ces sentiments que l'Europe, en armes devant vos murs, s'adresse à vous. »

Quelle magnifique confession de la grandeur de la France : *L'Europe en armes devant vos murs s'adresse à vous !*

Nous qui n'avions rien respecté, nous étions respectés de ceux dont nous avions ravagé les villes et qui, à leur tour, étaient devenus les plus forts. Nous leur paraissions une nation sacrée ; nos terres leur semblaient une campagne d'Élide[1] que, de par les dieux, aucun bataillon ne pouvait fouler. Si, nonobstant, Paris eût cru devoir faire une résistance, fort aisée, de vingt-quatre heures, les résultats étaient changés ; mais personne, excepté les soldats enivrés de feu et d'honneur, ne voulait plus de Bonaparte, et, dans la crainte de le conserver, on se hâta d'ouvrir les barrières.

Paris capitula le 31 mars : la capitulation militaire est signée au nom des maréchaux Mortier et Marmont par les colonels Denis et Fabvier[2] ; la capitulation civile eut lieu au nom des maires de Paris. Le conseil municipal et départe-

---

1. Territoire sacré pour les Grecs, parce que s'y élevaient les deux cités des Grands Jeux, Pisa et Olympie. — **2.** Voir p. 203.

mental députa au quartier général russe pour régler les divers articles : mon compagnon d'exil, Christian de Lamoignon, était du nombre des mandataires. Alexandre leur dit :

« Votre empereur, qui était mon allié, est venu jusque dans le cœur de mes États y apporter des maux dont les traces dureront longtemps ; une juste défense m'a amené jusqu'ici. Je suis loin de vouloir rendre à la France les maux que j'en ai reçus. Je suis juste, et je sais que ce n'est pas le tort des Français. Les Français sont mes amis, et je veux leur prouver que je viens leur rendre le bien pour le mal. Napoléon est mon seul ennemi. Je promets ma protection spéciale à la ville de Paris ; je protégerai, je conserverai tous les établissements publics ; je n'y ferai séjourner que des troupes d'élite ; je conserverai votre garde nationale, qui est composée de l'élite de vos citoyens. C'est à vous d'assurer votre bonheur à venir ; il faut vous donner un gouvernement qui vous procure le repos et qui le procure à l'Europe. C'est à vous à émettre votre vœu : vous me trouverez toujours prêt à seconder vos efforts. »

Paroles qui furent accomplies ponctuellement : le bonheur de la victoire aux yeux des alliés l'emportait sur tout autre intérêt. Quels devaient être les sentiments d'Alexandre, lorsqu'il aperçut les dômes des édifices de cette ville où l'étranger n'était jamais entré que pour nous admirer, que pour jouir des merveilles de notre civilisation et de notre intelligence ; de cette inviolable cité, défendue pendant douze siècles par ses grands hommes ; de cette capitale de la gloire que Louis XIV semblait encore protéger de son ombre, et Bonaparte de son retour !

13

Entrée des alliés dans Paris.

Dieu avait prononcé une de ces paroles par qui le silence de l'éternité est de loin en loin interrompu. Alors se souleva, au milieu de la présente génération, le marteau qui frappa l'heure que Paris n'avait entendu sonner qu'une fois : le 25 décembre 496, Reims annonça le baptême de Clovis, et les portes de Lutèce s'ouvrirent aux Francs ; le 30 mars 1814, après le baptême de sang de Louis XVI, le vieux marteau resté immobile se leva de nouveau au beffroi de l'antique monarchie ; un second coup retentit, les Tartares pénétrèrent dans Paris. Dans l'intervalle de mille trois cent dix-huit ans, l'étranger avait insulté les murailles de la capitale de notre empire sans y pouvoir entrer jamais, hormis quand il s'y glissa appelé par nos propres divisions. Les Normands assiégèrent la cité des *Parisii* ; les *Parisii* donnèrent la volée aux éperviers qu'ils portaient sur le poing ; Eudes, enfant de Paris et roi futur, *rex futurus*, dit Abbon [1], repoussa les pirates du nord : les *Parisiens* lâchèrent leurs aigles en 1814 ; les alliés entrèrent au Louvre.

Bonaparte avait fait injustement la guerre à Alexandre son admirateur qui implorait la paix à genoux ; Bonaparte avait commandé le carnage de la Moskowa ; il avait forcé les Russes à brûler eux-mêmes Moscou ; Bonaparte avait dépouillé Berlin, humilié son roi, insulté sa reine : à quelles représailles devions-nous donc nous attendre ? vous l'allez voir.

J'avais erré dans les Florides autour de monuments inconnus, jadis dévastés par des conquérants dont il ne reste aucune trace, et j'étais réservé au spectacle des hordes caucasiennes campées dans la cour du Louvre. Dans ces événements de l'histoire qui, selon Montaigne [2], « sont maigres témoins de notre prix et capacité », ma langue s'attache à mon palais.

*Adhæret lingua mea faucibus meis* [3].

L'armée des alliés entra dans Paris le 31 mars 1814, à midi, à dix jours seulement de l'anniversaire de la mort du duc d'Enghien, 21 mars 1804. Était-ce la peine à Bonaparte d'avoir commis une action de si longue mémoire, pour un règne qui devait durer si peu ? L'empereur de Russie et le roi de Prusse étaient à la tête de leurs troupes. Je les vis défiler sur les boulevards. Stupéfait et anéanti au dedans de moi

---

**1.** Moine de Saint-Germain-des-Prés, auteur d'un poème sur *Le Siège de Paris par les Normands* (IXe-X{e} siècle). — **2.** *Essais, De l'art de conférer.* — **3.** Psaumes, XXI.

comme si l'on m'arrachait mon nom de Français pour y substituer le numéro par lequel je devais désormais être connu dans les mines de la Sibérie, je sentais en même temps mon exaspération s'accroître contre l'homme dont la gloire nous avait réduits à cette honte.

Toutefois cette première invasion des alliés est demeurée sans exemple dans les annales du monde : l'ordre, la paix et la modération régnèrent partout ; les boutiques se rouvrirent ; des soldats russes de la garde, hauts de six pieds, étaient pilotés à travers les rues par de petits polissons français qui se moquaient d'eux, comme des pantins et des masques du carnaval. Les vaincus pouvaient être pris pour les vainqueurs ; ceux-ci, tremblant de leurs succès, avaient l'air d'en demander excuse. La garde nationale occupait seule l'intérieur de Paris, à l'exception des hôtels où logeaient les rois et les princes étrangers. Le 31 mars 1814, des armées innombrables occupaient la France ; quelques mois après, toutes ces troupes repassèrent nos frontières, sans tirer un coup de fusil, sans verser une goutte de sang, depuis la rentrée des Bourbons. L'ancienne France se trouve agrandie sur quelques-unes de ses frontières ; on partage avec elle les vaisseaux et les magasins d'Anvers ; on lui rend trois cent mille prisonniers dispersés dans les pays où les avait laissés la défaite ou la victoire. Après vingt-cinq années de combats, le bruit des armes cesse d'un bout de l'Europe à l'autre ; Alexandre s'en va, nous laissant les chefs-d'œuvre conquis et la liberté déposée dans la Charte, liberté que nous dûmes autant à ses lumières qu'à son influence. Chef des deux autorités suprêmes, doublement autocrate par l'épée et par la religion, lui seul de tous les souverains de l'Europe avait compris qu'à l'âge de civilisation auquel la France était arrivée, elle ne pouvait être gouvernée qu'en vertu d'une constitution libre.

Dans nos inimitiés bien naturelles contre les étrangers, nous avons confondu l'invasion de 1814 et celle de 1815, qui ne se ressemblent nullement.

Alexandre ne se considérait que comme un instrument de la Providence et ne s'attribuait rien. Madame de Staël le complimentant sur le bonheur que ses sujets, privés d'une constitution, avaient d'être gouvernés par lui, il lui fit cette réponse si connue : « Je ne suis qu'un accident heureux. »

Un jeune homme, dans les rues de Paris, lui témoignait son admiration de l'affabilité avec laquelle il accueillait les moindres citoyens ; il lui répliqua : « Est-ce que les souverains ne sont pas faits pour cela ? » Il ne voulut point habiter le château des Tuileries, se souvenant que Bonaparte s'était plu dans les palais de Vienne, de Berlin et de Moscou.

Regardant la statue de Napoléon sur la colonne de la place Vendôme, il dit : « Si j'étais élevé si haut, je craindrais que la tête ne me tournât. »

Comme il parcourait le palais des Tuileries, on lui montra le salon de la Paix : « En quoi, dit-il en riant, ce salon servait-il à Bonaparte ? »

Le jour de l'entrée de Louis XVIII à Paris, Alexandre se cacha derrière une croisée, sans aucune marque de distinction, pour voir passer le cortège.

Il avait quelquefois des manières élégamment affectueuses. Visitant une maison de fous, il demanda à une femme si le nombre *des folles par amour*[1] était considérable : « Jusqu'à présent il ne l'est pas, répondit-elle, mais il est à craindre qu'il n'augmente à dater du moment de l'entrée de Votre Majesté à Paris. »

Un grand dignitaire de Napoléon disait au czar : « Il y a longtemps, sire, que votre arrivée était attendue et désirée ici. — Je serais venu plus tôt, répondit-il : n'accusez de mon retard que la valeur française. » Il est certain qu'en passant le Rhin il avait regretté de ne pouvoir se retirer en paix au milieu de sa famille.

À l'Hôtel des Invalides, il trouva les soldats mutilés qui l'avaient vaincu à Austerlitz : ils étaient silencieux et sombres ; on n'entendait que le bruit de leurs jambes de bois dans leurs cours désertes et leur église dénudée ; Alexandre s'attendrit à ce bruit des braves : il ordonna qu'on leur ramenât douze canons russes.

On lui proposait de changer le nom du pont d'Austerlitz : « Non, dit-il, il suffit que j'aie passé sur ce pont avec mon armée. »

---

[1]. Allusion à un opéra en un acte, *Nina ou la Folle par amour*. La Dugazon y avait triomphé en 1786.

Alexandre avait quelque chose de calme et de triste : il se promenait dans Paris, à cheval ou à pied, sans suite et sans affectation. Il avait l'air étonné de son triomphe ; ses regards presque attendris erraient sur une population qu'il semblait considérer comme supérieure à lui : on eût dit qu'il se trouvait un barbare au milieu de nous, comme un Romain se sentait honteux dans Athènes. Peut-être aussi pensait-il que ces mêmes Français avaient paru dans sa capitale incendiée ; qu'à leur tour ses soldats étaient maîtres de ce Paris où il aurait pu retrouver quelques-unes des torches éteintes par qui fut Moscou affranchie et consumée. Cette destinée, cette fortune changeante, cette misère commune des peuples et des rois, devaient profondément frapper un esprit aussi religieux que le sien.

### 14

Bonaparte à Fontainebleau. – La régence à Blois.

Que faisait le vainqueur de Borodino [1] ? Aussitôt qu'il avait appris la résolution d'Alexandre, il avait envoyé l'ordre au major d'artillerie Maillard de Lescourt de faire sauter la poudrière de Grenelle : Rostopschine avait mis le feu à Moscou ; mais il en avait fait auparavant sortir les habitants. De Fontainebleau où il était revenu, Napoléon s'avança jusqu'à Villejuif : de là il jeta un regard sur Paris ; des soldats étrangers en gardaient les barrières ; le conquérant se rappelait les jours où ses grenadiers veillaient sur les remparts de Berlin, de Moscou et de Vienne.

Les événements détruisent les événements : quelle pauvreté ne nous paraît pas aujourd'hui la douleur de Henri IV apprenant à Villejuif la mort de Gabrielle, et retournant à Fontainebleau ! Bonaparte retourna aussi à cette solitude ; il n'y était attendu que par le souvenir de son auguste prisonnier : le captif de la paix [2] venait de quitter le château afin de le

---

1. Ou de la Moskowa : victoire douteuse. — 2. Pie VII.

laisser libre pour le captif de la guerre, « tant *le malheur* est prompt à remplir ses places [1] ».

La régence s'était retirée à Blois. Bonaparte avait ordonné que l'impératrice et le roi de Rome quittassent Paris, aimant mieux, disait-il, les voir au fond de la Seine que reconduits à Vienne en triomphe ; mais en même temps il avait enjoint à Joseph de rester dans la capitale. La retraite de son frère le rendit furieux et il accusa le ci-devant roi d'Espagne d'avoir tout perdu. Les ministres, les membres de la régence, les frères de Napoléon, sa femme et son fils arrivèrent pêle-mêle à Blois, emportés dans la débâcle : fourgons, bagages, voitures, tout était là ; les carrosses même du Roi y étaient et furent traînés à travers les boues de la Beauce à Chambord, seul morceau de la France laissé à l'héritier de Louis XIV. Quelques ministres passèrent outre, et s'allèrent cacher jusqu'en Bretagne, tandis que Cambacérès se prélassait en chaise à porteurs dans les rues montantes de Blois. Divers bruits couraient ; on parlait de deux camps et d'une réquisition générale. Pendant plusieurs jours on ignora ce qui se passait à Paris ; l'incertitude ne cessa qu'à l'arrivée d'un roulier dont le passeport était contre-signé *Sacken* [2]. Bientôt le général russe Schouwaloff descendit à l'auberge de la Galère : il fut soudain assiégé par les grands, pressés d'obtenir de lui un visa pour leur sauve qui peut. Toutefois, avant de quitter Blois, chacun se fit payer sur les fonds de la régence ses frais de route et l'arriéré de ses appointements : d'une main on tenait ses passeports, de l'autre son argent, prenant soin d'envoyer en même temps son adhésion au gouvernement provisoire, car on ne perdit point la tête. Madame mère et son frère, le cardinal Fesch, partirent pour Rome. Le prince Esterhazy vint chercher Marie-Louise et son fils de la part de François II. Joseph et Jérôme se retirèrent en Suisse, après avoir inutilement voulu forcer l'impératrice à s'attacher

---

**1.** Bossuet, *Oraison funèbre d'Henriette d'Angleterre* : « Elle va descendre à ces sombres lieux... pour y dormir dans la poussière... avec ces rois et ces princes anéantis parmi lesquels à peine peut-on la placer, tant les rangs y sont pressés, tant la mort est prompte à remplir ces places. » — **2.** Général russe ; les Alliés en avaient fait le gouverneur militaire de Paris.

à leur sort. Marie-Louise se hâta de rejoindre son père : médiocrement attachée à Bonaparte, elle trouva le moyen de se consoler et se félicita d'être délivrée de la double tyrannie de l'époux et du maître. Quand Bonaparte rapporta l'année suivante cette confusion de fuite aux Bourbons, ceux-ci, à peine arrachés à leurs longues tribulations, n'avaient pas eu quatorze ans d'une prospérité inouïe pour s'accoutumer aux aises du trône.

15

### Publication de ma brochure
#### *De Bonaparte et des Bourbons.*

Cependant Napoléon n'était point encore détrôné ; plus de quarante mille des meilleurs soldats de la terre étaient autour de lui ; il pouvait se retirer derrière la Loire ; les armées françaises arrivées d'Espagne grondaient dans le Midi ; la population militaire bouillonnante pouvait répandre ses laves ; parmi les chefs étrangers même, il s'agissait encore de Napoléon ou de son fils pour régner sur la France : pendant deux jours Alexandre hésita. M. de Talleyrand inclinait secrètement, comme je l'ai dit, à la politique qui tendait à couronner le roi de Rome, car il redoutait les Bourbons ; s'il n'entrait pas alors tout à fait dans le plan de la régence de Marie-Louise, c'est que Napoléon n'ayant point péri, il craignait, lui prince de Bénévent, de ne pouvoir rester maître pendant une minorité menacée par l'existence d'un homme inquiet, imprévu, entreprenant et encore dans la vigueur de l'âge\*.

Ce fut durant ces jours critiques que je lançai ma brochure *De Bonaparte et des Bourbons* pour faire pencher la balance : on sait quel fut son effet. Je me jetai à corps perdu dans la mêlée pour servir de bouclier à la liberté renaissante contre la tyrannie encore debout et dont le désespoir triplait les forces.

---

\* Voyez plus loin *les Cent-Jours à Gand* et le portrait de M. de Talleyrand, vers la fin de ces *Mémoires*. (Paris, note de 1839.) *[Note de l'auteur.]*

Je parlai au nom de la légitimité afin d'ajouter à ma parole l'autorité des affaires positives. J'appris à la France ce que c'était que l'ancienne famille royale ; je dis combien il existait de membres de cette famille, quels étaient leurs noms et leur caractère : c'était comme si j'avais fait le dénombrement des enfants de l'empereur de la Chine ; tant la République et l'Empire avaient envahi le présent et relégué les Bourbons dans le passé. Louis XVIII déclara, je l'ai déjà plusieurs fois mentionné[1], que ma brochure lui avait plus profité qu'une armée de cent mille hommes ; il aurait pu ajouter qu'elle avait été pour lui un certificat de vie. Je contribuai à lui donner une seconde fois la couronne par l'heureuse issue de la guerre d'Espagne.

Dès le début de ma carrière politique je devins populaire dans la foule, mais dès lors aussi je manquai ma fortune auprès des hommes puissants. Tout ce qui avait été esclave sous Bonaparte m'abhorrait ; d'un autre côté j'étais suspect à tous ceux qui voulaient mettre la France en vasselage. Je n'eus pour moi dans le premier moment, parmi les souverains, que Bonaparte lui-même. Il parcourut ma brochure à Fontainebleau ; le duc de Bassano la lui avait portée ; il la discuta avec impartialité, disant : « Ceci est juste ; cela n'est pas juste. Je n'ai point de reproche à faire à Chateaubriand ; il m'a résisté dans ma puissance ; mais ces canailles, tels et tels ! » et il les nommait.

Mon admiration pour Bonaparte a toujours été grande et sincère, alors même que j'attaquais Napoléon avec le plus de vivacité.

La postérité n'est pas aussi équitable dans ses arrêts qu'on le dit : il y a des passions, des engouements, des erreurs de distance comme il y a des passions, des erreurs de proximité. Quand la postérité admire sans restriction, elle est scandalisée que les contemporains de l'homme admiré n'eussent pas de cet homme l'idée qu'elle en a. Cela s'explique pourtant : les choses qui blessaient dans ce personnage sont passées ; ses

---

[1]. Il est vrai ; mais Mme de Chateaubriand écrit expressément dans le *Cahier rouge* : « L'ouvrage de M. de Chateaubriand fit, comme l'a dit lui-même Bonaparte, plus de bien aux Bourbons qu'une armée de cent mille hommes. »

infirmités sont mortes avec lui ; il n'est resté de ce qu'il fut que sa vie impérissable ; mais le mal qu'il causa n'en est pas moins réel ; mal en soi-même et dans son essence, mal surtout pour ceux qui l'ont supporté.

Le train du jour est de magnifier les victoires de Bonaparte : les patients ont disparu ; on n'entend plus les imprécations, les cris de douleur et de détresse des victimes ; on ne voit plus la France épuisée, labourant son sol avec des femmes ; on ne voit plus les parents arrêtés en pleige de leurs fils, les habitants des villages frappés solidairement des peines applicables à un réfractaire ; on ne voit plus ces affiches de conscription collées au coin des rues, les passants attroupés devant ces immenses arrêts de mort et y cherchant, consternés, les noms de leurs enfants, de leurs frères, de leurs amis, de leurs voisins. On oublie que tout le monde se lamentait des triomphes ; on oublie que la moindre allusion contre Bonaparte au théâtre, échappée aux censeurs, était saisie avec transport ; on oublie que le peuple, la cour, les généraux, les ministres, les proches de Napoléon, étaient las de son oppression et de ses conquêtes, las de cette partie toujours gagnée et jouée toujours, de cette existence remise en question chaque matin par l'impossibilité du repos.

La réalité de nos souffrances est démontrée par la catastrophe même : si la France eût été fanatique de Bonaparte, l'eût-elle abandonné deux fois brusquement, complètement, sans tenter un dernier effort pour le garder ? Si la France devait tout à Bonaparte, gloire, liberté, ordre, prospérité, industrie, commerce, manufactures, monuments, littérature, beaux-arts ; si, avant lui, la nation n'avait rien fait elle-même ; si la République, dépourvue de génie et de courage, n'avait ni défendu ni agrandi le sol, la France a donc été bien ingrate, bien lâche, en laissant tomber Napoléon aux mains de ses ennemis, ou du moins en ne protestant pas contre la captivité d'un pareil bienfaiteur ?

Ce reproche, qu'on serait en droit de nous faire, on ne nous le fait pas cependant, et pourquoi ? Parce qu'il est évident qu'au moment de sa chute la France n'a pas prétendu défendre Napoléon, bien au contraire, elle l'a volontairement délaissé ; dans nos dégoûts amers, nous ne reconnaissions plus en lui que l'auteur et le contempteur de nos misères. Les alliés ne nous ont point vaincus : c'est nous qui, choisissant entre deux fléaux, avons renoncé à répandre notre sang, qui ne coulait plus pour nos libertés.

La République avait été bien cruelle, sans doute, mais chacun espérait qu'elle passerait, que tôt ou tard nous recouvrerions nos droits, en gardant les conquêtes préservatrices qu'elle nous avait données sur les Alpes et sur le Rhin. Toutes les victoires qu'elle remportait étaient gagnées en notre nom ; avec elle il n'était question que de la France ; c'était toujours la France qui avait triomphé, qui avait vaincu ; c'étaient nos soldats qui avaient tout fait et pour lesquels on instituait des fêtes triomphales ou funèbres ; les généraux (et il en était de fort grands) obtenaient une place honorable, mais modeste, dans les souvenirs publics : tels furent Marceau, Moreau, Hoche, Joubert ; les deux derniers destinés à tenir lieu de Bonaparte, lequel naissant à la gloire traversa soudain le général Hoche, et illustra de sa jalousie ce guerrier pacificateur mort tout à coup après ses triomphes d'Altenkirken, de Neuwied et de Kleinnister.

Sous l'Empire, nous disparûmes ; il ne fut plus question de nous, tout appartenait à Bonaparte : *J'ai ordonné, j'ai vaincu, j'ai parlé ; mes aigles, ma couronne, mon sang, ma famille, mes sujets.*

Qu'arriva-t-il pourtant dans ces deux positions à la fois semblables et opposées ? Nous n'abandonnâmes point la République dans ses revers ; elle nous tuait, mais elle nous honorait ; nous n'avions pas la honte d'être la propriété d'un homme ; grâce à nos efforts, elle ne fut point envahie ; les Russes, défaits au delà des monts, vinrent expirer à Zurich.

Quant à Bonaparte, lui, malgré ses énormes acquisitions, il a succombé, non parce qu'il était vaincu, mais parce que la France n'en voulait plus. Grande leçon ! qu'elle nous fasse à jamais ressouvenir qu'il y a cause de mort dans tout ce qui blesse la dignité de l'homme.

Les esprits indépendants de toute nuance et de toute opinion tenaient un langage uniforme à l'époque de la publication de ma brochure. La Fayette, Camille Jordan, Ducis, Lemercier, Lanjuinais, madame de Staël, Chénier, Benjamin Constant, Le Brun, pensaient et écrivaient comme moi. Lanjuinais disait : « Nous avons été chercher un maître parmi les hommes dont les Romains ne voulaient pas pour esclaves. »

Chénier [1] ne traitait pas Bonaparte avec plus de faveur :

> *Un Corse a des Français dévoré l'héritage.*
> *Élite des héros au combat moissonnés,*
> *Martyrs avec la gloire à l'échafaud traînés,*
> *Vous tombiez satisfaits dans une autre espérance.*
> *Trop de sang, trop de pleurs ont inondé la France.*
> *De ces pleurs, de ce sang un homme est l'héritier.*
> . . . . . . . . . . . . . . . . . . . . . . . . . . . . . . . . .
> . . . . . . . . . . . . . . . . . . . . . . . . . . . . . . . . .
> *Crédule, j'ai longtemps célébré ses conquêtes,*
> *Au forum, au sénat, dans nos jeux, dans nos fêtes.*
> . . . . . . . . . . . . . . . . . . . . . . . . . . . . . . . . .
> *Mais, lorsqu'en fugitif regagnant ses foyers,*
> *Il vint contre l'empire échanger des lauriers,*
> *Je n'ai point caressé sa brillante infamie ;*
> *Ma voix des oppresseurs fut toujours ennemie ;*
> *Et, tandis qu'il voyait des flots d'adorateurs*
> *Lui vendre avec l'État des vers adulateurs,*
> *Le tyran dans sa cour remarqua mon absence ;*
> *Car je chante la gloire et non pas la puissance.*
>
> (*Promenade*, 1805.)

Madame de Staël portait un jugement non moins rigoureux de Napoléon :

« Ne serait-ce pas une grande leçon pour l'espèce humaine, si ces directeurs (les cinq membres du Directoire), hommes très peu guerriers, se relevaient de leur poussière, et demandaient compte à Napoléon de la barrière du Rhin et des Alpes, conquise par la République ; compte des étrangers arrivés deux fois à Paris ; compte de trois millions de Français qui ont péri depuis Cadix jusqu'à Moscou ; compte surtout de cette sympathie que les nations ressentaient pour la cause de la liberté en France, et qui s'est maintenant changée en aversion invétérée ? »

(*Considérations sur la Révolution française.*)

---

[1]. Marie-Joseph.

Écoutons Benjamin Constant :

« Celui qui, depuis douze années, se proclamait destiné à conquérir le monde, a fait amende honorable de ses prétentions ..............................................

« Avant même que son territoire ne soit envahi, il est frappé d'un trouble qu'il ne peut dissimuler. À peine ses limites sont-elles touchées, qu'il jette au loin toutes ses conquêtes. Il exige l'abdication d'un de ses frères, il consacre l'expulsion d'un autre ; sans qu'on le lui demande, il déclare qu'il renonce à tout.

« Tandis que les rois, même vaincus, n'abjurent point leur dignité, pourquoi le vainqueur de la terre cède-t-il au premier échec ? Les cris de sa famille, nous dit-il, déchirent son cœur. N'étaient-ils pas de cette famille ceux qui périssaient en Russie dans la triple agonie des blessures, du froid et de la famine ? Mais, tandis qu'ils expiraient, désertés par leur chef, ce chef se croyait en sûreté ; maintenant, le danger qu'il partage lui donne une sensibilité subite.

« La peur est un mauvais conseiller, là surtout où il n'y a pas de conscience : il n'y a dans l'adversité, comme dans le bonheur, de mesure que dans la morale. Où la morale ne gouverne pas, le bonheur se perd par la démence, l'adversité par l'avilissement...............................................
................................................................
................................

« Quel effet doit produire sur une nation courageuse cette aveugle frayeur, cette pusillanimité soudaine, sans exemple encore au milieu de nos orages ? L'orgueil national trouvait (c'était un tort) un certain dédommagement à n'être opprimé que par un chef invincible. Aujourd'hui que reste-t-il ? Plus de prestige, plus de triomphes, un empire mutilé, l'exécration du monde, un trône dont les pompes sont ternies, dont les trophées sont abattus, et qui n'a pour tout entourage que les ombres errantes du duc d'Enghien, de Pichegru, de tant d'autres qui furent égorgés pour le fonder[*]. »

---

[*] *De l'Esprit de conquête*, édition d'Allemagne. *[Note de l'auteur.]*

Ai-je été aussi loin que cela dans mon écrit *De Bonaparte et des Bourbons* ? les proclamations des autorités en 1814, que je vais à l'instant reproduire, n'ont-elles pas redit, affirmé, confirmé ces opinions diverses ? Que les autorités qui s'expriment de la sorte aient été lâches et dégradées par leur première adulation, cela nuit aux rédacteurs de ces adresses, mais n'ôte rien à la force de leurs arguments.

Je pourrais multiplier les citations ; mais je n'en rappellerai plus que deux, à cause de l'opinion des deux hommes : Béranger, ce constant et admirable admirateur de Bonaparte, ne croit-il pas devoir s'excuser lui-même, témoin ces paroles : « Mon admiration enthousiaste et constante pour le génie de l'Empereur, cette idolâtrie, ne m'aveuglèrent jamais sur le despotisme toujours croissant de l'Empire. » Paul-Louis Courier, parlant de l'avènement de Napoléon au trône, dit : « Que signifie, dis-moi..., un homme comme lui, Bonaparte, soldat, chef d'armée, le premier capitaine du monde, vouloir qu'on l'appelle *majesté* ! être Bonaparte et se faire *sire* ! Il aspire à descendre : mais non, il croit monter en s'égalant aux rois. Il aime mieux un titre qu'un nom. Pauvre homme, ses idées sont au-dessous de sa fortune. Ce César l'entendait bien mieux, et aussi c'était un autre homme : il ne prit point de titres usés ; mais il fit de son nom un titre supérieur à celui des rois. » Les talents vivants ont pris la route de la même indépendance, M. de Lamartine à la tribune[1], M. de Latouche dans la retraite : dans deux ou trois de ses plus belles odes, M. Victor Hugo a prolongé ces nobles accents :

> *Dans la nuit des forfaits, dans l'éclat des victoires,*
> *Cet homme ignorant Dieu, qui l'avait envoyé, etc.* [2]

Enfin, à l'extérieur, le jugement européen était tout aussi sévère. Je ne citerai parmi les Anglais que le sentiment des hommes de l'opposition, lesquels s'accommodaient de tout

---

1. Le 26 mai 1840, Lamartine déclare à la Chambre : « Je ne me prosterne pas devant cette mémoire... » — 2. Chateaubriand va chercher avec malice dans le premier recueil poétique de Hugo cette ode hostile à *Buonaparte*.

dans notre Révolution et la justifiaient de tout : lisez Mackintosh dans sa plaidoirie pour Pelletier ; Sheridan, à l'occasion de la paix d'Amiens, disait au parlement : « Quiconque arrive en Angleterre, en sortant de France, croit s'échapper d'un donjon pour respirer l'air et la vie de l'indépendance. »

Lord Byron, dans son Ode à Napoléon, le traite de la plus indigne manière :

> *'T is done — but yesterday a king !*
> *And arm'd with kings to strive,*
> *And now thou art a namless thing*
> *So abject — yet alive.*

« C'en est fait ! hier encore un roi ! et armé pour combattre les rois ! Et aujourd'hui tu es une chose sans nom, si abjecte ! vivant néanmoins. »

L'ode entière est de ce train ; chaque strophe enchérit sur l'autre, ce qui n'a pas empêché lord Byron de célébrer le tombeau de Sainte-Hélène. Les poètes sont des oiseaux : tout bruit les fait chanter.

Lorsque l'élite des esprits les plus divers se trouve d'accord dans un jugement, aucune admiration factice ou sincère, aucun arrangement de faits, aucun système imaginé après coup, ne sauraient infirmer la sentence. Quoi ! on pourrait, comme le fit Napoléon, substituer sa volonté aux lois, persécuter toute vie indépendante, se faire une joie de déshonorer les caractères, de troubler les existences, de violenter les mœurs particulières autant que les libertés publiques et les oppositions généreuses qui s'élèveraient contre ces énormités seraient déclarées calomnieuses et blasphématrices ! Qui voudrait défendre la cause du faible contre le fort, si le courage, exposé à la vengeance des vilétés du présent, devait encore attendre le blâme des lâchetés de l'avenir ?

Cette illustre minorité, formée en partie des enfants des Muses, devint graduellement la majorité nationale : vers la fin de l'Empire tout le monde détestait le despotisme impérial. Un reproche grave s'attachera à la mémoire de Bonaparte : il rendit son joug si pesant que le sentiment hostile contre l'étranger s'en affaiblit, et qu'une invasion, déplorable aujourd'hui en souvenir, prit, au moment de son accomplissement, quelque chose d'une délivrance : c'est l'opinion républicaine même, énoncée par mon infortuné et brave ami Carrel. « Le retour des Bourbons, avait dit à son tour Carnot[1], produisit en France un enthousiasme universel ; ils furent accueillis avec une effusion de cœur inexprimable, les anciens républicains partagèrent sincèrement les transports de la joie commune. Napoléon les avait particulièrement tant opprimés, toutes les classes de la société avaient tellement souffert, qu'il ne se trouvait personne qui ne fût réellement dans l'ivresse. »

Il ne manque à la sanction de ces opinions qu'une autorité qui les confirme : Bonaparte s'est chargé d'en certifier la vérité. En prenant congé de ses soldats dans la cour de Fontainebleau, il confesse hautement que la France le rejette : « La France elle-même, dit-il, a voulu d'autres destinées. » Aveu inattendu et mémorable, dont rien ne peut diminuer le poids ni amoindrir la valeur.

Dieu, en sa patiente éternité, amène tôt ou tard la justice : dans les moments du sommeil apparent du ciel, il sera toujours beau que la désapprobation d'un honnête homme veille, et qu'elle demeure comme un frein à l'absolu pouvoir. La France ne reniera point les nobles âmes qui réclamèrent contre sa servitude, lorsque tout était prosterné, lorsqu'il y avait tant d'avantages à l'être, tant de grâces à recevoir pour des flatteries, tant de persécutions à recueillir pour des sincérités. Honneur donc aux La Fayette, aux de Staël, aux Benjamin Constant, aux Camille Jordan, aux Ducis, aux Lemercier, aux Lanjuinais, aux Chénier, qui, debout au milieu de la foule rampante des peuples et des rois, ont osé mépriser la victoire et protester contre la tyrannie !

---

[1]. Dans son *Mémoire au roi* (1814).

*Revu le 22 février 1845.*

16

Le Sénat rend le décret de déchéance.

Le 2 avril les sénateurs, à qui l'on ne doit qu'un seul article de la Charte de 1814, l'ignoble article qui leur conserve leurs pensions, décrétèrent la déchéance de Bonaparte. Si ce décret libérateur pour la France, infâme pour ceux qui l'ont rendu, fait à l'espèce humaine un affront, en même temps il enseigne à la postérité le prix des grandeurs et de la fortune, quand elles ont dédaigné de s'asseoir sur les bases de la morale, de la justice et de la liberté.

DÉCRET DU SÉNAT CONSERVATEUR.

« Le Sénat conservateur, considérant que dans une monarchie constitutionnelle le monarque n'existe qu'en vertu de la constitution, ou du pacte social ;

« Que Napoléon Bonaparte, pendant quelque temps d'un gouvernement ferme et prudent, avait donné à la nation des sujets de compter, pour l'avenir, sur des actes de sagesse et de justice ; mais qu'ensuite il a déchiré le pacte qui l'unissait au peuple français, notamment en levant des impôts, en établissant des taxes autrement qu'en vertu de la loi, contre la teneur expresse du serment qu'il avait prêté à son avènement au trône, conformément à l'article 53 des constitutions du 28 floréal an XII ;

« Qu'il a commis cet attentat aux droits du peuple, lors même qu'il venait d'ajourner sans nécessité le corps législatif, et de faire supprimer, comme criminel, un rapport de ce corps, auquel il contestait son titre et son rapport à la représentation nationale ;

« Qu'il a entrepris une suite de guerres, en violation de l'article 50 de l'acte des constitutions de l'an VIII, qui veut que la déclaration de guerre soit proposée, discutée, décrétée et promulguée, comme des lois ;

« Qu'il a, inconstitutionnellement, rendu plusieurs décrets

portant peine de mort, nommément les deux décrets du 5 mars dernier, tendant à faire considérer comme nationale une guerre qui n'avait lieu que dans l'intérêt de son ambition démesurée ;

« Qu'il a violé les lois constitutionnelles par ses décrets sur les prisons d'État ;

« Qu'il a anéanti la responsabilité des ministres, confondu tous les pouvoirs, et détruit l'indépendance des corps judiciaires ;

« Considérant que la liberté de la presse, établie et consacrée comme l'un des droits de la nation, a été constamment soumise à la censure arbitraire de sa police, et qu'en même temps il s'est toujours servi de la presse pour remplir la France et l'Europe de faits controuvés, de maximes fausses, de doctrines favorables au despotisme, et d'outrages contre les gouvernements étrangers ;

« Que des actes et rapports, entendus par le Sénat, ont subi des altérations dans la publication qui en a été faite ;

« Considérant que, au lieu de régner dans la seule vue de l'intérêt, du bonheur et de la gloire du peuple français, aux termes de son serment, Napoléon a mis le comble aux malheurs de la patrie par son refus de traiter à des conditions que l'intérêt national obligeait d'accepter, et qui ne compromettaient pas l'honneur français ; par l'abus qu'il a fait de tous les moyens qu'on lui a confiés en hommes et en argent ; par l'abandon des blessés sans secours, sans pansement, sans subsistances ; par différentes mesures dont les suites étaient la ruine des villes, la dépopulation des campagnes, la famine et les maladies contagieuses ;

« Considérant que, par toutes ces causes, le gouvernement impérial établi par le sénatus-consulte du 28 floréal an XII, ou 18 mai 1804, a cessé d'exister, et que le vœu manifeste de tous les Français appelle un ordre de choses dont le premier résultat soit le rétablissement de la paix générale et qui soit aussi l'époque d'une réconciliation solennelle entre tous les États de la grande famille européenne, le Sénat déclare et décrète ce qui suit : *Napoléon déchu du trône ; le droit d'hérédité aboli dans sa famille ; le peuple français et l'armée déliés envers lui du serment de fidélité.* »

Le Sénat romain fut moins dur lorsqu'il déclara Néron

ennemi public : l'histoire n'est qu'une répétition des mêmes faits appliqués à des hommes et à des temps divers.

Se représente-t-on l'Empereur lisant le document officiel à Fontainebleau ? Que devait-il penser de ce qu'il avait fait, et des hommes qu'il avait appelés à la complicité de son oppression de nos libertés ? Quand je publiai ma brochure *De Bonaparte et des Bourbons*, pouvais-je m'attendre à la voir amplifiée et convertie en décret de déchéance par le Sénat ? Qui empêcha ces législateurs, aux jours de la prospérité, de découvrir les maux dont ils reprochaient à Bonaparte d'être l'auteur, de s'apercevoir que la constitution avait été violée ? Quel zèle saisissait tout à coup ces muets *pour la liberté de la presse* ? Ceux qui avaient accablé Napoléon d'adulations au retour de chacune de ses guerres, comment trouvaient-ils maintenant qu'il ne les avait entreprises que *dans l'intérêt de son ambition démesurée* ? Ceux qui lui avaient jeté tant de conscrits à dévorer, comment s'attendrissaient-ils soudain sur des soldats blessés, *abandonnés sans secours, sans pansement, sans subsistances* ? Il y a des temps où l'on ne doit dépenser le mépris qu'avec économie, à cause du grand nombre de nécessiteux : je le leur plains pour cette heure, parce qu'ils en auront encore besoin pendant et après les Cent-Jours.

Lorsque je demande ce que Napoléon à Fontainebleau pensait des actes du Sénat, sa réponse était faite : un ordre du jour du 4 avril 1814, non publié officiellement, mais recueilli dans divers journaux au dehors de la capitale, remerciait l'armée de sa fidélité en ajoutant :

« Le Sénat s'est permis de disposer du gouvernement français ; il a oublié qu'il doit à l'Empereur le pouvoir dont il abuse maintenant ; que c'est lui qui a sauvé une partie de ses membres de l'orage de la Révolution, tiré de l'obscurité et protégé l'autre contre la haine de la nation. Le Sénat se fonde sur les articles de la Constitution pour la renverser ; il ne rougit pas de faire des reproches à l'Empereur sans remarquer que, comme premier corps de l'État, il a pris part à tous les événements. Le Sénat ne rougit pas de parler des libelles publiés contre les gouvernements étrangers : il oublie qu'ils furent rédigés dans son sein. Si longtemps que la fortune s'est montrée fidèle à leur souverain, ces hommes sont restés fidèles, et nulle plainte n'a été entendue sur les abus du pouvoir. Si l'Empereur avait méprisé les hommes, comme on le lui a reproché, alors le monde reconnaîtrait aujourd'hui qu'il a eu des raisons qui motivaient son mépris. »

C'est un hommage rendu par Bonaparte lui-même à la liberté de la presse : il devait croire qu'elle avait quelque chose de bon, puisqu'elle lui offrait un dernier abri et un dernier secours.

Et moi qui me débats contre le temps, moi qui cherche à lui faire rendre compte de ce qu'il a vu, moi qui écris ceci si loin des événements passés, sous le règne de Philippe, héritier contrefait d'un si grand héritage, que suis-je entre les mains de ce Temps, ce grand dévorateur des siècles que je croyais arrêtés, de ce Temps qui me fait pirouetter dans les espaces avec lui ?

17

HÔTEL DE LA RUE SAINT-FLORENTIN. – M. DE TALLEYRAND.

Alexandre était descendu chez M. de Talleyrand. Je n'assistai point aux conciliabules : on les peut lire dans les récits de l'abbé de Pradt et des divers tripotiers qui maniaient dans leurs sales et petites mains le sort d'un des plus grands hommes de l'histoire et la destinée du monde. Je comptais pour rien dans la politique en dehors des masses ; il n'y avait pas d'intrigant subalterne qui n'eût aux antichambres beaucoup plus de droit et de faveur que moi : homme futur de la Restauration possible, j'attendais sous les fenêtres, dans la rue.

Par les machinations de l'hôtel de la rue Saint-Florentin, le Sénat conservateur nomma un gouvernement provisoire composé du général Beurnonville[1], du sénateur Jaucourt, du duc de Dalberg, de l'abbé de Montesquiou, et de Dupont de Nemours ; le prince de Bénévent se nantit de la présidence.

En rencontrant ce nom pour la première fois, je devrais

---

[1]. Beurnonville et Jaucourt étaient sénateurs ; Dalberg suivait en tout Talleyrand ; Montesquiou n'avait eu que peu d'activité sous l'Empire ; Dupont de Nemours s'était fait connaître comme économiste ; le prince de Bénévent est Talleyrand lui-même.

parler du personnage qui prit dans les affaires d'alors une part remarquable ; mais je réserve son portrait pour la fin de mes *Mémoires*.

L'intrigue qui retint M. de Talleyrand à Paris, lors de l'entrée des alliés, a été la cause de ses succès au début de la Restauration. L'empereur de Russie le connaissait pour l'avoir vu à Tilsit. Dans l'absence des autorités françaises, Alexandre descendit à l'hôtel de l'Infantado, que le maître de l'hôtel se hâta de lui offrir.

Dès lors M. de Talleyrand passa pour l'arbitre du monde ; ses salons devinrent le centre des négociations. Composant le gouvernement provisoire à sa guise, il y plaça les partners de son whist : l'abbé de Montesquiou y figura seulement comme une réclame de la légitimité.

Ce fut à l'infécondité de l'évêque d'Autun que les premières œuvres de la Restauration furent confiées : il frappa cette Restauration de stérilité, et lui communiqua un germe de flétrissure et de mort.

18

ADRESSES DU GOUVERNEMENT PROVISOIRE.
CONSTITUTION PROPOSÉE PAR LE SÉNAT.

Les premiers actes du gouvernement provisoire, placé sous la dictature de son président, furent des proclamations adressées aux soldats et au peuple.

« Soldats, disaient-elles aux premiers, la France vient de briser le joug sous lequel elle gémit avec vous depuis tant d'années. Voyez tout ce que vous avez souffert de la tyrannie. Soldats, il est temps de finir les maux de la patrie. Vous êtes ses plus nobles enfants ; vous ne pouvez appartenir à celui qui l'a ravagée, qui a voulu rendre votre nom odieux à toutes les nations, qui aurait peut-être compromis votre gloire si un homme qui N'EST PAS MÊME FRANÇAIS pouvait jamais affaiblir l'honneur de nos armes et la générosité de nos soldats. »

Ainsi, aux yeux de ses plus serviles esclaves, celui qui remporta tant de victoires n'est *plus même Français* ! Lorsqu'au temps de la Ligue Du Bourg rendit la Bastille à

Henri IV, il refusa de quitter l'écharpe noire et de prendre l'argent qu'on lui offrait pour la reddition de la place. Sollicité de reconnaître le Roi, il répondit : « que c'était sans doute un très bon prince mais qu'il avait donné sa foi à M. de Mayenne. Qu'au reste Brissac était un traître[1], et que, pour le lui maintenir, il le combattrait entre quatre piques, en présence du Roi, et lui mangerait le cœur du ventre ». Différence des temps et des hommes !

Le 4 avril parut une nouvelle adresse du gouvernement provisoire au peuple français ; elle lui disait :

« Au sortir de vos discordes civiles vous aviez choisi pour chef un homme qui paraissait sur la scène du monde avec les caractères de la grandeur. Sur les ruines de l'anarchie, il n'a fondé que le despotisme ; il devait au moins *par reconnaissance devenir Français* avec vous : *il ne l'a jamais été*. Il n'a cessé d'entreprendre sans but et sans motif des guerres injustes, en aventurier qui veut être fameux. Peut-être rêve-t-il encore à ses desseins gigantesques, même quand des revers inouïs punissent avec tant d'éclat l'orgueil et l'abus de la victoire. Il n'a su régner ni dans l'intérêt national, ni dans l'intérêt même de son despotisme. Il a détruit tout ce qu'il voulait créer et recréé tout ce qu'il voulait détruire. Il ne croyait qu'à la force ; la force l'accable aujourd'hui : juste retour d'une ambition insensée. »

Vérités incontestables, malédictions méritées ; mais qui les donnait ces malédictions ? que devenait ma pauvre petite brochure, serrée entre ces virulentes adresses ? ne disparaît-elle pas entièrement ? Le même jour, 4 avril, le gouvernement provisoire proscrit les signes et les emblèmes du gouvernement impérial ; si l'Arc de Triomphe eût existé, on l'aurait abattu. Mailhes, qui vota le premier la mort de Louis XVI[2], Cambacérès, qui salua le premier Napoléon du nom d'Empereur, reconnurent avec empressement les actes du gouvernement provisoire.

---

1. C'est le maréchal de Cossé-Brissac, nommé gouverneur de Paris par Mayenne, qui avait pris la décision de céder la ville à Henri IV. — 2. De par le sort, lorsque la Convention eut à juger Louis XVI, il fut le premier à voter. Il vota la mort. En avril 1814, il félicite les sénateurs dans une lettre d'avoir voté la déchéance de Napoléon.

Le 6, le Sénat broche une constitution : elle reposait à peu près sur les bases de la Charte future ; le Sénat était maintenu comme Chambre haute ; la dignité des sénateurs était déclarée inamovible et héréditaire ; à leur titre de majorat était attachée la dotation des sénatoreries ; la constitution rendait ces titres et majorats transmissibles aux descendants du possesseur : heureusement que ces ignobles hérédités avaient en elles des Parques, comme disaient les anciens.

L'effronterie sordide de ces sénateurs qui, au milieu de l'invasion de leur patrie, ne se perdent pas de vue un moment, frappe même dans l'immensité des événements publics.

N'aurait-il pas été plus commode pour les Bourbons d'adopter en arrivant le gouvernement établi, un corps législatif muet, un Sénat secret et esclave, une presse enchaînée ? À la réflexion, on trouve la chose impossible : les libertés naturelles, se redressant dans l'absence du bras qui les courbait, auraient repris leur ligne verticale sous la faiblesse de la compression. Si les princes légitimes avaient licencié l'armée de Bonaparte, comme ils auraient dû le faire (c'était l'opinion de Napoléon à l'île d'Elbe), et s'ils eussent conservé en même temps le gouvernement impérial, c'eût été trop de briser l'instrument de la gloire pour ne garder que l'instrument de la tyrannie : la Charte était la rançon de Louis XVIII.

19

### Arrivée du comte d'Artois.
### Abdication de Bonaparte à Fontainebleau.

Le 12 avril, le comte d'Artois arriva en qualité de lieutenant général du royaume. Trois ou quatre cents hommes à cheval allèrent au-devant de lui ; j'étais de la troupe. Il charmait par sa bonne grâce, différente des manières de l'Empire. Les Français reconnaissaient avec plaisir dans sa personne leurs anciennes mœurs, leur ancienne politesse et leur ancien langage ; la foule l'entourait et le pressait ; consolante apparition du passé, double abri qu'il était contre l'étranger vainqueur et contre Bonaparte encore menaçant. Hélas ! ce prince ne remettait le pied sur le sol français que pour y voir assassiner son fils[1] et pour retourner mourir sur cette terre d'exil dont il revenait : il y a des hommes à qui la vie a été jetée au cou comme une chaîne.

On m'avait présenté au frère du roi ; on lui avait fait lire ma brochure, autrement il n'aurait pas su mon nom : il ne se rappelait ni de m'avoir vu à la cour de Louis XVI, ni au camp de Thionville, et n'avait sans doute jamais entendu parler du *Génie du Christianisme* : c'était tout simple. Quand on a beaucoup et longuement souffert, on ne se souvient plus que de soi ; l'infortune personnelle est une compagne un peu froide, mais exigeante ; elle vous obsède ; elle ne laisse de place à aucun autre sentiment, ne vous quitte point, s'empare de vos genoux et de votre couche.

La veille du jour de l'entrée du comte d'Artois, Napoléon, après avoir inutilement négocié avec Alexandre par l'entremise de M. de Caulaincourt[2], avait fait connaître l'acte de son abdication :

« Les puissances alliées ayant proclamé que l'empereur Napoléon était le seul obstacle au rétablissement de la paix en Europe, l'empereur Napoléon, fidèle à son serment, déclare qu'il renonce pour lui et ses héritiers au trône de France et d'Italie, parce qu'il n'est aucun sacrifice personnel, même celui de la vie, qu'il ne soit prêt à faire à l'intérêt des Français. »

À ces paroles éclatantes l'Empereur ne tarda pas de donner, par son retour, un démenti non moins éclatant : il ne lui fallut que le temps d'aller à l'île d'Elbe. Il resta à Fontainebleau jusqu'au 20 avril.

Le 20 d'avril étant arrivé, Napoléon descendit le perron à deux branches qui conduit au péristyle du château désert de la monarchie des Capets. Quelques grenadiers, restes des soldats vainqueurs de l'Europe, se formèrent en ligne dans la grande cour, comme sur leur dernier champ de bataille ; ils étaient entourés de ces vieux arbres, compagnons mutilés de François Ier et de Henri IV. Bonaparte adressa ces paroles aux derniers témoins de ses combats :

---

**1.** Le duc de Berry en 1820. — **2.** Caulaincourt était ministre des Relations extérieures depuis 1813 ; il avait été ambassadeur en Russie.

« Généraux, officiers, sous-officiers et soldats de ma vieille garde, je vous fais mes adieux : depuis vingt ans je suis content de vous ; je vous ai toujours trouvés sur le chemin de la gloire.

« Les puissances alliées ont armé toute l'Europe contre moi ; une partie de l'armée a trahi ses devoirs, et *la France elle-même a voulu d'autres destinées.*

« Avec vous et les braves qui me sont restés fidèles, j'aurais pu entretenir la guerre civile pendant trois ans ; mais la France eût été malheureuse, ce qui était contraire au but que je me suis proposé.

« Soyez fidèles au nouveau roi que la France s'est choisi ; n'abandonnez pas notre chère patrie, trop longtemps malheureuse ! Aimez-la toujours, aimez-la bien, cette chère patrie.

« Ne plaignez pas mon sort ; je serai toujours heureux lorsque je saurai que vous l'êtes.

« J'aurais pu mourir ; rien ne m'eût été plus facile ; mais je suivrai sans cesse le chemin de l'honneur. J'ai encore à écrire ce que nous avons fait.

« Je ne puis vous embrasser tous ; mais j'embrasserai votre général... Venez, général... (Il serre le général Petit[1] dans ses bras.) Qu'on m'apporte l'aigle !... (Il la baise.) Chère aigle ! que ces baisers retentissent dans le cœur de tous les braves !... Adieu, mes enfants !... Mes vœux vous accompagneront toujours ; conservez mon souvenir. »

Cela dit, Napoléon lève sa tente qui couvrait le monde.

20

ITINÉRAIRE DE NAPOLÉON À L'ÎLE D'ELBE.

Bonaparte avait demandé à l'Alliance des commissaires, afin d'être protégé par eux jusqu'à l'île que les souverains lui accordaient en toute propriété et en avancement d'hoirie. Le comte Schouwaloff fut nommé pour la Russie, le général

---

[1]. Il se ralliera à Louis XVIII, puis reprendra sa place dans la Garde aux Cent-Jours.

Kohler pour l'Autriche, le colonel Campbell pour l'Angleterre, et le comte Waldbourg-Truchsess pour la Prusse : celui-ci a écrit l'*Itinéraire de Napoléon de Fontainebleau à l'île d'Elbe*. Cette brochure et celle de l'abbé de Pradt sur l'ambassade de Pologne sont les deux comptes rendus dont Napoléon a été le plus affligé. Il regrettait sans doute alors le temps de sa libérale censure, quand il faisait fusiller le pauvre Palm, libraire allemand, pour avoir distribué à Nuremberg l'écrit de M. de Gentz : *L'Allemagne dans son profond abaissement*. Nuremberg, à l'époque de la publication de cet écrit, étant encore ville libre, n'appartenait point à la France : Palm n'aurait-il pas dû deviner cette conquête ?

Le comte de Waldbourg fait d'abord le récit de plusieurs conversations qui précédèrent à Fontainebleau le départ. Il rapporte que Bonaparte donnait les plus grands éloges à lord Wellington et s'informait de son caractère et de ses habitudes. Il s'excusait de n'avoir pas fait la paix à Prague, à Dresde et à Francfort ; il convenait qu'il avait eu tort, mais qu'il avait d'autres vues. « Je n'ai point été usurpateur, ajoutait-il, parce que je n'ai accepté la couronne que d'après le vœu unanime de la nation, tandis que Louis XVIII l'a usurpée, n'étant appelé au trône que par un vil Sénat dont plus de dix membres ont voté la mort de Louis XVI. »

Le comte de Waldbourg poursuit ainsi son récit :

« L'Empereur se mit en route, avec ses quatre autres voitures, le 21 vers midi, après avoir eu encore avec le général Kohler un long entretien, dont voici le résumé : "Eh bien ! vous avez entendu hier mon discours à la vieille garde ; il vous a plu et vous avez vu l'effet qu'il a produit. Voilà comme il faut parler et agir avec eux, et si Louis XVIII ne suit pas cet exemple, il ne fera jamais rien du soldat français" . . . . . .
. . . . . . . . . . . . . . . . . . . . . . . . . . . . . . . . . . . . . . . . . . . . . . . . . .

« Les cris de *Vive l'Empereur* cessèrent dès que les troupes françaises ne furent plus avec nous. À Moulins nous vîmes les premières cocardes blanches, et les habitants nous reçurent aux acclamations de *vivent les alliés !* Le colonel Campbell partit de Lyon en avant, pour aller chercher à Toulon ou à Marseille une frégate anglaise qui pût, d'après le vœu de Napoléon, le conduire dans son île. À Lyon, où nous passâmes vers les onze heures du soir, il s'assembla quelques groupes qui crièrent *Vive Napoléon !* Le 24, vers midi, nous rencontrâmes le maréchal Augereau près de Valence. L'Empereur et le maréchal descendirent de voiture ; Napoléon ôta son chapeau, et tendit les bras à Augereau, qui l'embrassa, mais sans le saluer. *Où vas-tu comme ça ?* lui dit l'Empereur en le prenant par le bras, *tu vas à la cour ?* Augereau répondit que pour le moment il allait à Lyon : ils marchèrent près d'un quart d'heure ensemble, en suivant la route de Valence. L'Empereur fit au maréchal des reproches sur sa conduite envers lui et lui dit : *Ta proclamation est bien bête ; pourquoi des injures contre moi ? Il fallait simplement dire : Le vœu de la nation s'étant prononcé en faveur d'un nouveau souverain, le devoir de l'armée est de s'y conformer. Vive le Roi ! Vive Louis XVIII !* Augereau alors se mit aussi à tutoyer Bonaparte, et lui fit à son tour d'amers reproches sur son insatiable ambition, à laquelle il avait tout sacrifié, même le bonheur de la France entière. Ce discours fatiguant Napoléon, il se tourna avec brusquerie du côté du maréchal, l'embrassa, lui ôta encore son chapeau, et se jeta dans sa voiture.

« Augereau, les mains derrière le dos, ne dérangea pas sa casquette de dessus sa tête ; et seulement, lorsque l'Empereur fut remonté dans sa voiture, il lui fit un geste méprisant de la main en lui disant adieu. . . . . . . . . . . . . . . . . . . . . . . . . . . . .
. . . . . . . . . . . . . . . . . . . . . . . . . . . . . . . . . . . . . . . . . . . . . . . . . . . .

« Le 25, nous arrivâmes à Orange ; nous fûmes reçus aux cris de : *Vive le Roi ! Vive Louis XVIII !*

« Le même jour, le matin, l'Empereur trouva un peu en avant d'Avignon, à l'endroit où l'on devait changer de chevaux, beaucoup de peuple rassemblé, qui l'attendait à son passage, et qui nous accueillit aux cris de : *Vive le Roi ! vivent les alliés ! À bas le tyran, le coquin, le mauvais gueux !...* Cette multitude vomit encore contre lui mille invectives.

« Nous fîmes tout ce que nous pûmes pour arrêter ce scandale, et diviser la foule qui assaillait sa voiture ; nous ne pûmes obtenir de ces forcenés qu'ils cessassent d'insulter l'homme qui, disaient-ils, les avait rendus si malheureux, et qui n'avait d'autre désir que d'augmenter encore leur misère.
. . . . . . . . . . . . . . . . . . . . . . . . . . . . . . . . . . . . . . . . . . . . . . . . . . . .

« Dans tous les endroits que nous traversâmes, il fut reçu de la même manière. À Orgon, petit village où nous changeâmes de chevaux, la rage du peuple était à son comble ; devant l'auberge même où il devait s'arrêter, on avait élevé une potence à laquelle était suspendu un mannequin, en uniforme français, couvert de sang, avec une inscription placée sur la poitrine et ainsi conçue : *Tel sera, tôt ou tard, le sort du tyran.*

« Le peuple se cramponnait à la voiture de Napoléon, et cherchait à le voir pour lui adresser les plus fortes injures. L'Empereur se cachait derrière le général Bertrand le plus qu'il pouvait ; il était pâle et défait, ne disant pas un mot. À force de pérorer le peuple, nous parvînmes à le tirer de ce mauvais pas.

« Le comte Schouwaloff, à côté de la voiture de Bonaparte, harangua la populace en ces termes : "N'avez-vous pas honte d'insulter à un malheureux sans défense ? il est assez humilié par la triste situation où il se trouve, lui qui s'imaginait donner des lois à l'univers et qui se trouve aujourd'hui à la merci de votre générosité ! Abandonnez-le à lui-même ; regardez-le : vous voyez que le mépris est la seule arme que vous devez employer contre cet homme, qui a cessé d'être dangereux. Il serait au-dessous de la nation française d'en prendre une autre vengeance !" Le peuple applaudissait à ce discours, et Bonaparte, voyant l'effet qu'il produisait, faisait des signes d'approbation à Schouwaloff, et le remercia ensuite du service qu'il lui avait rendu.

« À un quart de lieue en deçà d'Orgon, il crut indispensable la précaution de se déguiser : il mit une mauvaise redingote bleue, un chapeau rond sur sa tête avec une cocarde blanche, et monta un cheval de poste pour galoper devant sa voiture, voulant passer ainsi pour un courrier. Comme nous ne pouvions le suivre, nous arrivâmes à Saint-Canat bien après lui. Ignorant les moyens qu'il avait pris pour se soustraire au peuple, nous le croyions dans le plus grand danger, car nous voyions sa voiture entourée de gens furieux qui cherchaient à ouvrir les portières : elles étaient heureusement bien fermées, ce qui sauva le général Bertrand. La ténacité des femmes nous étonna le plus ; elles nous suppliaient de le leur livrer, disant : "Il l'a si bien mérité envers nous et envers vous-mêmes, que nous ne vous demandons qu'une chose juste."

« À une demi-lieue de Saint-Canat, nous atteignîmes la voiture de l'Empereur, qui, bientôt après, entra dans une mauvaise auberge située sur la grande route et appelée *la Calade*. Nous l'y suivîmes, et ce n'est qu'en cet endroit que nous apprîmes et le travestissement dont il s'était servi, et son arrivée dans cette auberge à la faveur de ce bizarre accoutrement ; il n'avait été accompagné que d'un seul courrier ; sa suite, depuis le général jusqu'au marmiton, était parée de cocardes blanches, dont ils paraissaient s'être approvisionnés à l'avance. Son valet de chambre, qui vint au devant de nous, nous pria de faire passer l'Empereur pour le colonel Campbell, parce qu'en arrivant il s'était annoncé pour tel à l'hôtesse. Nous promîmes de nous conformer à ce désir, et j'entrai le premier dans une espèce de chambre où je fus frappé de trouver le ci-devant souverain du monde plongé dans de profondes réflexions, la tête appuyée dans ses mains. Je ne le reconnus pas d'abord, et je m'approchai de lui. Il se leva en sursaut en entendant quelqu'un marcher, et me laissa voir son visage arrosé de larmes. Il me fit signe de ne rien dire, me fit asseoir près de lui, et, tout le temps que l'hôtesse fut dans la chambre, il ne me parla que de choses indifférentes. Mais lorsqu'elle sortit, il reprit sa première position. Je jugeai convenable de le laisser seul ; il nous fit cependant prier de passer de temps en temps dans sa chambre pour ne pas faire soupçonner sa présence.

« Nous lui fîmes savoir qu'on était instruit que le colonel Campbell avait passé la veille justement par cet endroit, pour se rendre à Toulon. Il résolut aussitôt de prendre le nom de lord Burghers.

« On se mit à table ; mais comme ce n'étaient pas ses cuisiniers qui avaient préparé le dîner, il ne pouvait se résoudre à prendre aucune nourriture, dans la crainte d'être empoisonné. Cependant, nous voyant manger de bon appétit, il eut honte de nous faire voir les terreurs qui l'agitaient, et prit de tout ce qu'on lui offrit ; il fit semblant d'y goûter, mais il renvoyait les mets sans y toucher ; quelquefois il jetait dessous la table ce qu'il avait accepté, pour faire croire qu'il l'avait mangé. Son dîner fut composé d'un peu de pain et d'un flacon de vin qu'il fit retirer de sa voiture et qu'il partagea même avec nous.

« Il parla beaucoup et fut d'une amabilité très remarquable. Lorsque nous fûmes seuls, et que l'hôtesse qui nous servait fut sortie, il nous fit connaître combien il croyait sa vie en danger ; il était persuadé que le gouvernement français avait pris des mesures pour le faire enlever ou assassiner dans cet endroit.

« Mille projets se croisaient dans sa tête sur la manière dont il pourrait se sauver ; il rêvait aussi aux moyens de tromper le peuple d'Aix, car on l'avait prévenu qu'une très grande foule l'attendait à la poste. Il nous déclara donc que ce qui lui paraissait le plus convenable, c'était de retourner jusqu'à Lyon, et de prendre de là une autre route pour s'embarquer en Italie. Nous n'aurions pu, en aucun cas, consentir à ce projet, et nous cherchâmes à le persuader de se rendre directement à Toulon ou d'aller par Digne à Fréjus. Nous tâchâmes de le convaincre qu'il était impossible que le gouvernement français pût avoir des intentions si perfides à son égard sans que nous en fussions instruits, et que la populace, malgré les indécences auxquelles elle se portait, ne se rendrait pas coupable d'un crime de cette nature.

« Pour nous mieux persuader, et pour nous prouver jusqu'à quel point ses craintes, selon lui, étaient fondées, il nous raconta ce qui s'était passé entre lui et l'hôtesse, qui ne l'avait pas reconnu. — Eh bien ! lui avait-elle dit, avez-vous rencontré Bonaparte ? — *Non*, avait-il répondu. — Je suis curieuse, continua-t-elle, de voir s'il pourra se sauver ; je crois toujours que le peuple va le massacrer : aussi faut-il convenir qu'il l'a bien mérité, ce coquin-là ! Dites-moi donc, on va l'embarquer pour son île ? — *Mais oui*. — On le noiera, n'est-ce pas ? — *Je l'espère bien !* lui répliqua Napoléon. *Vous voyez donc*, ajouta-t-il, *à quel danger je suis exposé*.

« Alors il recommença à nous fatiguer de ses inquiétudes et de ses irrésolutions. Il nous pria même d'examiner s'il n'y avait pas quelque part une porte cachée par laquelle il pourrait s'échapper, ou si la fenêtre, dont il avait fait fermer les volets en arrivant, n'était pas trop élevée pour pouvoir sauter et s'évader ainsi.

« La fenêtre était grillée en dehors, et je le mis dans un embarras extrême en lui communiquant cette découverte. Au moindre bruit il tressaillait et changeait de couleur.

« Après dîner nous le laissâmes à ses réflexions ; et comme, de temps en temps, nous entrions dans sa chambre, d'après le désir qu'il en avait témoigné, nous le trouvions toujours en pleurs ............................................................
................................................................

« L'aide de camp du général Schouwaloff vint dire que le peuple qui était ameuté dans la rue était presque entièrement retiré. L'Empereur résolut de partir à minuit.

« Par une prévoyance exagérée, il prit encore de nouveaux moyens pour n'être pas reconnu.

« Il contraignit, par ses instances, l'aide de camp du général Schouwaloff de se vêtir de la redingote bleue et du chapeau rond avec lesquels il était arrivé dans l'auberge.

« Bonaparte, qui alors voulut se faire passer pour un colonel autrichien, mit l'uniforme du général Kohler, se décora de l'ordre de Sainte-Thérèse, que portait le général, mit ma casquette de voyage sur sa tête, et se couvrit du manteau du général Schouwaloff.

« Après que les commissaires des puissances alliées l'eurent ainsi équipé, les voitures s'avancèrent ; mais, avant de descendre, nous fîmes une répétition, dans notre chambre, de l'ordre dans lequel nous devions marcher. Le général Drouot ouvrait le cortège ; venait ensuite le soi-disant empereur, l'aide de camp du général Schouwaloff, ensuite le général Kohler, l'Empereur, le général Schouwaloff et moi qui avais l'honneur de faire partie de l'arrière-garde, à laquelle se joignit la suite de l'Empereur.

« Nous traversâmes ainsi la foule ébahie qui se donnait une peine extrême pour tâcher de découvrir parmi nous celui qu'elle appelait *son tyran*.

« L'aide de camp de Schouwaloff (le major Olewieff) prit la place de Napoléon dans sa voiture, et Napoléon partit avec le général Kohler dans sa calèche. .......................
................................................................

« Toutefois, l'Empereur ne se rassurait pas ; il restait toujours dans la calèche du général autrichien, et il commanda au cocher de fumer, afin que cette familiarité pût dissimuler sa présence. Il pria même le général Kohler de chanter, et comme celui-ci lui répondit qu'il ne savait pas chanter, Bonaparte lui dit de siffler.

« C'est ainsi qu'il poursuivit sa route, caché dans un des coins de la calèche, faisant semblant de dormir, bercé par l'agréable musique du général et encensé par la fumée du cocher.

« À Saint-Maximin, il déjeuna avec nous. Comme il entendit dire que le sous-préfet d'Aix était en cet endroit, il le fit appeler, et l'apostropha en ces termes : *Vous devez rougir de me voir en uniforme autrichien ; j'ai dû le prendre pour me mettre à l'abri des insultes des Provençaux. J'arrivais avec pleine confiance au milieu de vous, tandis que j'aurais pu emmener avec moi six mille hommes de ma garde. Je ne trouve ici que des tas d'enragés qui menacent ma vie. C'est une méchante race que les Provençaux ; ils ont commis toutes sortes d'horreurs et de crimes dans la Révolution et sont tout prêts à recommencer : mais quand il s'agit de se battre avec courage, alors ce sont des lâches. Jamais la Provence ne m'a fourni un seul régiment dont j'aurais pu être content. Mais ils seront peut-être demain aussi acharnés contre Louis XVIII qu'ils le paraissent aujourd'hui contre moi ;* etc.

« Ensuite, se tournant vers nous, il nous dit que Louis XVIII ne ferait jamais rien de la nation française s'il la traitait avec trop de ménagement. *Puis,* continua-t-il, *il faut nécessairement qu'il lève des impôts considérables, et ces mesures lui attireront aussitôt la haine de ses sujets.*

« Il nous raconta qu'il y avait dix-huit ans qu'il avait été envoyé en ce pays, avec plusieurs milliers d'hommes, pour délivrer deux royalistes qui devaient être pendus pour avoir porté la cocarde blanche. *Je les sauvai avec beaucoup de peine des mains de ces enragés ; et aujourd'hui,* continua-t-il, *ces hommes recommenceraient les mêmes excès contre celui d'entre eux qui se refuserait à porter la cocarde blanche ! Telle est l'inconstance du peuple français !*

« Nous apprîmes qu'il y avait au Luc deux escadrons de hussards autrichiens ; et, d'après la demande de Napoléon, nous envoyâmes l'ordre au commandant d'y attendre notre arrivée pour escorter l'Empereur jusqu'à Fréjus. »

Ici finit la narration du comte de Waldbourg : ces récits font mal à lire. Quoi ! les commissaires ne pouvaient-ils mieux protéger celui dont ils avaient l'honneur de répondre ? Qu'étaient-ils pour affecter des airs si supérieurs avec un pareil homme ? Bonaparte dit avec raison que, s'il l'eût voulu, il aurait pu voyager accompagné d'une partie de sa garde. Il est évident qu'on était indifférent à son sort : on jouissait de sa dégradation ; on consentait avec plaisir aux marques de mépris que la victime requérait pour sa sûreté : il est si doux de tenir sous ses pieds la destinée de celui qui marchait sur les plus hautes têtes, de se venger de l'orgueil par l'insulte ! Aussi les commissaires ne trouvent pas un mot, même un mot de sensibilité philosophique, sur un tel changement de fortune, pour avertir l'homme de son néant et de la grandeur des jugements de Dieu ! Dans les rangs des alliés, les anciens adulateurs de Napoléon avaient été nombreux : quand on s'est mis à genoux devant la force, on n'est pas reçu à triompher du malheur. La Prusse, j'en conviens, avait besoin d'un effort de vertu pour oublier ce qu'elle avait souffert, elle, son roi et sa reine ; mais cet effort devait être fait. Hélas ! Bonaparte n'avait eu pitié de rien ; tous les cœurs s'étaient refroidis pour lui. Le moment où il s'est montré le plus cruel, c'est à Jaffa ; le plus petit, c'est sur la route de l'île d'Elbe : dans le premier cas, les nécessités militaires lui ont servi d'excuse ; dans le second, la dureté des commissaires étrangers donne le change aux sentiments des lecteurs et diminue son abaissement.

Le gouvernement provisoire de France ne me semble pas lui-même tout à fait irréprochable : je rejette les calomnies de Maubreuil[1] ; néanmoins, dans la terreur qu'inspirait encore Napoléon à ses anciens domestiques, une catastrophe fortuite aurait pu ne se présenter à leurs yeux que comme un malheur.

On voudrait douter de la vérité des faits rapportés par le comte de Waldbourg-Truchsess, mais le général Kohler a confirmé, dans une *suite de l'Itinéraire de Waldbourg*, une partie de la narration de son collègue ; de son côté le général Schouwaloff m'a certifié l'exactitude des faits : ses paroles contenues en disaient plus que le récit expansif de Waldbourg. Enfin l'*Itinéraire* de Fabry[2] est composé sur des docu-

---

1. Le marquis de Maubreuil, ancien écuyer de Jérôme Bonaparte, prétendit avoir été chargé par Talleyrand, au nom des Alliés, d'assassiner Napoléon. En 1827, à Saint-Denis, au cours d'une cérémonie commémorative de la mort de Louis XVI, il souffleta Talleyrand. — 2. Publiciste royaliste.

ments français authentiques, fournis par des témoins oculaires.

Maintenant que j'ai fait justice des commissaires et des alliés, est-ce bien le vainqueur du monde que l'on aperçoit dans l'*Itinéraire de Waldbourg*? Le héros réduit à des déguisements et à des larmes, pleurant sous une veste de courrier au fond d'une arrière-chambre d'auberge! Était-ce ainsi que Marius se tenait sur les ruines de Carthage, qu'Annibal mourut en Bithynie, César au Sénat? Comment Pompée se déguisa-t-il? en se couvrant la tête de sa toge. Celui qui avait revêtu la pourpre se mettant à l'abri sous la cocarde blanche, poussant le cri de salut: Vive le Roi! ce roi dont il avait fait fusiller un héritier! Le maître des peuples encourageant les humiliations que lui prodiguaient les commissaires afin de le mieux cacher, enchanté que le général Kohler sifflât devant lui, qu'un cocher lui fumât à la figure, forçant l'aide de camp du général Schouwaloff à jouer le rôle de l'Empereur, tandis que lui Bonaparte portait l'habit d'un colonel autrichien et se couvrait du manteau d'un général russe! Il fallait cruellement aimer la vie: ces immortels ne peuvent consentir à mourir.

Moreau disait de Bonaparte: « Ce qui le caractérise, c'est le mensonge et l'amour de la vie: je le battrai et je le verrai à mes pieds me demander grâce. » Moreau pensait de la sorte, ne pouvant comprendre la nature de Bonaparte; il tombait dans la même erreur que lord Byron. Au moins, à Sainte-Hélène, Napoléon agrandi par les muses, bien que peu noble dans ses démêlés avec le gouverneur anglais, n'eut à supporter que le poids de son immensité. En France, le mal qu'il avait fait lui apparut personnifié dans les veuves et les orphelins, et le contraignit de trembler sous les mains de quelques femmes.

Tout cela est trop vrai; mais Bonaparte ne doit pas être jugé d'après les règles que l'on applique aux grands génies, parce que la magnanimité lui manquait. Il y a des hommes qui ont la faculté de monter et qui n'ont pas la faculté de descendre. Lui, Napoléon, possédait les deux facultés: comme l'ange rebelle, il pouvait raccourcir sa taille incommensurable pour la renfermer dans un espace mesuré; sa ductilité lui fournissait des moyens de salut et de renaissance: avec lui tout n'était pas fini quand il semblait avoir fini. Changeant à volonté de mœurs et de costume, aussi parfait dans le comique que dans le tragique, cet acteur savait paraître naturel sous la tunique de l'esclave comme sous le manteau de roi, dans le rôle d'Attale [1] ou dans le rôle de César. Encore un moment et vous verrez, du fond de sa dégradation, le nain relever sa tête de Briarée ; Asmodée [2] sortira en fumée énorme du flacon où il s'était comprimé. Napoléon estimait la vie pour ce qu'elle lui rapportait ; il avait l'instinct de ce qui lui restait encore à peindre ; il ne voulait pas que la toile lui manquât avant d'avoir achevé ses tableaux.

Sur les frayeurs de Napoléon, Walter Scott [3], moins injuste que les commissaires, remarque avec candeur que la fureur du peuple fit beaucoup d'impression sur Bonaparte, qu'il répandit des larmes, qu'il montra plus de faiblesse que n'en admettait son courage reconnu ; mais il ajoute : « Le danger était d'une espèce particulièrement horrible et propre à intimider ceux à qui la terreur des champs de bataille était familière : le plus brave soldat peut frémir devant la mort des de Witt [4]. »

Napoléon fut soumis à ces angoisses révolutionnaires dans les mêmes lieux où il commença sa carrière avec la Terreur.

Le général prussien, interrompant une fois son récit, s'est cru obligé de révéler un mal que l'Empereur ne cachait pas : le comte de Waldbourg a pu confondre ce qu'il voyait avec les souffrances dont M. de Ségur avait été témoin dans la campagne de Russie, lorsque Bonaparte, contraint de descendre de cheval, s'appuyait la tête contre des canons [5]. Au nombre des infirmités des guerriers illustres, la véritable histoire ne compte que le poignard qui perça le cœur de Henri IV, ou le boulet qui emporta Turenne.

Après le récit de l'arrivée de Bonaparte à Fréjus, Walter Scott, débarrassé des grandes scènes, retombe avec joie dans

---

1. Ce sénateur romain, créé empereur par Alaric, tomba en 414 aux mains d'Honorius qui fit de lui un objet de dérision. — 2. Le « diable boiteux » de Le Sage. — 3. Sur Walter Scott « historien de Napoléon », voir p. 116 *sq.* — 4. Jean et Corneille de Witt furent assassinés et pendus en 1672 dans une émeute populaire. Spinoza protesta contre ces meurtres. — 5. Il souffrait de la vessie.

son talent ; il s'en *va en Bavardin*[1], comme parle madame de Sévigné ; il devise du passage de Napoléon à l'île d'Elbe, de la séduction exercée par Bonaparte sur les matelots anglais, excepté sur Hinton, qui ne pouvait entendre les louanges données à l'Empereur sans murmurer le mot : *humbug*[2]. Quand Napoléon partit, Hinton souhaita à *son honneur* bonne santé et meilleure chance une autre fois. Napoléon était toutes les misères et toutes les grandeurs de l'homme.

## 21

Louis XVIII à Compiègne. – Son entrée à Paris.
La vieille garde. – Faute irréparable.
Déclaration de Saint-Ouen. – Traité de Paris.
La Charte. – Départ des alliés.

Tandis que Bonaparte, connu de l'univers, s'échappait de France au milieu des malédictions, Louis XVIII, oublié partout, sortait de Londres sous une voûte de drapeaux blancs et de couronnes. Napoléon, en débarquant à l'île d'Elbe, y retrouva sa force. Louis XVIII, en débarquant à Calais, eût pu voir Louvel[3] ; il y rencontra le général Maison[4], chargé, seize ans après, d'embarquer Charles X à Cherbourg. Charles X, apparemment pour le rendre digne de sa mission future, donna dans la suite à M. Maison le bâton de maréchal de France, comme un chevalier, avant de se battre, conférait la chevalerie à l'homme inférieur avec lequel il daignait se mesurer.

Je craignais l'effet de l'apparition de Louis XVIII. Je me hâtai de le devancer dans cette résidence d'où Jeanne d'Arc tomba aux mains des Anglais[5] et où l'on me montra un

---

**1.** Mme de Sévigné déforme plaisamment le nom de ses amies Lavardin en Bavardin, parce qu'elle aime bavarder avec elles. « Aller en Bavardin », c'est se donner une bonne partie de « causette ». — **2.** Mot anglais de style familier (c'est à peu près l'équivalent de « blague »). — **3.** Il songeait déjà à un assassinat et avait fait à cette intention le voyage de Calais. — **4.** Il s'était dès le premier jour rallié à la Restauration. — **5.** À Compiègne, en 1430.

volume atteint d'un des boulets lancés contre Bonaparte. Qu'allait-on penser à l'aspect de l'invalide royal remplaçant le cavalier qui avait pu dire comme Attila : « L'herbe ne croît plus partout où mon cheval a passé » ? Sans mission et sans goût j'entrepris (on m'avait jeté un sort) une tâche assez difficile, celle de peindre *l'arrivée à Compiègne*, de faire voir le fils de saint Louis tel que je l'idéalisai à l'aide des Muses. Je m'exprimai ainsi [1] :

« Le carrosse du Roi était précédé des généraux et des maréchaux de France, qui étaient allés au-devant de Sa Majesté. Ce n'a plus été des cris de *Vive le Roi !* mais des clameurs confuses dans lesquelles on ne distinguait rien que les accents de l'attendrissement et de la joie. Le Roi portait un habit bleu, distingué seulement par une plaque et des épaulettes ; ses jambes étaient enveloppées de larges guêtres de velours rouge, bordées d'un petit cordon d'or. Quand il est assis dans son fauteuil, avec ses guêtres à l'antique, tenant sa canne entre ses genoux, on croirait voir Louis XIV à cinquante ans. . . . . . . . . . . . . . . . . . . . . . . . . . . . . . . . . . . Les maréchaux Macdonald, Ney, Moncey, Serrurier, Brune, le prince de Neuchâtel, tous les généraux, toutes les personnes présentes, ont obtenu pareillement du Roi les paroles les plus affectueuses. Telle est en France la force du souverain légitime, cette magie attachée au nom du Roi. Un homme arrive seul de l'exil, dépouillé de tout, sans suite, sans gardes, sans richesses ; il n'a rien à donner, presque rien à promettre. Il descend de sa voiture, appuyé sur le bras d'une jeune femme ; il se montre à des capitaines qui ne l'ont jamais vu, à des grenadiers qui savent à peine son nom. Quel est cet homme ? c'est le Roi ! Tout le monde tombe à ses pieds. »

Ce que je disais là des guerriers, dans le but que je me proposais d'atteindre, était vrai quant aux chefs ; mais je mentais à l'égard des soldats. J'ai présent à la mémoire, comme si je le voyais encore, le spectacle dont je fus témoin lorsque Louis XVIII, entrant dans Paris le 3 mai, alla descendre à Notre-Dame : on avait voulu épargner au Roi

---

1. Dans la brochure *Compiègne, avril 1814*.

l'aspect des troupes étrangères ; c'était un régiment de la vieille garde à pied qui formait la haie depuis le Pont-Neuf jusqu'à Notre-Dame, le long du quai des Orfèvres. Je ne crois pas que figures humaines aient jamais exprimé quelque chose d'aussi menaçant et d'aussi terrible. Ces grenadiers couverts de blessures, vainqueurs de l'Europe, qui avaient vu tant de milliers de boulets passer sur leurs têtes, qui sentaient le feu et la poudre ; ces mêmes hommes, privés de leur capitaine, étaient forcés de saluer un vieux Roi, invalide du temps, non de la guerre, surveillés qu'ils étaient par une armée de Russes, d'Autrichiens et de Prussiens, dans la capitale envahie de Napoléon. Les uns, agitant la peau de leur front, faisaient descendre leur large bonnet à poils sur leurs yeux comme pour ne pas voir ; les autres abaissaient les deux coins de leur bouche dans le mépris de la rage ; les autres, à travers leurs moustaches, laissaient voir leurs dents comme des tigres. Quand ils présentaient les armes c'était avec un mouvement de fureur, et le bruit de ces armes faisait trembler. Jamais, il faut en convenir, hommes n'ont été mis à une pareille épreuve et n'ont souffert un tel supplice. Si dans ce moment ils eussent été appelés à la vengeance, il aurait fallu les exterminer jusqu'au dernier, ou ils auraient mangé la terre.

Au bout de la ligne était un jeune hussard, à cheval ; il tenait son sabre nu ; il le faisait sauter et comme danser par un mouvement convulsif de colère. Il était pâle ; ses yeux pivotaient dans leur orbite ; il ouvrait la bouche et la fermait tour à tour en faisant claquer ses dents et en étouffant des cris dont on n'entendait que le premier son. Il aperçut un officier russe : le regard qu'il lui lança ne peut se dire. Quand la voiture du Roi passa devant lui, il fit bondir son cheval, et certainement il eut la tentation de se précipiter sur le Roi.

La Restauration, à son début, commit une faute irréparable : elle devait licencier l'armée en conservant les maréchaux, les généraux, les gouverneurs militaires, les officiers dans leurs pensions, honneurs et grades ; les soldats seraient rentrés ensuite successivement dans l'armée reconstituée, comme ils l'ont fait depuis dans la garde royale : la légitimité n'eût pas eu d'abord contre elle ces soldats de l'Empire organisés, embrigadés, dénommés comme ils l'étaient aux jours de leurs victoires, sans cesse causant entre eux du temps passé, nourrissant des regrets et des sentiments hostiles à leur nouveau maître.

La misérable résurrection de la Maison-Rouge[1], ce mélange de militaires de la vieille monarchie et des soldats du nouvel empire, augmenta le mal : croire que des vétérans illustrés sur mille champs de bataille ne seraient pas choqués de voir des jeunes gens, très braves sans doute, mais pour la plupart neufs au métier des armes, de les voir porter, sans les avoir gagnées, les marques d'un haut grade militaire, c'était ignorer la nature humaine.

Pendant le séjour que Louis XVIII avait fait à Compiègne, Alexandre était venu le visiter. Louis XVIII le blessa par sa hauteur : il résulta de cette entrevue la déclaration du 2 mai, de Saint-Ouen. Le Roi y disait : qu'il était résolu à donner pour base de la Constitution qu'il destinait à son peuple les garanties suivantes : *le gouvernement représentatif divisé en deux corps, l'impôt librement consenti, la liberté publique et individuelle, la liberté de la presse, la liberté des cultes, des propriétés inviolables et sacrées, la vente des biens nationaux irrévocable, les ministres responsables, les juges inamovibles et le pouvoir judiciaire indépendant, tout Français admissible à tous les emplois,* etc., etc.

Cette déclaration, quoiqu'elle fût naturelle à l'esprit de Louis XVIII, n'appartenait néanmoins ni à lui, ni à ses conseillers ; c'était tout simplement le temps qui partait de son repos : ses ailes avaient été ployées, sa fuite suspendue depuis 1792 ; il reprenait son vol ou son cours. Les excès de la Terreur, le despotisme de Bonaparte, avaient fait rebrousser les idées ; mais, sitôt que les obstacles qu'on leur avait opposés furent détruits, elles affluèrent dans le lit qu'elles devaient à la fois suivre et creuser. On reprit les choses au point où elles s'étaient arrêtées ; ce qui s'était passé fut comme non avenu : l'espèce humaine, reportée au commencement de la Révolution, avait seulement perdu quarante ans de sa vie[2] ; or, qu'est-ce que quarante ans dans la vie géné-

---

**1.** Compagnies privilégiées qui composaient la Maison militaire du roi. — **2.** Il n'y a que vingt-deux ans de 1792 à 1814.

rale de la société ? Cette lacune a disparu lorsque les tronçons coupés du temps se sont rejoints.

Le 30 mai 1814 fut conclu le traité de Paris entre les alliés et la France. On convint que dans le délai de deux mois toutes les puissances qui avaient été engagées de part et d'autre dans la présente guerre enverraient des plénipotentiaires à Vienne pour régler dans un congrès général les arrangements définitifs.

Le 4 juin, Louis XVIII parut en séance royale dans une assemblée collective du Corps législatif et d'une fraction du Sénat. Il prononça un noble discours ; vieux, passés, usés, ces fastidieux détails ne servent plus que de fil historique.

La Charte, pour la plus grande partie de la nation, avait l'inconvénient d'être *octroyée* : c'était remuer, par ce mot très inutile, la question brûlante de la souveraineté royale ou populaire. Louis XVIII aussi datait son bienfait de l'an de son règne, regardant Bonaparte comme non avenu, de même que Charles II avait sauté à pieds joints par-dessus Cromwell : c'était une espèce d'insulte aux souverains qui avaient tous reconnu Napoléon, et qui dans ce moment même se trouvaient dans Paris. Ce langage suranné et ces prétentions des anciennes monarchies n'ajoutaient rien à la légitimité du droit et n'étaient que de puérils anachronismes. À cela près, la Charte remplaçant le despotisme, nous apportant la liberté légale, avait de quoi satisfaire les hommes de conscience. Néanmoins, les royalistes qui en recueillaient tant d'avantages, qui, sortant ou de leur village, ou de leur foyer chétif, ou des places obscures dont ils avaient vécu sous l'Empire, étaient appelés à une haute et publique existence, ne reçurent le bienfait qu'en grommelant ; les libéraux, qui s'étaient arrangés à cœur joie de la tyrannie de Bonaparte, trouvèrent la Charte un véritable code d'esclaves. Nous sommes revenus au temps de Babel ; mais on ne travaille plus à un monument commun de confusion : chacun bâtit sa tour à sa propre hauteur, selon sa force et sa taille. Du reste, si la Charte parut défectueuse, c'est que la Révolution n'était pas à son terme ; le principe de l'égalité et de la démocratie était au fond des esprits et travaillait en sens contraire de l'ordre monarchique.

Les princes alliés ne tardèrent pas à quitter Paris : Alexandre, en se retirant, fit célébrer un sacrifice religieux sur la place de la Concorde. Un autel fut élevé où l'échafaud de Louis XVI avait été dressé. Sept prêtres moscovites célébrèrent l'office, et les troupes étrangères défilèrent devant l'autel. Le *Te Deum* fut chanté sur un des beaux airs de l'ancienne musique grecque. Les soldats et les souverains mirent genou en terre pour recevoir la bénédiction. La pensée des Français se reportait à 1793 et à 1794, alors que les bœufs refusaient de passer sur des pavés que leur rendait odieux l'odeur du sang. Quelle main avait conduit à la fête des expiations ces hommes de tous les pays, ces fils des anciennes invasions barbares, ces Tartares, dont quelques-uns habitaient des tentes de peaux de brebis au pied de la grande muraille de la Chine ? Ce sont là des spectacles que ne verront plus les faibles générations qui suivront mon siècle.

22

Première année de la Restauration.

Dans la première année de la Restauration, j'assistai à la troisième transformation sociale ; j'avais vu la vieille monarchie passer à la monarchie constitutionnelle et celle-ci à la république ; j'avais vu la république se convertir en despotisme militaire, je voyais le despotisme militaire revenir à une monarchie libre, les nouvelles idées et les nouvelles générations se reprendre aux anciens principes et aux vieux hommes. Les maréchaux d'empire devinrent des maréchaux de France ; aux uniformes de la garde de Napoléon se mêlèrent les uniformes des gardes du corps et de la Maison-Rouge, exactement taillés sur les anciens patrons[1] ; le vieux duc d'Havré, avec sa perruque poudrée et sa canne noire, cheminait en branlant la tête, comme capitaine des gardes du corps, auprès du maréchal Victor, boiteux de la façon de Bonaparte ; le duc de Mouchy, qui n'avait jamais vu brûler une amorce, défilait à la messe auprès du maréchal Oudinot, criblé de blessures ; le

---

1. Le duc d'Havré (soixante-dix ans) et le duc de Mouchy (soixante-deux ans) étaient déjà maréchaux de camp en 1789.

château des Tuileries, si propre et si militaire sous Napoléon, au lieu de l'odeur de la poudre, se remplissait de la fumée des déjeuners qui montait de toutes parts : sous messieurs les gentilshommes de la chambre, avec messieurs les officiers de la bouche et de la garde-robe, tout reprenait un air de domesticité. Dans les rues, on voyait des émigrés caducs avec des airs et des habits d'autrefois, hommes les plus respectables sans doute, mais aussi étrangers parmi la foule moderne que l'étaient les capitaines républicains parmi les soldats de Napoléon. Les dames de la cour impériale introduisaient les douairières du faubourg Saint-Germain et leur enseignaient les *détours* du palais. Arrivaient des députations de Bordeaux, ornées de brassards ; des capitaines de paroisse de la Vendée, surmontés de chapeaux à la La Rochejaquelein. Ces personnages divers gardaient l'expression des sentiments, des pensées, des habitudes, des mœurs qui leur étaient familières. La liberté, qui était au fond de cette époque, faisait vivre ensemble ce qui semblait au premier coup d'œil ne pas devoir vivre ; mais on avait peine à reconnaître cette liberté parce qu'elle portait les couleurs de l'ancienne monarchie et du despotisme impérial. Chacun aussi savait mal le langage constitutionnel ; les royalistes faisaient des fautes grossières en parlant Charte ; les impérialistes en étaient encore moins instruits ; les conventionnels, devenus tour à tour comtes, barons, sénateurs de Napoléon et pairs de Louis XVIII, retombaient tantôt dans le dialecte républicain qu'ils avaient presque oublié, tantôt dans l'idiome de l'absolutisme qu'ils avaient appris à fond. Des lieutenants généraux étaient promus à la garde des lièvres. On entendait des aides de camp du dernier tyran militaire discuter de la liberté inviolable des peuples, et des régicides soutenir le dogme sacré de la légitimité.

Ces métamorphoses seraient odieuses, si elles ne tenaient en partie à la flexibilité du génie français. Le peuple d'Athènes gouvernait lui-même ; des harangueurs s'adressaient à ses passions sur la place publique ; la foule souveraine était composée de sculpteurs, de peintres, d'ouvriers, *regardeurs de discours et auditeurs d'actions*, dit Thucydide [1].

---

1. *Guerre du Péloponnèse*, III, 38.

Mais quand, bon ou mauvais, le décret était rendu, qui, pour l'exécuter, sortait de cette masse incohérente et inexperte ? Socrate, Phocion, Périclès, Alcibiade.

23

### Est-ce aux royalistes qu'il faut s'en prendre de la Restauration ?

Est-ce aux royalistes qu'il faut *s'en prendre de la Restauration*, comme on l'avance aujourd'hui ? Pas le moins du monde : ne dirait-on pas que trente millions d'hommes étaient consternés tandis qu'une poignée de légitimistes accomplissaient, contre la volonté de tous, une restauration détestée, en agitant quelques mouchoirs et en mettant à leur chapeau un ruban de leur femme ? L'immense majorité des Français était, il est vrai, dans la joie ; mais cette majorité n'était point *légitimiste* dans le sens borné de ce mot, et comme ne s'appliquant qu'aux rigides partisans de la vieille monarchie. Cette majorité était une foule prise dans toutes les nuances des opinions, heureuse d'être délivrée et violemment animée contre l'homme qu'elle accusait de tous ses malheurs ; de là le succès de ma brochure. Combien comptait-on d'aristocrates avoués proclamant le nom du Roi ? MM. Matthieu et Adrien de Montmorency, MM. de Polignac, échappés de leur geôle[1], M. Alexis de Noailles[2], M. Sosthène de La Rochefoucauld[3]. Ces sept ou huit hommes, que le peuple méconnaissait et ne suivait pas, faisaient-ils la loi à toute une nation ?

Madame de Montcalm m'avait envoyé un sac de douze cents francs pour les distribuer à la pure race légitimiste : je le lui renvoyai, n'ayant pas trouvé à placer un écu. On attacha une ignoble corde au cou de la statue qui surmontait la colonne de la place Vendôme ; il y avait si peu de royalistes

---

**1.** Jules et Armand de Polignac avaient été impliqués dans le procès de Moreau et arrêtés ; ils s'étaient évadés en 1813 et avaient rejoint le comte d'Artois. — **2.** Il venait de rentrer en France avec Bernadotte. — **3.** Duc de Doudeauville, gendre de Mathieu de Montmorency.

pour faire du train à la gloire et pour tirer sur la corde, que ce furent les autorités, toutes bonapartistes, qui descendirent l'image de leur maître à l'aide d'une potence : le colosse courba de force la tête ; il tomba aux pieds de ces souverains de l'Europe, tant de fois prosternés devant lui. Ce sont les hommes de la République et de l'Empire qui saluèrent avec enthousiasme la Restauration. La conduite et l'ingratitude des personnages élevés par la Révolution furent abominables envers celui qu'ils affectent aujourd'hui de regretter et d'admirer.

Impérialistes et libéraux, c'est vous entre les mains desquels est échu le pouvoir, vous qui vous êtes agenouillés devant les fils de Henri IV ! Il était tout naturel que les royalistes fussent heureux de retrouver leurs princes et de voir finir le règne de celui qu'ils regardaient comme un usurpateur ; mais vous, créatures de cet usurpateur, vous dépassiez en exagération les sentiments des royalistes. Les ministres, les grands dignitaires, prêtèrent à l'envi serment à la légitimité ; toutes les autorités civiles et judiciaires faisaient queue pour jurer haine à la nouvelle dynastie proscrite, amour à la race antique qu'elles avaient cent et cent fois condamnée. Qui composait ces proclamations, ces adresses accusatrices et outrageantes pour Napoléon, dont la France était inondée ? des royalistes ? Non : les ministres, les généraux, les autorités choisis et maintenus par Bonaparte. Où se tripotait la Restauration ? chez des royalistes ? Non : chez M. de Talleyrand. Avec qui ? avec M. de Pradt, aumônier du *dieu Mars* et saltimbanque mitré. Avec qui et chez qui dînait en arrivant le lieutenant général du royaume ? chez des royalistes et avec des royalistes ? Non : chez l'évêque d'Autun, avec M. de Caulincourt. Où donnait-on des fêtes aux *infâmes princes étrangers* ? aux châteaux des royalistes ? Non : à la Malmaison, chez l'impératrice Joséphine[1]. Les plus chers amis de Napoléon, Berthier par exemple, à qui portaient-ils leur ardent dévouement ? à la légitimité. Qui passait sa vie chez l'autocrate Alexandre, chez ce brutal Tartare ? les classes de l'Institut, les savants, les gens de lettres, les philosophes philanthropes, théophilanthropes et autres ; ils en revenaient charmés, comblés d'éloges et de taba-

---

1. Elle devait mourir le 29 mai 1814.

tières. Quant à nous, pauvres diables de légitimistes, nous n'étions admis nulle part ; on nous comptait pour rien. Tantôt on nous faisait dire dans la rue d'aller nous coucher ; tantôt on nous recommandait de ne pas crier trop haut *Vive le Roi !* d'autres s'étant chargés de ce soin. Loin de forcer aucun à être légitimiste, les puissants déclaraient que personne ne serait obligé de changer de rôle et de langage, que l'évêque d'Autun ne serait pas plus contraint de dire la messe sous la royauté qu'il n'avait été contraint d'y aller sous l'Empire. Je n'ai point vu de châtelaine, point de Jeanne d'Arc, proclamer le souverain de droit, un faucon sur le poing ou la lance à la main ; mais madame de Talleyrand[1], que Bonaparte avait attachée à son mari comme un écriteau, parcourait les rues en calèche, chantant des hymnes sur la pieuse famille des Bourbons. Quelques draps pendillants aux fenêtres des familiers de la cour impériale faisaient croire aux bons Cosaques qu'il y avait autant de lis dans les cœurs des bonapartistes convertis que de chiffons blancs à leurs croisées. C'est merveille en France que la contagion, et l'on crierait *à bas ma tête !* si on l'entendait crier à son voisin. Les impérialistes entraient jusque dans nos maisons et nous faisaient, nous autres bourbonistes, exposer en drapeau sans tache les restes de blanc renfermés dans nos lingeries : c'est ce qui arriva chez moi. Mais madame de Chateaubriand n'y voulut entendre, et défendit vaillamment ses mousselines.

24

PREMIER MINISTÈRE. – JE PUBLIE LES *RÉFLEXIONS POLITIQUES*.
MADAME LA DUCHESSE DE DURAS.
JE SUIS NOMMÉ AMBASSADEUR EN SUÈDE.

Le Corps législatif transformé en Chambre des députés, et la Chambre des pairs, composée de cent cinquante-deux membres, nommés à vie, dans lesquels on comptait plus de soixante sénateurs, formèrent les deux premières Chambres

---

1. Mme Grant. Talleyrand l'avait épousée de force.

législatives. M. de Talleyrand, installé au ministère des affaires étrangères, partit pour le Congrès de Vienne, dont l'ouverture était fixée au 3 de novembre, en exécution de l'article 32 du traité du 30 mai ; M. de Jaucourt eut le portefeuille pendant un intérim qui dura jusqu'à la bataille de Waterloo. L'abbé de Montesquiou devint ministre de l'intérieur, ayant pour secrétaire général M. Guizot ; M. Malouet entra à la marine ; il décéda et fut remplacé par M. Beugnot ; le général Dupont obtint le département de la guerre ; on lui substitua le maréchal Soult, qui s'y distingua par l'érection du monument funèbre de Quiberon ; le duc de Blacas fut ministre de la maison du roi, M. Anglès préfet de police, le chancelier Dambray ministre de la justice, l'abbé Louis ministre des finances.

Le 21 octobre, l'abbé de Montesquiou présenta la première loi au sujet de la presse ; elle soumettait à la censure tout écrit de moins de vingt feuilles d'impression : M. Guizot élabora cette première loi de liberté.

Carnot adressa une lettre au Roi : il avouait que les Bourbons *avaient été reçus avec joie* ; mais, ne tenant aucun compte ni de la brièveté du temps ni de tout ce que la Charte accordait, il donnait, avec des conseils hasardés, des leçons hautaines : tout cela ne vaut quand on doit accepter le rang de *ministre* et le titre de *comte* de l'Empire ; point ne convient de se montrer fier envers un prince faible et libéral quand on a été soumis devant un prince violent et despotique ; quand, machine usée de la Terreur, on s'est trouvé insuffisant au calcul des proportions de la guerre napoléonienne. Je fis imprimer en réponse les *Réflexions politiques* ; elles contiennent la substance de la *Monarchie selon la Charte*. M. Lainé, président de la Chambre des députés, parla au Roi de cet ouvrage avec éloge. Le Roi paraissait toujours charmé des services que j'avais le bonheur de lui rendre ; le ciel semblait m'avoir jeté sur les épaules la casaque de héraut de la légitimité : mais plus l'ouvrage avait de succès, moins l'auteur plaisait à Sa Majesté. Les *Réflexions politiques* divulguèrent mes doctrines constitutionnelles : la cour en reçut une impression que ma fidélité aux Bourbons n'a pu effacer. Louis XVIII disait à ses familiers : « Donnez-vous de garde d'admettre jamais un poète dans vos affaires : il perdra tout. Ces gens-là ne sont bons à rien. »

Une forte et vive amitié remplissait alors mon cœur : la duchesse de Duras avait de l'imagination, et un peu même dans le visage de l'expression de madame de Staël : on a pu juger de son talent d'auteur par *Ourika*. Rentrée de l'émigration, renfermée pendant plusieurs années dans son château d'Ussé, au bord de la Loire, ce fut dans les beaux jardins de Méréville que j'en entendis parler pour la première fois, après avoir passé auprès d'elle à Londres sans l'avoir rencontrée. Elle vint à Paris pour l'éducation de ses charmantes filles, Félicie et Clara. Des rapports de famille, de province, d'opinions littéraires et politiques, m'ouvrirent la porte de sa société. La chaleur de l'âme, la noblesse du caractère, l'élévation de l'esprit, la générosité de sentiments, en faisaient une femme supérieure. Au commencement de la Restauration, elle me prit sous sa protection ; car, malgré ce que j'avais fait pour la monarchie légitime et les services que Louis XVIII confessait avoir reçus de moi, j'avais été mis si fort à l'écart que je songeais à me retirer en Suisse. Peut-être eussé-je bien fait : dans ces solitudes que Napoléon m'avait destinées comme à son ambassadeur aux montagnes, n'aurais-je pas été plus heureux qu'au château des Tuileries ? Quand j'entrai dans ces salons au retour de la Légitimité, ils me firent une impression presque aussi pénible que le jour où j'y vis Bonaparte prêt à tuer le duc d'Enghien. Madame de Duras parla de moi à M. de Blacas. Il répondit que j'étais bien libre d'aller où je voudrais. Madame de Duras fut si orageuse, elle avait un tel courage pour ses amis, qu'on déterra une ambassade vacante, l'ambassade de Suède. Louis XVIII, déjà fatigué de mon bruit, était heureux de faire présent de moi à son bon frère le roi Bernadotte. Celui-ci ne se figurait-il pas qu'on m'envoyait à Stockholm pour le détrôner ? Eh ! bon Dieu ! princes de la terre, je ne détrône personne ; gardez vos couronnes, si vous pouvez, et surtout ne me les donnez pas, car je *n'en veux mie*.

Madame de Duras, femme excellente qui me permettait de l'appeler ma sœur, que j'eus le bonheur de revoir à Paris pendant plusieurs années, est allée mourir à Nice[1] : encore

---

1. En 1828.

une plaie rouverte. La duchesse de Duras connaissait beaucoup madame de Staël : je ne puis comprendre comment je ne fus pas attiré sur les traces de madame Récamier, revenue d'Italie en France ; j'aurais salué le secours qui venait en aide à ma vie : déjà je n'appartenais plus à ces matins qui se consolent eux-mêmes, je touchais à ces heures du soir qui ont besoin d'être consolées.

25

Exhumation des restes de Louis XVI.
Premier 21 janvier à Saint-Denis.

Le 30 décembre de l'année 1814, les Chambres législatives furent ajournées au 1er mai 1815, comme si on les eût convoquées pour l'assemblée du Champ-de-Mai de Bonaparte. Le 18 janvier furent exhumés les restes de Marie-Antoinette et de Louis XVI. J'assistai à cette exhumation dans le cimetière où Fontaine et Percier ont élevé depuis, à la pieuse voix de madame la Dauphine et à l'imitation d'une église sépulcrale de Rimini, le monument peut-être le plus remarquable de Paris [1]. Ce cloître, formé d'un enchaînement de tombeaux, saisit l'imagination et la remplit de tristesse. Dans le livre IV de ces *Mémoires*, j'ai parlé des exhumations de 1815 : au milieu des ossements, je reconnus la tête de la reine par le sourire que cette tête m'avait adressé à Versailles.

Le 21 janvier on posa la première pierre des bases de la statue qui devait être élevée sur la place Louis XV, et qui ne l'a jamais été. J'écrivis la pompe funèbre du 21 janvier [2] ; je disais : « Ces religieux, qui vinrent avec l'oriflamme au-devant de la châsse de saint Louis, ne recevront point le descendant du saint roi. *Dans ces demeures souterraines où dormaient ces rois et ces princes anéantis, Louis XVI se trouvera seul !...* Comment tant de morts se sont-ils levés ? Pourquoi Saint-

---

1. Sur l'emplacement de l'ancien cimetière de la Madeleine. — 2. Dans la brochure intitulée *Le vingt-et-un janvier* par M. de Chateaubriand.

Denis est-il désert ? Demandons plutôt pourquoi son toit est rétabli, pourquoi son autel est debout ? Quelle main a reconstruit la voûte de ces caveaux, et préparé ces tombeaux vides ? La main de ce même homme qui était assis sur le trône des Bourbons. Ô Providence ! il croyait préparer des sépulcres à sa race et il ne faisait que bâtir le tombeau de Louis XVI. »

J'ai désiré assez longtemps que l'image de Louis XVI fût placée dans le lieu même où le martyr répandit son sang : je ne serais plus de cet avis. Il faut louer les Bourbons d'avoir, dès le premier moment de leur retour, songé à Louis XVI ; ils devaient toucher leur front avec ses cendres, avant de mettre sa couronne sur leur tête. Maintenant je crois qu'ils n'auraient pas dû aller plus loin. Ce ne fut pas à Paris comme à Londres une commission qui jugea le monarque, ce fut la Convention entière ; de là le reproche annuel qu'une cérémonie funèbre répétée semblait faire à la nation, en apparence représentée par une assemblée complète. Tous les peuples ont fixé des anniversaires à la célébration de leurs triomphes, de leurs désordres ou de leurs malheurs, car tous ont également voulu garder la mémoire des uns et des autres : nous avons eu des solennités pour les barricades, des chants pour la Saint-Barthélemy, des fêtes pour la mort de Capet ; mais n'est-il pas remarquable que la loi est impuissante à créer des jours de souvenir, tandis que la religion a fait vivre d'âge en âge le saint le plus obscur ? Si les jeûnes et les prières institués pour le sacrifice de Charles I*er* durent encore, c'est qu'en Angleterre l'État unit la suprématie religieuse à la suprématie politique, et qu'en vertu de cette suprématie le 30 janvier 1649 est devenu jour *férié*. En France, il n'en est pas de la sorte : Rome seule a le droit de commander en religion ; dès lors, qu'est-ce qu'une ordonnance qu'un prince publie, un décret qu'une assemblée politique promulgue, si un autre prince, une autre assemblée, ont le droit de les effacer ? je pense donc aujourd'hui que le symbole d'une fête qui peut être abolie, que le témoignage d'une catastrophe tragique non consacrée par le culte, n'est pas convenablement placé sur le chemin de la foule allant insouciante et distraite à ses plaisirs. Par le temps actuel, il serait à craindre qu'un monument élevé dans le but d'imprimer l'effroi des excès populaires donnât le désir de les imiter : le mal tente plus que le bien, en voulant perpétuer la douleur, on ne fait souvent que perpétuer l'exemple. Les siècles n'adoptent point les legs de deuil, ils ont assez de sujet présent de pleurer sans se charger de verser encore des larmes héréditaires.

En voyant le catafalque qui partait du cimetière de Desclozeaux[1], chargé des restes de la reine et du roi, je me sentis tout saisi ; je le suivais des yeux avec un pressentiment funeste. Enfin Louis XVI reprit sa couche à Saint-Denis ; Louis XVIII, de son côté, dormit au Louvre ; les deux frères commençaient ensemble une autre ère de rois et de spectres légitimes : vaine restauration du trône et de la tombe dont le temps a déjà balayé la double poussière.

Puisque j'ai parlé de ces cérémonies funèbres qui si souvent se répétèrent, je vous dirai le cauchemar dont j'étais oppressé quand, la cérémonie finie, je me promenais le soir dans la basilique à demi détendue : que je songeasse à la vanité des grandeurs humaines parmi ces tombeaux dévastés, cela va de suite : morale vulgaire qui sortait du spectacle même ; mais mon esprit ne s'arrêtait pas là : je perçais jusqu'à la nature de l'homme. Tout est-il vide et absence dans la région des sépulcres ? N'y a-t-il rien dans ce rien ? N'est-il point d'existences de néant, des pensées de poussière ? Ces ossements n'ont-ils point des modes de vie qu'on ignore ? Qui sait les passions, les plaisirs, les embrassements de ces morts ? Les choses qu'ils ont rêvées, crues, attendues, sont-elles comme eux des idéalités, engouffrées pêle-mêle avec eux ? Songes, avenirs, joies, douleurs, libertés et esclavages, puissances et faiblesses, crimes et vertus, honneurs et infamies, richesses et misères, talents, génies, intelligences, gloires, illusions, amours, êtes-vous des perceptions d'un moment, perceptions passées avec les crânes détruits dans lesquels elles s'engendrèrent, avec le sein anéanti où jadis battit un cœur ? Dans votre éternel silence, ô tombeaux, si vous êtes des tombeaux, n'entend-on qu'un rire moqueur et éternel ? Ce rire est-il le Dieu, la seule réaction dérisoire, qui

---

[1]. Ce royaliste avait acheté le cimetière de la Madeleine désaffecté en 1794. Il dirigea en janvier 1815 les fouilles qui permirent de retrouver les restes de Louis XVI et de Marie-Antoinette. Une chapelle expiatoire fut construite sur l'emplacement du cimetière entre 1818 et 1826.

survivra à l'imposture de cet univers ? Fermons les yeux ; remplissons l'abîme désespéré de la vie par ces grandes et mystérieuses paroles du martyr : « Je suis chrétien. »

26

L'île d'Elbe.

Bonaparte avait refusé de s'embarquer sur un vaisseau français, ne faisant cas alors que de la marine anglaise, parce qu'elle était victorieuse ; il avait oublié sa haine, les calomnies, les outrages dont il avait accablé la perfide Albion ; il ne voyait plus de digne de son admiration que le parti triomphant, et ce fut l'*Undaunted* qui le transporta au port de son premier exil ; il n'était pas sans inquiétude sur la manière dont il serait reçu : la garnison française lui remettrait-elle le territoire qu'elle gardait ? Des insulaires italiens, les uns voulaient appeler les Anglais, les autres demeurer libres de tout maître ; le drapeau tricolore et le drapeau blanc flottaient sur quelques caps rapprochés les uns des autres. Tout s'arrangea néanmoins. Quand on apprit que Bonaparte arrivait avec des millions, les opinions se décidèrent généreusement à recevoir l'*auguste victime*. Les autorités civiles et religieuses furent ramenées à la même conviction. Joseph-Philippe Arrighi, vicaire général, publia un mandement : « La divine Providence, disait la pieuse injonction, a voulu que nous fussions, à l'avenir, les sujets de Napoléon le Grand. L'île d'Elbe, élevée à un honneur aussi sublime, reçoit dans son sein l'oint du Seigneur. Nous ordonnons qu'un *Te Deum* solennel soit chanté en actions de grâces, etc. »

L'Empereur avait écrit au général Dalesme, commandant de la garnison française, qu'il eût à faire connaître aux Elbois qu'il *avait fait choix* de leur île pour son séjour, en considération de la douceur de leurs mœurs et de leur climat. Il mit pied à terre à Porto-Ferrajo, au milieu du double salut de la frégate anglaise qui le portait et des batteries de la côte. De là, il fut conduit sous le dais de la paroisse à l'église où l'on chanta le *Te Deum*. Le bedeau, maître des cérémonies, était un homme court et gros, qui ne pouvait pas joindre ses mains autour de sa personne. Napoléon fut ensuite conduit à la mairie ; son logement y était préparé. On déploya le nouveau pavillon impérial, fond blanc, traversé d'une bande rouge semée de trois abeilles d'or. Trois violons et deux basses le suivaient avec des raclements d'allégresse. Le trône, dressé à la hâte dans la salle des bals publics, était décoré de papier doré et de loques d'écarlate. Le côté comédien de la nature du prisonnier s'arrangeait de ces parades : Napoléon jouait à la chapelle, comme il amusait sa cour avec de vieux petits jeux dans l'intérieur de son palais aux Tuileries, allant après tuer des hommes par passe-temps. Il forma sa maison : elle se composait de quatre chambellans, de trois officiers d'ordonnance et de deux fourriers du palais. Il déclara qu'il recevrait les dames deux fois par semaine, à huit heures du soir. Il donna un bal. Il s'empara, pour y résider, du pavillon destiné au génie militaire. Bonaparte retrouvait sans cesse dans sa vie les deux sources dont elle était sortie, la démocratie et le pouvoir royal ; sa puissance lui venait des masses citoyennes, son rang de son génie ; aussi le voyez-vous passer sans effort de la place publique au trône, des rois et des reines qui se pressaient autour de lui à Erfurt, aux boulangers et aux marchands d'huile qui dansaient dans sa grange à Porto-Ferrajo. Il avait du peuple parmi les princes, du prince parmi les peuples. À cinq heures du matin, en bas de soie et en souliers à boucles, il présidait ses maçons à l'île d'Elbe.

Établi dans son empire, inépuisable en acier dès les jours de Virgile,

*Insula inexhaustis chalybum generosa metallis* [1],

Bonaparte n'avait point oublié les outrages qu'il venait de traverser ; il n'avait point renoncé à déchirer son suaire ; mais il lui convenait de paraître enseveli, de faire seulement autour de son monument quelque apparition de fantôme. C'est pourquoi, comme s'il n'eût pensé à autre chose, il s'empressa

---

1. « Île qui fournit en abondance ces métaux inépuisables chers aux forgerons » (*Énéide*, X, 174). Le nom *Chalybes* qui désignait au propre un peuple voisin du Pont-Euxin a fini par s'appliquer aux bons ouvriers du fer en général.

de descendre dans ses carrières de fer cristallisé et d'aimant ; on l'eût pris pour l'ancien inspecteur des mines de ses ci-devant États. Il se repentit d'avoir affecté jadis le revenu des forges d'*Illua* à la Légion d'honneur ; 500,000 fr. lui semblaient alors mieux valoir qu'une croix baignée dans le sang sur la poitrine de ses grenadiers : « Où avais-je la tête ? dit-il ; mais j'ai rendu plusieurs stupides décrets de cette nature. » Il fit un traité de commerce avec Livourne et se proposait d'en faire un autre avec Gênes. Vaille que vaille, il entreprit cinq ou six toises de grand chemin et traça l'emplacement de quatre grandes villes, de même que Didon dessina les limites de Carthage. Philosophe revenu des grandeurs humaines, il déclara qu'il voulait vivre désormais comme un juge de paix dans un comté d'Angleterre : et pourtant, en gravissant un morne qui domine Porto-Ferrajo, à la vue de la mer qui s'avançait de tous côtés au pied des falaises, ces mots lui échappèrent : « Diable ! il faut l'avouer, mon île est très petite. » Dans quelques heures il eut visité son domaine ; il y voulut joindre un rocher appelé *Pianosa*[1]. « L'Europe va m'accuser, dit-il en riant, d'avoir déjà fait une conquête. » Les puissances alliées se réjouissaient de lui avoir laissé en dérision quatre cents soldats ; il ne lui en fallait pas davantage pour les rappeler tous sous le drapeau.

La présence de Napoléon sur les côtes de l'Italie, qui avait vu commencer sa gloire et qui garde son souvenir, agitait tout. Murat était voisin ; ses amis, des étrangers, abordaient secrètement ou publiquement à sa retraite ; sa mère et sa sœur, la princesse Pauline, le visitèrent ; on s'attendait à voir bientôt arriver Marie-Louise et son fils. En effet parut une femme et un enfant[2] : reçue en grand mystère, elle alla demeurer dans une villa retirée, au coin le plus écarté de l'île : sur le rivage d'Ogygie, Calypso parlait de son amour à Ulysse qui, au lieu de l'écouter, songeait à se défendre des prétendants. Après deux jours de repos, le cygne du Nord reprit la mer pour aborder aux myrtes de Baïes, emportant son petit dans sa yole blanche.

---

**1.** Petite île située au sud de l'île d'Elbe. — **2.** La comtesse Walewska et le fils qu'elle avait eu de Napoléon.

Si nous eussions été moins confiants, il nous eût été facile de découvrir l'approche d'une catastrophe. Bonaparte était trop près de son berceau et de ses conquêtes ; son île funèbre devait être plus lointaine et entourée de plus de flots. On ne s'explique pas comment les alliés avaient imaginé de reléguer Napoléon sur les rochers où il devait faire l'apprentissage de l'exil : pouvait-on croire qu'à la vue des Apennins, qu'en sentant la poudre des champs de Montenotte, d'Arcole et de Marengo, qu'en découvrant Venise, Rome et Naples, ses trois belles esclaves, les tentations les plus irrésistibles ne s'empareraient pas de son cœur ? Avait-on oublié qu'il avait remué la terre et qu'il avait partout des admirateurs et des obligés, les uns et les autres ses complices ? Son ambition était déçue, non éteinte ; l'infortune et la vengeance en ranimaient les flammes : quand le prince des ténèbres du bord de l'univers créé aperçut l'homme et le monde, il résolut de les perdre.

Avant d'éclater, le terrible captif se contint pendant quelques semaines. Auprès de l'immense *pharaon* public qu'il tenait, son génie négociait une fortune ou un royaume. Les Fouché, les Guzman d'Alfarache, pullulaient. Le grand acteur avait établi depuis longtemps le mélodrame à sa police et s'était réservé la haute scène ; il s'amusait des victimes vulgaires qui disparaissaient dans les trappes de son théâtre.

Le bonapartisme, dans la première année de la Restauration, passa du simple désir à l'action, à mesure que ses espérances grandirent et qu'il eut mieux connu le caractère faible des Bourbons. Quand l'intrigue fut nouée au dehors elle se noua au dedans, et la conspiration devint flagrante. Sous l'habile administration de M. Ferrand[1], M. de Lavalette faisait la correspondance : les courriers de la monarchie portaient les dépêches de l'empire. On ne se cachait plus ; les caricatures annonçaient un retour souhaité : on voyait des aigles rentrer par les fenêtres du château des Tuileries, d'où sortait par les portes un troupeau de dindons ; le *Nain jaune* ou *vert* parlait de plumes de *cane*[2]. Les avertissements venaient de toutes parts, et l'on n'y voulait pas croire. Le gouvernement suisse

---

1. Alors directeur général des Postes. — 2. C'était un moyen de révéler que le débarquement aurait lieu près de *Cannes*.

s'était inutilement empressé de prévenir le gouvernement du Roi des menées de Joseph Bonaparte, retiré dans le pays de Vaud. Une femme arrivée de l'île d'Elbe donnait les détails les plus circonstanciés de ce qui se passait à Porto-Ferrajo, et la police la fit jeter en prison. On tenait pour certain que Napoléon n'oserait rien tenter avant la dissolution du Congrès, et que, dans tous les cas, ses vues se tourneraient vers l'Italie. D'autres, plus avisés encore, faisaient des vœux pour que le *petit caporal*, l'*ogre*, le *prisonnier*, abordât les côtes de France : cela serait trop heureux ; on en finirait d'un seul coup ! M. Pozzo di Borgo déclarait à Vienne que le délinquant serait accroché à une branche d'arbre. Si l'on pouvait avoir certains papiers, on y trouverait la preuve que dès 1814 une conspiration militaire était ourdie et marchait parallèlement avec la conspiration politique que le prince de Talleyrand conduisait à Vienne, à l'instigation de Fouché. Les amis de Napoléon lui écrivirent que s'il ne hâtait son retour, il trouverait sa place prise aux Tuileries par le duc d'Orléans : ils s'imaginent que cette révélation servit à précipiter le retour de l'Empereur. Je suis convaincu de l'existence de ces menées, mais je crois aussi que la cause déterminante qui décida Bonaparte était tout simplement la nature de son génie.

La conspiration de Drouet d'Erlon et de Lefebvre-Desnouettes venait d'éclater[1]. Quelques jours avant la levée de boucliers de ces généraux, je dînais chez M. le maréchal Soult, nommé ministre de la guerre le 3 décembre 1814 : un niais racontait l'exil de Louis XVIII à Hartwell ; le maréchal écoutait ; à chaque circonstance il répondait par ces deux mots : « C'est historique. » — On apportait les pantoufles de Sa Majesté. — « C'est historique ! » — Le Roi avalait, les jours maigres, trois œufs frais avant de commencer son dîner. — « C'est historique ! » Cette réponse me frappa. Quand un gouvernement n'est pas solidement établi, tout homme dont la conscience ne compte pas devient, selon le plus ou le moins d'énergie de son caractère, un quart, une moitié, un trois quarts de conspirateur ; il attend la décision de la fortune : les événements font plus de traîtres que les opinions.

---

1. À peine montée elle échoua.

# V

*Revu en décembre 1846.*

1. Commencement des Cent-Jours. – Retour de l'île d'Elbe. — 2. Torpeur de la légitimité. – Article de Benjamin Constant. – Ordre du jour du maréchal Soult. – Séance royale. – Pétition de l'École de droit à la Chambre des députés. — 3. Projet de défense de Paris. — 4. Fuite du Roi. – Je pars avec madame de Chateaubriand. – Embarras de la route. – Le duc d'Orléans et le prince de Condé. – Tournai, Bruxelles. – Souvenirs. – Le duc de Richelieu. – Le Roi à Gand m'appelle auprès de lui. — 5. LES CENT-JOURS À GAND. – Le Roi et son conseil. – Je deviens ministre de l'intérieur par *intérim*. – M. de Lally-Tollendal. – Madame la duchesse de Duras. – Le maréchal Victor. – L'abbé Louis et le comte Beugnot. – L'abbé de Montesquiou. – Dîners du poisson blanc : convives. — 6. SUITE DES CENT-JOURS À GAND. – *Moniteur de Gand.* – Mon rapport au Roi : effet de ce rapport à Paris. – Falsification. — 7. SUITE DES CENT-JOURS À GAND. – Le Béguinage. – Comment j'étais reçu. – Grand dîner. – Voyage de madame de Chateaubriand à Ostende. – Anvers. – Un bègue. – Mort d'une jeune Anglaise. — 8. SUITE DES CENT-JOURS À GAND. – Mouvement inaccoutumé de Gand. – Le duc de Wellington. – Monsieur. – Louis XVIII. — 9. SUITE DES CENT-JOURS À GAND. – Souvenirs de l'histoire à Gand. – Madame la duchesse d'Angoulême arrive à Gand. – Madame de Sèze. – Madame la duchesse de Lévis. — 10. SUITE DES CENT-JOURS À GAND. – Pavillon Marsan à Gand. – M. Gaillard, conseiller à la cour royale. – Visite secrète de madame la baronne de Vitrolles. – Billet de la main de Monsieur. – Fouché. — 11. AFFAIRES À VIENNE. – Négociations de M. de Saint-Léon, envoyé de Fouché. – Proposition relative à M. le duc d'Orléans. – M. de Talleyrand. – Mécontentement d'Alexandre contre Louis XVIII. – Divers prétendants. – Rapport de La Besnardière. – Proposition inattendue d'Alexandre au congrès : Lord

Clancarthy la fait échouer. – M. de Talleyrand se retourne : sa dépêche à Louis XVIII. – Déclaration de l'Alliance, tronquée dans le journal officiel de Francfort. – M. de Talleyrand veut que le Roi rentre en France par les provinces du sud-est. – Divers marchés du prince de Bénévent à Vienne. – Il m'écrit de Gand : sa lettre. — 12. Les Cent-Jours à Paris. – Effet du passage de la légitimité en France. – Étonnement de Bonaparte. – Il est obligé de capituler avec les idées qu'il avait crues étouffées. – Son nouveau système. – Trois énormes joueurs restés. – Chimères des libéraux. – Clubs et fédérés. – Escamotage de la république : l'Acte additionnel. – Chambre des représentants convoquée. – Inutile Champ-de-Mai. — 13. Suite des Cent-Jours à Paris. – Soucis et amertumes de Bonaparte. — 14. Résolution à Vienne. – Mouvement à Paris. — 15. Ce que nous faisions à Gand. – M. de Blacas. — 16. Bataille de Waterloo. — 17. Confusion à Gand. – Quelle fut la bataille de Waterloo. — 18. Retour de l'Empereur. – Réapparition de La Fayettte. – Nouvelle abdication de Bonaparte. – Séances orageuses à la Chambre des pairs. – Présages menaçants pour la seconde Restauration. — 19. Départ de Gand. – Arrivée à Mons. – Je manque ma première occasion de fortune dans ma carrière politique. – M. de Talleyrand à Mons. – Scène avec le Roi. – Je m'intéresse bêtement à M. de Talleyrand. — 20. De Mons à Gonesse. – Je m'oppose avec M. le comte Beugnot à la nomination de Fouché comme ministre : mes raisons. – Le duc de Wellington l'emporte. – Arnouville. – Saint-Denis. – Dernière conversation avec le Roi.

1

Commencement des Cent-Jours. – Retour de l'île d'Elbe.

Tout à coup le télégraphe annonça aux braves et aux incrédules le débarquement de l'homme : *Monsieur* court à Lyon avec le duc d'Orléans et le maréchal Macdonald ; il en revient aussitôt. Le maréchal Soult, dénoncé à la Chambre des députés, cède sa place le 11 mars au duc de Feltre. Bonaparte rencontra devant lui, pour ministre de la guerre de Louis XVIII, en 1815, le général[1] qui avait été son dernier ministre de la guerre en 1814.

La hardiesse de l'entreprise était inouïe. Sous le point de vue politique, on pourrait regarder cette entreprise comme le crime irrémissible et la faute capitale de Napoléon. Il savait que les princes encore réunis au congrès, que l'Europe encore sous les armes, ne souffriraient pas son rétablissement ; son jugement devait l'avertir qu'un succès, s'il l'obtenait, ne pouvait être que d'un jour : il immolait à sa passion de reparaître sur la scène le repos d'un peuple qui lui avait prodigué son sang et ses trésors ; il exposait au démembrement la patrie dont il tenait tout ce qu'il avait été dans le passé et tout ce qu'il sera dans l'avenir. Il y eut dans cette conception fantastique un égoïsme féroce, un manque effroyable de reconnaissance et de générosité envers la France.

Tout cela est vrai selon la raison pratique, pour un homme à entrailles plutôt qu'à cervelle ; mais, pour les êtres de la nature de Napoléon, une raison d'une autre sorte existe ; ces créatures à haut renom ont une allure à part : les comètes décrivent des courbes qui échappent au calcul ; elles ne sont liées à rien, ne paraissent bonnes à rien ; s'il se trouve un globe sur leur passage, elles le brisent et rentrent dans les abîmes du ciel ; leurs lois ne sont connues que de Dieu. Les individus extraordinaires sont les monuments de l'intelligence humaine ; ils n'en sont pas la règle.

Bonaparte fut donc moins déterminé à son entreprise par les faux rapports de ses amis que par la nécessité de son génie : il se croisa en vertu de la foi qu'il avait en lui. Ce n'est pas tout de naître, pour un grand homme ; il faut mourir. L'île d'Elbe était-elle une fin pour Napoléon ? Pouvait-il accepter la souveraineté d'un carré de légumes, comme Dioclétien à Salone ? S'il eût attendu plus tard, aurait-il eu plus de chances de succès, alors qu'on eût été moins ému de son souvenir, que ses vieux soldats eussent quitté l'armée, que les nouvelles positions sociales eussent été prises ?

---

1. Le duc de Feltre.

Eh bien ! il fit un coup de tête contre le monde : à son début, il dut croire ne s'être pas trompé sur le prestige de sa puissance.

Une nuit, entre le 25 et le 26 février, au sortir d'un bal dont la princesse Borghèse faisait les honneurs, il s'évade avec la victoire, longtemps sa complice et sa camarade ; il franchit une mer couverte de nos flottes, rencontre deux frégates, un vaisseau de 74 et le brick de guerre le *Zéphyr* qui l'accoste et l'interroge ; il répond lui-même aux questions du capitaine : la mer et les flots le saluent, et il poursuit sa course. Le tillac de l'*Inconstant*, son petit navire, lui sert de promenoir et de cabinet ; il dicte au milieu des vents, et fait copier sur cette table agitée, trois proclamations à l'armée et à la France ; quelques felouques, chargées de ses compagnons d'aventure, portent, autour de sa barque amirale, pavillon blanc semé d'étoiles. Le 1$^{er}$ mars, à trois heures du matin, il aborde la côte de France entre Cannes et Antibes, dans le golfe Juan : il descend, parcourt la rive, cueille des violettes et bivouaque dans une plantation d'oliviers. La population stupéfaite se retire. Il manque Antibes et se jette dans les montagnes de Grasse, traverse Séranon, Barrême, Digne et Gap. À Sisteron, vingt hommes le peuvent arrêter, et il ne trouve personne. Il s'avance sans obstacle parmi ces habitants qui, quelques mois auparavant, avaient voulu l'égorger. Dans le vide qui se forme autour de son ombre gigantesque, s'il entre quelques soldats, ils sont invinciblement entraînés par l'attraction de ses aigles. Ses ennemis fascinés le cherchent et ne le voient pas ; il se cache dans sa gloire, comme le lion du Sahara se cache dans les rayons du soleil pour se dérober aux regards des chasseurs éblouis. Enveloppés dans une trombe ardente, les fantômes sanglants d'Arcole, de Marengo, d'Austerlitz, d'Iéna, de Friedland, d'Eylau, de la Moskowa, de Lützen, de Bautzen, lui font cortège avec un million de morts. Du sein de cette colonne de feu et de nuée, sortent à l'entrée des villes quelques coups de trompette mêlés aux signaux du labarum tricolore : et les portes des villes tombent. Lorsque Napoléon passa le Niémen à la tête de quatre cent mille fantassins et de cent mille chevaux pour faire sauter le palais des czars à Moscou, il fut moins étonnant que lorsque, rompant son ban, jetant ses fers au visage des rois, il vint seul, de Cannes à Paris, coucher paisiblement aux Tuileries.

# 2

### Torpeur de la légitimité.
### Article de Benjamin Constant.
### Ordre du jour du maréchal Soult. – Séance royale.
### Pétition de l'École de droit à la Chambre des députés.

Auprès du prodige de l'invasion d'un seul homme, il en faut placer un autre qui fut le contre-coup du premier : la légitimité tomba en défaillance ; la pâmoison du cœur de l'État gagna les membres et rendit la France immobile. Pendant vingt jours, Bonaparte marche par étapes ; ses aigles volent de clocher en clocher[1], et, sur une route de deux cents lieues, le gouvernement, maître de tout, disposant de l'argent et des bras, ne trouve ni le temps ni le moyen de couper un pont, d'abattre un arbre, pour retarder au moins d'une heure la marche d'un homme à qui les populations ne s'opposaient pas, mais qu'elles ne suivaient pas non plus.

Cette torpeur du gouvernement semblait d'autant plus déplorable que l'opinion publique à Paris était fort animée ; elle se fût prêtée à tout, malgré la défection du maréchal Ney. Benjamin Constant écrivait dans les gazettes :

« Après avoir versé tous les fléaux sur notre patrie, il a quitté le sol de la France. Qui n'eût pensé qu'il le quittait pour toujours ? Tout à coup il se présente et promet encore aux Français la liberté, la victoire, la paix. Auteur de la constitution la plus tyrannique qui ait régi la France, il parle aujourd'hui de liberté ! Mais c'est lui qui, durant quatorze ans, a miné et détruit la liberté. Il n'avait pas l'excuse des souvenirs, l'habitude du pouvoir ; il n'était pas né sous la pourpre. Ce sont ses concitoyens qu'il a asservis, ses égaux qu'il a enchaînés. Il n'avait pas hérité de la puissance ; il a voulu et médité la tyrannie : quelle liberté peut-il promettre ? Ne sommes-nous pas mille fois plus libres que sous son empire ? Il promet la victoire, et trois fois il a laissé ses

---

[1]. Allusion à une phrase célèbre de la proclamation lancée par Napoléon du golfe Juan.

troupes, en Égypte, en Espagne et en Russie, livrant ses compagnons d'armes à la triple agonie du froid, de la misère et du désespoir. Il a attiré sur la France l'humiliation d'être envahie ; il a perdu les conquêtes que nous avions faites avant lui. Il promet la paix, et son nom seul est un signal de guerre. Le peuple assez malheureux pour le servir redeviendrait l'objet de la haine européenne ; son triomphe serait le commencement d'un combat à mort contre le monde civilisé... Il n'a donc rien à réclamer ni à offrir. Qui pourrait-il convaincre, ou qui pourrait-il séduire ? La guerre intestine, la guerre extérieure, voilà les présents qu'il nous apporte. »

L'ordre du jour du maréchal Soult, daté du 8 mars 1815, répète à peu près les idées de Benjamin Constant avec une effusion de loyauté :

« Soldats,

« Cet homme qui naguère abdiqua aux yeux de l'Europe un pouvoir usurpé, dont il avait fait un si fatal usage, est descendu sur le sol français qu'il ne devait plus revoir.

« Que veut-il ? la guerre civile : que cherche-t-il ? des traîtres : où les trouvera-t-il ? Serait-ce parmi ces soldats qu'il a trompés et sacrifiés tant de fois, en égarant leur bravoure ? Serait-ce au sein de ces familles que son nom seul remplit encore d'effroi ?

« Bonaparte nous méprise assez pour croire que nous pourrons abandonner un souverain légitime et bien-aimé pour partager le sort d'un homme qui n'est plus qu'un aventurier. Il le croit, l'insensé ! et son dernier acte de démence achève de le faire connaître.

« Soldats, l'armée française est la plus brave armée de l'Europe, elle sera aussi la plus fidèle.

« Rallions-nous autour de la bannière des lis, à la voix de ce père du peuple, de ce digne héritier des vertus du grand Henri. Il vous a tracé lui-même les devoirs que vous avez à remplir. Il met à votre tête ce prince, modèle des chevaliers français, dont l'heureux retour dans notre patrie a déjà chassé l'usurpateur, et qui aujourd'hui va, par sa présence, détruire son seul et dernier espoir. »

Louis XVIII se présenta le 16 mars à la Chambre des députés ; il s'agissait du destin de la France et du monde. Quand Sa Majesté entra, les députés et les spectateurs dans les tribunes se découvrirent et se levèrent ; une acclamation ébranla les murs de la salle. Louis XVIII monte lentement à son trône ; les princes, les maréchaux et les capitaines des gardes se rangent aux deux côtés du Roi. Les cris cessent ; tout se tait : dans cet intervalle de silence, on croyait entendre les pas lointains de Napoléon. Sa Majesté, assise, regarde un moment l'assemblée et prononce ce discours d'une voix ferme :

« Messieurs,

« Dans ce moment de crise où l'ennemi public a pénétré dans une partie de mon royaume et qu'il menace la liberté de tout le reste, je viens au milieu de vous resserrer encore les liens qui, vous unissant avec moi, font la force de l'État ; je viens, en m'adressant à vous, exposer à toute la France mes sentiments et mes vœux.

« J'ai revu ma patrie ; je l'ai réconciliée avec les puissances étrangères, qui seront, n'en doutez pas, fidèles aux traités qui nous ont rendus à la paix ; j'ai travaillé au bonheur de mon peuple ; j'ai recueilli, je recueille tous les jours les marques les plus touchantes de son amour ; pourrais-je à soixante ans mieux terminer ma carrière qu'en mourant pour sa défense ?

« Je ne crains donc rien pour moi, mais je crains pour la France : celui qui vient allumer parmi nous les torches de la guerre civile y apporte aussi le fléau de la guerre étrangère ; il vient remettre notre patrie sous son joug de fer ; il vient enfin détruire cette Charte constitutionnelle que je vous ai donnée, cette Charte, mon plus beau titre aux yeux de la postérité, cette Charte que tous les Français chérissent et que je jure ici de maintenir : rallions-nous donc autour d'elle. »

Le Roi parlait encore quand un nuage répandit l'obscurité dans la salle ; les yeux se tournèrent vers la voûte pour chercher la cause de cette soudaine nuit. Lorsque le monarque législateur cessa de parler, les cris de *Vive le Roi !* recommencèrent au milieu des larmes. « L'assemblée, dit avec vérité le *Moniteur*, électrisée par les sublimes paroles du Roi, était debout, les mains étendues vers le trône. On n'entendait que ces mots : *Vive le Roi ! mourir pour le Roi ! le Roi à la vie et à la mort !* répétés avec un transport que tous les cœurs français partageront. »

En effet, le spectacle était pathétique : un vieux roi infirme, qui, pour prix du massacre de sa famille et de vingt-trois années d'exil, avait apporté à la France la paix, la liberté, l'oubli de tous les outrages et de tous les malheurs ; ce patriarche des souverains venant déclarer aux députés de la nation qu'à son âge, après avoir revu sa patrie, il ne pouvait mieux terminer sa carrière qu'en mourant pour la défense de son peuple ! Les princes jurèrent fidélité à la Charte ; ces serments tardifs furent clos par celui du prince de Condé et par l'adhésion du père du duc d'Enghien. Cette héroïque race prête à s'éteindre, cette race d'épée patricienne, cherchant derrière la liberté un bouclier contre une épée plébéienne plus jeune, plus longue et plus cruelle, offrait, en raison d'une multitude de souvenirs, quelque chose d'extrêmement triste.

Le discours de Louis XVIII, connu au dehors, excita des transports inexprimables. Paris était tout royaliste et demeura tel pendant les Cent-Jours. Les femmes particulièrement étaient bourbonistes.

La jeunesse adore aujourd'hui le souvenir de Bonaparte, parce qu'elle est humiliée du rôle que le gouvernement actuel [1] fait jouer à la France en Europe ; la jeunesse, en 1814, saluait la Restauration, parce qu'elle abattait le despotisme et relevait la liberté. Dans les rangs des volontaires royaux on comptait M. Odilon Barrot [2], grand nombre d'élèves de l'École de médecine, et l'École de droit tout entière ; celle-ci adressa la pétition suivante, le 13 mars, à la Chambre des députés :

« Messieurs,

« Nous nous offrons au Roi et à la patrie ; l'École de Droit tout entière demande à marcher. Nous n'abandonnerons ni notre souverain, ni notre Constitution. Fidèles à l'honneur

---

1. Celui de Louis-Philippe. — 2. Chef de l'opposition libérale sous la Restauration, il sera président du conseil en 1848-1849.

français, nous vous demandons des armes. Le sentiment d'amour que nous portons à Louis XVIII vous répond de la constance de notre dévouement. Nous ne voulons plus de fers, nous voulons la liberté. Nous l'avons, on vient nous l'arracher : nous la défendrons jusqu'à la mort. Vive le Roi ! Vive la Constitution ! »

Dans ce langage énergique, naturel et sincère, on sent la générosité de la jeunesse et l'amour de la liberté. Ceux qui viennent nous dire aujourd'hui que la Restauration fut reçue avec dégoût et douleur par la France sont ou des ambitieux qui jouent une partie, ou des hommes naissants qui n'ont point connu l'oppression de Bonaparte, ou de vieux menteurs révolutionnaires impérialisés qui, après avoir applaudi comme les autres au retour des Bourbons, insultent maintenant, selon leur coutume, ce qui est tombé, et retournent à leur instinct de meurtre, de police et de servitude.

3

Projet de défense de Paris.

Le discours du Roi m'avait rempli d'espoir. Des conférences se tenaient chez le président de la Chambre des députés, M. Lainé. J'y rencontrai M. de La Fayette : je ne l'avais jamais vu que de loin à une autre époque, sous l'Assemblée constituante. Les propositions étaient diverses ; la plupart faibles, comme il advient dans le péril : les uns voulaient que le Roi quittât Paris et se retirât au Havre ; les autres parlaient de le transporter dans la Vendée ; ceux-ci barbouillaient des phrases sans conclusion ; ceux-là disaient qu'il fallait attendre et voir venir : ce qui venait était pourtant fort visible. J'exprimai une opinion différente : chose singulière ! M. de La Fayette l'appuya, et avec chaleur\*. M. Lainé

----------

\* M. de La Fayette confirme, dans des *Mémoires* précieux pour les faits, que l'on a publiés depuis sa mort, la rencontre singulière de son opinion et de la mienne au retour de Bonaparte. M. de La Fayette aimait sincèrement l'honneur et la liberté. (Note de Paris, 1840.) *[Note de l'auteur.]*

et le maréchal Marmont étaient aussi de mon avis. Je disais donc :

« Que le Roi tienne parole ; qu'il reste dans sa capitale. La garde nationale est pour nous. Assurons-nous de Vincennes. Nous avons les armes et l'argent : avec l'argent nous aurons la faiblesse et la cupidité. Si le Roi quitte Paris, Paris laissera entrer Bonaparte ; Bonaparte maître de Paris est maître de la France. L'armée n'est pas passée tout entière à l'ennemi ; plusieurs régiments, beaucoup de généraux et d'officiers, n'ont point encore trahi leur serment : demeurons fermes, ils resteront fidèles. Dispersons la famille royale, ne gardons que le Roi. Que MONSIEUR aille au Havre, le duc de Berry à Lille, le duc de Bourbon dans la Vendée, le duc d'Orléans à Metz ; madame la duchesse et monsieur le duc d'Angoulême sont déjà dans le Midi. Nos divers points de résistance empêcheront Bonaparte de concentrer ses forces. Barricadons-nous dans Paris. Déjà les gardes nationales des départements voisins viennent à notre secours. Au milieu de ce mouvement, notre vieux monarque, sous la protection du testament de Louis XVI, la Charte à la main, restera tranquille assis sur son trône aux Tuileries ; le corps diplomatique se rangera autour de lui ; les deux Chambres se rassembleront dans les deux pavillons du château ; la maison du Roi campera sur le Carrousel et dans le jardin des Tuileries. Nous borderons de canons les quais et la terrasse de l'eau : que Bonaparte nous attaque dans cette position ; qu'il emporte une à une nos barricades ; qu'il bombarde Paris, s'il le veut et s'il a des mortiers ; qu'il se rende odieux à la population entière, et nous verrons le résultat de son entreprise ! Résistons seulement trois jours, et la victoire est à nous. Le Roi, se défendant dans son château, causera un enthousiasme universel. Enfin, s'il doit mourir, qu'il meure digne de son rang ; que le dernier exploit de Napoléon soit l'égorgement d'un vieillard. Louis XVIII, en sacrifiant sa vie, gagnera la seule bataille qu'il aura livrée ; il la gagnera au profit de la liberté du genre humain. »

Ainsi je parlai : on n'est jamais reçu à dire que tout est perdu quand on n'a rien tenté. Qu'y aurait-il eu de plus beau qu'un vieux fils de saint Louis renversant avec des Français, en quelques moments, un homme que tous les rois conjurés de l'Europe avaient mis tant d'années à abattre ?

Cette résolution, en apparence désespérée, était au fond très raisonnable et n'offrait pas le moindre danger. Je resterai à toujours[1] convaincu que Bonaparte, trouvant Paris ennemi et le Roi présent, n'aurait pas essayé de les forcer. Sans artillerie, sans vivres, sans argent, il n'avait avec lui que des troupes réunies au hasard, encore flottantes, étonnées de leur brusque changement de cocarde, de leurs serments prononcés à la volée sur les chemins : elles se seraient promptement divisées. Quelques heures de retard perdaient Napoléon ; il suffisait d'avoir un peu de cœur. On pouvait même déjà compter sur une partie de l'armée ; les deux régiments suisses gardaient leur foi : le maréchal Gouvion Saint-Cyr ne fit-il pas reprendre la cocarde blanche à la garnison d'Orléans deux jours après l'entrée de Bonaparte dans Paris ? De Marseille à Bordeaux, tout reconnut l'autorité du Roi pendant le mois de mars entier : à Bordeaux, les troupes hésitaient ; elles seraient restées à madame la duchesse d'Angoulême, si l'on avait appris que le Roi était aux Tuileries et que Paris se défendait. Les villes de province eussent imité Paris. Le 10e de ligne se battit très bien sous le duc d'Angoulême ; Masséna se montrait cauteleux et incertain ; à Lille, la garnison répondit à la vive proclamation du maréchal Mortier. Si toutes ces preuves d'une fidélité possible eurent lieu en dépit d'une fuite, que n'auraient-elles point été dans le cas d'une résistance ?

Mon plan adopté, les étrangers n'auraient point de nouveau ravagé la France ; nos princes ne seraient point revenus avec les armées ennemies ; la légitimité eût été sauvée par elle-même. Une seule chose eût été à craindre après le succès : la trop grande confiance de la royauté dans ses forces, et par conséquent des entreprises sur les droits de la nation.

Pourquoi suis-je venu à une époque où j'étais si mal placé ? Pourquoi ai-je été royaliste contre mon instinct dans un temps où une misérable race de cour ne pouvait ni m'entendre ni me comprendre ? Pourquoi ai-je été jeté dans cette troupe de médiocrités qui me prenaient pour un écer-

---

1. Tour archaïque. On dit encore, dans le même sens : « à jamais ».

velé, quand je parlais courage ; pour un révolutionnaire, quand je parlais liberté ?

Il s'agissait bien de défense ! Le Roi n'avait aucune frayeur, et mon plan lui plaisait assez par une certaine grandeur *louis-quatorzième* ; mais d'autres figures étaient allongées. On emballait les diamants de la couronne (autrefois acquis des deniers particuliers des souverains), en laissant trente-trois millions écus au trésor et quarante-deux millions en effets. Ces soixante-quinze millions étaient le fruit de l'impôt : que ne le rendait-on au peuple plutôt que de le laisser à la tyrannie ?

Une double procession montait et descendait les escaliers du pavillon de Flore ; on s'enquérait de ce qu'on avait à faire : point de réponse. On s'adressait au capitaine des gardes ; on interrogeait les chapelains, les chantres, les aumôniers : rien. De vaines causeries, de vains débits de nouvelles. J'ai vu des jeunes gens pleurer de fureur en demandant inutilement des ordres et des armes ; j'ai vu des femmes se trouver mal de colère et de mépris. Parvenir au Roi, impossible ; l'étiquette fermait la porte.

La grande mesure décrétée contre Bonaparte fut un ordre de *courir sus* : Louis XVIII, sans jambes, *courir sus* le conquérant qui enjambait la terre ! Cette formule des anciennes lois, renouvelée à cette occasion, suffit pour montrer la portée d'esprit des hommes d'État de cette époque. *Courir sus* en 1815 ! *courir sus !* et *sus* qui ? *sus* un loup ? *sus* un chef de brigands ? *sus* un seigneur félon ? Non : *sus* Napoléon qui avait *couru sus* les rois, les avait saisis et marqués pour jamais à l'épaule de son *N* ineffaçable !

De cette ordonnance, considérée de plus près, sortait une vérité politique que personne ne voyait : la race légitime, étrangère à la nation pendant vingt-trois années, était restée au jour et à la place où la Révolution l'avait prise, tandis que la nation avait marché dans le temps et l'espace. De là impossibilité de s'entendre et de se rejoindre ; religion, idées, intérêts, langage, terre et ciel, tout était différent pour le peuple et pour le Roi, parce qu'ils n'étaient plus au même point de la route, parce qu'ils étaient séparés par un quart de siècle équivalant à des siècles.

Mais si l'ordre de *courir sus* paraît étrange par la conservation du vieil idiome de la loi, Bonaparte eut-il d'abord l'intention d'agir mieux, tout en employant un nouveau langage ? Des papiers de M. d'Hauterive, inventoriés par M. Artaud [1], prouvent qu'on eut beaucoup de peine à empêcher Napoléon de faire fusiller le duc d'Angoulême, malgré la pièce officielle du *Moniteur*, pièce de parade qui nous reste : il trouvait mauvais que ce prince se fût défendu. Et pourtant le fugitif de l'île d'Elbe, en quittant Fontainebleau, avait recommandé aux soldats d'être *fidèles au monarque* que la France s'était choisi. La famille de Bonaparte avait été respectée ; la reine Hortense avait accepté de Louis XVIII le titre de duchesse de Saint-Leu ; Murat, qui régnait encore à Naples, n'eut son royaume vendu que par M. de Talleyrand pendant le congrès de Vienne.

Cette époque, où la franchise manque à tous, serre le cœur : chacun jetait en avant une profession de foi, comme une passerelle pour traverser la difficulté du jour ; quitte à changer de direction, la difficulté franchie : la jeunesse seule était sincère, parce qu'elle touchait à son berceau. Bonaparte déclare solennellement qu'il renonce à la couronne ; il part et revient au bout de neuf mois. Benjamin Constant imprime son énergique protestation contre le tyran, et il change en vingt-quatre heures. On verra plus tard, dans un autre livre de ces *Mémoires*, qui [2] lui inspira ce noble mouvement auquel la mobilité de sa nature ne lui permit pas de rester fidèle. Le maréchal Soult anime les troupes contre leur ancien capitaine ; quelques jours après il rit aux éclats de sa proclamation dans le cabinet de Napoléon, aux Tuileries, et devient major général de l'armée à Waterloo ; le maréchal Ney baise les mains du Roi, jure de lui ramener Bonaparte enfermé dans une cage de fer, et il livre à celui-ci tous les corps qu'il commande. Hélas ! et le Roi de France ?... il déclare qu'à soixante ans il ne peut mieux terminer sa carrière qu'en mourant pour la défense de son peuple..., et il fuit à Gand ! À cette impossibilité de vérité dans les sentiments, à ce désaccord entre les paroles et les actions, on se sent saisi de dégoût pour l'espèce humaine.

---

**1.** Artaud de Montor à qui Chateaubriand avait succédé comme secrétaire d'ambassade à Rome en 1803. — **2.** C'est Madame Récamier.

Louis XVIII, au 20 mars, prétendait mourir au milieu de la France ; s'il eût tenu parole, la légitimité pouvait encore durer un siècle ; la nature même semblait avoir ôté au vieux Roi la faculté de se retirer, en l'enchaînant d'infirmités salutaires ; mais les destinées futures de la race humaine eussent été entravées par l'accomplissement de la résolution de l'auteur de la Charte. Bonaparte accourut au secours de l'avenir ; ce Christ de la mauvaise puissance prit par la main le nouveau paralytique et lui dit : « Levez-vous et emportez votre lit ; *surge, tolle lectum tuum*[1]. »

4

Fuite du Roi. – Je pars avec madame de Chateaubriand. Embarras de la route. Le duc d'Orléans et le prince de Condé. Tournai, Bruxelles. – Souvenirs. – Le duc de Richelieu. Le Roi à Gand m'appelle auprès de lui.

Il était évident que l'on méditait une escampative[2] : dans la crainte d'être retenu, on n'avertissait pas même ceux qui, comme moi, auraient été fusillés une heure après l'entrée de Napoléon à Paris. Je rencontrai le duc de Richelieu[3] dans les Champs-Élysées : « On nous trompe, me dit-il ; je monte la garde ici, car je ne compte pas attendre tout seul l'Empereur aux Tuileries. »

Madame de Chateaubriand avait envoyé, le soir du 19, un domestique au Carrousel, avec ordre de ne revenir que lorsqu'il aurait la certitude de la fuite du Roi. À minuit, le domestique n'étant pas rentré, je m'allai coucher. Je venais de me mettre au lit quand M. Clausel de Coussergues entra. Il nous apprit que Sa Majesté était partie et qu'elle se dirigeait sur Lille. Il m'apportait cette nouvelle de la part du chancelier, qui, me sachant en danger, violait pour moi le secret et m'envoyait douze mille francs à reprendre sur mes appointe-

---

**1.** Évangile selon saint Matthieu, IX, 6. — **2.** Fuite (mot forgé sur le vieux verbe *escamper*). — **3.** Le futur président du Conseil.

ments de ministre de Suède. Je m'obstinai à rester, ne voulant quitter Paris que quand je serais physiquement sûr du déménagement royal. Le domestique envoyé à la découverte revint : il avait vu défiler les voitures de la cour. Madame de Chateaubriand me poussa dans sa voiture, le 20 mars, à quatre heures du matin. J'étais dans un tel accès de rage que je ne savais où j'allais ni ce que je faisais.

Nous sortîmes par la barrière Saint-Martin. À l'aube, je vis des corbeaux descendre paisiblement des ormes du grand chemin où ils avaient passé la nuit pour prendre aux champs leur premier repas, sans s'embarrasser de Louis XVIII et de Napoléon : ils n'étaient pas, eux, obligés de quitter leur patrie, et, grâce à leurs ailes, ils se moquaient de la mauvaise route où j'étais cahoté. Vieux amis de Combourg ! nous nous ressemblions davantage quand jadis, au lever du jour, nous déjeunions des mûres de la ronce dans nos halliers de la Bretagne !

La chaussée était défoncée, le temps pluvieux, madame de Chateaubriand souffrante : elle regardait à tout moment par la lucarne du fond de la voiture si nous n'étions pas poursuivis. Nous couchâmes à Amiens, où naquit Du Cange, ensuite à Arras, patrie de Robespierre : là, je fus reconnu. Ayant envoyé demander des chevaux, le 22 au matin, le maître de poste les dit retenus pour un général qui portait à Lille la nouvelle de *l'entrée triomphante de l'empereur et roi à Paris* ; madame de Chateaubriand mourait de peur, non pour elle, mais pour moi. Je courus à la poste et, avec de l'argent, je levai la difficulté.

Arrivés sous les remparts de Lille le 23, à deux heures du matin, nous trouvâmes les portes fermées ; ordre était de ne les ouvrir à qui que ce soit. On ne put ou on ne voulut nous dire si le Roi était entré dans la ville. J'engageai le postillon pour quelques louis à gagner, en dehors des glacis, l'autre côté de la place et à nous conduire à Tournai ; j'avais, en 1792, fait à pied, pendant la nuit, ce même chemin avec mon frère. Arrivé à Tournai, j'appris que Louis XVIII était certainement entré dans Lille avec le maréchal Mortier, et qu'il comptait s'y défendre. Je dépêchai un courrier à M. de Blacas[1], le priant de m'envoyer une permission pour être reçu dans la place.

---

1. Ministre de la Maison du roi.

Mon courrier revint avec une permission du commandant, mais sans un mot de M. de Blacas. Laissant madame de Chateaubriand à Tournai, je remontais en voiture pour me rendre à Lille, lorsque le prince de Condé arriva. Nous sûmes par lui que le Roi était parti et que le maréchal Mortier l'avait fait accompagner jusqu'à la frontière. D'après ces explications, il restait prouvé que Louis XVIII n'était plus à Lille lorsque ma lettre y parvint.

Le duc d'Orléans suivit de près le prince de Condé[1]. Mécontent en apparence, il était aise au fond de se trouver hors de la bagarre ; l'ambiguïté de sa déclaration et de sa conduite portait l'empreinte de son caractère. Quant au vieux prince de Condé, l'émigration était son Dieu Lare. Lui n'avait pas peur de monsieur de Bonaparte ; il se battait si l'on voulait, il s'en allait si l'on voulait : les choses étaient un peu brouillées dans sa cervelle ; il ne savait pas trop s'il s'arrêterait à Rocroi pour y livrer bataille, ou s'il irait dîner au Grand-Cerf. Il leva ses tentes quelques heures avant nous, me chargeant de recommander le café de l'auberge à ceux de sa maison qu'il avait laissés derrière lui. Il ignorait que j'avais donné ma démission à la mort de son petit-fils ; il n'était pas bien sûr d'avoir eu un petit-fils ; il sentait seulement dans son nom un certain accroissement de gloire, qui pouvait bien tenir à quelque Condé qu'il ne se rappelait plus.

Vous souvient-il de mon premier passage à Tournai avec mon frère, lors de ma première émigration ? Vous souvient-il, à ce propos, de l'homme métamorphosé en âne, de la fille des oreilles de laquelle sortaient des épis de blé, de la pluie de corbeaux qui mettaient le feu partout ? En 1815, nous étions bien nous-mêmes une pluie de corbeaux ; mais nous ne mettions le feu nulle part. Hélas ! je n'étais plus avec mon malheureux frère. Entre 1792 et 1815 la République et l'empire avaient passé : que de révolutions s'étaient aussi accomplies dans ma vie ! Le temps m'avait ravagé comme le reste. Et vous, jeunes générations du moment, laissez venir vingt-trois années, et vous direz à ma tombe où en sont vos amours et vos illusions d'aujourd'hui.

---

1. Le grand-père du duc d'Enghien

À Tournai étaient arrivés les deux frères Bertin : M. Bertin de Vaux s'en retourna à Paris ; l'autre Bertin, Bertin l'aîné, était mon ami. Vous savez par ces *Mémoires* ce qui m'attachait à lui.

De Tournai nous allâmes à Bruxelles : là je ne retrouvai ni le baron de Breteuil, ni Rivarol, ni tous ces jeunes aides de camp devenus morts ou vieux, ce qui est la même chose. Aucune nouvelle du barbier qui m'avait donné asile. Je ne pris point le mousquet, mais la plume ; de soldat j'étais devenu barbouilleur de papier. Je cherchais Louis XVIII ; il était à Gand, où l'avaient conduit MM. de Blacas et de Duras : leur intention avait été d'abord d'embarquer le Roi pour l'Angleterre. Si le Roi avait consenti à ce projet, jamais il ne serait remonté sur le trône.

Étant entré dans un hôtel garni pour examiner un appartement, j'aperçus le duc de Richelieu fumant à demi couché sur un sofa, au fond d'une chambre noire. Il me parla des princes de la manière la plus brutale, déclarant qu'il s'en allait en Russie et ne voulait plus entendre parler de ces gens-là. Madame la duchesse de Duras, arrivée à Bruxelles, eut la douleur d'y perdre sa nièce [1].

La capitale du Brabant m'est en horreur ; elle n'a jamais servi que de passage à mes exils ; elle a toujours porté malheur à moi ou à mes amis.

Un ordre du Roi m'appela à Gand. Les volontaires royaux et la petite armée du duc de Berry avaient été licenciés à Béthune, au milieu de la boue et des accidents d'une débâcle militaire : on s'était fait des adieux touchants. Deux cents hommes de la maison du Roi restèrent et furent cantonnés à Alost ; mes deux neveux, Louis et Christian de Chateaubriand, faisaient partie de ce corps.

---

1. Sa mère, et non sa nièce.

# 5

## *LES CENT-JOURS À GAND.*

LE ROI ET SON CONSEIL.
JE DEVIENS MINISTRE DE L'INTÉRIEUR PAR *INTÉRIM*.
M. DE LALLY-TOLLENDAL.
MADAME LA DUCHESSE DE DURAS.
LE MARÉCHAL VICTOR.
L'ABBÉ LOUIS ET LE COMTE BEUGNOT.
L'ABBÉ DE MONTESQUIOU.
DÎNERS DU POISSON BLANC : CONVIVES.

On m'avait donné un billet de logement dont je ne profitai pas : une baronne dont j'ai oublié le nom vint trouver madame de Chateaubriand à l'auberge et nous offrit un appartement chez elle : elle nous priait de si bonne grâce ! « Vous ne ferez aucune attention, nous dit-elle, à ce que vous contera mon mari : il a la tête... vous comprenez ? Ma fille aussi est tant soit peu extraordinaire ; elle a des moments terribles, la pauvre enfant ! mais elle est du reste douce comme un mouton. Hélas ! ce n'est pas celle-là qui me cause le plus de chagrin ; c'est mon fils Louis, le dernier de mes enfants : si Dieu n'y met la main, il sera pire que son père. » Madame de Chateaubriand refusa poliment d'aller demeurer chez des personnes aussi raisonnables.

Le Roi, bien logé, ayant son service et ses gardes, forma son conseil. L'empire de ce grand monarque consistait en une maison du royaume des Pays-Bas, laquelle maison était située dans une ville qui, bien que la ville natale de Charles-Quint, avait été le chef-lieu d'une préfecture de Bonaparte : ces noms font entre eux un assez bon nombre d'événements et de siècles.

L'abbé de Montesquiou étant à Londres, Louis XVIII me nomma ministre de l'intérieur par *intérim*. Ma correspondance avec les *départements* ne me donnait pas grand'besogne ; je mettais facilement à jour ma correspondance avec les préfets, sous-préfets, maires et adjoints de nos bonnes villes, du côté intérieur de nos frontières ; je ne réparais pas beaucoup les chemins et je laissais tomber les clochers ; mon budget ne m'enrichissait guère ; je n'avais point de fonds secrets ; seulement, par un abus criant, *je cumulais* ; j'étais toujours ministre plénipotentiaire de Sa Majesté auprès du roi de Suède, qui, comme son compatriote Henri IV, régnait par droit de conquête, sinon par droit de naissance[1]. Nous discourions autour d'une table couverte d'un tapis vert dans le cabinet du Roi. M. de Lally-Tollendal, qui était, je crois, ministre de l'instruction publique, prononçait des discours plus amples, plus joufflus encore que sa personne : il citait ses illustres aïeux les rois d'Irlande et embarbouillait le procès de son père dans celui de Charles I$^{er}$ et de Louis XVI. Il se délassait le soir des larmes, des sueurs et des paroles qu'il avait versées au conseil, avec une dame accourue de Paris par enthousiasme de son génie[2] ; il cherchait vertueusement à la guérir, mais son éloquence trompait sa vertu et enfonçait le dard plus avant[3].

Madame la duchesse de Duras était venue rejoindre M. le duc de Duras parmi les bannis. Je ne veux plus dire de mal du malheur, puisque j'ai passé trois mois auprès de cette femme excellente, causant de tout ce que des esprits et des cœurs droits peuvent trouver dans une conformité de goûts, d'idées, de principes et de sentiments. Madame de Duras était ambitieuse pour moi : elle seule a connu d'abord ce que je pouvais valoir en politique ; elle s'est toujours désolée de l'envie et de l'aveuglement qui m'écartaient des conseils du Roi ; mais elle se désolait encore bien davantage des obstacles que mon caractère apportait à ma fortune : elle me grondait, elle me voulait corriger de mon insouciance, de ma franchise, de mes naïvetés, et me faire prendre des habitudes de courti-

---

[1] Chateaubriand modifie plaisamment pour l'appliquer à Bernadotte le deuxième vers de la Henriade de Voltaire :

... *ce héros qui régna sur la France*
*Et par droit de conquête et par droit de naissance.*

— [2] Mme Charles, celle qui sera l'Elvire de Lamartine. — [3] Il voulait par vertu la détourner de l'amour qu'elle avait pour lui ; mais il y avait dans ses discours tant d'onction et d'abondance qu'ils obtenaient un effet contraire et enfonçaient « plus avant » la flèche de l'amour dans son cœur.

sanerie qu'elle-même ne pouvait souffrir. Rien peut-être ne porte plus à l'attachement et à la reconnaissance que de se sentir sous le patronage d'une amitié supérieure qui, en vertu de son ascendant sur la société, fait passer vos défauts pour des qualités, vos imperfections pour un charme. Un homme vous protège par ce qu'il vaut, une femme par ce que vous valez : voilà pourquoi de ces deux empires l'un est si odieux, l'autre si doux.

Depuis que j'ai perdu cette personne si généreuse, d'une âme si noble, d'un esprit qui réunissait quelque chose de la force de la pensée de madame de Staël à la grâce du talent de madame de La Fayette, je n'ai cessé, en la pleurant, de me reprocher les inégalités dont j'ai pu affliger quelquefois des cœurs qui m'étaient dévoués. Veillons bien sur notre caractère ! Songeons que nous pouvons, avec un attachement profond, n'en pas moins empoisonner des jours que nous rachèterions au prix de tout notre sang. Quand nos amis sont descendus dans la tombe, quel moyen avons-nous de réparer nos torts ? Nos inutiles regrets, nos vains repentirs, sont-ils un remède aux peines que nous leur avons faites ? Ils auraient mieux aimé de nous un sourire pendant leur vie que toutes nos larmes après leur mort.

La charmante Clara[1] (madame la duchesse de Rauzan) était à Gand avec sa mère. Nous faisions, à nous deux, de mauvais couplets sur l'air de *la Tyrolienne*. J'ai tenu sur mes genoux bien de belles petites filles qui sont aujourd'hui de jeunes grand'mères. Quand vous avez quitté une femme, mariée devant vous à seize ans, si vous revenez seize ans après, vous la retrouvez au même âge : « Ah ! madame, vous n'avez pas pris un jour ! » Sans doute : mais c'est à la fille que vous contez cela, la fille que vous conduirez encore à l'autel. Mais vous, triste témoin de deux hymens, vous encoffrez les seize années que vous avez reçues à chaque union : présent de noces qui hâtera votre propre mariage avec une dame blanche, un peu maigre.

Le maréchal Victor était venu se placer auprès de nous, à Gand, avec une simplicité admirable : il ne demandait rien,

---

1. La deuxième fille de Mme de Duras.

n'importunait jamais le Roi de son empressement ; on le voyait à peine ; je ne sais si on lui fit jamais l'honneur et la grâce de l'inviter une seule fois au dîner de Sa Majesté. J'ai retrouvé dans la suite le maréchal Victor ; j'ai été son collègue au ministère, et toujours la même excellente nature m'est apparue. À Paris, en 1823, M. le dauphin fut d'une grande dureté pour cet honnête militaire : il était bien bon, ce duc de Bellune, de payer par un dévouement si modeste une ingratitude si à l'aise ! La candeur m'entraîne et me touche, lors même qu'en certaines occasions elle arrive à la dernière expression de sa naïveté. Ainsi le maréchal m'a raconté la mort de sa femme dans le langage du soldat, et il m'a fait pleurer : il prononçait des mots scabreux si vite, et il les changeait avec tant de pudicité, qu'on aurait pu même les écrire.

M. de Vaublanc et M. Capelle nous rejoignirent. Le premier disait avoir de tout dans son portefeuille. Voulez-vous du Montesquieu ? en voici ; du Bossuet ? en voilà. À mesure que la partie paraissait vouloir prendre une autre face, il nous arrivait des voyageurs.

L'abbé Louis et M. le comte Beugnot descendirent à l'auberge où j'étais logé. Madame de Chateaubriand avait des étouffements affreux, et je la veillais. Les deux nouveaux venus s'installèrent dans une chambre séparée seulement de celle de ma femme par une mince cloison ; il était impossible de ne pas entendre, à moins de se boucher les oreilles : entre onze heures et minuit les débarqués élevèrent la voix ; l'abbé Louis, qui parlait comme un loup et à saccades, disait à M. Beugnot : « Toi, ministre ? tu ne le seras plus ! tu n'as fait que des sottises ! » Je n'entendis pas clairement la réponse de M. le comte Beugnot, mais il parla de 33 millions laissés au trésor royal. L'abbé poussa, apparemment de colère, une chaise qui tomba. À travers le fracas, je saisis ces mots : « Le duc d'Angoulême ? il faut qu'il achète du bien national à la barrière de Paris. Je vendrai le reste des forêts de l'État. Je couperai tout, les ormes du grand chemin, le bois de Boulogne, les Champs-Élysées : à quoi ça sert-il ? hein ! » La brutalité faisait le principal mérite de M. Louis ; son talent était un amour stupide des intérêts matériels. Si le ministre des finances entraînait les forêts à sa suite, il avait sans doute un autre secret qu'Orphée, qui *faisait aller après soi les bois par son beau vieller.* Dans l'argot du temps on appelait M. Louis un homme *spécial* ; sa spécialité financière l'avait conduit à entasser l'argent des contribuables dans le trésor, pour le faire prendre par Bonaparte. Bon tout au plus pour le Directoire, Napoléon n'avait pas voulu de cet homme spécial, qui n'était pas du tout un homme unique.

L'abbé Louis était venu jusqu'à Gand réclamer son ministère : il était fort bien auprès de M. de Talleyrand, avec lequel il avait officié solennellement à la première fédération du Champ-de-Mars : l'évêque faisait le prêtre, l'abbé Louis le diacre et l'abbé d'Ernaud[1] le sous-diacre. M. de Talleyrand, se souvenant de cette admirable profanation, disait au baron Louis : « L'abbé, tu étais bien beau en diacre au Champ-de-Mars ! » Nous avons supporté cette honte derrière la grande tyrannie de Bonaparte : devions-nous la supporter plus tard ?

Le Roi *très-chrétien* s'était mis à l'abri de tout reproche de cagoterie : il possédait dans son conseil un évêque marié, M. de Talleyrand ; un prêtre concubinaire, M. Louis ; un abbé peu pratiquant, M. de Montesquiou.

Ce dernier, homme ardent comme un poitrinaire, d'une certaine facilité de parole, avait l'esprit étroit et dénigrant, le cœur haineux, le caractère aigre. Un jour que j'avais péroré au Luxembourg pour la liberté de la presse, le descendant de Clovis[2] passant devant moi, qui ne venais que du Breton Mormoran[3], me donna un grand coup de genou dans la cuisse, ce qui n'était pas de bon goût ; je le lui rendis, ce qui n'était pas poli : nous jouions au coadjuteur[4] et au duc de La Rochefoucauld. L'abbé de Montesquiou appelait plaisamment M. de Lally-Tollendal : « un animal à l'anglaise ».

On pêche, dans les rivières de Gand, un poisson blanc fort délicat : nous allions, *tutti quanti*, manger ce bon poisson dans une guinguette, en attendant les batailles et la fin des empires. M. Laborie ne manquait point au rendez-vous : je

---

**1.** Ou Desrenaudes. Il était déjà à Autun en 1790 le grand vicaire de Talleyrand ; il le suivit dans toute sa carrière. — **2.** La famille de Montesquiou est l'une des plus anciennes de France. — **3.** Chef breton qui aurait combattu Louis le Débonnaire, ancêtre hypothétique des Chateaubriand. — **4.** Retz. Entre eux l'algarade fut plus vive qu'entre Montesquiou et Chateaubriand.

l'avais rencontré pour la première fois à Savigny, lorsque, fuyant Bonaparte, il entra par une fenêtre chez madame de Beaumont, et se sauva par une autre. Infatigable au travail, multipliant ses courses autant que ses billets, aimant à rendre des services comme d'autres aiment à les recevoir, il a été calomnié : la calomnie n'est pas l'accusation du calomnié, c'est l'excuse du calomniateur. J'ai vu se lasser des promesses dont M. Laborie était riche ; mais pourquoi ? Les chimères sont comme la torture : ça fait toujours passer une heure ou deux[1]. J'ai souvent mené en main, avec une bride d'or, de vieilles rosses de souvenirs qui ne pouvaient se tenir debout, et que je prenais pour de jeunes et fringantes espérances.

Je vis aussi aux dîners du poisson blanc M. Mounier, homme de raison et de probité. M. Guizot daignait nous honorer de sa présence.

6

*SUITE DES CENT-JOURS À GAND.*

Moniteur de Gand.
Mon rapport au Roi : effet de ce rapport à Paris.
Falsification.

On avait établi à Gand un *Moniteur* : mon rapport au Roi du 12 mai, inséré dans ce journal, prouve que mes sentiments sur les libertés de la presse et sur la domination étrangère ont en tout temps été les mêmes. Je puis aujourd'hui citer ces passages ; ils ne démentent point ma vie :

« Sire, vous vous apprêtiez à couronner les institutions dont vous aviez posé la base... Vous aviez déterminé une époque pour le commencement de la pairie héréditaire ; le ministère eût acquis plus d'unité ; les ministres seraient devenus membres des deux Chambres, selon l'esprit même de la Charte ; une loi eût été proposée afin qu'on pût être élu membre de la Chambre des députés avant quarante ans et

---

1. Réplique de Dandin dans *Les Plaideurs* de Racine (III, IV).

que les citoyens eussent une véritable carrière politique. On allait s'occuper d'un code pénal pour les délits de la presse, après l'adoption de laquelle loi la presse eût été entièrement libre, car cette liberté est inséparable de tout gouvernement représentatif ........................................

« Sire, et c'est ici l'occasion d'en faire la protestation solennelle : tous vos ministres, tous les membres de votre conseil, sont inviolablement attachés aux principes d'une sage liberté ; ils puisent auprès de vous cet amour des lois, de l'ordre et de la justice, sans lesquels il n'est point de bonheur pour un peuple. Sire, qu'il nous soit permis de vous le dire, nous sommes prêts à verser pour vous la dernière goutte de notre sang, à vous suivre au bout de la terre, à partager avec vous les tribulations qu'il plaira au Tout-Puissant de vous envoyer, parce que nous croyons devant Dieu que vous maintiendrez la constitution que vous avez donnée à votre peuple, que le vœu le plus sincère de votre âme royale est la liberté des Français. S'il en avait été autrement, sire, nous serions toujours morts à vos pieds pour la défense de votre personne sacrée ; mais nous n'aurions plus été que vos soldats, nous aurions cessé d'être vos conseillers et vos ministres ........
....................................................

« Sire, nous partageons dans ce moment votre royale tristesse : il n'y a pas un de vos conseillers et de vos ministres qui ne donnât sa vie pour prévenir l'invasion de la France. Sire, vous êtes Français, nous sommes Français ! Sensibles à l'honneur de notre patrie, fiers de la gloire de nos armes, admirateurs du courage de nos soldats, nous voudrions, au milieu de leurs bataillons, verser jusqu'à la dernière goutte de notre sang pour les ramener à leur devoir ou pour partager avec eux des triomphes légitimes. Nous ne voyons qu'avec la plus profonde douleur les maux prêts à fondre sur notre pays. »

Ainsi, à Gand, je proposais de donner à la Charte ce qui lui manquait encore, et je montrais ma douleur de la nouvelle invasion qui menaçait la France : je n'étais pourtant qu'un banni dont les vœux étaient en contradiction avec les faits qui me pouvaient rouvrir les portes de ma patrie. Ces pages étaient écrites dans les États de souverains alliés, parmi des Rois et des émigrés qui détestaient la liberté de la presse, au milieu des armées marchant à la conquête, et dont nous étions, pour ainsi dire, les prisonniers : ces circonstances ajoutent peut-être quelque force aux sentiments que j'osais exprimer.

Mon rapport, parvenu à Paris, eut un grand retentissement ; il fut réimprimé par M. Le Normant fils, qui joua sa vie dans cette occasion, et pour lequel j'ai eu toutes les peines du monde à obtenir un brevet stérile d'imprimeur du Roi. Bonaparte agit ou laissa agir d'une manière peu digne de lui : à l'occasion de mon rapport on fit ce que le Directoire avait fait à l'apparition des *Mémoires* de Cléry, on en falsifia des lambeaux : j'étais censé proposer à Louis XVIII des stupidités pour le rétablissement des droits féodaux, pour les dîmes du clergé, pour la reprise des biens nationaux, comme si l'impression de la pièce originale dans le *Moniteur de Gand*, à date fixe et connue, ne confondait pas l'imposture : mais on avait besoin d'un mensonge d'une heure. Le pseudonyme chargé d'un pamphlet sans sincérité était un militaire d'un grade assez élevé : il fut destitué après les Cent-Jours ; on motiva sa destitution sur la conduite qu'il avait tenue envers moi ; il m'envoya ses amis ; ils me prièrent de m'interposer afin qu'un homme de mérite ne perdît pas ses seuls moyens d'existence : j'écrivis au ministre de la guerre, et j'obtins une pension de retraite pour cet officier. Il est mort : la femme de cet officier est restée attachée à madame de Chateaubriand avec une reconnaissance à laquelle j'étais loin d'avoir des droits [1]. Certains procédés sont trop estimés : les personnes les plus vulgaires sont susceptibles de ces générosités. On se donne un renom de vertu à peu de frais : l'âme supérieure n'est pas celle qui pardonne ; c'est celle qui n'a pas besoin de pardon.

Je ne sais où Bonaparte, à Sainte-Hélène, a trouvé que *j'avais rendu à Gand des services essentiels* [2] : s'il jugeait trop favorablement mon rôle, du moins il y avait dans son sentiment une appréciation de ma valeur politique.

---

1. Il s'agit de Charles-Joseph Bail et de sa femme. Voir M. Levaillant, *Splendeurs et misères de M. de Chateaubriand*, chap. VIII. — **2.** Voir p. 430 *sq.* Selon Montholon, Napoléon aurait parlé d'« éminents services ».

## 7

### *SUITE DES CENT-JOURS À GAND.*

Le Béguinage. – Comment j'étais reçu. – Grand dîner.
Voyage de madame de Chateaubriand à Ostende.
Anvers. – Un bègue. – Mort d'une jeune Anglaise.

Je me dérobais à Gand, le plus que je pouvais, à des intrigues antipathiques à mon caractère et misérables à mes yeux ; car, au fond, dans notre mesquine catastrophe j'apercevais la catastrophe de la société. Mon refuge contre les oisifs et les croquants était l'*enclos du Béguinage* : je parcourais ce petit univers de femmes voilées ou aguimpées, consacrées aux diverses œuvres chrétiennes ; région calme, placée comme les syrtes africaines au bord des tempêtes. Là aucune disparate ne heurtait mes idées, car le sentiment religieux est si haut, qu'il n'est jamais étranger aux plus graves révolutions : les solitaires de la Thébaïde et les barbares, destructeurs du monde romain, ne sont point des faits discordants et des existences qui s'excluent.

J'étais reçu gracieusement dans l'enclos comme l'auteur du *Génie du Christianisme* : partout où je vais, parmi les chrétiens, les curés m'arrivent ; ensuite les mères m'amènent leurs enfants ; ceux-ci me récitent mon chapitre sur *la première communion*. Puis se présentent des personnes malheureuses qui me disent le bien que j'ai eu le bonheur de leur faire. Mon passage dans une ville catholique est annoncé comme celui d'un missionnaire et d'un médecin. Je suis touché de cette double réputation : c'est le seul souvenir agréable de moi que je conserve ; je me déplais dans tout le reste de ma personne et de ma renommée.

J'étais assez souvent invité à des festins dans la famille de M. et madame d'Ops, père et mère vénérables entourés d'une trentaine d'enfants, petits-enfants et arrière-petits-enfants. Chez M. Coppens, un gala, que je fus forcé d'accepter, se prolongea depuis une heure de l'après-midi jusqu'à huit heures du soir. Je comptai neuf services : on commença par les confitures et l'on finit par les côtelettes. Les Français seuls savent dîner avec méthode, comme eux seuls savent composer un livre.

Mon *ministère* me retenait à Gand ; madame de Chateaubriand, moins occupée, alla voir Ostende, où je m'embarquai pour Jersey en 1792. J'avais descendu exilé et mourant ces mêmes canaux au bord desquels je me promenais exilé encore, mais en parfaite santé : toujours des fables dans ma carrière ! Les misères et les joies de ma première émigration revivaient dans ma pensée ; je revoyais l'Angleterre, mes compagnons d'infortune, et cette Charlotte que je devais apercevoir encore. Personne ne se crée comme moi une société réelle en évoquant des ombres ; c'est au point que la vie de mes souvenirs absorbe le sentiment de ma vie réelle. Des personnes mêmes dont je ne me suis jamais occupé, si elles meurent, envahissent ma mémoire : on dirait que nul ne peut devenir mon compagnon s'il n'a passé à travers la tombe, ce qui me porte à croire que je suis un mort. Où les autres trouvent une éternelle séparation, je trouve une réunion éternelle ; qu'un de mes amis s'en aille de la terre, c'est comme s'il venait demeurer à mes foyers ; il ne me quitte plus. À mesure que le monde présent se retire, le monde passé me revient. Si les générations actuelles dédaignent les générations vieillies, elles perdent les frais de leur mépris en ce qui me touche : je ne m'aperçois même pas de leur existence.

Ma toison d'or n'était pas encore à Bruges [1], madame de Chateaubriand ne me l'apporta pas [2]. À Bruges, en 1426, il y *avait un homme appelé Jean* [3], lequel inventa ou perfectionna la peinture à l'huile : remercions Jean de Bruges ; sans la propagation de sa méthode, les chefs-d'œuvre de Raphaël seraient aujourd'hui effacés. Où les peintres flamands ont-ils dérobé la lumière dont ils éclairent leurs tableaux ? Quel rayon de la Grèce s'est égaré au rivage de la Batavie ?

Après son voyage d'Ostende, madame de Chateaubriand fit une course à Anvers. Elle y vit, dans un cimetière, des âmes du purgatoire en plâtre toutes barbouillées de noir et de feu. À Louvain elle me recruta un bègue, savant professeur qui

---

1. L'ordre de la Toison d'or fut fondé à Bruges en 1429. — 2. Chateaubriand ne reçut les insignes de la Toison d'or qu'en 1823. — 3. Allusion à l'Évangile selon saint Jean, I, 6 : « *Fuit homo... cui nomen erat Johannes* ». Il s'agit ici du grand peintre flamand Jean Van Eyck (1386-1440), appelé aussi Jean de Bruges.

vint tout exprès à Gand pour contempler un homme aussi extraordinaire que le mari de ma femme. Il me dit : « Illus... ttt... rr... » ; sa parole manqua à son admiration et je le priai à dîner. Quand l'helléniste eut bu du curaçao, sa langue se délia. Nous nous mîmes sur les mérites de Thucydide, que le vin nous faisait trouver clair comme de l'eau. À force de tenir tête à mon hôte, je finis, je crois, par parler hollandais ; du moins je ne me comprenais plus.

Madame de Chateaubriand eut une triste nuit d'auberge à Anvers : une jeune Anglaise, nouvellement accouchée, se mourait ; pendant deux heures elle fit entendre des plaintes ; puis sa voix s'affaiblit et son dernier gémissement, que saisit à peine une oreille étrangère, se perdit dans un éternel silence. Les cris de cette voyageuse, solitaire et abandonnée, semblaient préluder aux mille voix de la mort prêtes à s'élever à Waterloo.

8

*SUITE DES CENT-JOURS À GAND.*

Mouvement inaccoutumé de Gand.
Le duc de Wellington. – Monsieur. – Louis XVIII.

La solitude accoutumée de Gand était rendue plus sensible par la foule étrangère qui l'animait alors, et qui bientôt s'allait écouler. Des recrues belges et anglaises apprenaient l'exercice sur les places et sous les arbres des promenades ; des canonniers, des fournisseurs, des dragons, mettaient à terre des trains d'artillerie, des troupeaux de bœufs, des chevaux qui se débattaient en l'air tandis qu'on les descendait suspendus dans des sangles ; des vivandières débarquaient avec les sacs, les enfants et les fusils de leurs maris : tout cela se rendait, sans savoir pourquoi et sans y avoir le moindre intérêt, au grand rendez-vous de destruction que leur avait donné Bonaparte. On voyait des politiques gesticuler le long d'un canal, auprès d'un pêcheur immobile, des émigrés trotter de chez le Roi chez *Monsieur*, de chez *Monsieur* chez le Roi. Le chancelier de France, M. d'Ambray, habit vert, chapeau rond, un vieux roman sous le bras, se rendait au conseil pour amender la

Charte ; le duc de Lévis allait faire sa cour avec des savates débordées qui lui sortaient des pieds, parce que, fort brave et nouvel Achille, il avait été blessé au talon. Il était plein d'esprit, on peut en juger par le recueil de ses pensées [1].

Le duc de Wellington venait de temps en temps passer des revues. Louis XVIII sortait chaque après-dînée dans un carrosse à six chevaux avec son premier gentilhomme de la chambre et ses gardes, pour faire le tour de Gand, tout comme s'il eût été dans Paris. S'il rencontrait dans son chemin le duc de Wellington, il lui faisait en passant un petit signe de tête de protection.

Louis XVIII ne perdit jamais le souvenir de la prééminence de son berceau ; il était roi partout, comme Dieu est Dieu partout, dans une crèche ou dans un temple, sur un autel d'or ou d'argile. Jamais son infortune ne lui arracha la plus petite concession ; sa hauteur croissait en raison de son abaissement ; son diadème était son nom ; il avait l'air de dire : « Tuez-moi, vous ne tuerez pas les siècles écrits sur mon front. » Si l'on avait ratissé ses armes au Louvre, peu lui importait : n'étaient-elles pas gravées sur le globe ? Avait-on envoyé des commissaires les gratter dans tous les coins de l'Univers ? Les avait-on effacées aux Indes, à Pondichéry, en Amérique, à Lima et à Mexico ; dans l'Orient, à Antioche, à Jérusalem, à Saint-Jean-d'Acre, au Caire, à Constantinople, à Rhodes, en Morée ; dans l'Occident, sur les murailles de Rome, aux plafonds de Caserte et de l'Escurial, aux voûtes des salles de Ratisbonne et de Westminster, dans l'écusson de tous les rois ? Les avait-on arrachées à l'aiguille de la boussole, où elles semblent annoncer le règne des lis aux diverses régions de la terre ?

L'idée fixe de la grandeur, de l'antiquité, de la dignité, de la majesté de sa race, donnait à Louis XVIII un véritable empire. On en sentait la domination ; les généraux mêmes de Bonaparte la confessaient : ils étaient plus intimidés devant ce vieillard impotent que devant le maître terrible qui les avait commandés dans cent batailles. À Paris, quand Louis XVIII accordait aux monarques triomphants l'honneur de dîner à sa table, il passait sans façon le premier devant ces princes dont

---

**1.** Duc de Lévis (1755-1830). Ses *Maximes et réflexions sur différents sujets* avaient paru en 1808.

les soldats campaient dans la cour du Louvre ; il les traitait comme des vassaux qui n'avaient fait que leur devoir en amenant des hommes d'armes à leur seigneur suzerain. En Europe, il n'est qu'une monarchie, celle de France ; le destin des autres monarchies est lié au sort de celle-là. Toutes les races royales sont d'hier auprès de la race de Hugues Capet, et presque toutes en sont filles. Notre ancien pouvoir royal était l'ancienne royauté du monde : du bannissement des Capets datera l'ère de l'expulsion des rois.

Plus cette superbe du descendant de Saint Louis était impolitique (elle est devenue funeste à ses héritiers), plus elle plaisait à l'orgueil national : les Français jouissaient de voir des souverains qui, vaincus, avaient porté les chaînes d'un homme, porter, vainqueurs, le joug d'une race.

La foi inébranlable de Louis XVIII dans son sang est la puissance réelle qui lui rendit le sceptre ; c'est cette foi qui, à deux reprises, fit tomber sur sa tête une couronne pour laquelle l'Europe ne croyait pas, ne prétendait pas épuiser ses populations et ses trésors. Le banni sans soldats se trouvait au bout de toutes les batailles qu'il n'avait pas livrées. Louis XVIII était la légitimité incarnée ; elle a cessé d'être visible quand il a disparu.

9

*SUITE DES CENT-JOURS À GAND.*

Souvenirs de l'histoire à Gand.
Madame la duchesse d'Angoulême arrive à Gand.
Madame de Sèze. – Madame la duchesse de Lévis.

Je faisais à Gand, comme je fais en tous lieux, des courses à part. Les barques glissant sur d'étroits canaux, obligées de traverser dix à douze lieues de prairies pour arriver à la mer, avaient l'air de voguer sur l'herbe ; elles me rappelaient les canots sauvages dans les marais à folle avoine du Missouri. Arrêté au bord de l'eau, tandis qu'on immergeait des zones de toile écrue, mes yeux erraient sur les clochers de la ville ; l'histoire m'apparaissait sur les nuages du ciel.

Les Gantois s'insurgent contre Henri de Châtillon, gouverneur pour la France ; la femme d'Édouard III met au monde Jean de Gand, tige de la maison de Lancastre ; règne populaire d'Artevelle [1] : « Bonnes gens, qui vous meut ? Pourquoi êtes-vous si troublés sur moi ? En quoi puis-je vous avoir courroucés ? — Il vous faut mourir ! » criait le peuple. C'est ce que le temps nous crie à tous. Plus tard je voyais les ducs de Bourgogne ; les Espagnols arrivaient. Puis la pacification [2], les sièges et les prises de Gand.

Quand j'avais rêvé parmi les siècles, le son d'un petit clairon ou d'une musette écossaise me réveillait. J'apercevais des soldats vivants qui accouraient pour rejoindre les bataillons ensevelis de la Batavie : toujours destructions, puissances abattues, et, en fin de compte, quelques ombres évanouies et des noms passés.

La Flandre maritime fut un des premiers cantonnements des compagnons de Clodion et de Clovis. Gand, Bruges et leurs campagnes, fournissaient près d'un dixième des grenadiers de la vieille garde : cette terrible milice fut tirée en partie du berceau de nos pères, et elle s'est venue faire exterminer auprès de ce berceau. La *Lys* [3] a-t-elle donné sa fleur aux armes de nos rois ?

Les mœurs espagnoles impriment leur caractère : les édifices de Gand me retraçaient ceux de Grenade, moins le ciel de la Vega. Une grande ville presque sans habitants, des rues désertes, des canaux aussi déserts que ces rues... vingt-six îles formées par ces canaux, qui n'étaient pas ceux de Venise, une énorme pièce d'artillerie du moyen âge, voilà ce qui remplaçait à Gand la cité des Zegris, le Duero et le Xenil, le Généralife et l'Alhambra : mes vieux songes, vous reverrai-je jamais ?

Madame la duchesse d'Angoulême, embarquée sur la Gironde, nous arriva par l'Angleterre avec le général Donnadieu et M. de Sèze, qui avait traversé l'Océan, son cordon bleu

---

**1.** Ce brasseur de Gand sembla quelque temps le maître de la Flandre. Il fut tué au cours d'une émeute en 1382. – Le dialogue imaginé ici a lieu entre Artevelle assiégé dans son hôtel et les émeutiers. — **2.** Signée en 1576 : elle scellait l'union des provinces du nord et du sud contre les Espagnols. — **3.** C'est la rivière de Gand.

par-dessus sa veste. Le duc et la duchesse de Lévis vinrent à la suite de la princesse : ils s'étaient jetés dans la diligence et sauvés de Paris par la route de Bordeaux. Les voyageurs, leurs compagnons, parlaient politique : « Ce scélérat de Chateaubriand, disait l'un d'eux, n'est pas si bête ! depuis trois jours, sa voiture était chargée dans sa cour : l'oiseau a déniché. Ce n'est pas l'embarras, si Napoléon l'avait attrapé !... »

Madame la duchesse de Lévis était une personne très belle, très bonne, aussi calme que madame la duchesse de Duras était agitée. Elle ne quittait point madame de Chateaubriand ; elle fut à Gand notre compagne assidue. Personne n'a répandu dans ma vie plus de quiétude, chose dont j'ai grand besoin. Les moments les moins troublés de mon existence sont ceux que j'ai passés à Noisiel[1], chez cette femme dont les paroles et les sentiments n'entraient dans votre âme que pour y ramener la sérénité. Je les rappelle avec regret ces moments écoulés sous les grands marronniers de Noisiel ! l'esprit apaisé, le cœur convalescent, je regardais les ruines de l'abbaye de Chelles, les petites lumières des barques arrêtées parmi les saules de la Marne.

Le souvenir de madame de Lévis est pour moi celui d'une silencieuse soirée d'automne. Elle a passé en peu d'heures[2] ; elle s'est mêlée à la mort comme à la source de tout repos. Je l'ai vue descendre sans bruit dans son tombeau au cimetière du Père-Lachaise ; elle est placée au-dessus de M. de Fontanes, et celui-ci dort auprès de son fils Saint-Marcellin, tué en duel. C'est ainsi qu'en m'inclinant au monument de madame de Lévis, je suis venu me heurter à deux autres sépulcres ; l'homme ne peut éveiller une douleur sans en réveiller une autre : pendant la nuit, les diverses fleurs qui ne s'ouvrent qu'à l'ombre s'épanouissent.

À l'affectueuse bonté de madame de Lévis pour moi était jointe l'amitié de M. le duc de Lévis le père : je ne dois plus compter que par générations. M. de Lévis écrivait bien ; il avait l'imagination variée et féconde qui sentait sa noble race comme on la retrouvait à Quiberon dans son sang répandu sur les grèves.

---

1. En Seine-et-Marne. Le duc de Lévis y avait son château. — 2. En 1819.

Tout ne devait pas finir là ; c'était le mouvement d'une amitié qui passait à la seconde génération. M. le duc de Lévis le fils[1], aujourd'hui attaché à M. le comte de Chambord, s'est approché de moi ; mon affection héréditaire ne lui manquera pas plus que ma fidélité à son auguste maître. La nouvelle et charmante duchesse de Lévis, sa femme, réunit au grand nom de d'Aubusson les plus brillantes qualités du cœur et de l'esprit : il y a de quoi vivre quand les grâces empruntent à l'histoire des ailes infatigables !

10

*SUITE DES CENT-JOURS À GAND.*

Pavillon Marsan à Gand.
M. Gaillard, conseiller à la cour royale.
Visite secrète de Madame la baronne de Vitrolles.
Billet de la main de Monsieur. – Fouché.

À Gand, comme à Paris, le pavillon Marsan[2] existait. Chaque jour apportait de France à Monsieur des nouvelles qu'enfantait l'intérêt ou l'imagination.

M. Gaillard, ancien oratorien, conseiller à la cour royale, ami intime de Fouché, descendit au milieu de nous ; il se fit reconnaître et fut mis en rapport avec M. Capelle.

Quand je me rendais chez Monsieur, ce qui était rare, son entourage m'entretenait, à paroles couvertes et avec maints soupirs, d'un *homme qui (il fallait en convenir) se conduisait à merveille : il entravait toutes les opérations de l'Empereur ; il défendait le faubourg Saint-Germain,* etc., etc., etc. Le fidèle maréchal Soult était aussi l'objet des prédilections de Monsieur, et, après Fouché, l'homme le plus loyal de France.

Un jour, une voiture s'arrête à la porte de mon auberge, j'en vois descendre madame la baronne de Vitrolles : elle arrivait chargée des pouvoirs du duc d'Otrante[3]. Elle remporta

---

**1.** 1794-1863. — **2.** Le parti du comte d'Artois qui résidait lui-même au pavillon Marsan. — **3.** Fouché.

un billet écrit de la main de Monsieur, par lequel le prince déclarait conserver une reconnaissance éternelle à celui qui sauvait M. de Vitrolles. Fouché n'en voulait pas davantage ; armé de ce billet, il était sûr de son avenir en cas de restauration. Dès ce moment il ne fut plus question à Gand que des immenses obligations que l'on avait à l'excellent M. Fouché de Nantes, que de l'impossibilité de rentrer en France autrement que par le bon plaisir de ce juste : l'embarras était de faire goûter au Roi le nouveau rédempteur de la monarchie.

Après les Cent-Jours, madame de Custine me força de dîner chez elle avec Fouché. Je l'avais vu une fois, cinq ans auparavant, à propos de la condamnation de mon pauvre cousin Armand. L'ancien ministre savait que je m'étais opposé à sa nomination à Roye, à Gonesse, à Arnouville ; et comme il me supposait puissant, il voulait faire sa paix avec moi. Ce qu'il y avait de mieux en lui, c'était la mort de Louis XVI : le régicide était son innocence. Bavard, ainsi que tous les révolutionnaires, battant l'air de phrases vides, il débitait un ramas de lieux communs farcis de *destin*, de *nécessité*, de *droit des choses*, mêlant à ce non-sens philosophique des non-sens sur le progrès et la marche de la société, d'impudentes maximes au profit du fort contre le faible ; ne se faisant faute d'aveux effrontés sur la justice des succès, le peu de valeur d'une tête qui tombe, l'équité de ce qui prospère, l'iniquité de ce qui souffre, affectant de parler des plus affreux désastres avec légèreté et indifférence, comme un génie au-dessus de ces niaiseries. Il ne lui échappa, à propos de quoi que ce soit, une idée choisie, un aperçu remarquable. Je sortis en haussant les épaules au crime.

M. Fouché ne m'a jamais pardonné ma sécheresse et le peu d'effet qu'il produisit sur moi. Il avait pensé me fasciner en faisant monter et descendre à mes yeux, comme une gloire du Sinaï, le coutelas de l'instrument fatal ; il s'était imaginé que je tiendrais à colosse l'énergumène qui, parlant du sol de Lyon, avait dit : « Ce sol sera bouleversé ; sur les débris de cette ville superbe et rebelle s'élèveront des chaumières éparses que les amis de l'égalité s'empresseront de venir habiter. . . . . . Nous aurons le courage énergique de traverser les vastes tombeaux des conspirateurs. . . . . . . . Il faut que leurs cadavres ensanglantés, précipités dans le Rhône, offrent sur les deux rives et à

son embouchure l'impression de l'épouvante et l'image de la toute-puissance du peuple. .........................
. . Nous célébrerons la victoire de Toulon ; nous enverrons ce soir deux cent cinquante rebelles sous le fer de la foudre. »

Ces horribles pretintailles ne m'imposèrent point : parce que M. *de Nantes* avait délayé des forfaits républicains dans de la boue impériale ; que le sans-culotte, métamorphosé en duc, avait enveloppé la corde de la lanterne dans le cordon de la Légion d'honneur, il ne m'en paraissait ni plus habile ni plus grand. Les Jacobins détestent les hommes qui ne font aucun cas de leurs atrocités et qui méprisent leurs meurtres ; leur orgueil est irrité, comme celui des auteurs dont on conteste le talent.


11

*AFFAIRES À VIENNE.*

Négociations de M. de Saint-Léon, envoyé de Fouché.
Proposition relative à M. le duc d'Orléans.
M. de Talleyrand.
Mécontentement d'Alexandre contre Louis XVIII.
Divers prétendants. – Rapport de La Besnardière.
Proposition inattendue d'Alexandre au congrès :
Lord Clancarthy la fait échouer.
M. de Talleyrand se retourne : sa dépêche à Louis XVIII.
Déclaration de l'Alliance, tronquée dans le journal officiel de Francfort. – M. de Talleyrand veut que le Roi rentre en France par les provinces du sud-est.
Divers marchés du prince de Bénévent à Vienne.
Il m'écrit à Gand : sa lettre.


En même temps que Fouché envoyait à Gand M. Gaillard négocier avec le frère de Louis XVI, ses agents à Bâle pourparlaient avec ceux du prince de Metternich au sujet de Napoléon II, et M. de Saint-Léon, dépêché par ce même Fouché, arrivait à Vienne pour traiter de la couronne *possible* de M. le duc d'Orléans. Les amis du duc d'Otrante ne pouvaient pas plus compter sur lui que ses ennemis : au retour des princes légitimes, il maintint sur la liste des exilés son ancien collègue M. Thibaudeau, tandis que de son côté M. de Talleyrand retranchait de la liste ou ajoutait au catalogue tel ou tel proscrit, selon son caprice. Le faubourg Saint-Germain n'avait-il pas bien raison de croire en M. Fouché ?

M. de Saint-Léon à Vienne apportait trois billets dont l'un était adressé à M. de Talleyrand : le duc d'Otrante proposait à l'ambassadeur de Louis XVIII de pousser au trône, s'il y voyait jour, le fils d'Égalité. Quelle probité dans ces négociations ! qu'on était heureux d'avoir affaire à de si honnêtes gens ! Nous avons pourtant admiré, encensé, béni ces Cartouche ; nous leur avons fait la cour ; nous les avons appelés monseigneur ! Cela explique le monde actuel. M. de Montrond[1] vint de surcroît après M. de Saint-Léon.

M. le duc d'Orléans ne conspirait pas de fait, mais de consentement ; il laissait intriguer les affinités révolutionnaires : douce société ! Au fond de ce bois, le plénipotentiaire du Roi de France prêtait l'oreille aux ouvertures de Fouché.

À propos de l'arrestation de M. de Talleyrand à la barrière d'Enfer, j'ai dit quelle avait été jusqu'alors l'idée fixe de M. de Talleyrand sur la régence de Marie-Louise : il fut obligé de se ranger par l'événement à l'éventualité des Bourbons ; mais il était toujours mal à l'aise ; il lui semblait que, sous les hoirs de saint Louis, un évêque marié ne serait jamais sûr de sa place. L'idée de substituer la branche cadette à la branche aînée lui sourit donc, et d'autant plus qu'il avait eu d'anciennes liaisons avec le Palais-Royal.

Prenant parti, toutefois sans se découvrir en entier, il hasarda quelques mots du projet de Fouché à Alexandre. Le czar avait cessé de s'intéresser à Louis XVIII : celui-ci l'avait blessé à Paris par son affectation de supériorité de race ; il l'avait encore blessé en rejetant le mariage du duc de Berry avec une sœur de l'Empereur ; on refusait la princesse pour trois raisons : elle était schismatique ; elle n'était pas d'une assez vieille souche ; elle était d'une famille de fous : raisons

---

1. Étrange personnage, très lié avec Talleyrand. Il avait épousé Aimée de Coigny, « la jeune captive ».

qu'on ne présentait pas debout, mais de biais, et qui entrevues offensaient triplement Alexandre. Pour dernier sujet de plainte contre le vieux souverain de l'exil, le czar accusait l'alliance projetée entre l'Angleterre, la France et l'Autriche. Du reste, il semblait que la succession fût ouverte ; tout le monde prétendait hériter des fils de Louis XIV : Benjamin Constant, au nom de madame Murat, plaidait les droits que la sœur de Napoléon croyait avoir au royaume de Naples ; Bernadotte jetait un regard lointain sur Versailles, apparemment parce que le roi de Suède venait de Pau.

La Besnardière[1], chef de division aux relations extérieures, passa à M. de Caulaincourt ; il brocha un rapport *des griefs et contredits de la France* à l'endroit de la légitimité. La ruade lâchée, M. de Talleyrand trouva le moyen de communiquer le rapport à Alexandre : mécontent et mobile, l'autocrate fut frappé du pamphlet de La Besnardière. Tout à coup, en plein congrès, à la stupéfaction de chacun, le czar demande si ce ne serait pas matière à délibération d'examiner en quoi M. le duc d'Orléans pourrait convenir comme roi à la France et à l'Europe. C'est peut-être une des choses les plus surprenantes de ces temps extraordinaires, et peut-être est-il plus extraordinaire encore qu'on en ait si peu parlé\*. Lord Clancarthy[2] fit échouer la proposition russe : sa seigneurie déclara n'avoir point de pouvoirs pour traiter une question aussi grave : « Quant à moi, dit-il en opinant comme simple particulier, je pense que mettre M. le duc d'Orléans sur le trône de France serait remplacer une usurpation militaire par une usurpation de famille, plus dangereuse aux monarques que toutes les autres usurpations. » Les membres du congrès allèrent dîner et marquèrent avec le sceptre de saint Louis, comme avec un fétu, le feuillet où ils en étaient restés dans leurs protocoles.

Sur les obstacles que rencontra le czar, M. de Talleyrand fit

---

\* Une brochure qui vient de paraître, intitulée : *Lettres de l'étranger*, et qui semble écrite par un diplomate habile et bien instruit, indique cette étrange négociation russe à Vienne. (Paris, note de 1840.) *[Note de l'auteur.]*

1. Encore un homme de Talleyrand. — 2. Second plénipotentiaire britannique.

volte-face : prévoyant que le coup retentirait, il rendit compte à Louis XVIII (dans une dépêche que j'ai vue et qui portait le n° 25 ou 27) de l'étrange séance du congrès* : il se croyait obligé d'informer Sa Majesté d'une démarche aussi exorbitante, parce que cette nouvelle, disait-il, ne tarderait pas de parvenir aux oreilles du Roi : singulière naïveté pour M. le prince de Talleyrand.

Il avait été question d'une déclaration de l'Alliance, afin de bien avertir le monde qu'on n'en voulait qu'à Napoléon ; qu'on ne prétendait imposer à la France ni une forme obligée de gouvernement, ni un souverain qui ne fût pas de son choix. Cette dernière partie de la déclaration fut supprimée, mais elle fut positivement annoncée dans le journal officiel de Francfort. L'Angleterre, dans ses négociations avec les cabinets, se sert toujours de ce langage libéral, qui n'est qu'une précaution contre la tribune parlementaire.

On voit qu'à la seconde restauration, pas plus qu'à la première, les alliés ne se souciaient point du rétablissement de la légitimité : l'événement seul a tout fait. Qu'importait à des souverains dont la vue était si courte que la mère des monarchies de l'Europe fût égorgée ? Cela les empêcherait-il de donner des fêtes et d'avoir des gardes ? Aujourd'hui les monarques sont si solidement assis, le globe dans une main, l'épée dans l'autre !

M. de Talleyrand, dont les intérêts étaient alors à Vienne, craignait que les Anglais, dont l'opinion ne lui était plus aussi favorable, engageassent la partie militaire avant que toutes les armées fussent en ligne, et que le cabinet de Saint-James acquît ainsi la prépondérance : c'est pourquoi il voulait amener le Roi à rentrer par les provinces du sud-est, afin qu'il se trouvât sous la tutelle des troupes de l'Empire et du cabinet autrichien. Le duc de Wellington avait donc l'ordre

---

\* On prétend qu'en 1830 M. de Talleyrand a fait enlever des archives particulières de la couronne sa correspondance avec Louis XVIII, de même qu'il avait fait enlever dans les archives de l'Empire tout ce qu'il avait écrit, lui, M. de Talleyrand, relativement à la mort du duc d'Enghien et aux affaires d'Espagne. (Paris, note de 1840.) *[Note de l'auteur.]*

précis de ne point commencer les hostilités ; c'est Napoléon qui a voulu la bataille de Waterloo : on n'arrête point les destinées d'une telle nature.

Ces faits historiques, les plus curieux du monde, ont été généralement ignorés ; c'est encore de même qu'on s'est formé une opinion confuse des traités de Vienne, relativement à la France : on les a crus l'œuvre inique d'une troupe de souverains victorieux acharnés à notre perte ; malheureusement, s'ils sont durs, ils ont été envenimés par une main française : quand M. de Talleyrand ne conspire pas, il trafique.

La Prusse voulait avoir la Saxe, qui tôt ou tard sera sa proie ; la France devait favoriser ce désir, car la Saxe obtenant un dédommagement dans les cercles du Rhin, Landau nous restait avec nos enclaves ; Coblentz et d'autres forteresses passaient à un petit État ami qui, placé entre nous et la Prusse, empêchait les points de contact ; les clefs de la France n'étaient point livrées à l'ombre de Frédéric. Pour trois millions qu'il en coûta à la Saxe, M. de Talleyrand s'opposa aux combinaisons du cabinet de Berlin ; mais, afin d'obtenir l'assentiment d'Alexandre à l'existence de la vieille Saxe, notre ambassadeur fut obligé d'abandonner la Pologne au czar, bien que les autres puissances désirassent qu'une Pologne quelconque rendît les mouvements du Moscovite moins libres dans le Nord. Les Bourbons de Naples se rachetèrent, comme le souverain de Dresde, à prix d'argent. M. de Talleyrand prétendait qu'il avait droit à une subvention, en échange de son duché de Bénévent : il vendait sa livrée en quittant son maître. Lorsque la France perdait tant, M. de Talleyrand n'aurait-il pu perdre aussi quelque chose ? Bénévent, d'ailleurs, n'appartenait pas au grand chambellan : en vertu du rétablissement des anciens traités, cette principauté dépendait des États de l'Église.

Telles étaient les transactions diplomatiques que l'on passait à Vienne, tandis que nous séjournions à Gand. Je reçus, dans cette dernière résidence, cette lettre de M. de Talleyrand :

Vienne, le 4 mai.

« J'ai appris avec grand plaisir, Monsieur, que vous étiez à Gand, car les circonstances exigent que le Roi soit entouré d'hommes forts et indépendants.

« Vous aurez sûrement pensé qu'il était utile de réfuter par des publications fortement raisonnées toute la nouvelle doctrine que l'on veut établir dans les pièces officielles qui paraissent en France.

« Il y aurait de l'utilité à ce qu'il parût quelque chose dont l'objet serait d'établir que la déclaration du 31 mars, faite à Paris par les alliés, que la déchéance, que l'abdication, que le traité du 11 avril qui en a été la conséquence, sont autant de conditions préliminaires, indispensables et absolues du traité du 30 mai ; c'est-à-dire que sans ces conditions préalables le traité n'eût pas été fait. Cela posé, celui qui viole lesdites conditions, ou qui en seconde la violation, rompt la paix que ce traité a établie. Ce sont donc lui et ses complices qui déclarent la guerre à l'Europe.

« Pour le dehors comme pour le dedans, une discussion prise dans ce sens ferait du bien ; il faut seulement qu'elle soit bien faite, ainsi chargez-vous-en.

« Agréez, Monsieur, l'hommage de mon sincère attachement et de ma haute considération.

« TALLEYRAND.

« J'espère avoir l'honneur de vous voir à la fin du mois. »

Notre ministre à Vienne était fidèle à sa haine contre la grande chimère échappée des ombres ; il redoutait un coup de fouet de son aile. Cette lettre montre du reste tout ce que M. de Talleyrand était capable de faire, quand il écrivait seul : il avait la bonté de m'enseigner le *motif*, s'en rapportant à mes fioritures. Il s'agissait bien de quelques phrases diplomatiques sur la déchéance, sur l'abdication, sur le traité du 11 avril et du 30 mai, pour arrêter Napoléon ! Je fus très reconnaissant des instructions en vertu de mon brevet d'*homme fort*, mais je ne les suivis pas : ambassadeur *in petto*, je ne me mêlais point en ce moment des *affaires étrangères* ; je ne m'occupais que de mon *ministère de l'intérieur par intérim*.

Mais que se passait-il à Paris ?

## 12

## *LES CENT-JOURS À PARIS.*

Effet du passage de la légitimité en France.
Étonnement de Bonaparte. – Il est obligé de capituler
avec les idées qu'il avait crues étouffées.
Son nouveau système. – Trois énormes joueurs restés.
Chimères des libéraux. – Clubs et fédérés.
Escamotage de la république : l'Acte additionnel.
Chambre des représentants convoquée.
Inutile Champ-de-Mai.

Je vous fais voir l'envers des événements que l'histoire ne montre pas ; l'histoire n'étale que l'endroit. Les *Mémoires* ont l'avantage de présenter l'un et l'autre côté du tissu : sous ce rapport, ils peignent mieux l'humanité complète en exposant, comme les tragédies de Shakespeare, les scènes basses et hautes. Il y a partout une chaumière auprès d'un palais, un homme qui pleure auprès d'un homme qui rit, un chiffonnier qui porte sa hotte auprès d'un Roi qui perd son trône : que faisait à l'esclave présent à la bataille d'Arbelles la chute de Darius ?

Gand n'était donc qu'un vestiaire derrière les coulisses du spectacle ouvert à Paris. Des personnages renommés restaient encore en Europe. J'avais en 1800 commencé ma carrière avec Alexandre et Napoléon ; pourquoi n'avais-je pas suivi ces premiers acteurs, mes contemporains, sur le grand théâtre ? Pourquoi seul à Gand ? Parce que le ciel vous jette où il veut. Des *petits Cent-Jours* à Gand, passons aux *grands Cent-Jours* à Paris.

Je vous ai dit les raisons qui auraient dû arrêter Bonaparte à l'île d'Elbe, et les raisons primantes ou plutôt la nécessité tirée de sa nature qui le contraignirent de sortir de l'exil. Mais la marche de Cannes à Paris épuisa ce qui lui restait du vieil homme. À Paris le talisman fut brisé.

Le peu d'instants que la légalité avait reparu avait suffi pour rendre impossible le rétablissement de l'arbitraire. Le despotisme muselle les masses, et affranchit les individus dans une certaine limite ; l'anarchie déchaîne les masses, et asservit les indépendances individuelles. De là, le despotisme ressemble à la liberté, quand il succède à l'anarchie ; il reste ce qu'il est véritablement quand il remplace la liberté : libérateur après la Constitution directoriale, Bonaparte était oppresseur après la Charte. Il le sentait si bien qu'il se crut obligé d'aller plus loin que Louis XVIII et de retourner aux sources de la souveraineté nationale. Lui, qui avait foulé le peuple en maître, fut réduit à se refaire tribun du peuple, à courtiser la faveur des faubourgs, à parodier l'enfance révolutionnaire, à bégayer un vieux langage de liberté qui faisait grimacer ses lèvres, et dont chaque syllabe mettait en colère son épée.

Sa destinée, comme puissance, était en effet si bien accomplie, qu'on ne reconnut plus le génie de Napoléon pendant les Cent-Jours. Ce génie était celui du succès et de l'ordre, non celui de la défaite et de la liberté : or, il ne pouvait rien par la victoire qui l'avait trahi, rien pour l'ordre, puisqu'il existait sans lui. Dans son étonnement il disait : « Comme les Bourbons m'ont arrangé la France en quelques mois ! il me faudra des années pour la refaire. » Ce n'était pas l'œuvre de la *légitimité* que le conquérant voyait, c'était l'œuvre de la *Charte* ; il avait laissé la France muette et prosternée, il la trouvait debout et parlante : dans la naïveté de son esprit absolu, il prenait la liberté pour le désordre.

Et pourtant Bonaparte est obligé de capituler avec les idées qu'il ne peut vaincre de prime abord. À défaut de popularité réelle, des ouvriers, payés à quarante sous par tête, viennent, à la fin de leur journée, brailler au Carrousel *Vive l'Empereur !* cela s'appelait aller *à la criée*. Des proclamations annoncent d'abord une merveille d'oubli et de pardon ; les individus sont déclarés libres, la nation libre, la presse libre ; on ne veut que la paix, l'indépendance et le bonheur du peuple ; tout le système impérial est changé ; l'âge d'or va renaître. Afin de rendre la pratique conforme à la théorie, on partage la France en sept grandes divisions de police ; les sept lieutenants sont investis des mêmes pouvoirs qu'avaient, sous le Consulat et l'Empire, les directeurs généraux : on sait ce que furent à Lyon, à Bordeaux, à Milan, à Florence, à Lisbonne, à Hambourg, à Amsterdam, ces protecteurs de la liberté individuelle. Au-dessus de ces lieutenants, Bonaparte élève, dans une hiérarchie de plus en plus *favorable à la liberté*, des commissaires extraordinaires, à la manière des représentants du peuple sous la Convention.

La police que dirige Fouché apprend au monde, par des proclamations solennelles, qu'elle ne va plus servir qu'à répandre la philosophie, qu'elle n'agira plus que d'après des principes de vertu.

Bonaparte rétablit, par un décret, la garde nationale du royaume, dont le nom seul lui donnait jadis des vertiges. Il se voit forcé d'annuler le divorce prononcé sous l'Empire entre le despotisme et la démagogie, et de favoriser leur nouvelle alliance : de cet hymen doit naître, au Champ-de-Mai, une liberté, le bonnet rouge et le turban sur la tête, le sabre du mamelouck à la ceinture et la hache révolutionnaire à la main, liberté entourée des ombres de ces milliers de victimes sacrifiées sur les échafauds ou dans les campagnes brûlantes de l'Espagne et les déserts glacés de la Russie. Avant le succès, les mamelouks sont jacobins ; après le succès, les Jacobins deviendront mamelouks : Sparte est pour l'instant du danger, Constantinople pour celui du triomphe.

Bonaparte aurait bien voulu ressaisir à lui seul l'autorité, mais cela ne lui était pas possible ; il trouvait des hommes disposés à la lui disputer : d'abord les républicains de bonne foi, délivrés des chaînes du despotisme et des lois de la monarchie, désiraient garder une indépendance qui n'est peut-être qu'une noble erreur ; ensuite les furieux de l'ancienne faction de la montagne : ces derniers, humiliés de n'avoir été sous l'Empire que les espions de police d'un despote, semblaient résolus à reprendre, pour leur propre compte, cette liberté de tout faire dont ils avaient cédé pendant quinze années le privilège à un maître.

Mais ni les républicains, ni les révolutionnaires, ni les satellites de Bonaparte, n'étaient assez forts pour établir leur puissance séparée, ou pour se subjuguer mutuellement. Menacés au dehors d'une invasion, poursuivis au dedans par l'opinion publique, ils comprirent que s'ils se divisaient, ils étaient perdus : afin d'échapper au danger, ils ajournèrent leur querelle ; les uns apportaient à la défense commune leurs systèmes et leurs chimères, les autres leur terreur et leur perversité. Nul n'était de bonne foi dans ce pacte ; chacun, la crise passée, se promettait de le tourner à son profit ; tous cherchaient d'avance à s'assurer les résultats de la victoire. Dans cet effrayant trente et un, trois énormes joueurs tenaient la banque tour à tour : la liberté, l'anarchie, le despotisme, tous trois trichant et s'efforçant de gagner une partie perdue pour tous.

Pleins de cette pensée, ils ne sévissaient point contre quelques enfants perdus qui pressaient les mesures révolutionnaires : des fédérés s'étaient formés dans les faubourgs et des fédérations s'organisaient sous de rigoureux serments dans la Bretagne, l'Anjou, le Lyonnais et la Bourgogne ; on entendait chanter *la Marseillaise* et *la Carmagnole* ; un club, établi à Paris, correspondait avec d'autres clubs dans les provinces ; on annonçait la résurrection du *Journal des patriotes*. Mais, de ce côté-là, quelle confiance pouvaient inspirer les ressuscités de 1793 ? Ne savait-on pas comment ils expliquaient la liberté, l'égalité, les droits de l'homme ? Étaient-ils plus moraux, plus sages, plus sincères après qu'avant leurs énormités ? Est-ce parce qu'ils s'étaient souillés de tous les vices qu'ils étaient devenus capables de toutes les vertus ? On n'abdique pas le crime aussi facilement qu'une couronne ; le front que ceignit l'affreux bandeau en conserve des marques ineffaçables.

L'idée de faire descendre un ambitieux de génie du rang d'Empereur à la condition de généralissime ou de président de la République était une chimère : le bonnet rouge, dont on chargeait la tête de ses bustes pendant les Cent-Jours, n'aurait annoncé à Bonaparte que la reprise du diadème, s'il était donné à ces athlètes qui parcourent le monde de fournir deux fois la même carrière.

Toutefois, des libéraux de choix se promettaient la victoire : des hommes fourvoyés, comme Benjamin Constant, des niais, comme M. Simonde-Sismondi, parlaient de placer le prince de Canino [1] au ministère de l'intérieur, le lieutenant général comte Carnot au ministère de la guerre, le comte Merlin [2] à celui de la justice. En apparence abattu, Bonaparte

---

1. Lucien Bonaparte. — 2. Merlin de Douai, ancien conventionnel.

ne s'opposait point à des mouvements démocratiques qui, en dernier résultat, fournissaient des conscrits à son armée. Il se laissait attaquer dans des pamphlets ; des caricatures lui répétaient : *Île d'Elbe*, comme les perroquets criaient à Louis XI : *Péronne*. On prêchait à l'échappé de prison, en le tutoyant, la liberté et l'égalité ; il écoutait ces remontrances d'un air de componction. Tout à coup, rompant les liens dont on avait prétendu l'envelopper, il proclame de sa propre autorité, non une constitution plébéienne, mais une constitution aristocratique, un *acte additionnel* aux constitutions de l'Empire.

La république rêvée se change par cet adroit escamotage dans le vieux gouvernement impérial, rajeuni de féodalité. L'*acte additionnel* enlève à Bonaparte le parti républicain et fait des mécontents dans presque tous les autres partis. La licence règne à Paris, l'anarchie dans les provinces ; les autorités civiles et militaires se combattent ; ici on menace de brûler les châteaux et d'égorger les prêtres ; là on arbore le drapeau blanc et on crie *Vive le Roi !* Attaqué, Bonaparte recule ; il retire à ses commissaires extraordinaires la nomination des maires des communes et rend cette nomination au peuple. Effrayé de la multiplicité des votes négatifs contre l'*Acte additionnel*, il abandonne sa dictature de fait et convoque la Chambre des représentants en vertu de cet acte qui n'est point encore accepté. Errant d'écueil en écueil, à peine délivré d'un danger, il heurte contre un autre : souverain d'un jour, comment instituer une pairie héréditaire que l'esprit d'égalité repousse ? Comment gouverner les deux Chambres ? Montreront-elles une obéissance passive ? Quels seront les rapports de ces Chambres avec l'assemblée projetée du Champ-de-Mai, laquelle n'a plus de véritable but, puisque l'*Acte additionnel* est mis à exécution avant que les suffrages eussent été comptés ? Cette assemblée, composée de trente mille électeurs, ne se croira-t-elle pas la représentation nationale ?

Ce Champ-de-Mai, si pompeusement annoncé et célébré le 1er juin, se résout en un simple défilé de troupes et une distribution de drapeaux devant un autel méprisé. Napoléon, entouré de ses frères, des dignitaires de l'État, des maréchaux, des corps civils et judiciaires, proclame la souveraineté du peuple à laquelle il ne croyait pas. Les citoyens s'étaient imaginé qu'ils fabriqueraient eux-mêmes une constitution dans ce jour solennel ; les paisibles bourgeois s'attendaient qu'on y déclarerait l'abdication de Napoléon en faveur de son fils ; abdication manigancée à Bâle entre les agents de Fouché et du prince Metternich : il n'y eut rien qu'une ridicule attrape politique. L'*Acte additionnel* se présentait, au reste, comme un hommage à la légitimité : à quelques différences près, et surtout moins l'*abolition de la confiscation*[1], c'était la Charte.

13

*SUITE DES CENT-JOURS À PARIS.*

Soucis et amertumes de Bonaparte.

Ces changements subits, cette confusion de toutes choses, annonçaient l'agonie du despotisme. Toutefois l'Empereur ne peut recevoir du dedans l'atteinte mortelle, car le pouvoir qui le combat est aussi exténué que lui ; le Titan révolutionnaire, que Napoléon avait jadis terrassé, n'a point recouvré son énergie native ; les deux géants se portent maintenant d'inutiles coups ; ce n'est plus que la lutte de deux ombres.

À ces impossibilités générales se joignent pour Bonaparte des tribulations domestiques et des soucis de palais : il annonçait à la France le retour de l'impératrice et du roi de Rome, et l'une et l'autre ne revenaient point. Il disait à propos de la reine de Hollande, devenue par Louis XVIII duchesse de Saint-Leu : « Quand on a accepté les prospérités d'une famille, il faut en embrasser les adversités. » Joseph, accouru de la Suisse, ne lui demandait que de l'argent ; Lucien l'inquiétait par ses liaisons libérales ; Murat, d'abord conjuré contre son beau-frère, s'était trop hâté, en revenant à lui, d'attaquer les Autrichiens : dépouillé du royaume de Naples et fugitif de mauvais augure, il attendait aux arrêts, près de Marseille, la catastrophe que je vous raconterai plus tard.

---

**1.** La Charte avait aboli la peine de la confiscation des biens.

Et puis l'Empereur pouvait-il se fier à ses anciens partisans et ses prétendus amis ? ne l'avaient-ils pas indignement abandonné au moment de sa chute ? Ce Sénat qui rampait à ses pieds, maintenant blotti dans la pairie, n'avait-il pas décrété la déchéance de son bienfaiteur ? Pouvait-il les croire, ces hommes, lorsqu'ils venaient lui dire : « L'intérêt de la France est inséparable du vôtre. Si la fortune trompait vos efforts, des revers, sire, n'affaibliraient pas notre persévérance et redoubleraient notre attachement pour vous. » Votre persévérance ! votre attachement redoublé par l'infortune ! Vous disiez ceci le 11 juin 1815 : qu'aviez-vous dit le 2 avril 1814 ? que direz-vous quelques semaines après, le 19 juillet 1815 ?

Le ministre de la police impériale, ainsi que vous l'avez vu, correspondait avec Gand, Vienne et Bâle ; les maréchaux auxquels Bonaparte était contraint de donner le commandement de ses soldats avaient naguère prêté serment à Louis XVIII ; ils avaient fait contre lui, Bonaparte, les proclamations les plus violentes\* : depuis ce moment, il est vrai, ils avaient réépousé leur sultan ; mais s'il eût été arrêté à Grenoble, qu'en auraient-ils fait ? Suffit-il de rompre un serment pour rendre à un autre serment violé toute sa force ? Deux parjures équivalent-ils à la fidélité ?

Encore quelques jours, et ces jureurs du Champ-de-Mai rapporteront leur dévouement à Louis XVIII dans les salons des Tuileries ; ils s'approcheront de la sainte Table du Dieu de paix, pour se faire nommer ministres aux banquets de la guerre ; hérauts d'armes et brandisseurs des insignes royaux au sacre de Bonaparte, ils rempliront les mêmes fonctions au sacre de Charles X ; puis, commissaires d'un autre pouvoir, ils mèneront ce Roi prisonnier à Cherbourg, trouvant à peine un petit coin libre dans leur conscience pour y accrocher la plaque de leur nouveau serment. Il est dur de naître aux époques d'improbité, dans ces jours où deux hommes causant ensemble s'étudient à retrancher des mots de la langue, de peur de s'offenser et de se faire rougir mutuellement.

Ceux qui n'avaient pu s'attacher à Napoléon par sa gloire, qui n'avaient pu tenir par la reconnaissance au bienfaiteur

---

\* Voyez plus haut celle du maréchal Soult. *[Note de l'auteur.]*

duquel ils avaient reçu leurs richesses, leurs honneurs et jusqu'à leurs noms, s'immoleraient-ils maintenant à ses indigentes espérances ? S'enchaîneraient-ils à une fortune précaire et recommençante, les ingrats que ne fixa point une fortune consolidée par des succès inouïs et par une possession de seize années de victoires ? Tant de chrysalides qui, entre deux printemps, avaient dépouillé et revêtu, quitté et repris la peau du légitimiste et du révolutionnaire, du napoléonien et du bourboniste ; tant de paroles données et faussées ; tant de croix passées de la poitrine du chevalier à la queue du cheval, et de la queue du cheval à la poitrine du chevalier ; tant de preux changeant de bandières, et semant la lice de leurs gages de Foi-mentie ; tant de nobles dames, tour à tour suivantes de Marie-Louise et de Marie-Caroline[1], ne devaient laisser au fond de l'âme de Napoléon que défiance, horreur et mépris ; ce grand homme vieilli était seul au milieu de tous ces traîtres, hommes et sort, sur une terre chancelante, sous un ciel ennemi, en face de sa destinée accomplie et du jugement de Dieu.

14

Résolution à Vienne. – Mouvement à Paris.

Napoléon n'avait trouvé de fidèles que les fantômes de sa gloire passée ; ils l'escortèrent, ainsi que je vous l'ai dit, du lieu de son débarquement jusqu'à la capitale de la France. Mais les aigles, qui avaient *volé de clocher en clocher*[2] de Cannes à Paris, s'abattirent fatiguées sur les cheminées des Tuileries, sans pouvoir aller plus loin.

Napoléon ne se précipite point, avec les populations émues, sur la Belgique, avant qu'une armée anglo-prussienne s'y fût rassemblée ; il s'arrête ; il essaie de négocier avec l'Europe et de maintenir humblement les traités de la légitimité. Le congrès de Vienne oppose à M. le duc de Vicence[3]

---

1. La duchesse de Berry. — 2. Voir p. 315. — 3. Caulaincourt était redevenu ministre des Relations extérieures au retour de l'île d'Elbe.

l'abdication du 11 avril 1814 : par cette abdication Bonaparte *reconnaissait qu'il était le seul obstacle au rétablissement de la paix en Europe*, et en conséquence *renonçait, pour lui et ses héritiers, aux trônes de France et d'Italie*. Or, puisqu'il vient rétablir son pouvoir, il viole manifestement le traité de Paris, et se replace dans la situation politique antérieure au 31 mars 1814 : donc c'est lui Bonaparte qui déclare la guerre à l'Europe, et non l'Europe à Bonaparte. Ces arguties logiques de procureurs diplomates, comme je l'ai fait remarquer à propos de la lettre de M. de Talleyrand, valaient ce qu'elles pouvaient avant le combat.

La nouvelle du débarquement de Bonaparte à Cannes était arrivée à Vienne le 3 mars, au milieu d'une fête où l'on représentait l'assemblée des divinités de l'Olympe et du Parnasse. Alexandre venait de recevoir le projet d'alliance entre la France, l'Autriche et l'Angleterre : il hésita un moment entre les deux nouvelles, puis il dit : « Il ne s'agit pas de moi, mais du salut du monde. » Et une estafette porte à Saint-Pétersbourg l'ordre de faire partir la garde. Les armées qui se retiraient s'arrêtent ; leur longue file fait volte-face, et huit cent mille ennemis tournent le visage vers la France. Bonaparte se prépare à la guerre ; il est attendu à de nouveaux champs catalauniques : Dieu l'a ajourné à la bataille qui doit mettre fin au règne des batailles.

Il avait suffi de la chaleur des ailes de la renommée de Marengo et d'Austerlitz pour faire éclore des armées dans cette France qui n'est qu'un grand nid de soldats. Bonaparte avait rendu à ses légions leurs surnoms d'*invincible*, de *terrible*, d'*incomparable* ; sept armées reprenaient le titre d'armées des Pyrénées, des Alpes, du Jura, de la Moselle, du Rhin : grands souvenirs qui servaient de cadre à des troupes supposées, à des triomphes en espérance. Une armée véritable était réunie à Paris et à Laon ; cent cinquante batteries attelées, dix mille soldats d'élite entrés dans la garde ; dix-huit mille marins illustrés à Lützen et à Bautzen ; trente mille vétérans, officiers et sous-officiers, en garnison dans les places fortes ; sept départements du nord et de l'est prêts à se lever en masse ; cent quatre-vingt mille hommes de la garde nationale rendus mobiles ; des corps francs dans la Lorraine, l'Alsace et la Franche-Comté ; des fédérés offrant leurs piques et leurs bras ; Paris fabriquant par jour trois mille fusils : telles étaient les ressources de l'Empereur. Peut-être aurait-il encore une fois bouleversé le monde, s'il avait pu se résoudre, en affranchissant la patrie, à appeler les nations étrangères à l'indépendance. Le moment était propice : les rois qui promirent à leurs sujets des gouvernements constitutionnels venaient de manquer honteusement à leur parole. Mais la liberté était antipathique à Napoléon depuis qu'il avait bu à la coupe du pouvoir ; il aimait mieux être vaincu avec des soldats que de vaincre avec des peuples. Les corps qu'il poussa successivement vers les Pays-Bas se montaient à soixante-dix mille hommes.

15

Ce que nous faisions à Gand. – M. de Blacas.

Nous autres émigrés, nous étions dans la ville de Charles-Quint[1] comme les femmes de cette ville : assises derrière leurs fenêtres, elles voient dans un petit miroir incliné les soldats passer dans la rue. Louis XVIII était là dans un coin, complètement oublié ; à peine recevait-il de temps en temps un billet du prince de Talleyrand revenant de Vienne, quelques lignes des membres du corps diplomatique résidant auprès du duc de Wellington en qualité de commissaires, MM. Pozzo di Borgo, de Vincent[2], etc., etc. On avait bien autre chose à faire qu'à songer à nous ! Un homme étranger à la politique n'aurait jamais cru qu'un impotent caché au bord de la Lys serait rejeté sur le trône par le choc des milliers de soldats prêts à s'égorger : soldats dont il n'était ni le roi ni le général, qui ne pensaient pas à lui, qui ne connaissaient ni son nom ni son existence. De deux points si rapprochés, Gand et Waterloo, jamais l'un ne parut si obscur, l'autre si éclatant : la légitimité gisait au dépôt comme un vieux fourgon brisé.

Nous savions que les troupes de Bonaparte s'approchaient ; nous n'avions pour nous couvrir que nos deux petites compa-

---

**1.** Il était né à Gand. — **2.** Ambassadeur de Russie et d'Autriche.

gnies sous les ordres du duc de Berry, prince dont le sang ne pouvait nous servir, car il était déjà demandé ailleurs. Mille chevaux, détachés de l'armée française, nous auraient enlevés en quelques heures. Les fortifications de Gand étaient démolies ; l'enceinte qui reste eût été d'autant plus facilement forcée que la population belge ne nous était pas favorable. La scène dont j'avais été témoin aux Tuileries se renouvela : on préparait secrètement les voitures de Sa Majesté ; les chevaux étaient commandés. Nous, fidèles ministres, nous aurions pataugé derrière, à la grâce de Dieu. MONSIEUR partit pour Bruxelles, chargé de surveiller de plus près les mouvements.

M. de Blacas était devenu soucieux et triste ; moi, pauvre homme, je le solaciais[1]. À Vienne on ne lui était pas favorable ; M. de Talleyrand s'en moquait ; les royalistes l'accusaient d'être la cause du retour de Napoléon. Ainsi, dans l'une ou l'autre chance, plus d'exil honoré pour lui en Angleterre, plus de premières places possibles en France : j'étais son unique appui. Je le rencontrais assez souvent au Marché aux chevaux, où il trottait seul ; m'attelant à son côté, je me conformais *à sa triste pensée*[2]. Cet homme que j'ai défendu à Gand et en Angleterre, que je défendis en France après les Cent-Jours, et jusque dans la préface de la *Monarchie selon la Charte*, cet homme m'a toujours été contraire : cela ne serait rien, s'il n'eût été un mal pour la monarchie. Je ne me repens pas de ma niaiserie passée ; mais je dois redresser dans ces *Mémoires* les surprises faites à mon jugement ou à mon bon cœur.

16

BATAILLE DE WATERLOO.

Le 18 juin 1815, vers midi, je sortis de Gand par la porte de Bruxelles ; j'allai seul achever ma promenade sur la grande route. J'avais emporté les *Commentaires de César* et je chemi-

---

1. Consolais (archaïsme). — 2. Souvenir du récit de Théramène (*Phèdre*, V).

nais lentement, plongé dans ma lecture. J'étais déjà à plus d'une lieue de la ville, lorsque je crus ouïr un roulement sourd : je m'arrêtai, regardai le ciel assez chargé de nuées, délibérant en moi-même si je continuerais d'aller en avant, ou si je me rapprocherais de Gand dans la crainte d'un orage. Je prêtai l'oreille ; je n'entendis plus que le cri d'une poule d'eau dans des joncs et le son d'une horloge de village. Je poursuivis ma route : je n'avais pas fait trente pas que le roulement recommença, tantôt bref, tantôt long et à intervalles inégaux ; quelquefois il n'était sensible que par une trépidation de l'air, laquelle se communiquait à la terre sur ces plaines immenses, tant il était éloigné. Ces détonations moins vastes, moins onduleuses, moins liées ensemble que celles de la foudre, firent naître dans mon esprit l'idée d'un combat. Je me trouvais devant un peuplier planté à l'angle d'un champ de houblon. Je traversai le chemin et je m'appuyai debout contre le tronc de l'arbre, le visage tourné du côté de Bruxelles. Un vent du sud s'étant levé m'apporta plus distinctement le bruit de l'artillerie. Cette grande bataille, encore sans nom, dont j'écoutais les échos au pied d'un peuplier, et dont une horloge de village venait de sonner les funérailles inconnues, était la bataille de Waterloo !

Auditeur silencieux et solitaire du formidable arrêt des destinées, j'aurais été moins ému si je m'étais trouvé dans la mêlée : le péril, le feu, la cohue de la mort ne m'eussent pas laissé le temps de méditer ; mais seul sous un arbre, dans la campagne de Gand, comme le berger des troupeaux qui paissaient autour de moi, le poids des réflexions m'accablait : Quel était ce combat ? Était-il définitif ? Napoléon était-il là en personne ? Le monde, comme la robe du Christ, était-il jeté au sort[1] ? Succès ou revers de l'une ou l'autre armée, quelle serait la conséquence de l'événement pour les peuples, liberté ou esclavage ? Mais quel sang coulait ! chaque bruit parvenu à mon oreille n'était-il pas le dernier soupir d'un Français ? Était-ce un nouveau Crécy, un nouveau Poitiers, un nouvel Azincourt, dont allaient jouir les plus implacables ennemis de la France ? S'ils triomphaient, notre gloire n'était-

---

1. Cf. Évangile selon saint Jean, IX, 23 *sq.*

elle pas perdue ? Si Napoléon l'emportait, que devenait notre liberté ? Bien qu'un succès de Napoléon m'ouvrît un exil éternel, la patrie l'emportait dans ce moment dans mon cœur ; mes vœux étaient pour l'oppresseur de la France, s'il devait, en sauvant notre honneur, nous arracher à la domination étrangère.

Wellington triomphait-il ? La légitimité rentrerait donc dans Paris derrière ces uniformes rouges qui venaient de reteindre leur pourpre au sang des Français ! La royauté aurait donc pour carrosse de son sacre les chariots d'ambulance remplis de nos grenadiers mutilés ! Que sera-ce qu'une restauration accomplie sous de tels auspices ?... Ce n'est là qu'une bien petite partie des idées qui me tourmentaient. Chaque coup de canon me donnait une secousse et doublait le battement de mon cœur. À quelques lieues d'une catastrophe immense, je ne la voyais pas ; je ne pouvais toucher le vaste monument funèbre croissant de minute en minute à Waterloo, comme du rivage de Boulaq, au bord du Nil, j'étendais vainement mes mains vers les Pyramides.

Aucun voyageur ne paraissait ; quelques femmes dans les champs, sarclant paisiblement des sillons de légumes, n'avaient pas l'air d'entendre le bruit que j'écoutais. Mais voici venir un courrier : je quitte le pied de mon arbre et je me place au milieu de la chaussée ; j'arrête le courrier et l'interroge. Il appartenait au duc de Berry et venait d'Alost. Il me dit : « Bonaparte est entré hier (17 juin) dans Bruxelles, après un combat sanglant. La bataille a dû recommencer aujourd'hui (18 juin). On croit à la défaite définitive des alliés, et l'ordre de la retraite est donné. » Le courrier continua sa route.

Je le suivis en me hâtant : je fus dépassé par la voiture d'un négociant qui fuyait en poste avec sa famille ; il me confirma le récit du courrier.

## 17

### Confusion à Gand.
### Quelle fut la bataille de Waterloo.

Tout était dans la confusion quand je rentrai à Gand : on fermait les portes de la ville ; les guichets seuls demeuraient entre-bâillés ; des bourgeois mal armés et quelques soldats de dépôt faisaient sentinelle. Je me rendis chez le Roi.

Monsieur venait d'arriver par une route détournée : il avait quitté Bruxelles sur la fausse nouvelle que Bonaparte y allait entrer, et qu'une première bataille perdue ne laissait aucune espérance du gain d'une seconde. On racontait que les Prussiens ne s'étant pas trouvés en ligne, les Anglais avaient été écrasés.

Sur ces bulletins, le *sauve qui peut* devint général : les possesseurs de quelques ressources partirent ; moi, qui ai la coutume de n'avoir jamais rien, j'étais toujours prêt et dispos. Je voulais faire déménager avant moi madame de Chateaubriand, grande bonapartiste, mais qui n'aime pas les coups de canon : elle ne me voulut pas quitter.

Le soir, conseil auprès de Sa Majesté : nous entendîmes de nouveau les rapports de Monsieur et les *on-dit* recueillis chez le commandant de la place ou chez le baron d'Eckstein[1]. Le fourgon des diamants de la couronne était attelé : je n'avais pas besoin de fourgon pour emporter mon trésor. J'enfermai le mouchoir de soie noire dont j'entortille ma tête la nuit dans mon flasque portefeuille de ministre de l'intérieur, et je me mis à la disposition du prince, avec ce document important des affaires de la légitimité. J'étais plus riche dans ma première émigration, quand mon havresac me tenait lieu d'oreiller et servait de maillot à *Atala* : mais en 1815 *Atala* était une grande petite fille dégingandée de 13 à 14 ans, qui courait le monde toute seule, et qui, pour l'honneur de son père, avait fait trop parler d'elle.

Le 19 juin, à une heure du matin, une lettre de M. Pozzo,

---

[1]. Gouverneur de Gand.

transmise au Roi par estafette, rétablit la vérité des faits. Bonaparte n'était point entré dans Bruxelles ; il avait décidément perdu la bataille de Waterloo. Parti de Paris le 12 juin, il rejoignit son armée le 14. Le 15 il force les lignes de l'ennemi sur la Sambre. Le 16, il bat les Prussiens dans ces champs de Fleurus où la victoire semble à jamais fidèle aux Français. Les villages de Ligny et de Saint-Amand sont emportés. Aux Quatre-Bras, nouveau succès : le duc de Brunswick reste parmi les morts. Blücher en pleine retraite se rabat sur une réserve de trente mille hommes, aux ordres du général de Bulow ; le duc de Wellington, avec les Anglais et les Hollandais, s'adosse à Bruxelles.

Le 18 au matin, avant les premiers coups de canon, le duc de Wellington déclara qu'il pourrait tenir jusqu'à trois heures ; mais qu'à cette heure, si les Prussiens ne paraissaient pas, il serait nécessairement écrasé : acculé sur Planchenois et Bruxelles, toute retraite lui était interdite. Surpris par Napoléon, sa position militaire était détestable ; il l'avait acceptée et ne l'avait pas choisie.

Les Français emportèrent d'abord, à l'aile gauche de l'ennemi, les hauteurs qui dominent le château d'Hougoumont jusqu'aux fermes de la Haie-Sainte et de Papelotte ; à l'aile droite ils attaquèrent le village de Mont-Saint-Jean ; la ferme de la Haie-Sainte est enlevée au centre par le prince Jérôme. Mais la réserve prussienne paraît vers Saint-Lambert à six heures du soir : une nouvelle et furieuse attaque est donnée au village de la Haie-Sainte ; Blücher survient avec des troupes fraîches et isole du reste de nos troupes déjà rompues les carrés de la garde impériale. Autour de cette phalange immortelle, le débordement des fuyards entraîne tout parmi des flots de poussière, de fumée ardente et de mitraille, dans des ténèbres sillonnées de fusées à la congrève[1], au milieu des rugissements de trois cents pièces d'artillerie et du galop précipité de vingt-cinq mille chevaux : c'était comme le sommaire de toutes les batailles de l'Empire. Deux fois les Français ont crié : Victoire ! deux fois leurs cris

---

1. Fusées inventées par un lieutenant-colonel d'artillerie anglais, Sir William Congreve.

sont étouffés sous la pression des colonnes ennemies. Le feu de nos lignes s'éteint ; les cartouches sont épuisées ; quelques grenadiers blessés, au milieu de trente mille morts, de cent mille boulets sanglants, refroidis et conglobés à leurs pieds, restent debout appuyés sur leur mousquet, baïonnette brisée, canon sans charge. Non loin d'eux l'homme des batailles écoutait, l'œil fixe, le dernier coup de canon qu'il devait entendre de sa vie. Dans ces champs de carnage, son frère Jérôme combattait encore avec ses bataillons expirants accablés par le nombre, mais son courage ne put ramener la victoire.

Le nombre des morts du côté des alliés était estimé à dix-huit mille hommes, du côté des Français à vingt-cinq mille : douze cents officiers anglais avaient péri ; presque tous les aides de camp du duc de Wellington étaient tués ou blessés : il n'y eut pas en Angleterre une famille qui ne prît le deuil. Le prince d'Orange [1] avait été atteint d'une balle à l'épaule, le baron de Vincent, ambassadeur d'Autriche, avait eu la main percée. Les Anglais furent redevables du succès aux Irlandais et à la brigade des montagnards écossais que les charges de notre cavalerie ne purent rompre. Le corps du général Grouchy, ne s'étant pas avancé, ne se trouva point à l'affaire. Les deux armées croisèrent le fer et le feu avec une bravoure et un acharnement qu'animait une inimitié nationale de dix siècles. Lord Castlereagh, rendant compte de la bataille à la Chambre des lords, disait : « Les soldats anglais et les soldats français, après l'affaire, lavaient leurs mains sanglantes dans un même ruisseau, et d'un bord à l'autre se congratulaient mutuellement sur leur courage. » Wellington avait toujours été funeste à Bonaparte, ou plutôt le génie rival de la France, le génie anglais, barrait le chemin à la victoire. Aujourd'hui les Prussiens réclament contre les Anglais l'honneur de cette affaire décisive ; mais, à la guerre, ce n'est pas l'action accomplie, c'est le nom qui fait le triomphateur : ce n'est pas Bonaparte qui a gagné la véritable bataille d'Iéna [2].

Les fautes des Français furent considérables : ils se trompè-

---

1. Il devint peu après roi des Pays-Bas sous le nom de Guillaume Ier.
— 2. Selon Chateaubriand, la vraie victoire de ce jour-là fut celle de Davout à Auerstaedt.

rent sur des corps ennemis ou amis ; ils occupèrent trop tard la position des Quatre-Bras ; le maréchal Grouchy[1], qui était chargé de contenir les Prussiens avec ses trente-six mille hommes, les laissa passer sans les voir : de là des reproches que nos généraux se sont adressés. Bonaparte attaqua de front selon sa coutume, au lieu de tourner les Anglais, et s'occupa, avec la présomption du maître, de couper la retraite à un ennemi qui n'était pas vaincu.

Beaucoup de menteries et quelques vérités assez curieuses ont été débitées sur cette catastrophe. Le mot : *La garde meurt et ne se rend pas*, est une invention qu'on n'ose plus défendre. Il paraît certain qu'au commencement de l'action, Soult fit quelques observations stratégiques à l'Empereur : « Parce que Wellington vous a battu, lui répondit sèchement Napoléon, vous croyez toujours que c'est un grand général. » À la fin du combat, M. de Turenne[2] pressa Bonaparte de se retirer pour éviter de tomber entre les mains de l'ennemi : Bonaparte, sorti de ses pensées comme d'un rêve, s'emporta d'abord ; puis tout à coup, au milieu de sa colère, il s'élance sur son cheval et fuit.

18

Retour de l'Empereur. – Réapparition de La Fayette.
Nouvelle abdication de Bonaparte.
Séances orageuses à la Chambre des pairs.
Présages menaçants pour la seconde Restauration.

Le 19 juin, cent coups de canon des Invalides avaient annoncé les succès de Ligny, de Charleroi, des Quatre-Bras ; on célébrait des victoires mortes la veille à Waterloo. Le premier courrier qui transmit à Paris la nouvelle de cette défaite, une des plus grandes de l'histoire par ses résultats, fut

---

1. À quelques lignes d'intervalle Grouchy est appelé « général » et « maréchal ». Napoléon l'avait fait maréchal aux Cent-Jours ; la Restauration ne lui reconnut pas cette dignité, qui ne lui fut rendue qu'en 1831. — **2.** Le comte de Turenne (1776-1852), aide de camp de Napoléon.

Napoléon lui-même : il rentra dans les barrières la nuit du 21 ; on eût dit de ses mânes revenant pour apprendre à ses amis qu'il n'était plus. Il descendit à l'Élysée-Bourbon : lorsqu'il arriva de l'île d'Elbe, il était descendu aux Tuileries ; ces deux asiles, instinctivement choisis, révélaient le changement de sa destinée.

Tombé à l'étranger dans un noble combat, Napoléon eut à supporter à Paris les assauts des avocats qui voulaient mettre à sac ses malheurs : il regrettait de n'avoir pas dissous la Chambre avant son départ pour l'armée ; il s'est souvent aussi repenti de n'avoir pas fait fusiller Fouché et Talleyrand. Mais il est certain que Bonaparte, après Waterloo, s'interdit toute violence, soit qu'il obéît au calme habituel de son tempérament, soit qu'il fût dompté par la destinée ; il ne dit plus comme avant sa première abdication : « On verra ce que c'est que la *mort d'un grand homme.* » Cette verve était passée. Antipathique à la liberté, il songea à casser cette Chambre des représentants que présidait Lanjuinais[1], de citoyen devenu sénateur, de sénateur devenu pair, depuis redevenu citoyen, de citoyen allant redevenir pair. Le général La Fayette, député, lut à la tribune une proposition qui déclarait : « la Chambre en permanence, crime de haute trahison toute tentative pour la dissoudre, traître à la patrie, et jugé comme tel, quiconque s'en rendrait coupable ». (21 juin 1815.)

Le discours du général commençait par ces mots :

« Messieurs, lorsque pour la première fois depuis bien des années j'élève une voix que les vieux amis de la liberté reconnaîtront encore, je me sens appelé à vous parler du danger de la patrie. . . . . . . . . . . . . . . . . . . . . . . . . . . . . . . . . . . . . . . . .
. . . . . . . Voici l'instant de nous rallier autour du drapeau tricolore, de celui de 89, celui de la liberté, de l'égalité et de l'ordre public. »

L'anachronisme de ce discours causa un moment d'illusion ; on crut voir la Révolution, personnifiée dans La Fayette, sortir du tombeau et se présenter pâle et ridée à la

---

1. Denis Lanjuinais (1753-1827), président de la Convention en 1795 et de la Chambre en 1815.

tribune. Mais ces motions d'ordre, renouvelées de Mirabeau, n'étaient plus que des armes hors d'usage, tirées d'un vieil arsenal. Si La Fayette rejoignait noblement la fin et le commencement de sa vie, il n'était pas en son pouvoir de souder les deux bouts de la chaîne rompue du temps. Benjamin Constant se rendit auprès de l'Empereur à l'Élysée-Bourbon ; il le trouva dans son jardin. La foule remplissait l'avenue de Marigny et criait : *Vive l'Empereur !* cri touchant échappé des entrailles populaires ; il s'adressait au vaincu ! Bonaparte dit à Benjamin Constant : « Que me doivent ceux-ci ? je les ai trouvés, je les ai laissés pauvres. » C'est peut-être le seul mot qui lui soit sorti du cœur, si toutefois l'émotion du député n'a pas trompé son oreille. Bonaparte, prévoyant l'événement, vint au-devant de la sommation qu'on se préparait à lui faire ; il abdiqua pour n'être pas contraint d'abdiquer : « Ma vie politique est finie, dit-il : je déclare mon fils, sous le nom de Napoléon II, empereur des Français. » Inutile disposition, telle que celle de Charles X en faveur de Henri V : on ne donne des couronnes que lorsqu'on les possède, et les hommes cassent le testament de l'adversité. D'ailleurs l'Empereur n'était pas plus sincère en descendant du trône une seconde fois qu'il ne l'avait été dans sa première retraite ; aussi, lorsque les commissaires français allèrent apprendre au duc de Wellington que Napoléon avait abdiqué, il leur répondit : « Je le savais depuis un an. »

La Chambre des représentants, après quelques débats où Manuel[1] prit la parole, accepta la nouvelle abdication de son souverain, mais vaguement et sans nommer de régence.

Une commission exécutive est créée : le duc d'Otrante la préside ; trois ministres, un conseiller d'État et un général de l'Empereur la composent et dépouillent de nouveau leur maître : c'étaient Fouché, Caulaincourt, Carnot, Quinette[2] et Grenier[3].

Pendant ces transactions, Bonaparte retournait ses idées dans sa tête : « Je n'ai plus d'armée, disait-il, je n'ai plus que

---

**1.** Il sera sous la Restauration un des chefs de l'opposition libérale (1775-1827). — **2.** Ancien conventionnel comblé d'honneur sous l'Empire (1762-1821). — **3.** Vice-président de la Chambre (1766-1827).

des fuyards. La majorité de la Chambre des députés est bonne ; je n'ai contre moi que La Fayette, Lanjuinais et quelques autres. Si la nation se lève, l'ennemi sera écrasé ; si, au lieu d'une levée, on dispute, tout sera perdu. La nation n'a pas envoyé les députés pour me renverser, mais pour me soutenir. Je ne les crains point, quelque chose qu'ils fassent ; je serai toujours l'idole du peuple et de l'armée : si je disais un mot ils seraient assommés. Mais si nous nous querellons au lieu de nous entendre, nous aurons le sort du Bas-Empire. »

Une députation de la Chambre des représentants étant venue le féliciter sur sa nouvelle abdication, il répondit : « Je vous remercie : je désire que mon abdication puisse faire le bonheur de la France ; mais je ne l'espère pas. »

Il se repentit bientôt après, lorsqu'il apprit que la Chambre des représentants avait nommé une commission de gouvernement composée de cinq membres. Il dit aux ministres : « Je n'ai point abdiqué en faveur d'un nouveau Directoire, j'ai abdiqué en faveur de mon fils : si on ne le proclame point, mon abdication est nulle et non avenue. Ce n'est point en se présentant devant les alliés l'oreille basse et le genou en terre que les Chambres les forceront à reconnaître l'indépendance nationale. »

Il se plaignait que La Fayette, Sébastiani, Pontécoulant[1], Benjamin Constant, avaient conspiré contre lui, que d'ailleurs les Chambres n'avaient pas assez d'énergie. Il disait que lui seul pouvait tout réparer, mais que les meneurs n'y consentiraient jamais, qu'ils aimeraient mieux s'engloutir dans l'abîme que de s'unir avec lui, Napoléon, pour le fermer.

Le 27 juin, à la Malmaison, il écrivit cette sublime lettre : « En abdiquant le pouvoir, je n'ai point renoncé au plus noble droit du citoyen, au droit de défendre mon pays. Dans ces graves circonstances, j'offre mes services comme général, me regardant encore comme le premier soldat de la patrie. »

Le duc de Bassano[2], lui ayant représenté que les Chambres ne seraient pas pour lui : « Alors je le vois bien,

---

1. Ancien conventionnel, sénateur sous l'Empire, pair de France sous la Restauration et la Monarchie de juillet. — 2. Maret.

dit-il, il faut toujours céder. Cet infâme Fouché vous trompe ; il n'y a que Caulaincourt et Carnot qui valent quelque chose ; mais que peuvent-ils faire, avec un traître, Fouché, et deux niais, Quinette et Grenier, et deux Chambres qui ne savent ce qu'elles veulent ? Vous croyez tous comme des imbéciles aux belles promesses des étrangers ; vous croyez qu'ils vous mettront la poule au pot, et qu'ils vous donneront un prince de leur façon, n'est-ce pas ? Vous vous trompez\*. »

Des plénipotentiaires furent envoyés aux alliés. Napoléon requit le 29 juin deux frégates, stationnées à Rochefort, pour le transporter hors de France ; en attendant il s'était retiré à la Malmaison.

Les discussions étaient vives à la Chambre des pairs. Longtemps ennemi de Bonaparte, Carnot[1], qui signait l'ordre des égorgements d'Avignon sans avoir le temps de le lire, avait eu le temps, pendant les Cent-Jours, d'immoler son républicanisme au titre de comte. Le 22 juin, il avait lu au Luxembourg une lettre du ministre de la guerre, contenant un rapport exagéré sur les ressources militaires de la France. Ney, nouvellement arrivé, ne put entendre ce rapport sans colère. Napoléon, dans ses bulletins, avait parlé du maréchal avec un mécontentement mal déguisé, et Gourgaud accusa Ney d'avoir été la principale cause de la perte de la bataille de Waterloo. Ney se leva et dit : « Ce rapport est faux, faux de tous points : Grouchy ne peut avoir sous ses ordres que vingt à vingt-cinq mille hommes tout au plus. Il n'y a plus un seul soldat de la garde à rallier ; je la commandais ; je l'ai vu massacrer tout entière avant de quitter le champ de bataille. L'ennemi est à Nivelle avec quatre-vingt mille hommes ; il peut être à Paris dans six jours : vous n'avez d'autre moyen de sauver la patrie que d'ouvrir des négociations. »

L'aide de camp Flahaut voulut soutenir le rapport du ministre de la guerre ; Ney répliqua avec une nouvelle véhémence : « Je le répète, vous n'avez d'autre voie de salut que la

----------

\* Voyez les *Œuvres de Napoléon*, tome I$^{er}$, dernières pages. *[Note de l'auteur.]*

1. Napoléon l'avait fait aux Cent-Jours comte d'Empire et ministre de l'Intérieur.

négociation. Il faut que vous rappeliez les Bourbons. Quant à moi, je me retirerai aux États-Unis. »

À ces mots, Lavalette et Carnot accablèrent le maréchal de reproches ; Ney leur répondit avec dédain : « Je ne suis pas de ces hommes pour qui leur intérêt est tout : que gagnerai-je au retour de Louis XVIII ? d'être fusillé pour crime de désertion ; mais je dois la vérité à mon pays. »

Dans la séance des pairs du 23, le général Drouot, rappelant cette scène, dit : « J'ai vu avec chagrin ce qui fut dit hier pour diminuer la gloire de nos armes, exagérer nos désastres et diminuer nos ressources. Mon étonnement a été d'autant plus grand que ces discours étaient prononcés par un général distingué (Ney), qui, par sa grande valeur et ses connaissances militaires, a tant de fois mérité la reconnaissance de la nation. »

Dans la séance du 22, un second orage avait éclaté à la suite du premier : il s'agissait de l'abdication de Bonaparte ; Lucien insistait pour qu'on reconnût son neveu empereur. M. de Pontécoulant interrompit l'orateur, et demanda de quel droit Lucien, étranger et prince romain, se permettait de donner un souverain à la France. « Comment, ajouta-t-il, reconnaître un enfant qui réside en pays étranger ? » À cette question, La Bédoyère[1] s'agitant devant son siège : « J'ai entendu des voix autour du trône du souverain heureux ; elles s'en éloignent aujourd'hui qu'il est dans le malheur. Il y a des gens qui ne veulent pas reconnaître Napoléon II, parce qu'ils veulent recevoir la loi de l'étranger, à qui ils donnent le nom d'*alliés*.

« L'abdication de Napoléon est indivisible. Si l'on ne veut pas reconnaître son fils, il doit tenir l'épée, environné de Français qui ont versé leur sang pour lui, et qui sont encore tout couverts de blessures.

« Il sera abandonné par de vils généraux qui l'ont déjà trahi.

« Mais si l'on déclare que tout Français qui quittera son drapeau sera couvert d'infamie, sa maison rasée, sa famille proscrite, alors plus de traîtres, plus de manœuvres qui ont

---

1. Il sera fusillé sous la Restauration.

occasionné les dernières catastrophes et dont peut-être quelques auteurs siègent ici. »

La Chambre se lève en tumulte : « À l'ordre ! à l'ordre ! à l'ordre ! » mugit-on blessé du coup : « Jeune homme, vous vous oubliez ! s'écria Masséna. — Vous vous croyez encore au corps de garde ? » disait Lameth[1].

Tous les présages de la seconde restauration furent menaçants : Bonaparte était revenu à la tête de quatre cents Français, Louis XVIII revenait derrière quatre cent mille étrangers ; il passa près de la mare de sang de Waterloo, pour aller à Saint-Denis comme à sa sépulture.

C'était pendant que la légitimité s'avançait ainsi que retentissaient les interpellations de la Chambre des pairs ; il y avait là je ne sais quoi de ces terribles scènes révolutionnaires aux grands jours de nos malheurs, quand le poignard circulait au tribunal entre les mains des victimes. Quelques militaires dont la funeste fascination avait amené la ruine de la France, en déterminant la seconde invasion de l'étranger, se débattaient sur le seuil du palais ; leur désespoir prophétique, leurs gestes, leurs paroles de la tombe, semblaient annoncer une triple mort : mort à eux-mêmes, mort à l'homme qu'ils avaient béni, mort à la race qu'ils avaient proscrite.

19

Départ de Gand. – Arrivée à Mons.
Je manque ma première occasion de fortune
dans ma carrière politique.
M. de Talleyrand à Mons. – Scène avec le Roi.
Je m'intéresse bêtement à M. de Talleyrand.

Tandis que Bonaparte se retirait à la Malmaison avec l'Empire fini, nous, nous partions de Gand avec la monarchie recommençante. Pozzo, qui savait combien il s'agissait peu de la légitimité en haut lieu, se hâta d'écrire à Louis XVIII de

---

[1]. Ancien Constituant, préfet sous l'Empire, préfet sous la Restauration.

partir et d'arriver vite, s'il voulait régner avant que la place fût prise : c'est à ce billet que Louis XVIII dut sa couronne en 1815.

À Mons, je manquai la première occasion de fortune de ma carrière politique ; j'étais mon propre obstacle et je me trouvais sans cesse sur mon chemin. Cette fois, mes *qualités* me jouèrent le mauvais tour que m'auraient pu faire mes défauts.

M. de Talleyrand, dans tout l'orgueil d'une négociation[1] qui l'avait enrichi, prétendait avoir rendu à la légitimité les plus grands services et il revenait en maître. Étonné que déjà on n'eût point suivi pour le retour à Paris la route qu'il avait tracée, il fut bien plus mécontent de retrouver M. de Blacas avec le Roi. Il regardait M. de Blacas comme le fléau de la monarchie ; mais ce n'était pas là le vrai motif de son aversion : il considérait dans M. de Blacas le favori, par conséquent le rival ; il craignait aussi Monsieur et s'était emporté lorsque, quinze jours auparavant, Monsieur lui avait fait offrir son hôtel sur la Lys. Demander l'éloignement de M. de Blacas, rien de plus naturel ; l'exiger, c'était trop se souvenir de Bonaparte.

M. de Talleyrand entra dans Mons vers les six heures du soir, accompagné de l'abbé Louis : M. de Ricé, M. de Jaucourt et quelques autres commensaux, volèrent à lui. Plein d'une humeur qu'on ne lui avait jamais vue, l'humeur d'un roi qui croit son autorité méconnue, il refusa de prime abord d'aller chez Louis XVIII, répondant à ceux qui l'en pressaient par sa phrase ostentatrice : « Je ne suis jamais pressé ; il sera temps demain. » Je l'allai voir ; il me fit toutes ces cajoleries avec lesquelles il séduisait les petits ambitieux et les niais importants. Il me prit par le bras, s'appuya sur moi en me parlant : familiarités de haute faveur, calculées pour me tourner la tête, et qui étaient, avec moi, tout à fait perdues ; je ne comprenais même pas. Je l'invitai à venir chez le Roi où je me rendais.

Louis XVIII était dans ses grandes douleurs : il s'agissait de se séparer de M. de Blacas ; celui-ci ne pouvait rentrer en

---

[1]. Au congrès de Vienne.

France ; l'opinion était soulevée contre lui ; bien que j'eusse eu à me plaindre du favori à Paris, je ne lui en avais témoigné à Gand aucun ressentiment. Le Roi m'avait su gré de ma conduite ; dans son attendrissement, il me traita à merveille. On lui avait déjà rapporté les propos de M. de Talleyrand : « Il se vante, me dit-il, de m'avoir remis une seconde fois la couronne sur la tête et il me menace de reprendre le chemin de l'Allemagne : qu'en pensez-vous, monsieur de Chateaubriand ? » Je répondis : « On aura mal instruit Votre Majesté ; M. de Talleyrand est seulement fatigué. Si le Roi y consent, je retournerai chez le ministre. » Le Roi parut bien aise ; ce qu'il aimait le moins, c'étaient les tracasseries ; il désirait son repos aux dépens même de ses affections.

M. de Talleyrand au milieu de ses flatteurs était plus monté que jamais. Je lui représentai qu'en un moment aussi critique, il ne pouvait songer à s'éloigner. Pozzo le prêcha dans ce sens : bien qu'il n'eût pas la moindre inclination pour lui, il aimait dans ce moment à le voir aux affaires comme une ancienne connaissance ; de plus il le supposait en faveur près du czar. Je ne gagnai rien sur l'esprit de M. de Talleyrand, les habitués du prince me combattaient ; M. Mounier même pensait que M. de Talleyrand devait se retirer. L'abbé Louis, qui mordait tout le monde, me dit en secouant trois fois sa mâchoire : « Si j'étais le prince, je ne resterais pas un quart d'heure à Mons. » Je lui répondis : « Monsieur l'abbé, vous et moi nous pouvons nous en aller où nous voulons ; personne ne s'en apercevra ; il n'en est pas de même de M. de Talleyrand. » J'insistai encore et je dis au prince : « Savez-vous que le Roi continue son voyage ? » M. de Talleyrand parut surpris, puis il me dit superbement, comme le Balafré à ceux qui le voulaient mettre en garde contre les desseins d'Henri III : « Il n'osera ! »

Je revins chez le Roi où je trouvai M. de Blacas. Je dis à Sa Majesté, pour excuser son ministre, qu'il était malade, mais qu'il aurait très certainement l'honneur de faire sa cour au Roi le lendemain. « Comme il voudra, répliqua Louis XVIII : je pars à trois heures » ; et puis il ajouta affectueusement ces paroles : « Je vais me séparer de M. de Blacas ; la place sera vide, monsieur de Chateaubriand. »

C'était la maison du Roi mise à mes pieds. Sans s'embarrasser davantage de M. de Talleyrand, un politique avisé aurait fait attacher ses chevaux à sa voiture pour suivre ou précéder le Roi : je demeurai sottement dans mon auberge.

M. de Talleyrand, ne pouvant se persuader que le Roi s'en irait, s'était couché : à trois heures on le réveille pour lui dire que le Roi part ; il n'en croit pas ses oreilles : « Joué ! trahi ! » s'écria-t-il. On le lève, et le voilà, pour la première fois de sa vie, à trois heures du matin dans la rue, appuyé sur le bras de M. de Ricé. Il arrive devant l'hôtel du Roi ; les deux premiers chevaux de l'attelage avaient déjà la moitié du corps hors de la porte cochère. On fait signe au postillon de s'arrêter ; le Roi demande ce que c'est ; on lui crie : « Sire, c'est M. de Talleyrand. — Il dort, dit Louis XVIII. — Le voilà, sire. — Allons ! » répondit le Roi. Les chevaux reculent avec la voiture ; on ouvre la portière, le Roi descend, rentre en se traînant dans son appartement, suivi du ministre boiteux. Là M. de Talleyrand commence en colère une explication ; Sa Majesté l'écoute et lui répond : « Prince de Bénévent, vous nous quittez ? Les eaux vous feront du bien : vous nous donnerez de vos nouvelles. » Le Roi laisse le prince ébahi, se fait reconduire à sa berline et part.

M. de Talleyrand bavait de colère ; le sang-froid de Louis XVIII l'avait démonté : lui, M. de Talleyrand, qui se piquait de tant de sang-froid, être battu sur son propre terrain, planté là, sur une place à Mons, comme l'homme le plus insignifiant : il n'en revenait pas ! Il demeure muet, regarde s'éloigner le carrosse, puis saisissant le duc de Lévis par un bouton de son spencer : « Allez, monsieur le duc, allez dire comme on me traite ! J'ai remis la couronne sur la tête du Roi (il en revenait toujours à cette couronne), et je m'en vais en Allemagne commencer la nouvelle émigration. »

M. de Lévis écoutant en distraction, se haussant sur la pointe du pied, dit : « Prince, je pars, il faut qu'il y ait au moins un grand seigneur avec le Roi. »

M. de Lévis se jeta dans une carriole de louage qui portait le chancelier de France[1] : les deux grandeurs de la monarchie capétienne[2] s'en allèrent côte à côte la rejoindre, à moitié frais, dans une *benne*[3] mérovingienne.

---

**1.** Dambray. — **2.** Le grand seigneur et le chancelier. — **3.** Sorte de voiture publique.

J'avais prié M. de Duras de travailler à la réconciliation et de m'en donner les premières nouvelles. « Quoi ! m'avait dit M. de Duras, vous restez après ce que vous a dit le Roi ? » M. de Blacas, en partant de Mons de son côté, me remercia de l'intérêt que je lui avais montré.

Je retrouvai M. de Talleyrand embarrassé ; il en était au regret de n'avoir pas suivi mon conseil, et d'avoir, comme un sous-lieutenant mauvaise tête, refusé d'aller le soir chez le Roi ; il craignait que des arrangements eussent lieu sans lui, qu'il ne pût participer à la puissance politique et profiter des tripotages d'argent qui se préparaient. Je lui dis que, bien que je différasse de son opinion, je ne lui en restais pas moins attaché, comme un ambassadeur à son ministre ; qu'au surplus j'avais des amis auprès du Roi, et que j'espérais bientôt apprendre quelque chose de bon. M. de Talleyrand était une vraie tendresse, il se penchait sur mon épaule ; certainement il me croyait dans ce moment un très grand homme.

Je ne tardai point à recevoir un billet de M. de Duras ; il m'écrivait de Cambrai que l'affaire était arrangée, et que M. de Talleyrand allait recevoir l'ordre de se mettre en route ; cette fois le prince ne manqua pas d'obéir.

Quel diable me poussait ? je n'avais point suivi le Roi qui m'avait pour ainsi dire offert ou plutôt donné le ministère de sa maison et qui fut blessé de mon obstination à rester à Mons : je me cassais le cou pour M. de Talleyrand que je connaissais à peine, que je n'estimais point, que je n'admirais point ; pour M. de Talleyrand qui allait entrer dans des combinaisons nullement les miennes, qui vivait dans une atmosphère de corruption dans laquelle je ne pouvais respirer !

Ce fut de Mons même, au milieu de tous ses embarras, que le prince de Bénévent envoya M. Duperey toucher à Naples les millions d'un de ses marchés de Vienne. M. de Blacas cheminait en même temps avec l'ambassade de Naples dans sa poche, et d'autres millions que le généreux exilé de Gand lui avait donnés à Mons. Je m'étais tenu dans de bons rapports avec M. de Blacas, précisément parce que tout le monde le détestait ; j'avais encouru l'amitié de M. de Talleyrand pour ma fidélité à un caprice de son humeur ; Louis XVIII m'avait positivement appelé auprès de sa personne, et je préférai la turpitude d'un homme sans foi à la faveur du Roi : il était trop juste que je reçusse la récompense de ma stupidité, que je fusse abandonné de tous, pour les avoir voulu servir tous. Je rentrai en France n'ayant pas de quoi payer ma route, tandis que les trésors pleuvaient sur les disgraciés : je méritais cette correction. C'est fort bien de s'escrimer en pauvre chevalier quand tout le monde est cuirassé d'or ; mais encore ne faut-il pas faire des fautes énormes : moi demeuré auprès du Roi, la combinaison du ministère Talleyrand et Fouché devenait presque impossible ; la Restauration commençait par un ministère moral et honorable, toutes les combinaisons de l'avenir pouvaient changer. L'insouciance que j'avais de ma personne me trompa sur l'importance des faits : la plupart des hommes ont le défaut de se trop compter ; j'ai le défaut de ne me pas compter assez : je m'enveloppai dans le dédain habituel de ma fortune ; j'aurais dû voir que la fortune de la France se trouvait liée dans ce moment à celle de mes petites destinées : ce sont de ces enchevêtrements historiques fort communs.

20

De Mons à Gonesse.
Je m'oppose avec M. le comte Beugnot à la nomination de Fouché comme ministre : mes raisons.
Le duc de Wellington l'emporte. – Arnouville.
Saint-Denis. – Dernière conversation avec le Roi.

Sorti enfin de Mons, j'arrivai au Cateau-Cambrésis ; M. de Talleyrand m'y rejoignit : nous avions l'air de venir refaire le traité de paix de 1559 entre Henri II de France et Philippe II d'Espagne.

À Cambrai, il se trouva que le marquis de La Suze, maréchal des logis du temps de Fénélon[1], avait disposé des billets

---

1. Ce marquis était un homme de l'ancien temps ; d'où, puisque nous sommes à Cambrai, « du temps de Fénélon ». – On appelait « maréchaux des logis » les officiers chargés de préparer les logements pour la cour en voyage.

de logement de madame de Lévis, de madame de Chateaubriand et du mien : nous demeurâmes dans la rue, au milieu des feux de joie, de la foule circulant autour de nous et des habitants qui criaient : *Vive le Roi !* Un étudiant, ayant appris que j'étais là, nous conduisit à la maison de sa mère.

Les amis des diverses monarchies de France commençaient à paraître ; ils ne venaient pas à Cambrai pour la ligue contre Venise[1], mais pour s'associer contre les nouvelles constitutions ; ils accouraient mettre aux pieds du Roi leurs fidélités successives et leur haine pour la Charte : passeport qu'ils jugeaient nécessaire auprès de MONSIEUR ; moi et deux ou trois raisonnables Gilles[2], nous sentions déjà la jacobinerie.

Le 23 juin, parut la déclaration de Cambrai. Le Roi y disait : « Je ne veux éloigner de ma personne que ces hommes dont la renommée est un sujet de douleur pour la France et d'effroi pour l'Europe. » Or voyez, le nom de Fouché était prononcé avec gratitude par le pavillon Marsan ! Le Roi riait de la nouvelle passion de son frère et disait : « Elle ne lui est pas venue de l'inspiration divine. » Je vous ai déjà raconté qu'en traversant Cambrai après les Cent-Jours, je cherchai vainement mon logis du temps du régiment de Navarre et le café que je fréquentais avec La Martinière : tout avait disparu avec ma jeunesse.

De Cambrai, nous allâmes coucher à Roye : la maîtresse de l'auberge prit madame de Chateaubriand pour madame la Dauphine ; elle fut portée en triomphe dans une salle où il y avait une table mise de trente couverts : la salle, éclairée de bougies, de chandelles et d'un large feu, était suffocante. L'hôtesse ne voulait pas recevoir de payement, et elle disait : « Je me regarde de travers pour n'avoir pas su me faire guillotiner pour nos Rois. » Dernière étincelle d'un feu qui avait animé les Français pendant tant de siècles.

Le général Lamothe, beau-frère de M. Laborie, vint, envoyé par les autorités de la capitale, nous instruire qu'il nous serait impossible de nous présenter à Paris sans la cocarde tricolore. M. de La Fayette et d'autres commissaires,

---

1. Conclue à Cambrai en 1508 entre le pape et l'empereur. — 2. Naïfs, niais, comme le Gilles de la foire.

d'ailleurs fort mal reçus des alliés, valetaient d'état-major en état-major, mendiant près des étrangers un maître quelconque pour la France : tout roi, au choix des cosaques, serait excellent, pourvu qu'il ne descendît pas de saint Louis et de Louis XIV.

À Roye, on tint conseil : M. de Talleyrand fit attacher deux haridelles à sa voiture et se rendit chez Sa Majesté. Son équipage occupait la largeur de la place, à partir de l'auberge du ministre jusqu'à la porte du Roi. Il descendit de son char avec un mémoire qu'il nous lut : il examinait le parti qu'on aurait à suivre en arrivant ; il hasardait quelques mots sur la nécessité d'admettre indistinctement tous le monde au partage des places ; il faisait entendre qu'on pourrait aller généreusement jusqu'aux juges de Louis XVI. Sa Majesté rougit et s'écria en frappant des deux mains les deux bras de son fauteuil : « Jamais ! » Jamais de vingt-quatre heures.

À Senlis, nous nous présentâmes chez un chanoine : sa servante nous reçut comme des chiens ; quant au chanoine, qui n'était pas saint Rieul[1], patron de la ville, il ne voulut seulement pas nous regarder. Sa bonne avait ordre de ne nous rendre d'autre service que de nous acheter de quoi manger, pour notre argent : le *Génie du Christianisme* me fut néant. Pourtant Senlis aurait dû nous être de bon augure, puisque ce fut dans cette ville que Henri IV se déroba aux mains de ses geôliers en 1576 : « Je n'ai de regret, s'écriait en s'échappant le Roi, compatriote de Montaigne, que pour deux choses que j'ai laissées à Paris, la messe et ma femme. »

De Senlis nous nous rendîmes au berceau de Philippe-Auguste, autrement Gonesse. En approchant du village, nous aperçûmes deux personnes qui s'avançaient vers nous : c'étaient le maréchal Macdonald et mon fidèle ami Hyde de Neuville[2]. Ils arrêtèrent notre voiture et nous demandèrent où était M. de Talleyrand ; ils ne firent aucune difficulté de m'apprendre qu'ils le cherchaient afin d'informer le Roi que

---

1. Premier évêque de Senlis (IIIe siècle). — 2. Ami intime de Chateaubriand. Il a fait une carrière politique et diplomatique sous la Restauration (1776-1857).

Sa Majesté ne devait pas songer à franchir la barrière avant d'avoir pris Fouché pour ministre. L'inquiétude me gagna, car, malgré la manière dont Louis XVIII s'était prononcé à Roye, je n'étais pas très rassuré. Je questionnai le maréchal : « Quoi, monsieur le maréchal, lui dis-je, est-il certain que nous ne pouvons rentrer qu'à des conditions si dures ? — Ma foi, monsieur le vicomte, me répondit le maréchal, je n'en suis pas bien convaincu. »

Le Roi s'arrêta deux heures à Gonesse. Je laissai madame de Chateaubriand au milieu du grand chemin dans sa voiture, et j'allai au conseil à la mairie. Là fut mise en délibération une mesure d'où devait dépendre le sort futur de la monarchie. La discussion s'entama : je soutins, seul avec M. Beugnot, qu'en aucun cas Louis XVIII ne devait admettre dans ses conseils M. Fouché. Le Roi écoutait : je voyais qu'il eût tenu volontiers la parole de Roye ; mais il était absorbé par Monsieur et pressé par le duc de Wellington.

Dans un chapitre de *la Monarchie selon la Charte*, j'ai résumé les raisons que je fis valoir à Gonesse. J'étais animé ; la parole parlée a une puissance qui s'affaiblit dans la parole écrite : « Partout où il y a une tribune ouverte, dis-je dans ce chapitre, quiconque peut être exposé à des reproches d'une certaine nature ne peut être placé à la tête du gouvernement. Il y a tel discours, tel mot, qui obligerait un pareil ministre à donner sa démission en sortant de la Chambre. C'est cette impossibilité résultante du principe libre des gouvernements représentatifs que l'on ne sentit pas lorsque toutes les illusions se réunirent pour porter un homme fameux au ministère, malgré la répugnance trop fondée de la couronne. L'élévation de cet homme devait produire l'une de ces deux choses : ou l'abolition de la Charte, ou la chute du ministère à l'ouverture de la session. Se représente-t-on le ministre dont je veux parler, écoutant à la Chambre des députés la discussion sur le 21 janvier, pouvant être apostrophé à chaque instant par quelque député de Lyon, et toujours menacé du terrible *Tu es ille vir*[1] ! Les hommes de cette

---

1. « C'est toi qui es cet homme ! » Apostrophe du prophète Nathan à David (*Rois*, II, 12).

sorte ne peuvent être employés ostensiblement qu'avec les muets du sérail de Bajazet, ou les muets du Corps législatif de Bonaparte. Que deviendra le ministre si un député, montant à la tribune un *Moniteur* à la main, lit le rapport de la Convention du 9 août 1795 ; s'il demande l'expulsion de Fouché comme indigne en vertu de ce rapport qui le *chassait*, lui Fouché (je cite textuellement), *comme un voleur et un terroriste, dont la conduite atroce et criminelle communiquait le déshonneur et l'opprobre à toute assemblée quelconque dont il deviendrait membre* ? »

Voilà les choses que l'on a oubliées !

Après tout, avait-on le malheur de croire qu'un homme de cette espèce pouvait jamais être utile ? Il fallait le laisser derrière le rideau, consulter sa triste expérience ; mais faire violence à la couronne et à l'opinion, appeler à visage découvert un pareil ministre aux affaires, un homme que Bonaparte, dans ce moment même, traitait d'infâme, n'était-ce pas déclarer qu'on renonçait à la liberté et à la vertu ? Une couronne vaut-elle un pareil sacrifice ? On n'était plus maître d'éloigner personne : qui pouvait-on exclure après avoir pris Fouché ?

Les partis agissaient sans songer à la forme du gouvernement qu'ils avaient adoptée ; tout le monde parlait de constitution, de liberté, d'égalité, de droit des peuples, et personne n'en voulait ; verbiage à la mode : on demandait, sans y penser, des nouvelles de la Charte, tout en espérant qu'elle crèverait bientôt. Libéraux et royalistes inclinaient au gouvernement absolu, amendé par les mœurs : c'est le tempérament et le train de la France. Les intérêts matériels dominaient ; on ne voulait point renoncer à ce qu'on avait, dit-on, fait pendant la Révolution ; chacun était chargé de sa propre vie et prétendait en onérer le voisin : le mal, assurait-on, était devenu un élément public, lequel devait désormais se combiner avec les gouvernements, et entrer comme principe vital dans la société.

Ma lubie relative à une Charte, mise en mouvement par l'action religieuse et morale, a été la cause du mauvais vouloir que certains partis m'ont porté : pour les royalistes, j'aimais trop la liberté ; pour les révolutionnaires, je méprisais trop les crimes. Si je ne m'étais trouvé là, à mon grand détriment, pour me faire maître d'école de constitutionnalité, dès les premiers jours les ultra et les Jacobins auraient mis la Charte dans la poche de leur frac à fleurs de lis, ou de leur carmagnole à la Cassius.

M. de Talleyrand n'aimait pas M. Fouché ; M. Fouché détestait et, ce qu'il y a de plus étrange, méprisait M. de Talleyrand : il était difficile d'arriver à ce succès. M. de Talleyrand, qui d'abord eût été content de n'être pas accouplé à M. Fouché, sentant que celui-ci était inévitable, donna les mains au projet ; il ne s'aperçut pas qu'avec la Charte (lui surtout uni au mitrailleur de Lyon) il n'était guère plus possible que Fouché.

Promptement se vérifia ce que j'avais annoncé : on n'eut pas le profit de l'admission du duc d'Otrante, on n'en eut que l'opprobre ; l'ombre des Chambres approchant suffit pour faire disparaître des ministres trop exposés à la franchise de la tribune.

Mon opposition fut inutile : selon l'usage des caractères faibles, le Roi leva la séance sans rien déterminer ; l'ordonnance ne devait être arrêtée qu'au château d'Arnouville.

On ne tint point conseil en règle dans cette dernière résidence ; les intimes et les affiliés au secret furent seuls assemblés. M. de Talleyrand, nous ayant devancés, prit langue avec ses amis. Le duc de Wellington arriva : je le vis passer en calèche ; les plumes de son chapeau flottaient en l'air ; il venait octroyer à la France M. Fouché et M. de Talleyrand, comme le double présent que la victoire de Waterloo faisait à notre patrie. Lorsqu'on lui représentait que le régicide de M. le duc d'Otrante était peut-être un inconvénient, il répondait : « C'est une *frivolité.* » Un Irlandais protestant[1], un général anglais étranger à nos mœurs et à notre histoire, un esprit ne voyant dans l'année française de 1793 que l'antécédent anglais de l'année 1649[2], était chargé de régler nos destinées ! L'ambition de Bonaparte nous avait réduits à cette misère.

Je rôdais à l'écart dans les jardins d'où le contrôleur général Machault, à l'âge de quatre-vingt-treize ans, était allé

---

**1.** Wellington était né près de Dublin, d'une famille irlandaise. — **2.** Année de l'exécution de Charles Ier.

s'éteindre aux Madelonnettes[1] ; car la mort dans sa grande revue n'oubliait alors personne. Je n'étais plus appelé ; les familiarités de l'infortune commune avaient cessé entre le souverain et le sujet : le Roi se préparait à rentrer dans son palais, moi dans ma retraite. Le vide se reforme autour des monarques sitôt qu'ils retrouvent le pouvoir. J'ai rarement traversé sans faire des réflexions sérieuses les salons silencieux et déshabités des Tuileries, qui me conduisaient au cabinet du Roi : à moi, déserts d'une autre sorte, solitudes infinies où les mondes mêmes s'évanouissent devant Dieu, seul être réel.

On manquait de pain à Arnouville ; sans un officier du nom de Dubourg et qui dénichait[2] de Gand comme nous, nous eussions jeûné. M. Dubourg* alla à la picorée[3] ; il nous rapporta la moitié d'un mouton au logis du maire en fuite. Si la servante de ce maire, héroïne de Beauvais demeurée seule, avait eu des armes, elle nous aurait reçus comme Jeanne Hachette[4].

Nous nous rendîmes à Saint-Denis : sur les deux bords de la chaussée s'étendaient les bivouacs des Prussiens et des Anglais ; les yeux rencontraient au loin les flèches de l'abbaye : dans ses fondements Dagobert jeta ses joyaux, dans ses souterrains les races successives ensevelirent leurs rois et leurs grands hommes ; quatre mois passés, nous avions déposé là les os de Louis XVI pour tenir lieu des autres poussières. Lorsque je revins de mon premier exil en 1800, j'avais traversé cette même plaine de Saint-Denis ; il n'y campait encore que les soldats de Napoléon ; des Français remplaçaient encore les vieilles bandes du connétable de Montmorency[5].

Un boulanger nous hébergea. Le soir, vers les neuf heures,

---

\* Nous retrouverons mon ami, le général Dubourg, dans les journées de juillet. *[Note de l'auteur.]*

**1.** Dans la prison des Madelonnettes en 1794. — **2.** Décampait. — **3.** À la recherche des vivres chez l'habitant (expression militaire). — **4.** Comme Jeanne Hachette avait reçu Charles le Téméraire. Cette servante, selon Mme de Chateaubriand, n'était généreuse que d'injures. — **5.** Anne de Montmorency fut tué à Saint-Denis en 1567 dans un combat contre les protestants.

j'allai faire ma cour au Roi. Sa Majesté était logée dans les bâtiments de l'abbaye : on avait toutes les peines du monde à empêcher les petites filles de la Légion d'honneur de crier : Vive Napoléon ! J'entrai d'abord dans l'église ; un pan de mur attenant au cloître était tombé ; l'antique abbatial n'était éclairé que d'une lampe. Je fis ma prière à l'entrée du caveau où j'avais vu descendre Louis XVI : plein de crainte sur l'avenir, je ne sais si j'ai jamais eu le cœur noyé d'une tristesse plus profonde et plus religieuse. Ensuite je me rendis chez Sa Majesté : introduit dans une des chambres qui précédaient celle du Roi, je ne trouvai personne ; je m'assis dans un coin et j'attendis[1]. Tout à coup une porte s'ouvre : entre silencieusement le vice appuyé sur le bras du crime, M. de Talleyrand marchant soutenu par M. Fouché ; la vision infernale passe lentement devant moi, pénètre dans le cabinet du Roi et disparaît. Fouché venait jurer foi et hommage à son seigneur ; le féal régicide, à genoux, mit les mains qui firent tomber la tête de Louis XVI entre les mains du frère du roi martyr ; l'évêque apostat fut caution du serment.

Le lendemain, le faubourg Saint-Germain arriva : tout se mêlait de la nomination de Fouché déjà obtenue, la religion comme l'impiété, la vertu comme le vice, le royaliste comme le révolutionnaire, l'étranger comme le Français ; on criait de toute part : « Sans Fouché point de sûreté pour le Roi, sans Fouché point de salut pour la France ; lui seul a déjà sauvé la patrie, lui seul peut achever son ouvrage. » La vieille duchesse de Duras[2] était une des nobles dames les plus animées à l'hymne ; le bailli de Crussol, survivant de Malte, faisait chorus ; il déclarait que si sa tête était encore sur ses épaules, c'est que M. Fouché l'avait permis[3]. Les peureux avaient eu tant de frayeur de Bonaparte, qu'ils avaient pris le massacreur de Lyon pour un Titus. Pendant plus de trois mois les salons du faubourg Saint-Germain me regardèrent comme un mécréant parce que je désapprouvais la nomination de leurs ministres. Ces pauvres gens, ils s'étaient prosternés aux pieds

---

1. La scène se passe le 7 juillet 1815, vers onze heures du soir.
— 2. Belle-mère de celle que Chateaubriand appelait sa « chère sœur ».
— 3. Ce mot est attribué par Mme de Chateaubriand à la vieille duchesse de Duras.

des *parvenus* ; ils n'en faisaient pas moins grand bruit de leur noblesse, de leur haine contre les révolutionnaires, de leur fidélité à toute épreuve, de l'inflexibilité de leurs principes, et ils adoraient Fouché.

Fouché avait senti l'incompatibilité de son existence ministérielle avec le jeu de la monarchie représentative : comme il ne pouvait s'amalgamer avec les éléments d'un gouvernement légal, il essaya de rendre les éléments politiques homogènes à sa propre nature. Il avait créé une terreur factice ; supposant des dangers imaginaires, il prétendait forcer la couronne à reconnaître les deux Chambres de Bonaparte et à recevoir la déclaration des droits qu'on s'était hâté de parachever ; on murmurait même quelques mots sur la nécessité d'exiler Monsieur et ses fils : le chef-d'œuvre eût été d'isoler le Roi.

On continuait à être dupe : en vain la garde nationale passait par-dessus les murs de Paris et venait protester de son dévouement ; on assurait que cette garde était mal disposée. La faction avait fait fermer les barrières afin d'empêcher le peuple, resté royaliste pendant les Cent-Jours, d'accourir, et l'on disait que ce peuple menaçait d'égorger Louis XVIII à son passage. L'aveuglement était miraculeux, car l'armée française se retirait sur la Loire, cent cinquante mille alliés occupaient les postes extérieurs de la capitale, et l'on prétendait toujours que le Roi n'était pas assez fort pour pénétrer dans une ville où il ne restait pas un soldat, où il n'y avait plus que des bourgeois, très capables de contenir une poignée de fédérés, s'ils s'étaient avisés de remuer. Malheureusement le Roi, par une suite de coïncidences fatales, semblait le chef des Anglais et des Prussiens ; il croyait être environné de libérateurs, et il était accompagné d'ennemis ; il paraissait entouré d'une escorte d'honneur, et cette escorte n'était en réalité que les gendarmes qui le menaient hors de son royaume : il traversait seulement Paris en compagnie des étrangers dont le souvenir servirait un jour de prétexte au bannissement de sa race.

Le gouvernement provisoire formé depuis l'abdication de Bonaparte fut dissous par une espèce d'acte d'accusation contre la couronne : pierre d'attente sur laquelle on espérait bâtir un jour une nouvelle révolution.

À la première Restauration j'étais d'avis que l'on gardât la cocarde tricolore : elle brillait de toute sa gloire ; la cocarde blanche était oubliée ; en conservant des couleurs qu'avaient légitimées tant de triomphes, on ne préparait point à une révolution prévoyable un signe de ralliement. Ne pas prendre la cocarde blanche eût été sage ; l'abandonner après qu'elle avait été portée par les grenadiers mêmes de Bonaparte était une lâcheté : on ne passe point impunément sous les fourches caudines ; ce qui déshonore est funeste : un soufflet ne vous fait physiquement aucun mal, et cependant il vous tue.

Avant de quitter Saint-Denis je fus reçu par le Roi et j'eus avec lui cette conversation :

— « Eh bien ? » me dit Louis XVIII, ouvrant le dialogue par cette exclamation.

— « Eh bien, sire : vous prenez le duc d'Otrante.

— « Il l'a bien fallu : depuis mon frère jusqu'au bailli de Crussol (et celui-là n'est pas suspect), tous disaient que nous ne pouvions pas faire autrement : qu'en pensez-vous ?

— « Sire, la chose est faite : je demande à Votre Majesté la permission de me taire.

— « Non, non, dites : vous savez comme j'ai résisté depuis Gand.

— « Sire, je ne fais qu'obéir à vos ordres ; pardonnez à ma fidélité : je crois la monarchie finie. »

Le Roi garda le silence ; je commençais à trembler de ma hardiesse, quand Sa Majesté reprit :

— « Eh bien, monsieur de Chateaubriand, je suis de votre avis. »

Cette conversation termine mon récit des *Cent-Jours*.

## VI

*Revu en décembre 1846.*

1. Bonaparte à la Malmaison. – Abandon général. — 2. Départ de la Malmaison. – Rambouillet. – Rochefort. — 3. Bonaparte se réfugie sur la flotte anglaise. – Il écrit au prince régent. — 4. Bonaparte sur le *Bellérophon*. – Torbay. – Acte qui confine Bonaparte à Sainte-Hélène. – Il passe sur le *Northumberland* et fait voile. — 5. Jugement sur Bonaparte. — 6. Caractère de Bonaparte. — 7. Si Bonaparte nous a laissé en renommée ce qu'il nous a ôté en force ? — 8. Inutilité des vérités ci-dessus exposées. — 9. Île de Sainte-Hélène. – Bonaparte traverse l'Atlantique. — 10. Napoléon prend terre à Sainte-Hélène. – Son établissement à Longwood. – Précautions. – Vie à Longwood. – Visites. — 11. Manzoni. – Maladie de Bonaparte. – Ossian. – Rêveries de Napoléon à la vue de la mer. – Projets d'enlèvement. – Dernière occupation de Bonaparte. – Il se couche et ne se relève plus. – Il dicte son testament. – Sentiments religieux de Napoléon. – L'aumônier Vignali. – Napoléon apostrophe Antomarchi, son médecin. – Il reçoit les derniers sacrements. – Il expire. — 12. Funérailles. — 13. Destruction du monde napoléonien. — 14. Mes derniers rapports avec Bonaparte. — 15. Sainte-Hélène depuis la mort de Napoléon. — 16. Exhumation de Bonaparte. — 17. Ma visite à Cannes.

1

BONAPARTE À LA MALMAISON. – ABANDON GÉNÉRAL.

Si un homme était soudain transporté des scènes les plus bruyantes de la vie au rivage silencieux de l'océan glacé, il éprouverait ce que j'éprouve auprès du tombeau de Napoléon, car nous voici tout à coup au bord de ce tombeau.

Sorti de Paris le 29 juin, Napoléon attendait à la Malmaison l'instant de son départ de France. Je retourne à lui : revenant sur les jours écoulés, anticipant sur les temps futurs, je ne le quitterai plus qu'après sa mort.

La Malmaison, où l'Empereur se reposa, était vide. Joséphine était morte [1] ; Bonaparte dans cette retraite se trouvait seul. Là il avait commencé sa fortune ; là il avait été heureux ; là il s'était enivré de l'encens du monde ; là, du sein de son tombeau, partaient les ordres qui troublaient la terre. Dans ces jardins où naguère les pieds de la foule râtelaient les allées sablées, l'herbe et les ronces verdissaient ; je m'en étais assuré en m'y promenant. Déjà, faute de soins, dépérissaient les arbres étrangers ; sur les canaux ne voguaient plus les cygnes noirs de l'Océanie ; la cage n'emprisonnait plus les oiseaux du tropique : ils s'étaient envolés pour aller attendre leur hôte dans leur patrie.

Bonaparte aurait pu cependant trouver un sujet de consolation en tournant les yeux vers ses premiers jours : les rois tombés s'affligent surtout, parce qu'ils n'aperçoivent en amont de leur chute qu'une splendeur héréditaire et les pompes de leur berceau : mais que découvrait Napoléon antérieurement à ses prospérités ? la crèche de sa naissance dans un village de Corse. Plus magnanime en jetant le manteau de pourpre, il aurait repris avec orgueil le sayon du chevrier ; mais les hommes ne se replacent point à leur origine quand elle fut humble ; il semble que l'injuste ciel les prive de leur patrimoine lorsqu'à la loterie du sort ils ne font que perdre ce qu'ils avaient gagné, et néanmoins la grandeur de Napoléon vient de ce qu'il était parti de lui-même : rien de son sang ne l'avait précédé et n'avait préparé sa puissance.

À l'aspect de ces jardins abandonnés, de ces chambres déshabitées, de ces galeries fanées par les fêtes, de ces salles où les chants et la musique avaient cessé, Napoléon pouvait repasser sur sa carrière : il se pouvait demander si avec un peu plus de modération il n'aurait pas conservé ses félicités. Des étrangers, des ennemis, ne le bannissaient pas maintenant ; il ne s'en allait pas quasi-vainqueur, laissant les nations

---

1. Voir p. 299, note 1.

dans l'admiration de son passage, après la prodigieuse campagne de 1814 ; il se retirait battu. Des Français, des amis, exigeaient son abdication immédiate, pressaient son départ, ne le voulaient plus même pour général, lui dépêchaient courriers sur courriers, pour l'obliger à quitter le sol sur lequel il avait versé autant de gloire que de fléaux.

À cette leçon si dure se joignaient d'autres avertissements : les Prussiens rôdaient dans le voisinage de la Malmaison ; Blücher, aviné, ordonnait en trébuchant de saisir, de *pendre* le conquérant qui avait mis *le pied sur le cou des rois*. La rapidité des fortunes, la vulgarité des mœurs, la promptitude de l'élévation et de l'abaissement des personnages modernes, ôtera, je le crains, à notre temps, une partie de la noblesse de l'histoire : Rome et la Grèce n'ont point parlé de *pendre* Alexandre et César.

Les scènes qui avaient eu lieu en 1814 se renouvelèrent en 1815, mais avec quelque chose de plus choquant, parce que les ingrats étaient stimulés par la peur : il se fallait débarrasser de Napoléon vite ; les alliés arrivaient ; Alexandre n'était pas là, au premier moment, pour tempérer le triomphe et contenir l'insolence de la fortune ; Paris avait cessé d'être orné de sa lustrale inviolabilité ; une première invasion avait souillé le sanctuaire ; ce n'était plus la colère de Dieu qui tombait sur nous, c'était le mépris du ciel : le foudre s'était éteint.

Toutes les lâchetés avaient acquis par les Cent-Jours un nouveau degré de malignité : affectant de s'élever, par amour de la patrie, au-dessus des attachements personnels, elles s'écriaient que Bonaparte était aussi trop criminel d'avoir violé les traités de 1814. Mais les vrais coupables n'étaient-ils pas ceux qui favorisèrent ses desseins ? Si en 1815, au lieu de lui refaire des armées, après l'avoir délaissé une première fois pour le délaisser encore, ils lui avaient dit, lorsqu'il vint coucher aux Tuileries : « Votre génie vous a trompé ; l'opinion n'est plus à vous ; prenez pitié de la France. Retirez-vous après cette dernière visite à la terre ; allez vivre dans la patrie de Washington. Qui sait si les Bourbons ne commettront point de fautes ? qui sait si un jour la France ne tournera pas les yeux vers vous, lorsque, à l'école de la liberté, vous aurez appris le respect des lois ? Vous reviendrez alors, non en ravisseur qui fond sur sa proie, mais en grand citoyen pacificateur de son pays. »

Ils ne lui tinrent point ce langage : ils se prêtèrent aux passions de leur chef revenu ; ils contribuèrent à l'aveugler, sûrs qu'ils étaient de profiter de sa victoire ou de sa défaite. Le soldat seul mourut pour Napoléon avec une sincérité admirable ; le reste ne fut qu'un troupeau paissant, s'engraissant à droite et à gauche. Encore si les vizirs du calife dépouillé s'étaient contentés de lui tourner le dos ! mais non : ils profitaient de ses derniers instants ; ils l'accablaient de leurs sordides demandes ; tous voulaient tirer de l'argent de sa pauvreté.

Oncques ne fut plus complet abandon ; Bonaparte y avait donné lieu : insensible aux peines d'autrui, le monde lui rendit indifférence pour indifférence. Ainsi que la plupart des despotes, il était bien avec sa domesticité ; au fond il ne tenait à rien : homme solitaire, il se suffisait ; le malheur ne fit que le rendre au désert de sa vie.

Quand je recueille mes souvenirs, quand je me rappelle avoir vu Washington dans sa petite maison de Philadelphie, et Bonaparte dans ses palais, il me semble que Washington, retiré dans son champ de la Virginie, ne devait pas éprouver les syndérèses de Bonaparte attendant l'exil dans ses jardins de la Malmaison. Rien n'était changé dans la vie du premier ; il retombait sur ses habitudes modestes ; il ne s'était point élevé au-dessus de la félicité des laboureurs qu'il avait affranchis ; tout était bouleversé dans la vie du second.

2

Départ de la Malmaison. – Rambouillet. – Rochefort.

Napoléon quitta la Malmaison accompagné des généraux Bertrand, Rovigo[1] et Becker, ce dernier en qualité de surveillant ou de commissaire. Chemin faisant, il lui prit envie de s'arrêter à Rambouillet. Il en partit pour s'embarquer à Rochefort, comme Charles X pour s'embarquer à

---

1. Savary, duc de Rovigo.

Cherbourg : Rambouillet, retraite inglorieuse où s'éclipsa ce qu'il y eut de plus grand, en race et en homme ; lieu fatal où mourut François I$^{er}$ ; où Henri III, échappé des barricades, coucha tout botté en passant ; où Louis XVI a laissé son ombre ! Heureux Louis, Napoléon et Charles, s'ils n'eussent été que les obscurs gardiens des troupeaux de Rambouillet[1] !

Arrivé à Rochefort, Napoléon hésitait : la commission exécutive envoyait des ordres impératifs : « Les garnisons de Rochefort et de La Rochelle doivent, disaient les dépêches, prêter main-forte pour faire embarquer Napoléon... Employez la force... faites-le partir... Ses services ne peuvent être acceptés. »

Les services de Napoléon ne pouvaient être acceptés ! Et n'aviez-vous pas accepté ses bienfaits et ses chaînes ? Napoléon ne s'en allait point ; il était chassé : et par qui ?

Bonaparte n'avait cru qu'à la fortune ; il n'accordait au malheur ni le feu ni l'eau ; il avait d'avance innocenté les ingrats : un juste talion le faisait comparaître devant son système. Quand le succès cessant d'animer sa personne s'incarna dans un autre individu, les disciples abandonnèrent le maître pour l'école. Moi qui crois à la légitimité des bienfaits et à la souveraineté du malheur, si j'avais servi Bonaparte, je ne l'aurais pas quitté ; je lui aurais prouvé, par ma fidélité, la fausseté de ses principes politiques ; en partageant ses disgrâces, je serais resté auprès de lui, comme un démenti vivant de ses stériles doctrines et du peu de valeur du droit de la prospérité.

Depuis le 1$^{er}$ juillet, des frégates l'attendaient dans la rade de Rochefort : des espérances qui ne meurent jamais, des souvenirs inséparables d'un dernier adieu, l'arrêtèrent. Qu'il devait regretter les jours de son enfance, alors que ses yeux sereins n'avaient point encore vu tomber la première pluie ! Il laissa le temps à la flotte anglaise d'approcher. Il pouvait encore s'embarquer sur deux lougres qui devaient joindre en mer un navire danois (c'est le parti que prit son frère Joseph), mais la résolution lui faillit en regardant le rivage de France. Il avait aversion d'une république ; l'égalité et la liberté des

---

[1]. C'est à la ferme de Rambouillet créée par Louis XVI que fut amené le premier troupeau de moutons mérinos importés d'Espagne.

États-Unis lui répugnaient. Il penchait à demander un asile aux Anglais : « Quel inconvénient trouvez-vous à ce parti ? disait-il à ceux qu'il consultait. — L'inconvénient de vous déshonorer, lui répondit un officier de marine : vous ne devez pas même tomber mort entre les mains des Anglais. Ils vous feront empailler pour vous montrer à un schelling par tête. »

3

BONAPARTE SE RÉFUGIE SUR LA FLOTTE ANGLAISE.
IL ÉCRIT AU PRINCE RÉGENT.

Malgré ces observations, l'Empereur résolut de se livrer à ses vainqueurs. Le 13 juillet, Louis XVIII étant déjà à Paris depuis cinq jours, Napoléon envoya au capitaine du vaisseau anglais *le Bellérophon* cette lettre pour le Prince régent :

« Altesse Royale, en butte aux factions qui divisent mon pays et à l'inimitié des plus grandes puissances de l'Europe, j'ai terminé ma carrière politique, et je viens, comme Thémistocle[1], m'asseoir au foyer du peuple britannique. Je me mets sous la protection de ses lois, que je réclame de Votre Altesse Royale comme du plus puissant, du plus constant et du plus généreux de mes ennemis.
 « Rochefort, 13 juillet 1815. »

Si Bonaparte n'avait pendant vingt ans accablé d'outrages le peuple anglais, son gouvernement, son roi et l'héritier de ce roi, on aurait pu trouver quelque convenance de ton dans cette lettre ; mais comment cette *Altesse Royale* tant méprisée, tant insultée par Napoléon, est-elle devenue tout à coup le plus *puissant*, le plus *constant*, le plus *généreux* des ennemis, par la seule raison qu'elle est victorieuse ? Il ne pouvait pas être persuadé de ce qu'il disait ; or ce qui n'est pas vrai n'est pas éloquent. La phrase exposant le fait d'une

---

1. Frappé d'ostracisme, Thémistocle avait demandé hospitalité à son ennemi Admède, roi des Molosses.

grandeur tombée qui s'adresse à un ennemi est belle ; l'exemple banal de Thémistocle est de trop.

Il y a quelque chose de pire qu'un défaut de sincérité dans la démarche de Bonaparte ; il y a oubli de la France : l'Empereur ne s'occupa que de sa catastrophe individuelle ; la chute arrivée, nous ne comptâmes plus pour rien à ses yeux. Sans penser qu'en donnant la préférence à l'Angleterre sur l'Amérique, son choix devenait un outrage au deuil de la patrie. Il sollicita un asile du gouvernement qui depuis vingt ans soudoyait l'Europe contre nous, de ce gouvernement dont le commissaire à l'armée russe, le général Wilson, pressait Kutuzoff, dans la retraite de Moscou, d'achever de nous exterminer : les Anglais, heureux à la bataille finale, campaient dans le bois de Boulogne. Allez donc, ô Thémistocle, vous asseoir tranquillement au foyer britannique, tandis que la terre n'a pas encore achevé de boire le sang français versé pour vous à Waterloo ! Quel rôle le fugitif, fêté peut-être, eût-il joué au bord de la Tamise, en face de la France envahie, de Wellington devenu dictateur au Louvre ? La haute fortune de Napoléon le servit mieux : les Anglais, se laissant emporter à une politique étroite et rancunière, manquèrent leur dernier triomphe ; au lieu de perdre leur suppliant en l'admettant à leurs bastilles ou à leurs festins, ils lui rendirent plus brillante pour la postérité la couronne qu'ils croyaient lui avoir ravie. Il s'accrut dans sa captivité de l'énorme frayeur des puissances : en vain l'Océan l'enchaînait, l'Europe armée campait au rivage, les yeux attachés sur la mer.

4

Bonaparte sur le *Bellérophon*. – Torbay.
Acte qui confine Bonaparte à Sainte-Hélène.
Il passe sur le *Northumberland* et fait voile.

Le 15 juillet, *l'Épervier* transporta Bonaparte au *Bellérophon*. L'embarcation française était si petite, que du bord du vaisseau anglais on n'apercevait pas le géant sur les vagues. L'Empereur, en abordant le capitaine Maitland, lui dit : « Je viens me mettre sous la protection des lois de l'Angleterre. »

Une fois du moins le contempteur des lois en confessait l'autorité.

La flotte fit voile pour Torbay : une foule de barques se croisaient autour du *Bellérophon* ; même empressement à Plymouth. Le 30 juillet, lord Keith délivra au requérant l'acte qui le confinait à Sainte-Hélène : « C'est pis que la cage de Tamerlan [1] », dit Napoléon.

Cette violation du droit des gens et du respect de l'hospitalité était révoltante : si vous recevez le jour dans un navire *quelconque*, pourvu qu'il soit *sous voile*, vous êtes *Anglais de naissance* ; en vertu des vieilles coutumes de Londres, les *flots* sont réputés *terre d'Albion*. Et un navire anglais n'était point pour un suppliant un autel inviolable, il ne plaçait point le grand homme qui embrassait la poupe du *Bellérophon* sous la protection du trident britannique ! Bonaparte protesta ; il argumenta de lois, parla de trahison et de perfidie, en appela à l'avenir : cela lui allait-il bien ? ne s'était-il pas ri de la justice ? n'avait-il pas dans sa force foulé aux pieds les choses saintes dont il invoquait la garantie ? n'avait-il pas enlevé Toussaint-Louverture et le roi d'Espagne ? n'avait-il pas fait arrêter et détenir prisonniers pendant des années les voyageurs anglais qui se trouvaient en France au moment de la rupture du traité d'Amiens ? Permis donc à la marchande Angleterre d'imiter ce qu'il avait fait lui-même, et d'user d'ignobles représailles ; mais on pouvait agir autrement.

Chez Napoléon, la grandeur du cœur ne répondait pas à la largeur de la tête : ses querelles avec les Anglais sont déplorables ; elles révoltent lord Byron. Comment daigna-t-il honorer d'un mot ses geôliers ? On souffre de le voir s'abaisser à des conflits de paroles avec lord Keith à Torbay, avec sir Hudson Lowe à Sainte-Hélène, publier des factum parce qu'on lui manque de foi, chicaner sur un titre, sur un peu plus, sur un peu moins d'or ou d'honneurs. Bonaparte, réduit à lui-même, était réduit à sa gloire, et cela lui devait suffire : il n'avait rien à demander aux hommes ; il ne traitait pas assez despotiquement l'adversité ; on lui aurait pardonné

---

1. La cage dans laquelle Tamerlan, le conquérant tartare, enferma le sultan Bajazet, lorsqu'il l'eut fait prisonnier (en 1402).

d'avoir fait du malheur son dernier esclave. Je ne trouve de remarquable dans sa protestation contre la violation de l'hospitalité que la date et la signature de cette protestation : *« À bord du Bellérophon, à la mer. Napoléon. »* Ce sont là des harmonies d'immensité.

Du *Bellérophon*, Bonaparte passa sur le *Northumberland*. Deux frégates chargées de la garnison future de Sainte-Hélène l'escortaient. Quelques officiers de cette garnison avaient combattu à Waterloo. On permit à cet explorateur du globe de garder auprès de lui M. et madame Bertrand, MM. de Montholon, Gourgaud et de Las Cases, volontaires et généreux passagers sur la planche submergée. Par un article des instructions du capitaine, *Bonaparte devait être désarmé* : Napoléon seul, prisonnier dans un vaisseau, au milieu de l'Océan, *désarmé* ! quelle magnifique terreur de sa puissance ! Mais quelle leçon du ciel donnée aux hommes qui abusent du glaive ! La stupide amirauté traitait en sentencié de Botany-Bay[1] le grand *convict* de la race humaine : le prince Noir[2] fit-il *désarmer* le roi Jean[3] ?

L'escadre leva l'ancre. Depuis la barque qui porta César, aucun vaisseau ne fut chargé d'une pareille destinée. Bonaparte se rapprochait de cette mer des miracles, où l'Arabe du Sinaï l'avait vu passer. La dernière terre de France que découvrit Napoléon fut le cap la Hogue ; autre trophée des Anglais[4].

L'Empereur s'était trompé dans l'intérêt de sa mémoire, lorsqu'il avait désiré rester en Europe ; il n'aurait bientôt été qu'un prisonnier vulgaire ou flétri : son vieux rôle était terminé. Mais au delà de ce rôle une nouvelle position le rajeunit d'une renommée nouvelle. Aucun homme de bruit universel n'a eu une fin pareille à celle de Napoléon. On ne le proclama point, comme à sa première chute, autocrate de quelques carrières de fer et de marbre, les unes pour lui fournir une épée, les autres une statue ; aigle, on lui donna un rocher à la pointe duquel il est demeuré au soleil jusqu'à sa mort, et d'où il était vu de toute la terre.

---

1. En Australie, lieu de déportation des condamnés anglais. — 2. Édouard III. — 3. Jean le Bon, vaincu à Poitiers par le prince Noir en 1356. — 4. En 1692, les Anglais avaient détruit dans la rade de la Hogue la flotte de Tourville.

5

JJUGEMENT SUR BONAPARTE.

Au moment où Bonaparte quitte l'Europe, où il abandonne sa vie pour aller chercher les destinées de sa mort, il convient d'examiner cet homme à deux existences, de peindre le faux et le vrai Napoléon : ils se confondent et forment un tout, du mélange de leur réalité et de leur mensonge.

De la réunion de ces remarques il résulte que Bonaparte était un poète en action, un génie immense dans la guerre, un esprit infatigable, habile et sensé dans l'administration, un législateur laborieux et raisonnable. C'est pourquoi il a tant de prise sur l'imagination des peuples, et tant d'autorité sur le jugement des hommes positifs. Mais comme politique ce sera toujours un homme défectueux aux yeux des hommes d'État. Cette observation, échappée à la plupart de ses panégyristes, deviendra, j'en suis convaincu, l'opinion définitive qui restera de lui ; elle expliquera le contraste de ses actions prodigieuses et de leurs misérables résultats. À Sainte-Hélène, il a condamné lui-même avec sévérité sa conduite politique sur deux points : la guerre d'Espagne et la guerre de Russie ; il aurait pu étendre sa confession à d'autres coulpes. Ses enthousiastes ne soutiendront peut-être pas qu'en se blâmant il s'est trompé sur lui-même. Récapitulons :

Bonaparte agit contre toute prudence, sans parler de nouveau de ce qu'il y eut d'odieux dans l'action, en tuant le duc d'Enghien : il attacha un poids à sa vie. Malgré les puérils apologistes, cette mort, ainsi que nous l'avons vu, fut le levain secret des discordes qui éclatèrent dans la suite entre Alexandre et Napoléon comme entre la Prusse et la France.

L'entreprise sur l'Espagne fut complètement abusive : la Péninsule était à l'Empereur ; il en pouvait tirer le parti le plus avantageux : au lieu de cela, il en fit une école pour les soldats anglais, et le principe de sa propre destruction par le soulèvement d'un peuple.

La détention du pape et la réunion des États de l'Église à la France n'étaient que le caprice de la tyrannie par lequel il perdit l'avantage de passer pour le restaurateur de la religion.

Bonaparte ne s'arrêta pas lorsqu'il eut épousé la fille des Césars, ainsi qu'il l'aurait dû faire : la Russie et l'Angleterre lui criaient merci.

Il ne ressuscita pas la Pologne quand du rétablissement de ce royaume dépendait le salut de l'Europe.

Il se précipita sur la Russie malgré les représentations de ses généraux et de ses conseillers.

La folie commencée, il dépassa Smolensk ; tout lui disait qu'il ne devait pas aller plus loin à son premier pas, que sa première campagne du Nord était finie, et que la seconde (il le sentait lui-même) le rendrait maître de l'empire des czars.

Il ne sut ni computer les jours, ni prévoir l'effet des climats, que tout le monde à Moscou computait et prévoyait. Voyez en son lieu ce que j'ai dit du *blocus continental* et de la *confédération du Rhin* ; le premier, conception gigantesque, mais acte douteux, la seconde, ouvrage considérable, mais gâté dans l'exécution par l'instinct de camp et l'esprit de fiscalité. Napoléon reçut en don la vieille monarchie française telle que l'avaient faite les siècles et une succession ininterrompue de grands hommes, telle que l'avaient laissée la majesté de Louis XIV et les alliances de Louis XV, telle que l'avait agrandie la République. Il s'assit sur ce magnifique piédestal, étendit les bras, se saisit des peuples et les ramassa autour de lui ; mais il perdit l'Europe avec autant de promptitude qu'il l'avait prise ; il amena deux fois les alliés à Paris, malgré les miracles de son intelligence militaire. Il avait le monde sous ses pieds et il n'en a tiré qu'une prison pour lui, un exil pour sa famille, la perte de toutes ses conquêtes et d'une portion du vieux sol français.

C'est là l'histoire prouvée par les faits et que personne ne saurait nier. D'où naissaient les fautes que je viens d'indiquer, suivies d'un dénoûment si prompt et si funeste ? Elles naissaient de l'imperfection de Bonaparte en politique.

Dans ses alliances il n'enchaînait les gouvernements que par des concessions de territoire, dont il changeait bientôt les limites ; montrant sans cesse l'arrière-pensée de reprendre ce qu'il avait donné, faisant toujours sentir l'oppresseur ; dans ses envahissements, il ne réorganisait rien, l'Italie exceptée. Au lieu de s'arrêter après chaque pas pour relever sous une autre forme derrière lui ce qu'il avait abattu, il ne discontinuait pas son mouvement de progression parmi des ruines : il allait si vite, qu'à peine avait-il le temps de respirer où il passait. S'il eût, par une espèce de traité de Westphalie, réglé et assuré l'existence des États en Allemagne, en Prusse, en Pologne, à sa première marche rétrograde il se fût adossé à des populations satisfaites et il eût trouvé des abris. Mais son poétique édifice de victoires, manquant de base et n'étant suspendu en l'air que par son génie, tomba quand ce génie vint à se retirer. Le Macédonien fondait des empires en courant, Bonaparte en courant ne les savait que détruire ; son unique but était d'être personnellement le maître du globe, sans s'embarrasser des moyens de le conserver.

On a voulu faire de Bonaparte un être parfait, un type de sentiment, de délicatesse, de morale et de justice, un écrivain comme César et Thucydide, un orateur et un historien comme Démosthène et Tacite. Les discours publics de Napoléon, ses phrases de tente ou de conseil sont d'autant moins inspirées du souffle prophétique que ce qu'elles annonçaient de catastrophes ne s'est pas accompli, tandis que l'Isaïe du glaive a lui-même disparu : des paroles niniviennes[1] qui courent après des États sans les joindre et les détruire restent puériles au lieu d'être sublimes. Bonaparte a été véritablement le Destin pendant seize années : le Destin est muet, et Bonaparte aurait dû l'être. Bonaparte n'était point César ; son éducation n'était ni savante ni choisie ; demi-étranger, il ignorait les premières règles de notre langue : qu'importe, après tout, que sa parole fût fautive ? il donnait le mot d'ordre à l'univers. Ses bulletins ont l'éloquence de la victoire. Quelquefois, dans l'ivresse du succès, on affectait de les brocher sur un tambour ; du milieu des plus lugubres accents partaient de fatals éclats de rire. J'ai lu avec attention ce qu'a écrit Bonaparte, les premiers manuscrits de son enfance, ses romans, ensuite ses brochures à Buttafuoco, *le souper de Beaucaire*, ses lettres privées à Joséphine, les cinq volumes de ses discours, de ses ordres et de ses bulletins, ses dépêches restées inédites et gâtées par la rédaction des

---

[1]. Semblables à celles par lesquelles Isaïe annonçait aux Ninivites la ruine de leur ville.

bureaux de M. de Talleyrand. Je m'y connais : je n'ai guère trouvé que dans un méchant autographe laissé à l'île d'Elbe des pensées qui ressemblent à la nature du grand insulaire :

« Mon cœur se refuse aux joies communes comme à la douleur ordinaire. »

« Ne m'étant pas donné la vie, je ne me l'ôterai pas non plus, tant qu'elle voudra bien de moi. »

« Mon mauvais génie m'apparut et m'annonça ma fin que j'ai trouvée à Leipsick. »

« J'ai conjuré le terrible esprit de nouveauté qui parcourait le monde. »

C'est là très certainement du vrai Bonaparte.

Si les bulletins, les discours, les allocutions, les proclamations de Bonaparte se distinguent par l'énergie, cette énergie ne lui appartenait point en propre ; elle était de son temps, elle venait de l'inspiration révolutionnaire qui s'affaiblit dans Bonaparte, parce qu'il marchait à l'inverse de cette inspiration. Danton disait : « Le métal bouillonne ; si vous ne surveillez la fournaise, vous serez tous brûlés. » Saint-Just disait : « *Osez !* » Ce mot renferme toute la politique de notre Révolution ; ceux qui font des révolutions à moitié ne font que se creuser un tombeau.

Les bulletins de Bonaparte s'élèvent-ils au-dessus de cette fierté de parole ?

Quant aux nombreux volumes publiés sous le titre de : *Mémoires de Sainte-Hélène, Napoléon dans l'exil,* etc., etc., etc., ces documents, recueillis de la bouche de Bonaparte, ou dictés par lui à différentes personnes, ont quelques beaux passages sur des actions de guerre, quelques appréciations remarquables de certains hommes ; mais en définitive Napoléon n'est occupé qu'à faire son apologie, qu'à justifier son passé, qu'à bâtir sur des idées nées, des événements accomplis, des choses auxquelles il n'avait jamais songé pendant le cours de ces événements. Dans cette compilation, où le pour et le contre se succèdent, où chaque opinion trouve une autorité favorable et une réfutation péremptoire, il est difficile de démêler ce qui appartient à Napoléon de ce qui appartient à ses secrétaires. Il est probable qu'il avait une version différente pour chacun d'eux, afin que les lecteurs choisissent selon leur goût et se créassent dans l'avenir des Napoléons à leur guise. Il dictait son histoire telle qu'il la voulait laisser ; c'était un auteur faisant des articles sur son propre ouvrage. Rien donc de plus absurde que de s'extasier sur des répertoires de toutes mains, qui ne sont pas comme les *Commentaires de César* un ouvrage court, sorti d'une grande tête, rédigé par un écrivain supérieur ; et pourtant ces brefs commentaires, Asinius Pollion[1] le pensait, n'étaient ni exacts ni fidèles. Le *Mémorial de Sainte-Hélène* est bon, toute part faite à la candeur et à la simplicité de l'admiration.

Une des choses qui a le plus contribué à rendre de son vivant Napoléon haïssable, était son penchant à tout ravaler : dans une ville embrasée, il accouplait des décrets sur le rétablissement de quelques comédiens à des arrêts qui supprimaient des monarques ; parodie de l'omnipotence de Dieu, qui règle le sort du monde et d'une fourmi. À la chute des empires il mêlait des insultes à des femmes[2]. Il se complaisait dans l'humiliation de ce qu'il avait abattu ; il calomniait et blessait particulièrement ce qui avait osé lui résister. Son arrogance égalait son bonheur ; il croyait paraître d'autant plus grand qu'il abaissait les autres. Jaloux de ses généraux, il les accusait de ses propres fautes, car pour lui il ne pouvait jamais avoir failli. Contempteur de tous les mérites, il leur reprochait durement leurs erreurs. Après le désastre de Ramillies, il n'aurait jamais dit, comme Louis XIV au maréchal de Villeroi : « Monsieur le maréchal, à notre âge on n'est pas heureux. » Touchante magnanimité qu'ignorait Napoléon. Le siècle de Louis XIV a été fait par Louis le Grand : Bonaparte a fait son siècle.

L'histoire de l'Empereur, changée par de fausses traditions, sera faussée encore par l'état de la société à l'époque impériale. Toute révolution écrite en présence de la liberté de la

---

1. Ami d'Auguste et de Virgile qui lui a adressé sa IVe Bucolique. — 2. Chateaubriand songe surtout à la reine Louise de Prusse.

presse peut laisser arriver l'œil au fond des faits, parce que chacun les rapporte comme il les a vus : le règne de Cromwell est connu, car on disait au Protecteur ce qu'on pensait de ses actes et de sa personne. En France, même sous la République, malgré l'inexorable censure du bourreau, la vérité perçait ; la faction triomphante n'était pas toujours la même ; elle succombait vite, et la faction qui lui succédait vous apprenait ce que vous avait caché sa devancière : il y avait liberté d'un échafaud à l'autre, entre deux têtes abattues. Mais lorsque Bonaparte saisit le pouvoir, que la pensée fut bâillonnée, qu'on n'entendit plus que la voix d'un despotisme qui ne parlait que pour se louer et ne permettait pas de parler d'autre chose que de lui, la vérité disparut.

Les pièces soi-disant authentiques de ce temps sont corrompues ; rien ne se publiait, livres et journaux, que par l'ordre du maître : Bonaparte veillait aux articles du *Moniteur* ; ses préfets renvoyaient des divers départements les récitations, les congratulations, les félicitations, telles que les autorités de Paris les avaient dictées et transmises, telles qu'elles exprimaient une opinion publique convenue, entièrement différente de l'opinion réelle. Écrivez l'histoire d'après de pareils documents ! En preuve de vos impartiales études, cotez les authentiques où vous avez puisé : vous ne citerez qu'un mensonge à l'appui d'un mensonge.

Si l'on pouvait révoquer en doute cette imposture universelle, si des hommes qui n'ont point vu les jours de l'Empire s'obstinaient à tenir pour sincère ce qu'ils rencontrent dans les documents imprimés, ou même ce qu'ils pourraient déterrer dans certains cartons des ministères, il suffirait d'en appeler à un témoignage irrécusable, au Sénat *conservateur* : là, dans le décret que j'ai cité plus haut, vous avez vu ces propres paroles : « Considérant que la liberté de la presse a été constamment soumise à la censure arbitraire de sa police, et qu'en même temps *il s'est toujours servi de la presse pour remplir la France et l'Europe de faits controuvés, de maximes fausses* ; que des *actes* et *rapports* entendus par le Sénat ont subi des altérations dans la publication qui en a été faite, etc. » Y a-t-il quelque chose à répondre à cette déclaration ?

La vie de Bonaparte était une vérité incontestable, que l'imposture s'était chargée d'écrire.

## 6

### Caractère de Bonaparte.

Un orgueil monstrueux et une affectation incessante gâtent le caractère de Napoléon. Au temps de sa domination, qu'avait-il besoin d'exagérer sa stature, lorsque le Dieu des armées lui avait fourni ce char dont *les roues sont vivantes* ?

Il tenait du sang italien ; sa nature était complexe : les grands hommes, très petite famille sur la terre, ne trouvent malheureusement qu'eux-mêmes pour s'imiter. À la fois modèle et copie, personnage réel et acteur représentant ce personnage, Napoléon était son propre mime ; il ne se serait pas cru un héros s'il ne se fût affublé du costume d'un héros. Cette étrange faiblesse donne à ses étonnantes réalités quelque chose de faux et d'équivoque ; on craint de prendre le Roi des rois pour Roscius[1], ou Roscius pour le Roi des rois.

Les qualités de Napoléon sont si adultérées dans les gazettes, les brochures, les vers, et jusque dans les chansons envahies de l'impérialisme, que ces qualités sont complètement méconnaissables. Tout ce qu'on prête de touchant à Bonaparte dans les *Ana* sur les *prisonniers*, les *morts*, les *soldats*, sont des billevesées que démentent les actions de sa vie[*].

*La Grand'mère*[2] de mon illustre ami Béranger n'est qu'un admirable Pont-Neuf[3] : Bonaparte n'avait rien du bonhomme. Domination personnifiée, il était sec ; cette frigidité faisait antidote à son imagination ardente ; il ne trouvait point en lui de parole, il n'y trouvait qu'un fait, et un fait prêt à s'irriter de la plus petite indépendance : un moucheron qui volait sans son ordre était à ses yeux un insecte révolté.

Ce n'était pas tout que de mentir aux oreilles, il fallait mentir aux yeux : ici, dans une gravure, c'est Bonaparte qui

---

[*] Voyez plus haut dans leur ordre chronologique les actions de Bonaparte. *[Note de l'auteur.]*

**1.** Comédien romain pour qui Cicéron a plaidé. — **2.** Le vrai titre de cette chanson est *Les Souvenirs du peuple*. — **3.** Chanson populaire.

se découvre devant les blessés autrichiens, là c'est un petit *tourlourou* qui empêche l'Empereur de passer, plus loin Napoléon touche les pestiférés de Jaffa[1], et il ne les a jamais touchés ; il traverse le Saint-Bernard sur un cheval fougueux dans des tourbillons de neige, et il faisait le plus beau temps du monde.

Ne veut-on pas transformer l'Empereur aujourd'hui en un Romain des premiers jours du mont Aventin, en un missionnaire de liberté, en un citoyen qui n'instituait l'esclavage que par amour de la vertu contraire ? Jugez à deux traits du grand fondateur de l'égalité : il ordonna de casser le mariage de son frère Jérôme avec mademoiselle Paterson, parce que le frère de Napoléon ne se pouvait allier qu'au sang des princes ; plus tard, revenu de l'île d'Elbe, il revêt la nouvelle constitution *démocratique* d'une pairie et la couronne de l'*Acte additionnel.*

Que Bonaparte, continuateur des succès de la République, semât partout des principes d'indépendance, que ses victoires aidassent au relâchement des liens entre les peuples et les rois, arrachassent ces peuples à la puissance des vieilles mœurs et des anciennes idées ; que, dans ce sens, il ait contribué à l'affranchissement social, je ne le prétends point contester : mais que de sa propre volonté il ait travaillé sciemment à la délivrance politique et civile des nations ; qu'il ait établi le despotisme le plus étroit dans l'idée de donner à l'Europe et particulièrement à la France la constitution la plus large ; qu'il n'ait été qu'un tribun déguisé en tyran, c'est une supposition qu'il m'est impossible d'adopter.

Bonaparte, comme la race des princes, n'a voulu et n'a cherché que la puissance, en y arrivant toutefois à travers la liberté, parce qu'il débuta sur la scène du monde en 1793. La Révolution, qui était la nourrice de Napoléon, ne tarda pas à lui apparaître comme une ennemie ; il ne cessa de la battre. L'Empereur, du reste, connaissait très bien le mal, quand le mal ne venait pas directement de l'Empereur ; car il n'était pas dépourvu du sens moral. Le sophisme mis en avant touchant l'amour de Bonaparte pour la liberté ne prouve

---

1. Dans le tableau de Gros (voir p. 111).

qu'une chose, l'abus que l'on peut faire de la raison ; aujourd'hui elle se prête à tout. N'est-il pas établi que la Terreur était un temps d'humanité ? En effet, ne demandait-on pas l'abolition de la peine de mort lorsqu'on tuait tant de monde ? Les grands civilisateurs, comme on les *appelle*, n'ont-ils pas toujours immolé les hommes, et n'est-ce pas par-là, comme on le *prouve*, que Robespierre était le continuateur de Jésus-Christ ?

L'Empereur se mêlait de toutes choses ; son intellect ne se reposait jamais ; il avait une espèce d'agitation perpétuelle d'idées. Dans l'impétuosité de sa nature, au lieu d'un train franc et continu, il s'avançait par bonds et haut-le-corps, il se jetait sur l'univers et lui donnait des saccades ; il n'en voulait point, de cet univers, s'il était obligé de l'attendre : être incompréhensible, qui trouvait le secret d'abaisser, en les dédaignant, ses plus dominantes actions, et qui élevait jusqu'à sa hauteur ses actions les moins élevées. Impatient de volonté, patient de caractère, incomplet et comme inachevé, Napoléon avait des lacunes dans le génie : son entendement ressemblait au ciel de cet autre hémisphère sous lequel il devait aller mourir, à ce ciel dont les étoiles sont séparées par des espaces vides.

On se demande par quel prestige Bonaparte, si aristocrate, si ennemi du peuple, a pu arriver à la popularité dont il jouit : car ce forgeur de jougs est très certainement resté populaire chez une nation dont la prétention a été d'élever des autels à l'indépendance et à l'égalité ; voici le mot de l'énigme :

Une expérience journalière fait reconnaître que les Français vont instinctivement au pouvoir ; ils n'aiment point la liberté ; l'égalité seule est leur idole. Or, l'égalité et le despotisme ont des liaisons secrètes. Sous ces deux rapports, Napoléon avait sa source au cœur des Français, militairement inclinés vers la puissance, démocratiquement amoureux du niveau. Monté au trône, il y fit asseoir le peuple avec lui ; Roi prolétaire, il humilia les Rois et les nobles dans ses antichambres ; il nivela les rangs, non en les abaissant, mais en les élevant : le niveau descendant aurait charmé davantage l'envie plébéienne, le niveau ascendant a plus flatté son orgueil [1]. La vanité française

---

[1]. Il faut sans doute comprendre « l'orgueil de la plèbe », « la vanité française ».

se bouffit aussi de la supériorité que Bonaparte nous donna sur le reste de l'Europe ; une autre cause de la popularité de Napoléon tient à l'affliction de ses derniers jours. Après sa mort, à mesure que l'on connut mieux ce qu'il avait souffert à Sainte-Hélène, on commença à s'attendrir ; on oublia sa tyrannie pour se souvenir qu'après avoir d'abord vaincu nos ennemis, qu'après les avoir ensuite attirés en France, il nous avait défendu contre eux ; nous nous figurons qu'il nous sauverait aujourd'hui de la honte où nous sommes : sa renommée nous fut ramenée par son infortune ; sa gloire a profité de son malheur.

Enfin les miracles de ses armes ont ensorcelé la jeunesse, en nous apprenant à adorer la force brutale. Sa fortune inouïe a laissé à l'outrecuidance de chaque ambition l'espoir d'arriver où il était parvenu.

Et pourtant cet homme, si populaire par le cylindre qu'il avait roulé sur la France, était l'ennemi mortel de l'égalité et le plus grand organisateur de l'aristocratie dans la démocratie.

Je ne puis acquiescer aux faux éloges dont on insulte Bonaparte, en voulant tout justifier dans sa conduite ; je ne puis renoncer à ma raison, m'extasier devant ce qui me fait horreur ou pitié.

Si j'ai réussi à rendre ce que j'ai senti, il restera de mon portrait une des premières figures de l'histoire ; mais je n'ai rien adopté de cette créature fantastique composée de mensonges ; mensonges que j'ai vus naître, qui, pris d'abord pour ce qu'ils étaient, ont passé avec le temps à l'état de vérité par l'infatuation et l'imbécile crédulité humaine. Je ne veux pas être une sotte grue[1] et tomber du haut mal[2] d'admiration. Je m'attache à peindre les personnages en conscience, sans leur ôter ce qu'ils ont, sans leur donner ce qu'ils n'ont pas. Si le succès était réputé l'innocence ; si, débauchant jusqu'à la postérité, il la chargeait de ses chaînes ; si, esclave future, engendrée d'un passé esclave, cette postérité

---

[1]. Un niais. — [2]. « Tomber du haut mal » est une expression populaire qui signifie : avoir une crise d'épilepsie. Chateaubriand ne veut pas se laisser méduser par l'admiration.

subornée devenait la complice de quiconque aurait triomphé, où serait le droit, où serait le prix des sacrifices ? Le bien et le mal n'étant plus que relatifs, toute moralité s'effacerait des actions humaines.

Tel est l'embarras que cause à l'écrivain impartial une éclatante renommée ; il l'écarte autant qu'il peut, afin de mettre le vrai à nu ; mais la gloire revient comme une vapeur radieuse et couvre à l'instant le tableau.

7

Si Bonaparte nous a laissé en renommée
ce qu'il nous a ôté en force ?

Pour ne pas avouer l'amoindrissement de territoire et de puissance que nous devons à Bonaparte, la génération actuelle se console en se figurant que ce qu'il nous a retranché en force, il nous l'a rendu en illustration : « Désormais ne sommes-nous pas, dit-elle, renommés aux quatre coins de la terre ? un Français n'est-il pas craint, remarqué, recherché, connu à tous les rivages ? »

Mais étions-nous placés entre ces deux conditions, ou l'immortalité sans puissance, ou la puissance sans immortalité ? Alexandre fit connaître à l'univers le nom des Grecs ; il ne leur en laissa pas moins quatre empires en Asie ; la langue et la civilisation des Hellènes s'étendirent du Nil à Babylone et de Babylone à l'Indus. À sa mort, son royaume patrimonial de Macédoine, loin d'être diminué, avait centuplé de force. Bonaparte nous a fait connaître à tous les rivages ; commandés par lui, les Français jetèrent l'Europe si bas à leurs pieds que la France prévaut encore par son nom, et que l'arc de l'Étoile peut s'élever sans paraître un puéril trophée ; mais avant nos revers ce monument eût été un témoin au lieu de n'être qu'une chronique. Cependant Dumouriez avec des réquisitionnaires n'avait-il pas donné à l'étranger les premières leçons, Jourdan gagné la bataille de Fleurus, Pichegru conquis la Belgique et la Hollande, Hoche passé le Rhin, Masséna triomphé à Zurich, Moreau à Hohenlinden ; tous exploits les plus difficiles à obtenir et qui préparaient les autres ? Bonaparte a donné un corps à ces succès épars ; il les a continués, il a fait rayonner ces victoires : mais sans ces premières merveilles eût-il obtenu les dernières ? Il n'était au-dessus de tout que quand la raison chez lui exécutait les inspirations du poète.

L'illustration de notre suzerain ne nous a coûté que deux ou trois cent mille hommes par an ; nous ne l'avons payée que de trois millions de nos soldats ; nos concitoyens ne l'ont achetée qu'au prix de leurs souffrances et de leurs libertés pendant quinze années : ces bagatelles peuvent-elles compter ? Les générations venues après ne sont-elles pas resplendissantes ? Tant pis pour ceux qui ont disparu ! Les calamités sous la République servirent au salut de tous ; nos malheurs sous l'Empire ont bien plus fait : ils ont déifié Bonaparte ! cela nous suffit.

Cela ne me suffit pas à moi, je ne m'abaisserai point à cacher ma nation derrière Bonaparte ; il n'a pas fait la France, la France l'a fait. Jamais aucun talent, aucune supériorité ne m'amènera à consentir au pouvoir qui peut d'un mot me priver de mon indépendance, de mes foyers, de mes amis ; si je ne dis pas de ma fortune et de mon honneur, c'est que la fortune ne me paraît pas valoir la peine qu'on la défende ; quant à l'honneur, il échappe à la tyrannie : c'est l'âme des martyrs ; les liens l'entourent et ne l'enchaînent pas ; il perce la voûte des prisons et emporte avec soi tout l'homme.

Le tort que la vraie philosophie ne pardonnera pas à Bonaparte, c'est d'avoir façonné la société à l'obéissance passive, repoussé l'humanité vers les temps de dégradation morale, et peut-être abâtardi les caractères de manière qu'il serait impossible de dire quand les cœurs commenceront à palpiter de sentiments généreux. La faiblesse où nous sommes plongés vis-à-vis de nous-mêmes et vis-à-vis de l'Europe, notre abaissement actuel, sont la conséquence de l'esclavage napoléonien : il ne nous est resté que les facultés du joug. Bonaparte a dérangé jusqu'à l'avenir ; point ne m'étonnerais si l'on nous voyait dans le malaise de notre impuissance nous amoindrir, nous barricader contre l'Europe au lieu de l'aller chercher, livrer nos franchises au dedans pour nous délivrer au dehors d'une frayeur chimérique, nous égarer dans d'ignobles prévoyances, contraires à notre génie et aux quatorze siècles dont se composent nos mœurs nationales. Le despotisme que Bonaparte a laissé dans l'air descendra sur nous en forteresses[1].

La mode est aujourd'hui d'accueillir la liberté d'un rire sardonique, de la regarder comme vieillerie tombée en désuétude avec l'honneur. Je ne suis point à la mode, je pense que sans la liberté il n'y a rien dans le monde ; elle donne du prix à la vie ; dussé-je rester le dernier à la défendre, je ne cesserai de proclamer ses droits. Attaquer Napoléon au nom de choses passées, l'assaillir avec des idées mortes, c'est lui préparer de nouveaux triomphes. On ne le peut combattre qu'avec quelque chose de plus grand que lui, la liberté : il s'est rendu coupable envers elle et par conséquent envers le genre humain.

8

Inutilité des vérités ci-dessus exposées.

Vaines paroles ! mieux que personne j'en sens l'inutilité. Désormais toute observation, si modérée qu'elle soit, est réputée profanatrice ; il faut du courage pour oser braver les cris du vulgaire, pour ne pas craindre de se faire traiter d'intelligence bornée, incapable de comprendre et de sentir le génie de Napoléon, par la seule raison qu'au milieu de l'admiration vive et vraie que l'on professe pour lui, on ne peut néanmoins encenser toutes ses imperfections. Le monde appartient à Bonaparte ; ce que le ravageur n'avait pu achever de conquérir, sa renommée l'usurpe ; vivant, il a manqué le monde, mort il le possède. Vous avez beau réclamer, les générations passent sans vous écouter. L'antiquité fait dire à l'ombre du fils de Priam : « Ne juge pas Hector d'après sa petite tombe : l'*Iliade*, Homère, les Grecs en fuite, voilà mon sépulcre : je suis enterré sous toutes ces grandes actions[2]. »

---

**1.** Chateaubriand est hostile à la ceinture de fortifications dont Thiers décide, en 1840, d'entourer Paris. — **2.** Épigramme de l'*Anthologie*.

Bonaparte n'est plus le vrai Bonaparte, c'est une figure légendaire composée des lubies du poète, des devis du soldat et des contes du peuple ; c'est le Charlemagne et l'Alexandre des épopées du moyen âge que nous voyons aujourd'hui. Ce héros fantastique restera le personnage réel ; les autres portraits disparaîtront. Bonaparte appartenait si fort à la domination absolue, qu'après avoir subi le despotisme de sa personne, il nous faut subir le despotisme de sa mémoire. Ce dernier despotisme est plus dominateur que le premier, car si l'on combattit quelquefois Napoléon alors qu'il était sur le trône, il y a consentement universel à accepter les fers que mort il nous jette. Il est un obstacle aux événements futurs : comment une puissance sortie des camps pourrait-elle s'établir après lui ? n'a-t-il pas tué en la surpassant toute gloire militaire ? Comment un gouvernement libre pourrait-il naître, lorsqu'il a corrompu dans les cœurs le principe de toute liberté ? Aucune puissance légitime ne peut plus chasser de l'esprit de l'homme le spectre usurpateur : le soldat et le citoyen, le républicain et le monarchiste, le riche et le pauvre, placent également les bustes et les portraits de Napoléon à leurs foyers, dans leurs palais ou dans leurs chaumières ; les anciens vaincus sont d'accord avec les anciens vainqueurs ; on ne peut faire un pas en Italie qu'on ne le retrouve ; on ne pénètre pas en Allemagne qu'on ne le rencontre, car dans ce pays la jeune génération qui le repoussa est passée. Les siècles s'asseyent d'ordinaire devant le portrait d'un grand homme, ils l'achèvent par un travail long et successif. Le genre humain cette fois n'a pas voulu attendre ; peut-être s'est-il trop hâté d'estomper un pastel. Il est temps de placer en regard de la partie défectueuse de l'idole la partie achevée.

Bonaparte n'est point grand par ses paroles, ses discours, ses écrits, par l'amour des libertés qu'il n'a jamais eu et n'a jamais prétendu établir ; il est grand pour avoir créé un gouvernement régulier et puissant, un code de lois adopté en divers pays, des cours de justice, des écoles, une administration forte, active, intelligente, et sur laquelle nous vivons encore ; il est grand pour avoir ressuscité, éclairé et géré supérieurement l'Italie ; il est grand pour avoir fait renaître en France l'ordre du sein du chaos, pour avoir relevé les autels, pour avoir réduit de furieux démagogues, d'orgueilleux savants, des littérateurs anarchiques, des athées voltairiens, des orateurs de carrefours, des égorgeurs de prisons et de rues, des claque-dents de tribune, de clubs et d'échafauds, pour les avoir réduits à servir sous lui ; il est grand pour avoir enchaîné une tourbe anarchique ; il est grand pour avoir fait cesser les familiarités d'une commune fortune, pour avoir forcé des soldats ses égaux, des capitaines ses chefs ou ses rivaux, à fléchir sous sa volonté ; il est grand surtout pour être né de lui seul, pour avoir su, sans autre autorité que celle de son génie, pour avoir su, lui, se faire obéir par trente-six millions de sujets à l'époque où aucune illusion n'environne les trônes ; il est grand pour avoir abattu tous les rois ses opposants, pour avoir défait toutes les armées quelle qu'ait été la différence de leur discipline et de leur valeur, pour avoir appris son nom aux peuples civilisés, pour avoir surpassé tous les vainqueurs qui le précédèrent, pour avoir rempli dix années de tels prodiges qu'on a peine aujourd'hui à les comprendre.

Le fameux délinquant en matière triomphale n'est plus ; le peu d'hommes qui comprennent encore les sentiments nobles peuvent rendre hommage à la gloire sans la craindre, mais sans se repentir d'avoir proclamé ce que cette gloire eut de funeste, sans reconnaître le destructeur des indépendances pour le père des émancipations : Napoléon n'a nul besoin qu'on lui prête des mérites ; il fut assez doué en naissant.

Or donc que, détaché de son temps, son histoire est finie et que son épopée commence, allons le voir mourir : quittons l'Europe ; suivons-le sous le ciel de son apothéose ! Le frémissement des mers, là où ses vaisseaux caleront[1] la voile, nous indiquera le lieu de sa disparition : « À l'extrémité de notre hémisphère, on entend, dit Tacite, le bruit que fait le soleil en s'immergeant, *sonum insuper immergentis audiri*[2]. »

---

**1.** Baisseront. — **2.** Tacite, *De moribus Germanorum*, 45.

*Sans date*

9

Île de Sainte-Hélène.
Bonaparte traverse l'Atlantique.

Jean de Noya, navigateur portugais, s'était égaré dans les eaux qui séparent l'Afrique de l'Amérique. En 1502, le 18 août, fête de sainte Hélène, mère du premier empereur chrétien, il rencontra une île par le 16$^e$ degré de latitude méridionale et le 11$^e$ de longitude ; il y toucha et lui donna le nom du jour de la découverte.

Après avoir fréquenté cette île quelques années, les Portugais la délaissèrent ; les Hollandais s'y établirent, et l'abandonnèrent ensuite pour le cap de Bonne-Espérance ; la Compagnie des Indes d'Angleterre s'en saisit ; les Hollandais la reprirent en 1672 ; les Anglais l'occupèrent de nouveau et s'y fixèrent.

Lorsque Jean de Noya surgit à Sainte-Hélène, l'intérieur du pays inhabité n'était qu'une forêt. Fernand Lopez, renégat portugais, déporté à cette oasis, la peupla de vaches, de chèvres, de poules, de pintades et d'oiseaux des quatre parties de la terre. On y fit monter successivement, comme à bord de l'arche, des animaux de toute la création.

Cinq cents blancs, quinze cents nègres, mêlés de mulâtres, de Javanais et de Chinois, composent la population de l'île. Jamestown en est la ville et le port. Avant que les Anglais fussent maîtres du cap de Bonne-Espérance, les flottes de la Compagnie, au retour des Indes, relâchaient à Jamestown. Les matelots étalaient leurs pacotilles au pied des palmistes : une forêt muette et solitaire se changeait, une fois l'an, en un marché bruyant et peuplé.

Le climat de l'île est sain, mais pluvieux : ce donjon de Neptune, qui n'a que sept à huit lieues de tour, attire les vapeurs de l'Océan. Le soleil de l'équateur chasse à midi tout ce qui respire, force au silence et au repos jusqu'aux moucherons, oblige les hommes et les animaux à se cacher. Les vagues sont éclairées la nuit de ce qu'on appelle la *lumière de mer*, lumière produite par des myriades d'insectes dont les amours, électrisés par les tempêtes, allument à la surface de l'abîme les illuminations d'une noce universelle. L'ombre de l'île, obscure et fixe, repose au milieu d'une plaine mobile de diamants. Le spectacle du ciel est semblablement magnifique, selon mon savant et célèbre ami M. de Humboldt* : « On éprouve, dit-il, je ne sais quel sentiment inconnu, lorsqu'en approchant de l'équateur, et surtout en passant d'un hémisphère à l'autre, on voit s'abaisser progressivement et enfin disparaître les étoiles que l'on connut dès sa première enfance. On sent qu'on n'est point en Europe, lorsqu'on voit s'élever sur l'horizon l'immense constellation du *Navire*, ou les nuées phosphorescentes de *Magellan*.

« Nous ne vîmes pour la première fois distinctement, continue-t-il, la croix du Sud que dans la nuit du 4 au 5 juillet, par les 16 degrés de latitude.

« Je me rappelais le passage sublime de Dante que les commentateurs les plus célèbres ont appliqué à cette constellation :

« *Io mi volsi a man destra*[1], *etc.*

Chez les Portugais et les Espagnols, un sentiment religieux les attache à une constellation dont la forme leur rappelle ce signe de la foi, planté par leurs ancêtres dans les déserts du nouveau monde. »

Les poètes de la France et de la Lusitanie ont placé des scènes de l'Élégie aux rivages du Mélinde et des îles avoisinantes. Il y a loin de ces douleurs fictives aux tourments réels de Napoléon sous ces astres prédits par le chantre de Béatrice et dans ces mers d'Éléonore et de Virginie[2]. Les grands de Rome, relégués aux îles de la Grèce, se souciaient-ils des charmes de ces rives et des divinités de la Crète et de Naxos ? Ce qui ravissait Vasco de Gama et Camoëns ne pouvait émouvoir Bonaparte : couché à la poupe du vaisseau, il ne s'apercevait pas qu'au-dessus de sa tête étincelaient des

---

\* *Voyage aux régions équinoxiales.* [*Note de l'auteur.*]

1. « Je me tournai vers ma droite... » (*Purgatoire*, I, 22 *sq.*). — 2. Des héroïnes de Parny et de Bernardin de Saint-Pierre.

constellations inconnues dont les rayons rencontraient pour la première fois ses regards. Que lui faisaient ces astres qu'il ne vit jamais de ses bivouacs, qui n'avaient pas brillé sur son empire ? Et cependant aucune étoile n'a manqué à sa destinée : la moitié du firmament éclaira son berceau, l'autre était réservée à la pompe de sa tombe.

La mer que Napoléon franchissait n'était point cette mer amie qui l'apporta des havres de la Corse, des sables d'Aboukir, des rochers de l'île d'Elbe, aux rives de la Provence ; c'était cet Océan ennemi qui, après l'avoir enfermé dans l'Allemagne, la France, le Portugal et l'Espagne, ne s'ouvrait devant sa course que pour se refermer derrière lui. Il est probable qu'en voyant les vagues pousser son navire, les vents alizés l'éloigner d'un souffle constant, il ne faisait pas sur sa catastrophe les réflexions qu'elle m'inspire : chaque homme sent sa vie à sa manière ; celui qui donne au monde un grand spectacle est moins touché et moins enseigné que le spectateur. Occupé du passé comme s'il pouvait renaître, espérant encore dans ses souvenirs, Bonaparte s'aperçut à peine qu'il franchissait la ligne, et il ne demanda point quelle main traça ces cercles dans lesquels les globes sont contraints d'emprisonner leur marche éternelle.

Le 15 août, la colonie errante célébra la Saint-Napoléon à bord du vaisseau qui conduisait Napoléon à sa dernière halte. Le 15 octobre, le *Northumberland* était à la hauteur de Sainte-Hélène. Le passager monta sur le pont ; il eut peine à découvrir un point noir imperceptible dans l'immensité bleuâtre ; il prit une lunette ; il observa ce grain de terre ainsi qu'il eût autrefois observé une forteresse au milieu d'un lac. Il aperçut la bourgade de Saint-James enchâssée dans des rochers escarpés ; pas une ride de cette façade stérile à laquelle ne fût suspendu un canon : on semblait avoir voulu recevoir le captif selon son génie.

Le 16 octobre 1815, Bonaparte aborda l'écueil, son mausolée, de même que le 12 octobre 1492 Christophe Colomb aborda le Nouveau Monde, son monument : « Là, dit Walter Scott, à l'entrée de l'océan Indien, Bonaparte était privé des moyens de faire un second *avatar* ou incarnation sur la terre. »

## 10

NAPOLÉON PREND TERRE À SAINTE-HÉLÈNE.
SON ÉTABLISSEMENT À LONGWOOD. – PRÉCAUTIONS.
VIE À LONGWOOD. – VISITES.

Avant d'être transporté à la résidence de Longwood, Bonaparte occupa une case à *Briars* près de *Balcomb's cottage*[1]. Le 9 décembre, Longwood, augmenté à la hâte par les charpentiers de la flotte anglaise, reçut son hôte. La maison, située sur un plateau de montagnes, se composait d'un salon, d'une salle à manger, d'une bibliothèque, d'un cabinet d'étude et d'une chambre à coucher. C'était peu : ceux qui habitèrent la tour du Temple et le donjon de Vincennes furent encore moins bien logés ; il est vrai qu'on eut l'attention d'abréger leur séjour. Le général Gourgaud, M. et madame de Montholon avec leurs enfants, M. de Las Cases et son fils, campèrent provisoirement sous des tentes ; M. et madame Bertrand s'établirent à *Hut's gate*, cabine placée à la limite du terrain de Longwood.

Bonaparte avait pour promenoir une arène de douze milles ; des sentinelles entouraient cet espace, et des vigies étaient placées sur les plus hauts pitons. Le lion pouvait étendre ses courses au-delà, mais il fallait alors qu'il consentît à se laisser garder par un bestiaire anglais. Deux camps défendaient l'enceinte excommuniée : le soir, le cercle des factionnaires se resserrait sur Longwood. À neuf heures, Napoléon consigné ne pouvait plus sortir, les patrouilles faisaient la ronde ; des cavaliers en vedette, des fantassins plantés çà et là, veillaient dans les criques et dans les ravins qui descendaient à la grève. Deux bricks armés croisaient, l'un sous le vent, l'autre au vent de l'île. Que de précautions pour garder un seul homme au milieu des mers ! Après le coucher du soleil, aucune chaloupe ne pouvait mettre à la mer ; les bateaux pêcheurs étaient comptés, et la nuit ils restaient au port sous la responsabilité d'un lieutenant de

---

[1]. Au chalet des Églantiers, dépendance du cottage appartenant au négociant Balcombe.

marine. Le souverain généralissime qui avait cité le monde à son étrier était appelé à comparaître deux fois le jour devant un hausse-col. Bonaparte ne se soumettait point à cet appel ; quand, par fortune, il ne pouvait éviter les regards de l'officier de service, cet officier n'aurait osé dire où et comment il avait vu celui dont il était plus difficile de constater l'absence que de prouver la présence à l'univers.

Sir George Cockburn, auteur de ces règlements sévères, fut remplacé par sir Hudson Lowe. Alors commencèrent les pointilleries dont tous les *Mémoires*[1] nous ont entretenus. Si l'on en croyait ces *Mémoires*, le nouveau gouverneur aurait été de la famille des énormes araignées de Sainte-Hélène, et le reptile de ces bois où les serpents sont inconnus. L'Angleterre manqua d'élévation, Napoléon de dignité. Pour mettre un terme à ses exigences d'étiquette, Bonaparte semblait quelquefois décidé à se voiler sous un pseudonyme, comme un monarque en pays étranger ; il eut l'idée touchante de prendre le nom d'un de ses aides de camp tué à la bataille d'Arcole[2]. La France, l'Autriche, la Russie, désignèrent des commissaires à la résidence de Sainte-Hélène : le captif était accoutumé à recevoir les ambassadeurs des deux dernières puissances ; la légitimité, qui n'avait pas reconnu Napoléon empereur, aurait agi plus noblement en ne reconnaissant pas Napoléon prisonnier.

Une grande maison de bois, construite à Londres, fut envoyée à Sainte-Hélène ; mais Napoléon ne se trouva plus assez bien portant pour l'habiter. Sa vie à Longwood était ainsi réglée : il se levait à des heures incertaines ; M. Marchand, son valet de chambre, lui faisait la lecture lorsqu'il était au lit ; quand il s'était levé matin, il dictait aux généraux Montholon et Gourgaud, et au fils de M. de Las Cases. Il déjeunait à dix heures, se promenait à cheval ou en voiture jusque vers les trois heures, rentrait à six et se couchait à onze. Il affectait de s'habiller comme il est peint dans le portrait d'Isabey : le matin il s'enveloppait d'un cafetan et entortillait sa tête d'un mouchoir des Indes.

---

1. Chateaubriand songe surtout au *Mémorial* de Las Cases et aux *Mémoires* de Montholon. — 2. Le capitaine Muiron.

Sainte-Hélène est située entre les deux pôles. Les navigateurs qui passent d'un lieu à l'autre saluent cette première station, où la terre délasse les regards fatigués du spectacle de l'Océan et offre des fruits et la fraîcheur de l'eau douce à des bouches échauffées par le sel. La présence de Bonaparte avait changé cette île de promission en un roc pestiféré : les vaisseaux étrangers n'y abordaient plus ; aussitôt qu'on les signalait à vingt lieues de distance, une croisière les allait reconnaître et leur enjoignait de passer au large ; on n'admettait en relâche, à moins d'une tourmente, que les seuls navires de la marine britannique.

Quelques-uns des voyageurs anglais qui venaient d'admirer ou qui allaient voir les merveilles du Gange visitaient sur leur chemin une autre merveille : l'Inde, accoutumée aux conquérants, en avait un enchaîné à ses portes.

Napoléon admettait ces visites avec peine. Il consentit à recevoir lord Amherst[1] à son retour de son ambassade de la Chine. L'amiral sir Pultney Malcolm[2] lui plut : « Votre gouvernement, lui dit-il un jour, a-t-il l'intention de me retenir sur ce rocher jusqu'à ma mort ? » L'amiral répondit qu'il le craignait. « Alors ma mort arrivera bientôt. — J'espère que non, *monsieur* ; vous vivrez assez de temps pour écrire vos grandes actions ; elles sont si nombreuses, que cette tâche vous assure une longue vie. »

Napoléon ne se choqua point de cette simple appellation, *monsieur* ; il se reconnut en ce moment par sa véritable grandeur. Heureusement pour lui, il n'a point écrit sa vie ; il l'eût rapetissée : les hommes de cette nature doivent laisser leurs mémoires à raconter par cette voix inconnue qui n'appartient à personne et qui sort des peuples et des siècles. À nous seuls vulgaires il est permis de parler de nous, parce que personne n'en parlerait.

Le capitaine Basil Hall[3] se présenta à Longwood : Bonaparte se souvint d'avoir vu le père du capitaine à Brienne : « Votre père, dit-il, était le premier Anglais que j'eusse jamais vu ; c'est pourquoi j'en ai gardé le souvenir toute ma vie. » Il

---

**1.** William Pitt. — **2.** Chef de la station navale de juin 1816 à juin 1817. — **3.** Explorateur.

s'entretint avec le capitaine de la récente découverte de l'île de Lou-Tchou : « Les habitants n'ont point d'armes, dit le capitaine. — Point d'armes ! s'écria Bonaparte. — Ni canons ni fusils. — Des lances au moins, des arcs et des flèches ? — Rien de tout cela. — Ni poignards ? — Ni poignards. — Mais comment se bat-on ? — Ils ignorent tout ce qui se passe dans le monde ; ils ne savent pas que la France et l'Angleterre existent ; ils n'ont jamais entendu parler de Votre Majesté. » Bonaparte sourit d'une manière qui frappa le capitaine : plus le visage est sérieux, plus le sourire est beau.

Ces différents voyageurs remarquèrent qu'aucune trace de couleur ne paraissait sur le visage de Bonaparte : sa tête ressemblait à un buste de marbre dont la blancheur était légèrement jaunie par le temps. Rien de sillonné sur son front, ni de creusé dans ses joues ; son âme semblait sereine. Ce calme apparent fit croire que la flamme de son génie s'était envolée. Il parlait avec lenteur ; son expression était affectueuse et presque tendre ; quelquefois il lançait des regards éblouissants, mais cet état passait vite : ses yeux se voilaient et devenaient tristes.

Ah ! sur ces rivages avaient jadis comparu d'autres voyageurs connus de Napoléon.

Après l'explosion de la machine infernale, un sénatus-consulte du 5 janvier 1801 prononça sans jugement, par simple mesure de police, l'exil outre-mer de cent trente républicains : embarqués sur la frégate *la Chiffonne* et sur la corvette *la Flèche*, ils furent conduits aux îles Séchelles et dispersés peu après dans l'archipel des Comores, entre l'Afrique et Madagascar ; ils y moururent presque tous. Deux des déportés, Lefranc et Saunois, parvenus à se sauver sur un vaisseau américain, touchèrent en 1803 à Sainte-Hélène : c'était là que douze ans plus tard la Providence devait enfermer leur grand oppresseur.

Le trop fameux général Rossignol[1] leur compagnon d'infortune, un quart d'heure avant son dernier soupir, s'écria : « Je meurs accablé des plus horribles douleurs ; mais je mour-

---

1. Ami de Robespierre et de Babeuf. Proscrit en 1801, il mourut dans une île des Comores, l'année suivante.

rais content si je pouvais apprendre que le tyran de ma patrie endurât les mêmes souffrances. » Ainsi jusque dans l'autre hémisphère les imprécations de la liberté attendaient celui qui la trahit.

11

Manzoni. – Maladie de Bonaparte. – Ossian.
Rêveries de Napoléon à la vue de la mer.
Projets d'enlèvement.
Dernière occupation de Bonaparte.
Il se couche et ne se relève plus.
Il dicte son testament.
Sentiments religieux de napoléon. – L'aumônier Vignali.
Napoléon apostrophe Antomarchi, son médecin.
Il reçoit les derniers sacrements. – Il expire.

L'Italie, arrachée à son long sommeil par Napoléon, tourna les yeux vers l'illustre enfant qui la voulut rendre à sa gloire et avec lequel elle était retombée sous le joug. Les fils des Muses, les plus nobles et les plus reconnaissants des hommes, quand ils n'en sont pas les plus vils et les plus ingrats, regardaient Sainte-Hélène. Le dernier poète de la patrie de Virgile chantait le dernier guerrier de la patrie de César :

> *Tutto ei provò, la gloria*
> *Maggior dopo il periglio,*
> *La fuga e la vittoria,*
> *La reggia e il triste esiglio :*
> *Due volte nelle polvere,*
> *Due volte sugli altar.*
>
> *Ei si nomò : due secoli,*
> *L'un contro l'altro armato,*
> *Sommessi a lui si volsero,*
> *Come aspettando il fato :*
> *Ei fè silenzio ed arbitro*
> *S'assise in mezzo a lor.*

« Il éprouva tout, dit Manzoni, la gloire plus grande après le péril, la fuite et la victoire, la royauté et le triste exil, deux fois dans la poudre, deux fois sur l'autel.

« Il se nomma : deux siècles l'un contre l'autre armés se tournèrent vers lui, comme attendant leur sort : il fit silence, et s'assit arbitre entre eux. »

Bonaparte approchait de sa fin ; rongé d'une plaie intérieure[1], envenimée par le chagrin, il l'avait portée, cette plaie, au sein de la prospérité : c'était le seul héritage qu'il eût reçu de son père ; le reste lui venait des munificences de Dieu.

Déjà il comptait six années d'exil ; il lui avait fallu moins de temps pour conquérir l'Europe. Il restait presque toujours renfermé, et lisait Ossian de la traduction italienne de Cesarotti. Tout l'attristait sous un ciel où la vie semblait plus courte, le soleil restant trois jours de moins dans cet hémisphère que dans le nôtre. Quand Bonaparte sortait, il parcourait des sentiers scabreux que bordaient des aloès et des genêts odoriférants. Il se promenait parmi les gommiers à fleurs rares que les vents généraux faisaient pencher du même côté, ou il se cachait dans les gros nuages qui roulaient à terre. On le voyait assis sur les bases du *pic de Diane*, du *Flay Staff*, du *Leader Hill*, contemplant la mer par les brèches des montagnes. Devant lui se déroulait cet Océan qui d'une part baigne les côtes de l'Afrique, de l'autre les rives américaines, et qui va, comme un fleuve sans bords, se perdre dans les mers australes. Point de terre civilisée plus voisine que le cap des Tempêtes. Qui dira les pensées de ce Prométhée déchiré vivant par la mort, lorsque, la main appuyée sur sa poitrine douloureuse, il promenait ses regards sur les flots ? Le Christ fut transporté au sommet d'une montagne d'où il aperçut les royaumes du monde ; mais pour le Christ il était écrit au séducteur de l'homme : « Tu ne tenteras point le Fils de Dieu[2]. »

Bonaparte, oubliant une pensée de lui, que j'ai citée *(Ne m'étant pas donné la vie, je ne me l'ôterai pas)*, parlait de se tuer ; il ne se souvenait plus aussi de son *ordre du jour* à propos du suicide d'un de ses soldats. Il espérait assez dans

---

1. Un cancer à l'estomac. — 2. Évangile selon saint Matthieu, IV, 7.

l'attachement de ses compagnons de captivité pour croire qu'ils consentiraient à s'étouffer avec lui à la vapeur d'un brasier : l'illusion était grande. Tels sont les enivrements d'une longue domination ; mais il ne faut considérer, dans les impatiences de Napoléon, que le degré de souffrances auquel il était parvenu. M. de Las Cases ayant écrit à Lucien sur un morceau de soie blanche, en contravention avec les règlements, reçut l'ordre de quitter Sainte-Hélène : son absence augmenta le vide autour du banni.

Le 18 mai 1817, lord Holland, dans la Chambre des pairs, fit une proposition au sujet des plaintes transmises en Angleterre par le général Montholon : « La postérité n'examinera pas, dit-il, *si Napoléon a été justement puni de ses crimes*, mais si l'Angleterre a montré la générosité qui convenait à une grande nation. » Lord Bathurst combattit la motion.

Le cardinal Fesch dépêcha d'Italie deux prêtres à son neveu. La princesse Borghèse sollicitait la faveur de rejoindre son frère : « Non, dit Napoléon, je ne veux pas qu'elle soit témoin de mon humiliation et des insultes auxquelles je suis exposé. » Cette sœur aimée, *germana Jovis*[1], ne traversa pas les mers ; elle mourut aux lieux où Napoléon avait laissé sa renommée.

Des projets d'enlèvement se formèrent : un colonel Latapie, à la tête d'une bande d'aventuriers américains, méditait une descente à Sainte-Hélène. Johnston, hardi contrebandier, prétendit dérober Bonaparte au moyen d'un bateau sous-marin. De jeunes lords entraient dans ces projets ; on conspirait pour rompre les chaînes de l'oppresseur ; on aurait laissé périr dans les fers, sans y penser, le libérateur du genre humain. Bonaparte espérait sa délivrance des mouvements politiques de l'Europe. S'il eût vécu jusqu'en 1830, peut-être nous serait-il revenu ; mais qu'eût-il fait parmi nous ? il eût semblé caduc et arriéré au milieu des idées nouvelles. Jadis sa tyrannie paraissait liberté à notre servitude ; maintenant sa grandeur paraîtrait despotisme à notre petitesse. À l'époque actuelle tout est décrépit dans un jour ; qui vit trop, meurt vivant. En avançant dans la vie, nous laissons trois ou quatre

---

**1.** Sœur de Jupiter. Pauline Borghèse mourut à Florence en 1825.

images de nous, différentes les unes des autres ; nous les revoyons ensuite dans la vapeur du passé comme des portraits de nos différents âges.

Bonaparte affaibli ne s'occupait plus que comme un enfant : il s'amusait à creuser dans son jardin un petit bassin ; il y mit quelques poissons : le mastic du bassin se trouvant mêlé de cuivre, les poissons moururent. Bonaparte dit : « Tout ce qui m'attache est frappé. »

Vers la fin de février 1821, Napoléon fut obligé de se coucher et ne se leva plus. « Suis-je assez tombé ! murmurait-il : je remuais le monde et je ne puis soulever ma paupière ! » Il ne croyait pas à la médecine et s'opposait à une consultation d'Antomarchi[1] avec des médecins de Jamestown. Il admit cependant à son lit de mort le docteur Arnold[2]. Du 15 au 25 avril, il dicta son testament ; le 28, il ordonna d'envoyer son cœur à Marie-Louise ; il défendit à tout chirurgien anglais de porter la main sur lui après son décès. Persuadé qu'il succombait à la maladie dont avait été atteint son père, il recommanda de faire passer au duc de Reichstadt le procès-verbal de l'autopsie : le renseignement paternel est devenu inutile ; Napoléon II a rejoint Napoléon I$^{er}$.

À cette dernière heure, le sentiment religieux dont Bonaparte avait toujours été pénétré se réveilla. Thibaudeau, dans ses *Mémoires sur le Consulat*, raconte, à propos du rétablissement du culte, que le Premier Consul lui avait dit : « Dimanche dernier, au milieu du silence de la nature, je me promenais dans ces jardins (la Malmaison) ; le son de la cloche de Ruel vint tout à coup frapper mon oreille, et renouvela toutes les impressions de ma jeunesse ; je fus ému, tant est forte la puissance des premières habitudes, et je me dis : S'il en est ainsi pour moi, quel effet de pareils souvenirs ne doivent-ils pas produire sur les hommes simples et crédules ? Que vos philosophes répondent à cela ! . . . . . . . . . . . . . . . . . . . . . . . . . . . . . . . . . . . . . . . . . . . . . . . et, levant les mains vers le ciel : Quel est celui qui a fait tout cela ? »

En 1797, par sa proclamation de Macerata, Bonaparte

---

**1.** Médecin d'origine corse envoyé à Napoléon par le cardinal Fesch avec deux prêtres. — **2.** Médecin anglais.

autorise le séjour des prêtres français réfugiés dans les États du pape, défend de les inquiéter, ordonne aux couvents de les nourrir, et leur assigne un traitement en argent.

Ses variations en Égypte, ses colères contre l'Église dont il était le restaurateur, montrent qu'un instinct de spiritualisme le dominait au milieu même de ses égarements, car ses chutes et ses irritations ne sont point d'une autre nature philosophique et portent l'empreinte du caractère religieux.

Bonaparte, donnant à Vignali[1] les détails de la chapelle ardente dont il voulait qu'on environnât sa dépouille, crut s'apercevoir que sa recommandation déplaisait à Antomarchi ; il s'en expliqua avec le docteur et lui dit : « Vous êtes au-dessus de ces faiblesses : mais que voulez-vous, je ne suis ni philosophe ni médecin ; je crois à Dieu ; je suis de la religion de mon père. N'est pas athée qui veut . . . . . . . . . . . . . . . . . Pouvez-vous ne pas croire à Dieu ? car enfin tout proclame son existence, et les plus grands génies l'ont cru . . . . . . . . . . Vous êtes médecin . . . . . . . . . . . . . . . . . . . . . . . . . . . . . . ces gens-là ne brassent que de la matière ; ils ne croient jamais rien. »

Fortes têtes du jour, quittez votre admiration pour Napoléon ; vous n'avez rien à faire de ce pauvre homme : ne se figurait-il pas qu'une comète était venue le chercher, comme jadis elle emporta César ? De plus, *il croyait à Dieu ; il était de la religion de son père* ; il n'était pas *philosophe* ; il n'était pas *athée* ; il n'avait pas, comme vous, livré de bataille à l'Éternel, bien qu'il eût vaincu bon nombre de rois ; il trouvait que *tout proclamait l'existence* de l'Être suprême ; il déclarait que les *plus grands génies avaient cru à cette existence*, et il voulait croire comme ses pères. Enfin, chose monstrueuse ! ce premier homme des temps modernes, cet homme de tous les siècles, était chrétien dans le dix-neuvième siècle ! Son testament commence par cet article :

« JE MEURS DANS LA RELIGION APOSTOLIQUE ET ROMAINE, DANS LE SEIN DE LAQUELLE JE SUIS NÉ IL Y A PLUS DE CINQUANTE ANS. »

---

1. L'un des deux prêtres envoyés à Napoléon par le cardinal Fesch.

Au troisième paragraphe du testament de Louis XVI on lit :

« Je meurs dans l'union de notre sainte mère l'église catholique, apostolique et romaine. »

La Révolution nous a donné bien des enseignements ; mais en est-il un seul comparable à celui-ci ? Napoléon et Louis XVI faisant la même profession de foi ! Voulez-vous savoir le prix de la croix ? Cherchez dans le monde entier ce qui convient le mieux à la vertu malheureuse, ou à l'homme de génie mourant.

Le 3 mai, Napoléon se fit administrer l'extrême-onction et reçut le saint viatique. Le silence de la chambre n'était interrompu que par le hoquet de la mort mêlé au bruit régulier du balancier d'une pendule : l'ombre, avant de s'arrêter sur le cadran, fit encore quelques tours ; l'astre qui la dessinait avait de la peine à s'éteindre. Le 4, la tempête de l'agonie de Cromwell s'éleva : presque tous les arbres de Longwood furent déracinés. Enfin, le 5, à six heures moins onze minutes du soir, au milieu des vents, de la pluie et du fracas des flots, Bonaparte rendit à Dieu le plus puissant souffle de vie qui jamais anima l'argile humaine. Les derniers mots saisis sur les lèvres du conquérant furent : « *Tête... armée,* ou *tête d'armée.* » Sa pensée errait encore au milieu des combats. Quand il ferma pour jamais les yeux, son épée, expirée avec lui, était couchée à sa gauche, un crucifix reposait sur sa poitrine : le symbole pacifique appliqué au cœur de Napoléon calma les palpitations de ce cœur, comme un rayon du ciel fait tomber la vague.

12

Funérailles.

Bonaparte désira d'abord être enseveli dans la cathédrale d'Ajaccio, puis, par un codicille daté du 16 avril 1821, il légua ses os à la France : le ciel l'avait mieux servi ; son véritable mausolée est le rocher où il expira : revoyez mon récit de la mort du duc d'Enghien. Napoléon, prévoyant à ses dernières volontés l'opposition du gouvernement britannique, fit choix éventuellement d'une sépulture à Sainte-Hélène.

Dans une étroite vallée appelée la vallée de *Slane* ou du *Géranium*, maintenant du *Tombeau*, coule une source ; les domestiques chinois de Napoléon, fidèles comme le Javanais de Camoëns, avaient accoutumé d'y remplir des amphores : deux saules pleureurs pendent sur la fontaine ; une herbe fraîche, parsemée de *tchampas*, croît autour. « Le tchampas, malgré son éclat et son parfum, n'est pas une plante qu'on recherche parce qu'elle fleurit sur les tombeaux », disent les poésies sanscrites. Dans les déclivités des roches déboisées, végètent mal des citronniers amers, des cocotiers porte-noix, des mélèzes et des conises dont on recueille la gomme attachée à la barbe des chèvres.

Napoléon se plaisait aux saules de la fontaine ; il demandait la paix à la vallée de Slane, comme Dante banni demandait la paix au cloître de Corvo. En reconnaissance du repos passager qu'il y goûta les derniers jours de sa vie, il indiqua cette vallée pour l'abri de son repos éternel. Il disait en parlant de la source : « Si Dieu voulait que je me rétablisse, j'élèverais un monument dans le lieu où elle jaillit. » Ce monument fut son tombeau. Du temps de Plutarque, dans un endroit consacré aux nymphes aux bords du Strymon, on voyait encore un siège de pierre sur lequel s'était assis Alexandre.

Napoléon, botté, éperonné, habillé en uniforme de colonel de la garde, décoré de la Légion d'honneur, fut exposé mort dans sa couchette de fer ; sur ce visage qui ne s'étonna jamais, l'âme, en se retirant, avait laissé une stupeur sublime. Les planeurs et les menuisiers soudèrent et clouèrent Bonaparte en une quadruple bière d'acajou, de plomb, d'acajou encore et de fer blanc ; on semblait craindre qu'il ne fût jamais assez emprisonné. Le manteau que le vainqueur d'autrefois portait aux vastes funérailles de Marengo servit de drap mortuaire au cercueil.

Les obsèques se firent le 28 mai. Le temps était beau ; quatre chevaux, conduits par des palefreniers à pied, tiraient le corbillard ; vingt-quatre grenadiers anglais, sans armes, l'environnaient ; suivait le cheval de Napoléon. La garnison de l'île bordait les précipices du chemin. Trois escadrons de dragons précédaient le cortège ; le 20ᵉ régiment d'infanterie, les soldats de marine, les volontaires de Sainte-Hélène, l'artillerie royale avec quinze pièces de canon, fermaient la marche. Des groupes de musiciens, placés de distance en distance sur les rochers, se renvoyaient des airs lugubres. À un défilé, le corbillard s'arrêta ; les vingt-quatre grenadiers sans armes enlevèrent le corps et eurent l'honneur de le porter sur leurs épaules jusqu'à la sépulture. Trois salves d'artillerie saluèrent les restes de Napoléon au moment où il descendit dans la terre : tout le bruit qu'il avait fait sur cette terre ne pénétrait pas à deux lignes au-dessous.

Une pierre, qui devait être employée à la construction d'une nouvelle maison pour l'exilé, est abaissée sur son cercueil comme la trappe de son dernier cachot.

On récita les versets du psaume 87 : « J'ai été pauvre et plein de travail dans ma jeunesse ; j'ai été élevé, puis humilié... j'ai été percé de vos colères. » De minute en minute le vaisseau amiral tirait. Cette harmonie de la guerre, perdue dans l'immensité de l'Océan, répondait au *requiescat in pace*. L'Empereur, enterré par ses vainqueurs de Waterloo, avait ouï le dernier coup de canon de cette bataille ; il n'entendit point la dernière détonation dont l'Angleterre troublait et honorait son sommeil à Sainte-Hélène. Chacun se retira, tenant en main une branche de saule comme en revenant de la fête des Palmes.

Lord Byron crut que le dictateur des rois avait abdiqué sa renommée avec son glaive, qu'il allait s'éteindre oublié. Le poète aurait dû savoir que la destinée de Napoléon était une muse, comme toutes les hautes destinées. Cette muse sut changer un dénoûment avorté en une péripétie qui renouvelait son héros. La solitude de l'exil et de la tombe de Napoléon a répandu sur une mémoire éclatante une autre sorte de prestige. Alexandre ne mourut point sous les yeux de la Grèce ; il disparut dans les lointains superbes de Babylone. Bonaparte n'est point mort sous les yeux de la France ; il s'est perdu dans les fastueux horizons des zones torrides. Il dort comme un ermite ou comme un paria dans un vallon, au bout d'un sentier désert. La grandeur du silence qui le presse égale l'immensité du bruit qui l'environna. Les nations sont absentes, leur foule s'est retirée ; l'oiseau des tropiques *attelé*, dit Buffon, *au char du soleil*, se précipite de l'astre de la lumière ; où se repose-t-il aujourd'hui ? Il se repose sur des cendres dont le poids a fait pencher le globe.

13

DESTRUCTION DU MONDE NAPOLÉONIEN.

*Imposuerunt omnès sibi diademata, post mortem ejus,* .... *et multiplicata sunt mala in terra* (MACHAB.)
« Ils prirent tous le diadème après sa mort, ............ et les maux se multiplièrent sur la terre. »
Ce résumé des Machabées sur Alexandre semble être fait pour Napoléon : « Les diadèmes ont été *pris* et les maux se sont multipliés sur la terre. » Vingt années se sont à peine écoulées depuis la mort de Bonaparte, et déjà la monarchie française et la monarchie espagnole[1] ne sont plus. La carte du monde a changé ; il a fallu apprendre une géographie nouvelle : séparés de leurs légitimes souverains, des peuples ont été jetés à des souverains de rencontre ; des acteurs renommés sont descendus de la scène où sont montés des acteurs sans nom ; les aigles se sont envolés de la cime du haut pin tombé dans la mer, tandis que de frêles coquillages se sont attachés aux flancs du tronc encore protecteur.

Comme en dernier résultat tout marche à ses fins, *le terrible esprit de nouveauté qui parcourait le monde* disait l'Empereur, et auquel il avait opposé la barre de son génie, reprend son cours ; les institutions du conquérant défaillent ; il sera la dernière des grandes existences individuelles ; rien ne dominera désormais dans les sociétés infimes et nivelées ; l'ombre de Napoléon s'élèvera seule à l'extrémité du vieux monde détruit, comme le fantôme du déluge au bord de son abîme : la postérité lointaine découvrira cette ombre par-dessus le gouffre où tomberont des siècles inconnus, jusqu'au jour marqué de la renaissance sociale.

---

**1.** En octobre 1840, la reine-régente d'Espagne Marie-Christine avait dû abdiquer.

## 14

Mes derniers rapports avec Bonaparte.

Puisque c'est ma propre vie que j'écris en m'occupant de celles des autres, grandes ou petites, je suis forcé de mêler cette vie aux choses et aux hommes, quand par hasard elle est rappelée. Ai-je traversé d'une traite, sans m'y arrêter jamais, le souvenir du déporté qui, dans sa prison de l'Océan, attendait l'exécution de l'arrêt de Dieu ? Non.

La paix que Napoléon n'avait pas conclue avec les rois ses geôliers, il l'avait faite avec moi : j'étais fils de la mer comme lui, ma nativité était du rocher comme la sienne. Je me flatte d'avoir mieux connu Napoléon que ceux qui l'ont vu plus souvent et approché de plus près.

Napoléon à Sainte-Hélène, cessant d'avoir à garder contre moi sa colère, avait renoncé à ses inimitiés ; devenu plus juste à mon tour, j'écrivis dans *le Conservateur* cet article[1] :

« Les peuples ont appelé Bonaparte un fléau ; mais les fléaux de Dieu conservent quelque chose de l'éternité et de la grandeur du courroux divin dont ils émanent : *Ossa arida... dabo vobis spiritum et vivetis.* Ossements arides, je vous donnerai mon souffle et vous vivrez. Né dans une île pour aller mourir dans une île, aux limites de trois continents ; jeté au milieu des mers où Camoëns sembla le prophétiser en y plaçant le génie des tempêtes, Bonaparte ne se peut remuer sur son rocher que nous n'en soyons avertis par une secousse ; un pas du nouvel Adamastor à l'autre pôle se fait sentir à celui-ci. Si Napoléon, échappé aux mains de ses geôliers, se retirait aux États-Unis, ses regards attachés sur l'Océan suffiraient pour troubler les peuples de l'ancien monde ; sa seule présence sur le rivage américain de l'Atlantique forcerait l'Europe à camper sur le rivage opposé. »

Cet article parvint à Bonaparte à Sainte-Hélène ; une main qu'il croyait ennemie versa le dernier baume sur ses blessures ; il dit à M. de Montholon :

---

[1]. Daté du 17 novembre 1818.

« Si, en 1814 et en 1815, la confiance royale n'avait point été placée dans des hommes dont l'âme était détrempée par des circonstances trop fortes, ou qui, renégats à leur patrie, ne voient de salut et de gloire pour le trône de leur maître que dans le joug de la Sainte Alliance ; si le duc de Richelieu, dont l'ambition fut de délivrer son pays de la présence des baïonnettes étrangères, si Chateaubriand, qui venait de rendre à Gand d'éminents services, avaient eu la direction des affaires, la France serait sortie puissante et redoutée de ces deux grandes crises nationales. Chateaubriand a reçu de la nature le feu sacré : ses ouvrages l'attestent. Son style n'est pas celui de Racine, c'est celui du prophète. Si jamais il arrive au timon des affaires, il est possible que Chateaubriand s'égare : tant d'autres y ont trouvé leur perte ! Mais ce qui est certain, c'est que tout ce qui est grand et national doit convenir à son génie, et qu'il eût repoussé avec indignation ces actes infamants de l'administration d'alors*. »

Telles ont été mes dernières relations avec Bonaparte. — Pourquoi ne conviendrais-je pas que ce jugement *chatouille de mon cœur l'orgueilleuse faiblesse*[1] ? Bien de petits hommes a qui j'ai rendu de grands services ne m'ont pas jugé si favorablement que le géant dont j'avais osé attaquer la puissance.

15

SAINTE-HÉLÈNE DEPUIS LA MORT DE NAPOLÉON.

Tandis que le monde napoléonien s'effaçait, je m'enquérais des lieux où Napoléon lui-même s'était évanoui. Le tombeau de Sainte-Hélène a déjà usé un des saules ses contemporains : l'arbre décrépit et tombé est mutilé chaque jour par les pèlerins. La sépulture est entourée d'un grillage

---

\* *Mémoires pour servir à l'Histoire de France sous Napoléon*, par M. de Montholon, tome IV, page 243. *[Note de l'auteur.]*

---

**1.** Vers de Racine, *Iphigénie*, I, 1 : c'est Agamemnon qui parle.

en fonte : trois dalles sont posées transversalement sur la fosse ; quelques iris croissent aux pieds et à la tête ; la fontaine de la vallée coule encore là où des jours prodigieux se sont taris. Des voyageurs apportés par la tempête croient devoir consigner leur obscurité à la sépulture éclatante. Une vieille s'est établie auprès et vit de l'ombre d'un souvenir ; un invalide fait sentinelle dans une guérite.

Le vieux Longwood, à deux cents pas du nouveau, est abandonné. À travers un enclos rempli de fumier, on arrive à une écurie ; elle servait de chambre à coucher à Bonaparte. Un nègre vous montre une espèce de couloir occupé par un moulin à bras et vous dit : « *Here he dead*, ici il mourut. » La chambre où Napoléon reçut le jour n'était vraisemblablement ni plus grande ni plus riche.

Au nouveau Longwood, *Plantation house*, chez le gouverneur, on voit le duc de Wellington en peinture et les tableaux de ses batailles. Une armoire vitrée renferme un morceau de l'arbre près duquel se trouvait le général anglais à Waterloo : cette relique est placée entre une branche d'olivier cueillie au jardin des Olives et des ornements de sauvages de la mer du Sud : bizarre association des abuseurs des vagues. Inutilement le vainqueur veut ici se substituer au vaincu, sous la protection d'un rameau de la Terre sainte et du souvenir de Cook ; il suffit qu'on retrouve à Sainte-Hélène la solitude, l'Océan et Napoléon.

Si l'on recherchait l'histoire de la transformation des bords illustrés par des tombeaux, des berceaux, des palais, quelle variété de choses et de destinées ne verrait-on pas, puisque de si étranges métamorphoses s'opèrent jusque dans les habitations obscures auxquelles sont attachées nos chétives vies ! Dans quelle hutte naquit Clovis ? Dans quel chariot Attila reçut-il le jour ? Quel torrent couvre la sépulture d'Alaric ? Quel chacal occupe la place du cercueil en or ou en cristal d'Alexandre[1] ? Combien de fois ces poussières ont-elles changé de place ? Et tous ces mausolées de l'Égypte et des Indes, à qui appartiennent-ils ? Dieu seul connaît la cause de ces mutations liées à des mystères de l'avenir : il est pour les

---

1. Dès le IVe siècle de notre ère, ce cercueil avait disparu.

hommes des vérités cachées dans la profondeur du temps ; elles ne se manifestent qu'à l'aide des siècles, comme il y a des étoiles si éloignées de la terre que leur lumière n'est pas encore parvenue jusqu'à nous.

16

Exhumation de Bonaparte.

Mais tandis que j'écrivais ceci le temps a marché ; il a produit un événement qui aurait de la grandeur, si les événements ne tombaient aujourd'hui dans la boue. On a redemandé à Londres la dépouille de Bonaparte ; la demande a été accueillie[1] : qu'importent à l'Angleterre de vieux ossements ? Elle nous fera tant que nous voudrons de ces sortes de présents. Les dépouilles de Napoléon nous sont revenues au moment de notre humiliation ; elles auraient pu subir le droit de visite ; mais l'étranger s'est montré facile : il a donné un laisser-passer aux cendres.

La translation des restes de Napoléon est une faute contre la renommée. Une sépulture à Paris ne vaudra jamais la vallée de Slane[2] : qui voudrait voir Pompée ailleurs que dans le sillon de sable élevé par un pauvre affranchi, aidé d'un vieux légionnaire ? Que ferons-nous de ces magnifiques reliques au milieu de nos misères ? Le granit le plus dur représentera-t-il la pérennité des œuvres de Bonaparte ? Encore si nous possédions un Michel-Ange pour sculpter la statue funèbre ! Comment façonnera-t-on le monument ? Aux petits hommes des mausolées, aux grands hommes une pierre et un nom. Du moins, si on avait suspendu le cercueil au couronnement de l'Arc de Triomphe, si les nations avaient aperçu de loin leur maître porté sur les épaules de ses victoires ! L'urne de Trajan n'était-elle pas placée à Rome au haut de sa colonne ? Napoléon, parmi nous, se perdra dans la tourbe de ces va-nu-pieds de morts qui se dérobent en

---

1. Thiers put annoncer à la Chambre la réponse favorable de l'Angleterre, le 12 mai 1840. — 2. Voir p. 426.

silence. Dieu veuille qu'il ne soit pas exposé aux vicissitudes de nos changements politiques, tout défendu qu'il est par Louis XIV, Vauban et Turenne ! Gare ces violations de tombeaux si communes dans notre patrie ! Qu'un certain côté de la Révolution triomphe, et la poussière du conquérant pourra rejoindre les poussières que nos passions ont dispersées : on oubliera le vainqueur des peuples pour ne se souvenir que de l'oppresseur des libertés. Les os de Napoléon ne reproduiront pas son génie, ils enseigneront son despotisme à de médiocres soldats.

Quoi qu'il en soit, une frégate a été fournie à un fils de Louis-Philippe[1] : un nom cher à nos anciennes victoires maritimes[2] la protégeait sur les flots. Parti de Toulon, où Bonaparte s'était embarqué dans sa puissance pour la conquête de l'Égypte, le nouvel Argo est venu à Sainte-Hélène revendiquer le néant. Le sépulcre, avec son silence, continuait à s'élever immobile dans la vallée de Slane ou du Géranium. Des deux saules pleureurs l'un était tombé ; lady Dallas, femme d'un gouverneur de l'île, avait fait planter en remplacement de l'arbre défailli dix-huit jeunes saules et trente-quatre cyprès ; la source, toujours là, coulait comme quand Napoléon en buvait l'eau. Pendant toute une nuit, sous la conduite d'un capitaine anglais nommé Alexander, on a travaillé à percer le monument. Les quatre cercueils emboîtés les uns dans les autres, le cercueil d'acajou, le cercueil de plomb, le second cercueil d'acajou ou de bois des Îles et le cercueil de fer-blanc, ont été trouvés intacts. On procéda à l'inspection de ces moules de momie sous une tente, au milieu d'un cercle d'officiers dont quelques-uns avaient connu Bonaparte.

Lorsque la dernière bière fut ouverte, les regards s'y plongèrent : « Ils vinrent, dit l'abbé Coquereau[3], se heurter contre une masse blanchâtre qui couvrait le corps dans toute son étendue. Le docteur Gaillard, la touchant, reconnut un coussin de satin blanc qui garnissait à l'intérieur la paroi supérieure du

---

1. Au prince de Joinville. — 2. *La Belle-Poule*. C'était la troisième du nom ; les deux précédentes s'étaient illustrées contre les Anglais sous Louis XVI et sous l'Empire. — 3. Aumônier de *la Belle-Poule*.

cercueil : il s'était détaché et enveloppait la dépouille comme un linceul... Tout le corps paraissait couvert comme d'une mousse légère ; on eût dit que nous l'apercevions à travers un nuage diaphane. C'était bien sa tête : un oreiller l'exhaussait un peu ; son large front, ses yeux dont les orbites se dessinaient sous les paupières, garnis encore de quelques cils ; ses joues étaient bouffies, son nez seul avait souffert, sa bouche entr'ouverte laissait apercevoir trois dents d'une grande blancheur ; sur son menton se distinguait parfaitement l'empreinte de la barbe ; ses deux mains surtout paraissaient appartenir à quelqu'un de respirant encore, tant elles étaient vives de ton et de coloris ; l'une d'elles, la main gauche, était un peu plus élevée que la droite ; ses ongles avaient poussé après la mort : ils étaient longs et blancs ; une de ses bottes était décousue et laissait passer quatre doigts de ses pieds d'un blanc mat. »

Qu'est-ce qui a frappé les nécrobies[1] ? L'inanité des choses terrestres ? La vanité de l'homme ? Non, la beauté du mort ; ses ongles seulement s'étaient allongés, pour déchirer, je présume, ce qui restait de liberté au monde. Ses pieds, rendus à l'humilité, ne s'appuyaient plus sur des coussins de diadème ; ils reposaient nus dans leur poussière. Le fils de Condé était aussi habillé dans le fossé de Vincennes ; cependant Napoléon, si bien conservé, était arrivé tout juste à ces *trois dents* que les balles avaient laissées à la mâchoire du duc d'Enghien.

L'astre éclipsé à Sainte-Hélène a reparu à la grande joie des peuples : l'univers a revu Napoléon ; Napoléon n'a point revu l'univers. Les cendres vagabondes du conquérant ont été regardées par les mêmes étoiles qui le guidèrent à son exil : Bonaparte a passé par le tombeau, comme il a passé partout, sans s'y arrêter. Débarqué au Havre, le cadavre est arrivé à l'Arc de Triomphe, dais sous lequel le soleil montre son front à certains jours de l'année[2]. Depuis cet Arc jusqu'aux Invalides, on n'a plus rencontré que des colonnes de planches,

---

1. Les « nécrobies » sont au propre les insectes qui vivent sur les cadavres. C'est à eux que Chateaubriand compare l'abbé Coquereau dont il vient de citer quelques lignes. — 2. En particulier, d'après une tradition bonapartiste, le 5 mai et le 15 août, jours de la naissance et de la fête de Napoléon.

des bustes de plâtre, une statue du grand Condé (hideuse bouillie qui pleurait), des obélisques de sapin remémoratifs de la vie indestructible du vainqueur. Un froid rigoureux faisait tomber les généraux autour du char funèbre, comme dans la retraite de Moscou. Rien n'était beau, hormis le bateau de deuil qui avait porté en silence sur la Seine Napoléon et un crucifix.

Privé de son catafalque de rochers, Napoléon est venu s'ensevelir dans les immondices de Paris. Au lieu de vaisseaux qui saluaient le nouvel Hercule, consumé sur le mont Œta, les blanchisseuses de Vaugirard rôderont à l'entour avec des invalides inconnus à la grande armée. Pour préluder à cette impuissance, de petits hommes n'ont pu rien imaginer de mieux qu'un salon de Curtius[1] en plein vent. Après quelques jours de pluie, il n'est demeuré de ces décorations que des bribes crottées. Quoi qu'on fasse, on verra toujours au milieu des mers le vrai sépulcre du triomphateur : à nous le corps, à Sainte-Hélène la vie immortelle.

Napoléon a clos l'ère du passé : il a fait la guerre trop grande pour qu'elle revienne de manière à intéresser l'espèce humaine. Il a tiré impétueusement sur ses talons les portes du temple de Janus ; et il a entassé derrière ces portes des monceaux de cadavres, afin qu'elles ne se puissent rouvrir.

17

MA VISITE À CANNES.

En Europe je suis allé visiter les lieux où Bonaparte aborda après avoir rompu son ban à l'île d'Elbe. Je descendis à l'auberge de Cannes au moment même que le canon tirait en commémoration du 29 juillet ; un de ces résultats de l'incursion de l'Empereur, non sans doute prévu par lui. La nuit était close quand j'arrivai au golfe Juan ; je mis pied à terre à

---

[1]. Allusion aux statues de plâtre qu'on avait dressées à Paris le 15 décembre 1840, de l'Arc de Triomphe aux Invalides. Cf. Hugo *(Choses vues)* : « Presque toutes ces statues de plâtre sont mauvaises. Quelques-unes sont ridicules. »

une maison isolée au bord de la grande route. Jacquemin, potier et aubergiste, propriétaire de cette maison, me mena à la mer. Nous prîmes des chemins creux entre des oliviers sous lesquels Bonaparte avait bivouaqué : Jacquemin lui-même l'avait reçu et me conduisait. À gauche du sentier de traverse s'élevait une espèce de hangar : Napoléon, qui envahissait seul la France, avait déposé dans ce hangar les effets de son débarquement.

Parvenu à la grève, je vis une mer calme que ne ridait pas le plus petit souffle ; la lame mince comme une gaze se déroulait sur le sablon sans bruit et sans écume. Un ciel émerveillable, tout resplendissant de constellations, couronnait ma tête. Le croissant de la lune s'abaissa bientôt et se cacha derrière une montagne. Il n'y avait dans le golfe qu'une seule barque à l'ancre, et deux bateaux : à gauche on apercevait le phare d'Antibes , à droite les îles de Lérins ; devant moi, la haute mer s'ouvrait au midi vers cette Rome où Bonaparte m'avait d'abord envoyé.

Les îles de Lérins, aujourd'hui îles Sainte-Marguerite, reçurent autrefois quelques chrétiens fuyant devant les Barbares. Saint Honorat venant de Hongrie aborda l'un de ces écueils [1] : il monta sur un palmier, fit le signe de la croix, tous les serpents expirèrent, c'est-à-dire le paganisme disparut, et la nouvelle civilisation naquit dans l'Occident.

Quatorze cents ans après, Bonaparte vint terminer cette civilisation dans les lieux où le saint l'avait commencée. Le dernier solitaire de ces laures [2] fut le Masque de fer, si le Masque de fer est une réalité. Du silence du golfe Juan, de la paix des îles aux anciens anachorètes, sortit le bruit de Waterloo, qui traversa l'Atlantique, et vint expirer à Sainte-Hélène.

Entre les souvenirs de deux sociétés, entre un monde éteint et un monde prêt à s'éteindre, la nuit, au bord abandonné de ces marines, on peut supposer ce que je sentis. Je quittai la plage dans une espèce de consternation religieuse, laissant le flot passer et repasser, sans l'effacer, sur la trace de l'avant-dernier pas de Napoléon.

---

**1.** Il aurait fondé le monastère des îles de Lérins (Vᵉ siècle). — **2.** Monastères.

À la fin de chaque grande époque, on entend quelque voix dolente des regrets du passé, et qui sonne le *couvre-feu* : ainsi gémirent ceux qui virent disparaître Charlemagne, saint Louis, François I<sup>er</sup>, Henri IV et Louis XIV. Que ne pourrais-je pas dire à mon tour, témoin oculaire que je suis de deux ou trois mondes écoulés ? Quand on a rencontré comme moi Washington et Bonaparte, que reste-t-il à regarder derrière la charrue du Cincinnatus américain et la tombe de Sainte-Hélène ? Pourquoi ai-je survécu au siècle et aux hommes à qui j'appartenais par la date de ma vie ? Pourquoi ne suis-je pas tombé avec mes contemporains, les derniers d'une race épuisée ? Pourquoi suis-je demeuré seul à chercher leurs os dans les ténèbres et la poussière d'une catacombe remplie ? Je me décourage de durer. Ah ! si du moins j'avais l'insouciance d'un de ces vieux Arabes de rivage, que j'ai rencontrés en Afrique ! Assis les jambes croisées sur une petite natte de corde, la tête enveloppée dans leur burnous, ils perdent leurs dernières heures à suivre des yeux, parmi l'azur du ciel, le beau phénicoptère [1] qui vole le long des ruines de Carthage ; bercés du murmure de la vague, ils entr'oublient leur existence et chantent à voix basse une chanson de la mer : ils vont mourir.

---

1. Nom ancien du flamant rose.

# TABLE

# LE POÈTE ET L'EMPEREUR

*par Marc Fumaroli* .......................... 7

# VIE DE NAPOLÉON

PREMIÈRE PARTIE

1. De Bonaparte .......................... 51
2. Bonaparte. – Sa famille ................. 54
3. Branche particulière des Bonaparte de la Corse .. 57
4. Naissance et enfance de Bonaparte ......... 59
5. La Corse de Bonaparte .................. 63
6. Paoli .................................. 70
7. Deux pamphlets ....................... 72
8. Brevet de capitaine .................... 73
9. Toulon ............................... 74
10. Journées de vendémiaire ................ 82
11. Suite ................................ 85
12. Campagnes d'Italie .................... 88
13. Congrès de Rastadt. – Retour de Napoléon en France. – Napoléon est nommé chef de l'armée dite d'Angleterre. – Il part pour l'expédition d'Égypte ............................. 94

14. EXPÉDITION D'ÉGYPTE. – Malte. – Bataille des Pyramides. – Le Caire. – Napoléon dans la grande Pyramide. – Suez ........................ 97
15. Opinion de l'armée .................... 104
16. Campagne de Syrie .................... 106
17. Retour en Égypte. – Conquête de la Haute-Égypte 119
18. Bataille d'Aboukir. – Billets et lettres de Napoléon. – Il repasse en France. Dix-huit brumaire .. 121

DEUXIÈME PARTIE

1. Deuxième coalition. – Position de la France au retour de Bonaparte de la campagne d'Égypte ... 129
2. CONSULAT. – Deuxième campagne d'Italie. – Victoire de Marengo. – Victoire de Hohenlinden. – Paix de Lunéville ...................... 132
3. Paix d'Amiens. – Rupture du traité. – Bonaparte élevé à l'empire ...................... 135
4. EMPIRE. – Sacre. – Royaume d'Italie ......... 136
5. Invasion de l'Allemagne. – Austerlitz. – Le traité de paix de Presbourg. – Le Sanhédrin ........ 137
6. Quatrième coalition. – Campagne de Prusse. – Décret de Berlin. – Guerre continuée en Pologne contre la Russie. – Tilsit. – Projet de partage du monde entre Napoléon et Alexandre. – Paix .... 142
7. Guerre d'Espagne. – Erfurt. – Apparition de Wellington ........................... 145
8. Pie VII. – Réunion des États Romains à la France 150
9. Protestation du Souverain Pontife. – Il est enlevé de Rome ............................ 153
10. Cinquième coalition. – Prise de Vienne. – Bataille d'Essling. – Bataille de Wagram. – Paix signée dans le palais de l'empereur d'Autriche. – Divorce. – Napoléon épouse Marie-Louise. – Naissance du roi de Rome .................. 162
11. Projets et préparatifs de la guerre de Russie. – Embarras de Napoléon . ................. 167
12. L'Empereur entreprend l'expédition de Russie. – Objections. – Faute de Napoléon ............ 171

13. Réunion à Dresde. – Bonaparte passe en revue son armée et arrive au bord du Niémen ....... 175

TROISIÈME PARTIE

1. Invasion de la Russie. – Wilna ; le sénateur polonais Wibicki ; le parlementaire russe Balascheff. – Smolensk. – Murat. – Le fils de Platoff ........ 179
2. Retraite des Russes. – Le Borysthène. – Obsession de Bonaparte. – Kutuzoff succède à Barclay dans le commandement de l'armée russe. – Bataille de la Moskowa ou de Borodino. – Bulletin. – Aspect du champ de bataille .................... 184
3. Extrait du dix-huitième bulletin de la grande armée 189
4. Marche en avant des Français. – Rostopschine. – Bonaparte au Mont-du-Salut. – Vue de Moscou. – Entrée de Napoléon au Kremlin. – Incendie de Moscou. – Bonaparte gagne avec peine Petrowski. – Écriteau de Rostopschine. – Séjour sur les ruines de Moscou. – Occupations de Bonaparte .. 194
5. Retraite ................................ 206
6. Smolensk. – Suite de la retraite ............. 215
7. Passage de la Bérésina .................... 218
8. Jugement sur la campagne de Russie. – Dernier bulletin de la grande armée. – Retour de Bonaparte à Paris. – Harangue du Sénat .......... 224

QUATRIÈME PARTIE

1. Malheurs de la France. – Joies forcées. – Séjour à ma Vallée. – Réveil de la légitimité .......... 230
2. Le pape à Fontainebleau ................. 232
3. Défections. – Mort de Lagrange et de Delille ... 234
4. Batailles de Lützen, de Bautzen et de Dresde. – Revers en Espagne ....................... 235
5. Campagne de Saxe ou des poètes .......... 237
6. Bataille de Leipsick. – Retour de Bonaparte à Paris. – Traité de Valençay ................ 241

7. Le Corps législatif convoqué, puis ajourné. – Les alliés passent le Rhin. – Colère de Bonaparte. – Premier jour de l'an 1814 ................ 243
8. Le pape mis en liberté .................. 245
9. Notes qui devinrent la brochure *De Bonaparte et des Bourbons*. – Je prends un appartement rue de Rivoli. – Admirable campagne de France, 1814 . 247
10. Je commence à imprimer ma brochure. – Une note de madame de Chateaubriand ........ 250
11. La guerre établie aux barrières de Paris. – Vue de Paris. – Combat de Belleville. – Fuite de Marie-Louise et de la régence. – M. de Talleyrand reste à Paris .............................. 252
12. Proclamation du prince généralissime Schwartzenberg. – Discours d'Alexandre. – Capitulation de Paris .............................. 256
13. Entrée des alliés dans Paris .............. 257
14. Bonaparte à Fontainebleau. – La régence à Blois 261
15. Publication de ma brochure *De Bonaparte et des Bourbons* .............................. 263
16. Le Sénat rend le décret de déchéance ........ 272
17. Hôtel de la rue Saint-Florentin. – M. de Talleyrand 275
18. Adresses du gouvernement provisoire. – Constitution proposée par le Sénat ......... 276
19. Arrivée du comte d'Artois. – Abdication de Bonaparte à Fontainebleau ............... 278
20. Itinéraire de Napoléon à l'île d'Elbe ........ 280
21. Louis XVIII à Compiègne. – Son entrée à Paris. – La vieille garde. – Faute irréparable. – Déclaration de Saint-Ouen. – Traité de Paris. – La Charte. – Départ des alliés ............... 291
22. Première année de la Restauration .......... 296
23. Est-ce aux royalistes qu'il faut s'en prendre de la Restauration ? ....................... 298
24. Premier ministère. – Je publie les *Réflexions politiques*. – Madame la duchesse de Duras. – Je suis nommé ambassadeur en Suède ............ 300
25. Exhumation des restes de Louis XVI. – Premier 21 janvier à Saint-Denis ................ 303
26. L'île d'Elbe .......................... 306

Cinquième partie

1. Commencement des Cent-Jours. – Retour de l'île d'Elbe .................................. 312
2. Torpeur de la légitimité. – Article de Benjamin Constant. – Ordre du jour du maréchal Soult. – Séance royale. – Pétition de l'École de droit à la Chambre des députés ................... 315
3. Projet de défense de Paris ................ 319
4. Fuite du Roi. – Je pars avec madame de Chateaubriand. – Embarras de la route. – Le duc d'Orléans et le prince de Condé. – Tournai, Bruxelles. – Souvenirs. – Le duc de Richelieu. – Le roi à Gand m'appelle auprès de lui ........ 324
5. Les Cent-Jours à Gand. – Le Roi et son conseil. – Je deviens ministre de l'intérieur par *intérim*. – M. de Lally-Tollendal. – Madame la duchesse de Duras. – Le maréchal Victor. – L'abbé Louis et le comte Beugnot. – L'abbé de Montesquiou. – Dîners du poisson blanc : convives ........... 328
6. Suite des Cent-Jours à Gand. – *Moniteur de Gand*. – Mon rapport au Roi : effet de ce rapport à Paris. – Falsification .................... 333
7. Suite des Cent-Jours à Gand. – Le Béguinage. – Comment j'étais reçu. – Grand dîner. – Voyage de madame de Chateaubriand à Ostende. – Anvers. – Un bègue. – Mort d'une jeune Anglaise 336
8. Suite des Cent-Jours à Gand. – Mouvement inaccoutumé de Gand. – Le duc de Wellington. – Monsieur. – Louis XVIII ................. 338
9. Suite des Cent-Jours à Gand. – Souvenirs de l'histoire à Gand. – Madame la duchesse d'Angoulême arrive à Gand. – Madame de Sèze. – Madame la duchesse de Lévis ............. 340
10. Suite des Cent-Jours à Gand. – Pavillon Marsan à Gand. – M. Gaillard, conseiller à la cour royale. – Visite secrète de madame la baronne de Vitrolles. – Billet de la main de Monsieur. – Fouché 343

11. Affaires à Vienne. – Négociations de M. de Saint-Léon, envoyé de Fouché. – Proposition relative à M. le duc d'Orléans. – M. de Talleyrand. – Mécontentement d'Alexandre contre Louis XVIII. – Divers prétendants. – Rapport de La Besnardière. – Proposition inattendue d'Alexandre au congrès : Lord Clancarthy la fait échouer. – M. de Talleyrand se retourne : sa dépêche à Louis XVIII. – Déclaration de l'Alliance, tronquée dans le journal officiel de Francfort. – M. de Talleyrand veut que le Roi rentre en France par les provinces du sud-est. – Divers marchés du prince de Bénévent à Vienne. – Il m'écrit de Gand : sa lettre  345
12. Les Cent-Jours à Paris. – Effet du passage de la légitimité en France. – Étonnement de Bonaparte. – Il est obligé de capituler avec les idées qu'il avait crues étouffées. – Son nouveau système. – Trois énormes joueurs restés. – Chimères des libéraux. – Clubs et fédérés. – Escamotage de la république : l'Acte additionnel. – Chambre des représentants convoquée. – Inutile Champ-de-Mai  . . . . . . . .  351
13. Suite des Cent-Jours à Paris. – Soucis et amertumes de Bonaparte . . . . . . . . . . . . . . . . . . . .  356
14. Résolution à Vienne. – Mouvement à Paris . . . . .  358
15. Ce que nous faisions à Gand. – M. de Blacas . . .  360
16. Bataille de Waterloo . . . . . . . . . . . . . . . . . . . . .  361
17. Confusion à Gand. – Quelle fut la bataille de Waterloo . . . . . . . . . . . . . . . . . . . . . . . . . . . . . .  364
18. Retour de l'Empereur. – Réapparition de La Fayettte. – Nouvelle abdication de Bonaparte. – Séances orageuses à la Chambre des pairs. – Présages menaçants pour la seconde Restauration  367
19. Départ de Gand. – Arrivée à Mons. – Je manque ma première occasion de fortune dans ma carrière politique. – M. de Talleyrand à Mons. – Scène avec le Roi. – Je m'intéresse bêtement à M. de Talleyrand . . . . . . . . . . . . . . . . . . . . . . .  373
20. De Mons à Gonesse. – Je m'oppose avec M. le comte Beugnot à la nomination de Fouché comme ministre : mes raisons. – Le duc de

Wellington l'emporte. – Arnouville. – Saint-Denis. Dernière conversation avec le Roi . . . . . . . . . . . 378

Sixième partie

1. Bonaparte à la Malmaison. – Abandon général . . 389
2. Départ de la Malmaison. – Rambouillet. – Rochefort . . . . . . . . . . . . . . . . . . . . . . . . . . . . . 392
3. Bonaparte se réfugie sur la flotte anglaise. – Il écrit au prince régent . . . . . . . . . . . . . . . . . . . 394
4. Bonaparte sur le *Bellérophon.* – Torbay. – Acte qui confine Bonaparte à Sainte-Hélène. – Il passe sur le *Northumberland* et fait voile . . . . . . . . . . . . . . 395
5. Jugement sur Bonaparte . . . . . . . . . . . . . . . . . . 398
6. Caractère de Bonaparte . . . . . . . . . . . . . . . . . . 404
7. Si Bonaparte nous a laissé en renommée ce qu'il nous a ôté en force ? . . . . . . . . . . . . . . . . . . . . 408
8. Inutilité des vérités ci-dessus exposées . . . . . . . . 410
9. Île de Sainte-Hélène. – Bonaparte traverse l'Atlantique . . . . . . . . . . . . . . . . . . . . . . . . . . 413
10. Napoléon prend terre à Sainte-Hélène. – Son établissement à Longwood. – Précautions. – Vie à Longwood. – Visites . . . . . . . . . . . . . . . . . . . . 416
11. Manzoni. – Maladie de Bonaparte. – Ossian. – Rêveries de Napoléon à la vue de la mer. – Projets d'enlèvement. – Dernière occupation de Bonaparte. – Il se couche et ne se relève plus. – Il dicte son testament. – Sentiments religieux de Napoléon. – L'aumônier Vignali. – Napoléon apostrophe Antomarchi, son médecin. – Il reçoit les derniers sacrements. – Il expire . . . . . . . . . . . . 420
12. Funérailles . . . . . . . . . . . . . . . . . . . . . . . . . . . 425
13. Destruction du monde napoléonien . . . . . . . . . . 428
14. Mes derniers rapports avec Bonaparte . . . . . . . . 429
15. Sainte-Hélène depuis la mort de Napoléon . . . . . 430
16. Exhumation de Bonaparte . . . . . . . . . . . . . . . . 432
17. Ma visite à Cannes . . . . . . . . . . . . . . . . . . . . . 435

*Achevé d'imprimer sur presse Cameron
dans les ateliers de **Bussière Camedan Imprimeries**
à Saint-Amand-Montrond (Cher)
en février 1999*

N° d'édition : 343. N° d'impression : 990920/4
Dépôt légal : février 1999

*Imprimé en France*